海南省社科重大课题【编号：HNSK（ZD）23－207】

海南自由贸易港通关监管国际比较与规制衔接研究

《海南自由贸易港通关监管国际比较与规制衔接研究》课题组 编著

中国财经出版传媒集团
中国财政经济出版社
北京

图书在版编目（CIP）数据

海南自由贸易港通关监管国际比较与规制衔接研究／《海南自由贸易港通关监管国际比较与规制衔接研究》课题组编著．--北京：中国财政经济出版社，2024.7

ISBN 978-7-5223-3210-9

Ⅰ.①海…　Ⅱ.①海…　Ⅲ.①自由贸易区-海关管理-研究-海南　Ⅳ.①F752.866

中国国家版本馆CIP数据核字（2024）第111634号

责任编辑：翁晓红　　　　责任校对：徐艳丽

封面设计：孙俪铭　　　　责任印刷：党　辉

海南自由贸易港通关监管国际比较与规制衔接研究

HAINAN ZIYOU MAOYIGANG TONGGUAN JIANGUAN GUOJI BIJIAO YU GUIZHI XIANJIE YANJIU

中国财政经济出版社 出版

URL：http：//www.cfeph.cn

E-mail：cfeph@cfeph.cn

社址：北京市海淀区阜成路甲28号　邮政编码：100142

营销中心电话：010-88191522

天猫网店：中国财政经济出版社旗舰店

网址：https：//zgczjjcbs.tmall.com

中煤（北京）印务有限公司印刷　各地新华书店经销

成品尺寸：170mm×240mm　16开　28.25印张　381 000字

2024年7月第1版　2024年7月北京第1次印刷

定价：82.00元

ISBN 978-7-5223-3210-9

（图书出现印装问题，本社负责调换，电话：010-88190548）

本社质量投诉电话：010-88190744

打击盗版举报热线：010-88191661　QQ：2242791300

《海南自由贸易港通关监管国际比较与规制衔接研究》课题组

顾　　问：钱冠林　国家税务总局原常务副局长

　　　　　　　　　海关总署原署长

　　　　　郝昭成　国家税务总局原副局长

　　　　　郝如玉　中央统战部党外知识分子建言献策专家组财金组组长

　　　　　　　　　第 11 届、第 12 届全国人大常委会财经委员会副主任

　　　　　黄胜强　海关总署原党组成员

　　　　　　　　　国家口岸管理办公室原主任

　　　　　梅向荣　盈科律师事务所党委书记、主任

　　　　　白凤川　中国报关协会会长

　　　　　王亚平　中国对外经济贸易会计学会会长

　　　　　　　　　商务部配额许可证事务管理局原局长

　　　　　童隆俊　澳门科技大学基金会信托委员会委员、教授

首席专家：刘剑文　中国法学会财税法学研究会会长

　　　　　　　　　北京大学财税法研究中心主任、教授

　　　　　　　　　教育部长江学者特聘教授

　　　　　王　炜　海关总署口岸监管司原司长

何　力　海关总署加工贸易及保税监管司原司长

陈　晖　中国海关管理干部学院党委书记、院长，教授

王惠平　中国财政科学研究院特聘研究员

海南省社会科学界联合会原党组书记、主席

刘　磊　国家税务总局海南省税务局党委书记、局长

张皖生　海关总署加工贸易及保税监管司原司长

倪红日　国务院发展研究中心资源与环境政策研究所专家组原组长、研究员

组　　长： 郝如玉

成　　员：（以姓氏笔画为序）

于海峰　马海涛　王永贵　王菲易　王　硕　王鸿貌

王　蕴　尤凌侃　牛嘉艺　叶少明　田兰戈　田建利

史　毅　吉丽星　朱　军　朱绵茂　任虹燕　刘　芳

刘　兵　刘佳杰　刘庆国　刘润哲　次旺贡布　许多奇

许翔榕　李永海　李进华　李林木　李林林　李建勇

李晓民　李　锋　李　敏　李菁菁　李　毓　李　毅

杨　赢　何　杨　何　萍　何　辉　何锦前　何耀明

余洪钢　宋　薇　孙伯龙　余钊飞　张　奇　张　雪

张荣刚　张鲁彬　张馨月　杨　诚　陆泰愚　吴晓红

陈玥希　陈依珑　武　剑　林培霞　尚元君　罗四平

季　琼　周序中　周子旋　郑凯元　郑绍萍　荆　阳

赵菲茵　郝琳琳　施正文　施海智　姚轩鸽　姚沐汐

贾宇晴　贾英姿　徐　玫　徐　峰　徐　硕　高　超

高　娜　郭　辰　席晓娟　唐丽娟　曹明星　曹静韬

崔志坤　梁育从　彭京宜　程镜竹　焦瑞进　蒲罗丁

蔡如海　蔡　昌　廖仕梅　熊　伟　樊　勇　薛榆淞

主　　笔： 郝如玉　贾宜正　卢　阳　王婷婷　徐　晨　冯秀娟
陈冠华　李为人　王桦宇　刘俊秀　李　旭

总　　纂： 贾宜正　倪红日

核　　稿： 王建刚　谭建淋

主　　审： 郝如玉

总 协 调： 贾绍华　丁　芸

前 言

坚定不移扩大对外开放，让海南成为新时代中国改革开放的示范，把海南自由贸易港打造成展示中国风范的靓丽名片，建设成为具有世界影响力的中国特色自由贸易港，是习近平总书记和党中央赋予海南的重大责任使命，也是海南在新时代服务中国高质量发展的现实需求。《海南自由贸易港法》（中华人民共和国主席令第八十五号）指出，海南自由贸易港建设，应当体现中国特色，借鉴国际经验，围绕海南战略定位，发挥海南优势，推进改革创新；要主动适应国际经济贸易规则发展和全球经济治理体系改革新趋势，积极开展国际交流合作。海南自由贸易港要对标当今世界最高水平的开放形态，制定实施零关税、低税率、简税制和贸易投资，跨境资金流动，人员进出、交通运输自由便利和跨境数据安全有序流动的政策制度体系。探索自由贸易港服务和融入新发展格局的有效途径，更好地积聚和配置全球资源，形成更大范围、更宽领域、更深层次的对外开放。

高水平的对外开放，在海南自由贸易港已开花结果。博鳌亚洲论坛2024 年年会全球自由贸易港发展论坛正式发布了《全球自贸区（港）伙伴关系倡议概念文件》，由海南自由贸易港发起的全球32 个自贸区（港）伙伴将重点在互联互通、投资贸易自由化便利化、产业融合、科技创新、数字经济、绿色发展六个领域展开合作，探索符合各合作方需求的互利互惠、合作共赢机制，促进全球自贸区（港）之间信息共享和相互学习，最大限度凝聚共识，放大合作效应。高水平对外开放的重要特征之一就是制度型开放。海南自由贸易港充分利用政策优势和区位优势，在对接国际高标准经贸规则上先行先试，稳步扩大规则、规制、管理、标准等制度型开放，加快推进高水平开放压力测试，加快形成与国际高标准经贸规则相衔接的制度体系和监管模式，为推动加入高标准经贸协定提供实践支撑，提升外贸外资对经济增长的贡献度，推动高质量发展。

海南自由贸易港代表我国最高水平的开放形态，涉及金融、税收、贸易等新问题和新业态。海南自由贸易港封关运作已进入最后冲刺阶段，需要进一步对境外自由贸易港的贸易、金融、税务、数据等各种规章制度进行比较分析与研究。在此基础上，探索如何与境外自由贸易港进行国际通行的税收和营商环境等制度衔接，开展良性、有序竞争，真正发挥海南自由贸易港的中国特色社会主义制度优势和国际化自由港的开放优势。同时，通过对比分析，研究海南自由贸易港在与国际关制衔接、入境海关衔接中的相关问题，提出优化改进措施，这也是实现海南自由贸易港“一线放开、二线管住”通关模式相关的制度创新和落地实践的重中之重。

为适应海南自由贸易港建设需要，研究探索通关监管模式的创新，2021 年底，海南省社会科学界联合会委托海南华宜财经研究院会同国家税收法律研究基地、上海海关学院等单位的专家学者，组成联合课题组进行了专题研究。课题组结合我国现行海关通关监管情况、现有管理制度和运行模式，分析了海南自由贸易港海关监管的问题与挑战，形成了海南自由贸易港通关监管模式创新总体框架，提出了海南自由贸易港通关监管模式制度核心内容和实施路径。在此基础上，课题组撰写了内容丰富的研究报告，提出了相应的政策建议，并于 2022 年 9 月顺利结项，获海南省社科重大课题优秀等级。这些研究成果和政策建议得到了政府和企业的高度重视和采纳，为海南自由贸易港的建设和发展提供了有力的理论支持和实践指导。研究成果形成了8条政策建议和中国财政经济出版社出版的《海南自由贸易港“一线放开、二线管住”通关监管模式创新研究》一书，获得海南省部级多位领导的肯定，并批示进一步进行深入研究。

鉴于此，海南省社会科学界联合会委托国家税收法律研究基地、海南华宜财经研究院会同上海海关学院、中国社会科学院大学、中国海关管理干部学院、国家税务总局税务干部学院、中央财经大学、首都经济贸易大学、北京大学、复旦大学、上海交通大学、陕西理工大学、西南政法大学、中央民族大学、北京工商大学、北京经济管理职业学院、国务院发展研究中心、财政部、商务部、国家税务总局、海关总署等部分高等院校、科研院所和中央有关部委，以及企业界、实务界的专家学者，组成联合课题组，在前期研究的基础上，继续开展“海南自由贸易港通关监管国际比较与规制衔接研究”的重大课题攻关。这些机构和专家在各自领域具有深厚的研究背景和丰富的实践经验，他们的加入为课题的深入研究和高质量成果的产出提供了有力保障。

课题组由中央统战部党外知识分子建言献策专家组财金组组长、第11届和第12届全国人大常委会财经委员会副主任、国家税收法律研究基地首席专家郝如玉教授担任组长；特邀国家税务总局原常务副局长、海关总署原署长钱冠林，国家税务总局原副局长郝昭成，海关总署原党组成员、国家口岸管理办公室原主任、上海海关学院特聘教授黄胜强，盈科律师事务所全球董事会主任梅向荣，中国报关协会会长白凤川，商务部配额许可证事务管理局原局长王亚平，澳门科技大学基金会信托委员会委员童隆俊教授担任顾问；中国法学会财税法学研究会会长、北京大学财税法研究中心主任、教育部长江学者特聘教授刘剑文，海关总署口岸监管司原司长王炜，海关总署加工贸易及保税监管司原司长何力，中国海关管理干部学院党委书记、院长陈晖教授，中国财政科学研究院特聘研究员、海南省社会科学界联合会原党组书记、主席王惠平，国家税务总局海南省税务局党委书记、局长刘磊，海关总署加工贸易及保税监管司原司长张皖生，国务院发展研究中心资源与环境政策研究所专家组原组长倪红日研究员任首席专家。

本书由绪论、四大主体报告、十一份建言献策和三大专题研究报告组成，全面深入地探讨了海南自由贸易港在通关监管方面的国际比较与规制衔接问题。通过对比分析、案例研究和政策建议等多种方式，我们期望为海南自由贸易港的未来发展提供科学、实用的指导和支持。

绪论部分主要介绍了本书的研究背景和主要内容。通关监管是各类经济功能区和自由贸易港（区）的重要环节，“一线放开、二线管住”通关模式相关的制度创新和落地实践需要对国际规则进行比较分析，探讨如何与境外自贸港（区）在贸易和关税方面的规则制度进行衔接，同时要对海南现行的政策效用进行评估分析，提出改进优化措施，这是海南深化开放进程中的重中之重。

主体报告部分包括“境外自由贸易港货物贸易政策及海关监管模式研究”“境外自贸港税制与征管的比较与借鉴”“海南自由贸易港金融监管与境内外规制衔接研究”“国际贸易数据治理与管理——海南自由贸易港通关监管新规则探研”四个方面的内容，主要对境外自由贸易港现行规制与海南自由贸易港运行机制的衔接进行比较分析。主体报告聚焦于世界自由贸易港海关通关和国内先进地区海关通关的具体操作实践，不拘泥于理论概念分析，而是侧重于管理制度、业务流程、技术支撑等可以付诸实践的细节进行研究，主要对典型自由贸易港通关监管模式及其经验进行总结，梳理了境外自贸港（区）海关监管制度、机制创新及国际通行的做法与惯例等，通过比较研究，以期对海南自由贸易港通关监管的制度衔接与国际合作有所启示和借鉴，并对海南自由贸易港在货物贸易与海关监管模式、税制与征管、金融管理规则和数据治理四个方面对通关监管的业务运行模式及管理办法、模式创新的实施路径、通关监管相关制度进行具体设计论证并提出具体的政策措施。

建言献策部分由十一份研究建议组成，不仅对海关、税务、商务、财政、金融、外汇、边防、发改、数据、市场监管等政府管理部门科学合理划分权责、建立治理机制等有一定的学术价值，更重要的是对指导海南自由贸易港在封关前通关监管中如何协作创新、如何进行数据共享、如何构建适应海南自由贸易港平稳、健康、安全、高质量发展的政府治理体系和财税管理体制的创新与完善等，有着重要的参考价值和实践意义。该部分是在课题研究报告正文的基础上进行的延伸性、创新性的建言献策，不仅是研究成果及创新的集中体现，更是其研究成果已经或正在成为相关部门政策理论研究或政策制定的价值参考。

建言一“关于海南自贸港封关后优化税收监管体制的建议”，主要对现行的税收监管体制进行优化，建议参考国际自由贸易港（区）的税收监管问题与经验，优化税收监管体制，以适应海南“离岸岛”的经济发展需求。

建言二“关于海南自贸港封关后推进财政可持续发展的建议”，主要对海南在当前逆全球化、全球贸易摩擦以及日趋严重的国际安全形势下面临的经济与财政巨大压力问题提出建议，包括将销售税作为地方税，其收入归属地方政府；优化海南税收监管体系、强化税收征管能力；增加中央对海洋监测及远洋渔业的专项转移支付；地方债应在中央不救助原则下，予以政策支持等。

建言三“关于完善海南自贸港通关监管数据治理的建议”，主要对海南自贸港数字贸易领域面临的数据流动（贸易）缺乏税收政策和监管机制以及数字经济治理方式和水平的问题提出解决方案与具体举措。首先，明确海南自贸港数据跨境跨港流动与数字贸易统计标准，适当补充“数据安全有序流动”的制度设计内容；其次，出台海南自贸港规范和促进数据跨境跨港流动相关政策；再次，对接数字贸易国际前沿高水平规则，加强与高水平地区国际合作；最后，加快制定出台关于促进数据市场化的指导意见，尽快出台相关法律法规，为数字贸易发展提供制度保障。

建言四“关于应对全球最低税支柱方案对海南自贸港参股豁免税收制度影响，提升高水平对外开放竞争力的建议”，主要就随着全球最低税“支柱二”方案的加速实施，针对海南自贸港参股豁免税收制度优势将被抵消的问题提出具体举措，建议：一是继续坚持实施参股豁免制度，借助积极谈判将其设置为“支柱二”的例外条款；二是扩大参股豁免税收政策的受益主体范围；三是适当放宽参股豁免条款的适用条件；四是优化参股豁免制度中的最低税率设置；五是优化参股豁免制度的反避税条款；六是以非税补贴方式给原本享有税收优惠的企业提供支持。

建言五“促进海南自贸港税收优惠政策创新的政策建议”，主要是对标其他自贸港的先进税收优惠政策，就海南自贸港税收优惠政策在实施过程中仍面临的问题和挑战提出建议：一是继续释放企业所得税税收优惠潜力，加大税收优惠政策力度；二是继续加大个人所得税税收优惠力度，同时有效防范制度滥用风险；三是继续优化离岛免税制度，激发其在刺激消费领域的活力；四是推行“零关税”单一清单管理，实行完全的“零关税”减免。

建言六“海南自贸港金融通关监管的建议”，主要对海南自贸港金融业的发展和完善提出建议：一是优化海南自贸港与国内其他城市金融业协同发展布局；二是探索建设自贸港离岸金融监管体系；三是应着重防范化解相关金融风险；四是着力培育海南自贸港金融科技竞争力；五是构建金融监管合作机制。

建言七“优化海南自贸港通关监管政府管理体制的建议”，提出了进一步落实《海南自由贸易港法》和《海南自由贸易港建设总体方案》精神，确保让“听得见炮声”的人来决策以及组建海南自贸港通关监管局，全面负责海南自贸港通关监管职能的举措，促进海南自贸港通关监管过程中政府管理体制的健全与完善。

建言八“优化海南自贸港政府财税管理体制的建议”，主要对当前海南财税管理体制与海南自贸港建设仍不相适应、制约海南自贸港经济体制改革和社会治理创新潜力的状况提出建议：一是健全、完善扁平化的海南自贸港政府组织管理体系；二是重塑通关监管组织架构，组建海南自贸港通关监管局；三是全面推行“聘任制”公务员制度改革；四是突出统一化的财税管理体制优势，实行招商引资的企业化、市场化运营。

建言九“构建海南自贸港通关反洗钱规则的建议”，主要对海南在建设规范高效的金融市场、构筑风险防控体系过程中，从洗钱与反洗钱的角度对维护海南自贸港金融提出具体建议。

建言十“借鉴国际经验推动海南自贸港通关便利化的相关建议”，对海南自贸港封关运作实现货物贸易自由化、便利化提出具体建议，主要包括：完善海南自贸港“单一窗口”平台建设，推动贸易便利化；加强数字基础设施建设，提供更优越的贸易条件；优化管理体制，发挥自贸港辐射效应。

建言十一“现行国际贸易货币结算协定与通关要求对海南自贸港的政策建议”，主要对海南自贸港在保证金融稳定和防范风险的同时，如何实现高效的货币结算与通关要求的高效衔接提出建议。具体要通过加强制度性开放，完善多边、双边机制，引进国际先进成熟经验，与全球系统衔接通关与监管制度，加强金融基础设施建设和优化信息共享平台，加强人民币在跨境贸易中的使用，强化对金融产品和活动的监管，降低结算成本和汇率风险等方式来实现。

专题研究部分包括“境外自贸港税收制度的国际比较”“境外自贸港实施的各类法律法规”“海南自贸港通关监管的制度现状及其完善建议”。海南自由贸易港建设需要健全完善的法律体系作为基础和保障，需要制定符合发展要求的法律、法规、规章。本部分梳理了世界上一些典型的自由贸易港正在实行的具有国际竞争力的政策法规与运行机制，系统比较了一些典型的自由贸易港的法治建设并对制度构成的重要特点和问题进行解剖，据此提出了海南自由贸易港通关监管制度的完善建议与政策优化方案。首先，需要平衡好开放与安全的关系，这是保障海南自由贸易港最高水平开放形态的重要前提；其次，通过借鉴 RCEP、CPTPP 等高标准国际经贸规则，探索构建具有海南特色的全岛封关运作"二线管住"监管模式；最后，在数字贸易发展背景下，通过建立健全数据安全审查体系以强化监管政策的实施。

通关监管国际比较与规制衔接是海南自由贸易港建设的重要内容。2024 年是海南自由贸易港封关运作的关键时期，我们正面临对接国际高标准经贸规则与提升自由贸易港运营效率的重大挑战。在此背景下，本书应运而生，致力于充分利用海南自由贸易港的政策优势和区位优势，先行先试对接国际经贸高标准，稳步推进规则、规制、管理、标准等制度型开放。目标是提升外贸外资对经济增长的贡献度，持续夯实和强化海南自由贸易港的经济基础，全面推动其高质量发展，扩大国际影响力。

在为期一年的深入研究中，我们力求每一项阶段性成果都能为政策制定提供有价值的参考，成为实务操作中的实用工具。我们很高兴地看到，这些努力已经或正在转化为现实的影响力。然而，我们也清醒地认识到，受时间、经验及能力所限，研究中难免存在诸多不足。因此，我们真诚地邀请各位领导、专家学者以及一线工作人员提出宝贵意见，共同推动这项研究的完善与进步。

《海南自由贸易港通关监管国际比较与规制衔接研究》课题组

2024 年 4 月 8 日

Forehead

Entrusted by General Secretary Xi Jinping and the Party Central Committee, Hainan is committed to steadfastly expanding its outward openness. It aims to become not only the splendid showcase of China's style, but also the model of China's reform and opening up in the new era. These tasks align with Hainan's practical needs to contribute to China's high-quality development in this new era. *The Law on the Hainan Free Trade Port* emphasizes active engagement in international exchanges and cooperation. It stipulates that the construction of the Hainan Free Trade Port should embody Chinese characteristics, draw lessons from international experience, center around Hainan's strategic positioning, leverage Hainan's advantages, and promote reform and innovation. The law also requires proactive adaptation to the development of international economic and trade rules, as well as the new trends in global economic governance system reform. Hainan Free Trade Port aims to epitomize the highest level of global opening-up. To achieve this, it will establish and implement policies and systems for zero tariffs, low tax rates, simplified tax system, trade and investment facilitation, cross-border capital flow, personnel mobility, convenient transportation, and secure cross-border data flow.

Hainan Free Trade Port has achieved significant progress in its high-level opening to the outside world. At Global Free Trade Ports Development Forum of Boao Forum for Asia Annual Conference 2024, *Global Free*

Trade Zone (*Port*) *Partnership Initiative* was officially released. Initiated by Hainan Free Trade Port, this initiative involves 32 global free trade zone (port) partners who will prioritize cooperation in six key areas: connectivity, investment and trade liberalization, industrial integration, scientific and technological innovation, digital economy, and green development. These aim to establish mutually beneficial cooperation mechanisms tailored to each partner's needs while promoting information sharing among global free trade zones. This effort seeks to build consensus and enhance cooperative effects. An essential aspect of this high-level opening is institutional openness.

Hainan Free Trade Port epitomizes the highest level of opening-up in China, encompassing new issues and novel forms of business such as finance, taxation, trade and commerce. The final phase of operations for the Hainan Free Trade Port is underway. Further comparative analysis and research on various regulations governing international free trade ports including those related to trade, finance, taxation, and data are essential. Building upon this foundation, it is crucial to explore the alignment with internationally adopted tax and business systems at free trade ports and to promote healthy competition. Furthermore, it is essential to leverage the advantages of Hainan Free Trade Port's socialist system with Chinese characteristics alongside the benefits of international free ports. Simultaneously, conducting comparative analysis and research on integrating the Hainan Free Trade Port with the international customs system and entry customs remains necessary. Therefore, proposing optimization measures and improvement strategies, which are a top priority in institutional innovation practices associated with the "free flow through the first line, and efficient control at the second line" management model within the Hainan Free Trade Port.

In order to support the development of the Hainan Free Trade Port and explore innovative customs clearance supervision methods, Hainan Federation of Social Sciences commissioned Hainan Huayi Institute of

Finance and Economics to collaborate with experts and scholars from the National Tax Law Research Base and Shanghai Customs College in late 2021. The research group conducted special research aimed at analyzing China's current customs clearance supervision situation, existing management systems, and operational modes. The research integrated China's present customs clearance supervision landscape with prevailing management systems and operational approaches to scrutinize the dilemmas and obstacles of customs supervision in the Hainan Free Trade Port. It devised a comprehensive framework for pioneering customs clearance supervision models in the Hainan Free Trade Port, put forward the fundamental elements and implementation trajectory of the customs clearance supervision model, and on this basis, produced an exhaustive research report along with corresponding policy recommendations. The project was successfully concluded in September 2022 and received outstanding evaluation as one of the significant social science research projects within Hainan Province. The research findings and policy recommendations have been highly esteemed and adopted by the government and enterprises, offering robust theoretical underpinning and practical guidance for the establishment and advancement of the Hainan Free Trade Port. The research outcomes have resulted in the formulation of eight policy proposals and the publication of *Innovative Research on the Customs Clearance Mode of 'Free Flow through the First Line and Efficient Control at the Second Line' in Hainan Free Trade Port*, published by China Financial and Economic Publishing House. This work has garnered accolades from various provincial and ministerial-level leaders, who have called for further comprehensive investigation.

In light of this, Hainan Federation of Social Sciences commissioned a consortium comprising the National Tax Law Research Base, Hainan Huayi Institute of Finance and Economics, Shanghai Customs College, University of Chinese Academy of Social Sciences, Chinese Academy of Customs Administration, National Tax Institute of STA, Central University of Finance and Economics, Capital University of Economics and Business, Peking University, Fudan University, Shanghai Jiaotong University, Shanxi University of Technology, Southwest University of Political Science and Law, Minzu University of China, Beijing Technology and Business University, Beijing Vocational College of Economics and Management, Development Research Center of The State Council, Ministry of Finance, Ministry of Commerce, State Administration of Taxation, General Administration of Customs, and other relevant ministries and commissions of the central government, along with other select institutions of higher education and research institutes, and representatives from the business and practical field. Building upon previous research, we initiated a major project titled "Hainan Free Trade Port Customs Clearance Supervision: International Comparison and Regulation Convergence". These institutions and experts who participate in this project bring extensive research backgrounds and abundant practical experience to the table, ensuring a solid foundation for comprehensive exploration and the production of high-quality outcomes.

The research group is led by Professor Hao Ruyu, Deputy Director of the Financial and Economic Committee of the 11th and 12th National People's Congress, head of the Non-partisan Expert Group on Finance and Economics of the CPC Central Committee, and Chief Expert of the National Tax Law Research Base. Serving as consultants are Qian Guanlin, former Executive Deputy Minister of the State Administration of Taxation and former Minister of the General Administration of Customs; Hao Zhaocheng, former Deputy Minister of the State Administration of Taxation; Huang Shengqiang, former member of the Party Leadership Group of General Administration of Customs, Director-General of National Office of Port Administration and distinguished Professor at Shanghai Customs College;

Mei Xiangrong, Global Board of Director at Yingke Law Firm; Bai Fengchuan, president of China Customs Brokers Association, Wang Yaping, former Director-General at Quota and License Administrative Bureau under the Ministry of Commerce; Chief experts contributing to this effort include Liu Jianwen, Chairman of the China Association for Fiscal and Tax Law, Changjiang Scholar of the Ministry of Education, Director of Peking University Center for Tax Law; Wang Wei, former Director-General of Port Supervision Department of General Administration of Customs; He Li, former Director-General of Processing Trade and Bonded Supervision Department of General Administration of Customs; Chen Hui, Party Secretary and Headmaster of Chinese Academy of Customs Administration; Wang Huiping, Distinguished Researcher at Chinese Academy of Financial Sciences, and former Party Secretary and Chairman of Hainan Provincial Social Science Federation; Liu Lei, Party Secretary and Director-General of Hainan provincial Tax Service, State Administration of Taxation; Zhang Wansheng, former Director of Processing Trade and Bonded Supervision Department at General Administration of Customs; and Ni Hongri, former Head of the expert group of The Resources and Environmental Policy Institute of the Development Research Center of The State Council.

This research comprises an introduction, four main reports, three special research reports, and eleven recommendations. It provides a comprehensive and in-depth discussion of the international comparison and regulatory convergence of customs clearance supervision at the Hainan Free Trade Port. Through comparative analysis, case studies, and policy recommendations, we aim to offer scientific and practical guidance for the future development of the Hainan Free Trade Port.

The introduction mainly presents the background and primary content of the research report. As customs clearance supervision is a crucial part for various economic functional zones and free trade ports, this report focuses on the institutional innovation and practical implementation of the "free flow through the first line, and efficient control at the second line" management model. It requires a comparative analysis of international rules to explore alignment with the trade and tariff regulations at international free trade ports (zones). Additionally, the report evaluates and analyzes the effectiveness of Hainan's current policies and proposes improvement measures, which are essential for deepening Hainan's opening-up process.

The main body of the report is structured around four key areas: "Research on goods trade policy and customs supervision Mode of International Free trade Port", "Comparison and reference of tax system and management of International free trade Port", "Research on the convergence of financial regulation and international regulation of Hainan Free Trade Port", "The Governance and Management of Data in International Trade: Exploring New Customs Supervision Rules in the Hainan Free Trade Port". The main body compares and analyzes the connection between the current regulation of international free trade port and the operation mechanism of Hainan free trade Port. Those part focus on the specific operation practices of customs clearance at free trade ports in the world and customs clearance in advanced regions in China. Instead of just focusing on theoretical and conceptual analysis, the report emphasizes practical details of management systems, business processes, and technical support. It mainly summarizes the typical customs clearance supervision modes of free trade ports and their experiences. This part reviews the customs supervision systems, mechanism innovations, and international practices in international free trade zones (ports). Through comparative research, it aims to provide inspiration and references for the institutional alignment and international cooperation in customs clearance supervision at Hainan Free Trade Port. Additionally, the report specifically designs and evaluates the operational models and management methods for customs supervision in four areas within the Hainan

Free Trade Port: goods trade and customs supervision models, tax systems and collection, financial management rules, and data governance. The aim is to propose specific policy measures and implementation strategies for innovating customs supervision models and related systems.

The policy recommendation part consists of 11 recommendations that are of significant academic value for government departments such as customs, taxation, commerce, finance, foreign exchange, border security, development and reform, data, and market supervision. These recommendations aim to scientifically and reasonably allocate powers and responsibilities while establishing governance mechanisms. Importantly, they offer valuable guidance on fostering innovative collaboration, sharing data before the island-wide independent customs operation and building a government governance system and fiscal management structure conducive to the stable, healthy, safe, and high-quality development of Hainan Free Trade Port. This part provides extended and innovative recommendations based on the main body of the research report, presented as specialized research proposals. Not only does this part serves as a concentrated reflection of research outcomes and innovations, but more importantly, its findings have already become or are in the process of becoming valuable references for policy theory research or policy-making in relevant departments.

Recommendation 1 "Proposals for Optimizing the Tax Supervision System following the Closure of Customs in Hainan Free Trade Port" primarily focuses on improving the current tax supervision system. This part suggests that Hainan Province should optimize its tax supervision system by referencing the tax supervision challenges and experiences of international free trade ports (zones), in order to meet the economic development needs of Hainan as an "offshore island".

Recommendation 2 "Proposals for Promoting Sustainable Financial Development following the Closure of Customs in Hainan Free Trade Port", primarily offers recommendations for addressing Hainan's significant economic and financial pressures in the face of current trends of de-globalization, global trade frictions, and escalating international security concerns. It includes proposals such as designating sales tax as a local tax with revenue allocated to the local government; optimizing Hainan's tax supervision system and strengthening tax collection and management capabilities; increasing special transfer payments from the central government for marine monitoring and ocean-going fisheries; and providing policy support for local government bonds under the principle of non-bailout by the central government.

Recommendation 3 "Proposals for Enhancing Cross-border Customs and Supervision Data Governance in Hainan Free Trade Port", primarily focuses on addressing the challenges faced by the digital trade sector in Hainan Free Trade Port, particularly the lack of tax policies and regulatory mechanisms for data flow (trade) and issues related to the governance methods and levels of the digital economy. This recommendation proposes solutions and specific measures. Firstly, it suggests clarifying cross-border and cross-port data flow and digital trade statistical standards in Hainan Free Trade Port, while appropriately enhancing the institutional design for the "orderly flow of data". Secondly, it recommends implementing policies to standardize and promote cross-border and cross-port data flow within Hainan Free Trade Port. Thirdly, it advocates for strengthening international cooperation with high-level regions according to cutting-edge international rules of digital trade. Lastly, it calls for the expedited issuance of relevant laws and regulations, along with the formulation of guidelines to promote data marketization, thereby providing institutional support for the development of digital trade.

Recommendation 4 "Strategies for Mitigating the Impact of the Global Minimum Tax on Hainan Free Trade Port's Tax Exemption System and

Enhancing Competitiveness in the International Market", primarily outlines specific measures to address the challenges posed by the accelerated implementation of the Pillar Two global minimum tax. These measures include continuing to implement the participation exemption system and leveraging active negotiations to establish it as an exception under Pillar Two. Another key measure is broadening the scope of beneficiaries under the tax exemption policy. Additionally, it recommends relaxing the application criteria for the participation exemption clause, optimizing the minimum tax rate within the participation exemption system, and enhancing anti-tax avoidance provisions. Finally, the strategy includes providing support to enterprises that previously benefited from tax incentives through non-tax subsidies.

Recommendation 5 "Policy Recommendations for Enhancing the Innovation of Preferential Tax Policies in Hainan Free Trade Port", aims to benchmark against advanced preferential tax policies of other free trade ports and addresses the ongoing challenges faced by Hainan Free Trade Port in implementing these policies. Firstly, it advocates for further unlocking the potential of cooperation income tax incentives and intensifying the efforts of tax preferential policies. Secondly, it stresses the importance of enhancing individual income tax incentives while effectively preventing the risk of system abuse. Thirdly, it underscores the importance of optimizing duty-free systems on outlying islands to invigorate consumption stimulation efforts. Fourthly, it proposes implementing a "zero tariff" list management system and a complete reduction of tariffs.

Recommendation 6 "Policy Recommendations for Financial Customs Clearance Supervision in Hainan Free Trade Port" primarily offers recommendations for the advancement and enhancement of the financial industry within Hainan Free Trade Port. Firstly, it proposes optimizing the coordinated development layout of Hainan Free Trade Port's financial industry with other cities in China. Secondly, it recommends exploring the establishment of an offshore financial supervision system for the free trade port. Thirdly, it emphasizes on preventing and resolving associated financial risks. Fourthly, it advocates for nurturing the financial technology competitiveness of Hainan Free Trade Port. Fifthly, it recommends establishing a cooperation mechanism for financial regulation.

Recommendation 7 "Proposals for Enhancing the Government Management System for Customs Supervision in Hainan Free Trade Port" advocates for a deeper implementation of the sprits outlined in the *Free Trade Port Law* and the *Overall Plan*. It emphasizes the direct involvement of decision-makers in establishing a dedicated Hainan Free Trade Port Customs Supervision Bureau, which should assume full responsibility for customs supervision. These measures are aimed at strengthening and improving the government management system for customs supervision in the Hainan Free Trade Port.

Recommendation 8 "Recommendations for Enhancing the Financial and Tax Management System of the Hainan Free Trade Port", offers solutions to address the current mismatch between Hainan's financial and tax management system and the development of the Hainan Free Trade Port, which hinders potential economic reform and social governance innovation in Hainan. Firstly, establish and enhance a streamlined organizational management system for the government of the Hainan Free Trade Port; Secondly, restructure the customs inspection and supervision organization framework by establishing the Hainan Free Trade Port Customs Inspection and Supervision Bureau; Thirdly, comprehensively implement reforms of the civil service system by transitioning to a contract-based employment model; Fourthly, emphasize the benefits of a unified financial and tax management system while adopting enterprise-like and market-oriented approaches to investment attraction.

Recommendation 9 "Proposals for Establishing Anti-Money Laundering Regulations for Customs Clearance in the Hainan Free Trade Port" primarily offers specific recommendations to uphold the financial integrity of the Hainan Free Trade Port. These recommendations address both money laundering and trade-based money laundering concerns, aiming to foster a well-regulated and efficient financial market in Hainan while implementing a robust risk prevention and control system.

Recommendation 10 "Proposals for Enhancing Customs Facilitation in the Hainan Free Trade Port through International Best Practices" offers targeted recommendations to promote the liberalization and facilitation of goods trade operations within the island-wide independent customs operation. Key proposals include improving the development of a "single window" platform, where all parties in international trade and transport can submit standardized information to meet regulatory requirements, thus enhancing trade facilitation in the Hainan Free Trade Port. Additionally, it emphasizes strengthening digital infrastructure development to provide superior trading conditions and optimizing management systems to leverage the spillover effects of the free trade port.

Recommendation 11 "Policy Recommendations for International Trade Currency Settlement Agreements and Customs Requirements in the Hainan Free Trade Port", aims to provide recommendations for achieving efficient alignment between current international trade currency settlement agreements, customs requirements, and financial stability in the Hainan Free Trade Port while mitigating risks. This involves enhancing institutional openness, improving multilateral and bilateral mechanisms, integrating international best practices, and aligning customs and regulatory systems with global standards. Additionally, it includes enhancing financial infrastructure development, optimizing information-sharing platforms, promoting the use of RMB in cross-border trade activities, strengthening supervision of financial products and operations, and reducing settlement costs and exchange rate risks.

The special research part includes "International Comparison of Tax System of International Free Trade Port", "Laws and Regulations Implemented by International Free Trade Port", "Institutional Analysis of Customs Clearance Supervision of Hainan Free Trade Port and Recommendations for Improvement" etc. The construction of Hainan Free Trade Port needs a sound and perfect legal system as the foundation and guarantee, and it is necessary to formulate laws, regulations and rules that meet the development requirements. The special research systematically reviews the internationally competitive policies, regulations, and operational mechanisms being implemented in some typical free trade ports worldwide. It systematically compared the rule of law construction in these ports and analyzed the important characteristics and problems of their system compositions. Based on these analyses, the research put forward improvement recommendations and policy optimization plans for the customs clearance supervision system of Hainan Free Trade Port. Firstly, it is necessary to balance the relationship between "openness" and "security", which is an important prerequisite for ensuring the highest level of openness of Hainan Free Trade Port; Secondly, by drawing on high-standard international economic and trade rules such as RCEP and CPTPP, this part explores the construction of a "efficient control at the second line" management model with Hainan characteristics for island-wide independent customs operation. Thirdly, regarding the advancement of digital trade, this part recommends enhancing regulatory policies by establishing and improving the data security review system.

2024 is a critical juncture for the island-wide independent customs operation, presenting significant challenges in aligning with international high-standard economic and trade regulations and enhancing operational efficiency. In response to these challenges, we have initiated this research with the aim of fully leveraging the policy advantages and geographical location of the Hainan Free Trade Port. The objective is to proactively align with international high-standard economic and trade practices while progressively advancing institutional openness encompassing rules, regulations, management, standards, etc. Our goal is to increase the contribution of foreign trade and investment to economic growth, continuously solidify and strengthen the economic foundation of the Hainan Free Trade Port, comprehensively promote its high-quality development, and expand its international influence.

In our year-long in-depth research, we aim for each interim findings to provide valuable insights for policy-making and to serve as practical tools for operational use. We are pleased to see that these efforts have already begun to have a tangible impact. However, we are also aware of the limitations in our research due to constraints such as time, experience, and resources. Therefore, we sincerely invite excellencies, experts, scholars, and frontliners to provide valuable feedback to help improve and advance this research together.

Research Group on Hainan Free Trade Port International Comparison
of Customs Supervision and Regulation Coordination
April 8, 2024

目　录

第一部分

绪　　论

海南自由贸易港封关运作已进入最后冲刺阶段，海南已成为国家级自由贸易试验区的前沿阵地。通关监管是各类经济功能区和自由贸易港（区）的重要环节，与“一线放开、二线管住”通关模式相关的制度创新和落地实践需要对国际规则进行比较分析，探讨如何与国际自贸港（区）在贸易和关税方面的规则制度进行衔接，同时要对海南现行的政策效用进行评估分析，提出改进优化措施，这是海南深化开放进程中的重中之重。

一、研究背景

（一）海南自由贸易港“一线放开、二线管住”的探索进程

海南自由贸易港建设是破题高水平开放，逐步形成高水平开放型经济新体制的重大体制改革试验。海南自由贸易港封关后，海南省将正式成为“离岸岛”，海南省域范围内的人员、物资和金融资产的流动管理主要遵循《海南自由贸易港法》及其配套法律法规。其制度设计和特点就在于“一线放开、二线管住”。“一线放开”指的是在海南自由贸易港与境外其他国家和地区之间设立的“一线”，进出境环节强化安全准入监管，同时清单外货物、物品自由进出，海关依法进行监管；“二线管住”则是指在海南自由贸易港与中国内地之间设立的“二线”，货物从海南自由贸易港进入内地时，原则上按进口规定办理相关手续，照章征收关税和进口环节税。

随着政策的不断完善和实践的深入，海南自由贸易港有望成为中国乃至全球贸易自由化和经济全球化的重要示范。海南自由贸易港的封关工作正在按照既定的时间表有序推进，各项准备工作正在全面展开，以确保能够顺利实现 2025 年底前全岛封关运作的目标。

2021 年之前，海南自由贸易港的建设已经开始布局，政策制度体系逐步构建，180 多项政策文件落地实施。《海南自由贸易港建设总体方案》发布后，海南省成立了研究专班启动相关研究工作，并形成了“海南自由贸易港全岛封关运作总体框架思路”等系列研究成果。

2022 年，是海南自由贸易港建设全岛封关运作准备工作的关键一年。海南已梳理了全岛封关运作相关建设项目 54 个，计划总投资 180 多亿元。全岛封关运作的准备工作全面铺开，第一批全岛封关运作 31 个项目已有 25 个开工建设，首批 27 项政策压力测试工作也在有序推进。

2023 年，海南自由贸易港全岛封关运作准备工作进入倒计时，年底要具备封关硬件条件。封关的硬件条件包括口岸规划与建设、非设关地布局与建设、税收政策安排、金融配套、行政体制保障、项目建设及要素保障等方面的准备工作。例如，2023 年 1 月，琼海博鳌机场“二线封关”口岸项目封顶，成为海南自由贸易港首个封顶的封关运作项目。

2024 年，海南自由贸易港将在年底前完成封关各项准备工作，为 2025 年底前的全岛封关运作奠定基础。

海南自由贸易港计划在 2025 年底前适时启动全岛封关运作。届时，海南全岛将建成一个由海关监管的特殊区域，实现“一线放开、二线管住、岛内自由”的货物进出口管理制度。全岛封关运作的实施，更多企业将享受到零关税、低税率、简税制的政策优惠，为海南经济发展注入更强动力。

从上述时间线我们可以看出，海南自由贸易港“一线放开、二线管住”管理制度是一个动态发展的进程，它结合了优惠政策、便利化措施、严格的管理和监管模式以及有效的风险防范机制，旨在推动海南自由贸易港成为开放型经济新高地。

（二）海南自由贸易港通关监管中的重要问题

1. 海关代征流转税的行政效率优势不复存在

在传统国际贸易关系中，海关在征收关税的同时代征增值税和消费税等流转税，可以有效节约行政资源。但是，参考《区域全面经济伙伴关系协定》（RCEP）、《全面与进步跨太平洋伙伴关系协定》（CPTPP）等经贸规则所要求的国际自由港 90% 以上货物实行零关税，海南自由贸易港封关后的关税业务将大幅缩减，海关代征流转税的行政效率优势将不复存在。

2. 进出口环节流转税的税收监管存在“九龙治水”问题

海关征收关税、代征增值税和消费税仅适用于物流节点，但对于复杂经济活动货物流转的税收监管则力不从心。首先，海关与税务部门的监管逻辑差异，造成了日常税收监管漏洞。海关缴款书作为纳税人申报进口货物增值税进项税的主要凭证，其防伪与数据稽核比对标准显著低于增值税专用发票，为纳税人篡改海关缴款书、实施虚抵进项税提供了可能性。其次，出口环节，海关仅对货物进行核查，并不核查货物所有人信息，因此，为“买单配票”① 骗取出口退税的违法行为提供了空间。最后，海南自由贸易港封关后，商品与资产的“在岸”与“离岸”属性将产生明显的价格差，政策套利空间明显，不法企业存在利用“阴阳合同”实现“套利”的经济动机。

---

① “买单配票”，主要是指行为人通过中介人员或者其他方式购买那些无法申请退税或者不需要退税的出口货物信息，获取虚假报关单（如义乌、柯桥等国际小商品集散市场采购的无须退税商品的单证），再根据出货报关单退税联制作虚假购销合同、虚开发票以及虚假收汇，制作出整套国内购货、报关出口以及销售境外等材料，并以此向税务机关申请退税的行为。

3. 海关与税务的协同执法存在重大制度性障碍

税务稽查部门与海关数据比对进行协查有造成案件终结、国家税款流失的风险①。实践中，变造海关缴款书虚假抵扣增值税的税务稽查案件已经发生多起。2013 年 6 月 17 日，广东省国税局实施的“海豹行动”、2021 年舟山市税务局稽查局查处的“榴莲‘变’煤炭”案，均是变造海关缴款书货物品名、虚假抵扣增值税进项税的典型案例。基于海关“比对一致”的核查回函而错误终结的隐藏的税务稽查案件可能更多。这一现象反映了当前海关与税务部门在税收监管逻辑上的差异，更体现了海关与税务部门跨部门协同执法上的制度性障碍。

4. 税收与税源的背离，阻碍“离岸岛”独立市场建设

消费者通过网络向所在地以外的供应商大量购进数字产品和服务，跨区交易发生在没有应税存在或者供应商规避应税存在的情况下，消费地的税务机关无法或难以使用消费地原则征税，基于消费地原则的税收管辖权遭遇侵蚀和冲击。例如，滴滴公司在海南提供交通运输服务，却在天津申报缴纳交通运输服务的增值税。在全国统一大市场背景下，税收与税源的背离主要对省际税收收入分配产生一定的负面影响。而封关后海南作为“离岸岛”，将形成独立市场，税收与税源的背离将侵蚀海南本地的税收管辖权，会破坏“离岸岛”市场有效运转所依赖的竞争性经济条件，妨碍经济规则的统一和运行秩序，对“离岸”独立市场建设产生不良影响。

---

① 汉中市税务局第一稽查局在承办“2022CTH 西办 - P05”专案中，查明纳税人通过篡改海关缴款书的货物品名，变造海关缴款书，实现了虚抵增值税进项税的违法行为。但是，由于海关与税务部门关于海关缴款书的数据比对仅限于海关缴款书号码（报关单编号）、海关代码、海关、填发日期、税款金额、缴款单位（人）六项信息，不比对商品品名，因此，税务稽查部门发给多个海关的协查函，均获得“比对一致”的结论。因该案税务检查人员持续对该涉案企业上下游外调走访，最终取得其中一份海关缴款书原件，证实了纳税人存在篡改海关缴款书货物品名的违法行为。

5. 海南自贸港金融监管中存在的问题

首先，顶层设计和信用基础须同步加强。虽然海南自贸港有立法授权，但目前在金融业发展方面尚未有清晰的定位；国家和地方金融管理层面虽出台了相关意见和方案，但仍需加强海南金融开放发展的顶层设计，进一步完善长远规划；同时，亟须加强政策出台的事前分析和事后评估，为实施方案的科学制订和动态调整提供依据。其次，逆全球化与中美关系的影响。西方发达国家的阶层分配问题以及产业链分工问题日益凸显，在全球化、贸易自由化的背景下各地出现了不同程度的民粹主义以及逆全球化思潮，贸易保护主义抬头，国际贸易呈现紧张局势。最后，海南金融行业发展水平亟待提升，对标高标准经贸规则制度创新仍需加强。制度创新的系统性仍存在不足，部门、行业之间缺乏协同，重点行业缺乏集成式的支持措施，金融市场的对外开放水平仍较为滞后。

6. 海南自贸港数字贸易和数据治理中面临的难题

当前数字贸易领域存在两大问题：数据交换与产权归属问题、数据安全与个人信息保护法律问题。同时，数据跨境流动的国际规则尚未统一明确，国内数据跨境流动监管规则处于初步探索期，美欧从数据规则上对我国进行打压。

第一，自由贸易港以数据为对象的监管与服务是全新领域，《海南自由贸易港法》和《海南自由贸易港建设总体方案》在数据安全有序流动的制度设计上偏向数据流动形式的设计，对数据流动（贸易）的对象没有明确，因此也缺乏相关税制和监管机制的设计与借鉴衔接。

第二，以数据方式的自由贸易港智慧建设对贸易、投资、资金、人员、运输工具等领域通关监管数据的产生、确权、流动、交易、应用场景等数字经济治理规则提出了新的挑战，对数字经济治理方式和水平提出了新的要求。

二、研究内容和框架

本书的研究思路是：首先，分析世界通关监管的概念和内涵，厘清研究内容和范围；其次，以代表性的世界自贸港为案例，分析通关实践经验，比较其各种政策和规制；最后，在此基础上与海南自贸港进行对比，重点分析现行政策与国际规制的衔接情况，提出改进和优化建议。具体分为以下几方面。

（一）境外自由贸易港通关规制比较与分析

首先，研究境外自由贸易港①运营和通关监管模式、通行做法。包括境外典型自由贸易港运作实践、境外自由贸易港通关监管模式分析及启示与借鉴。

其次，进行境外自由贸易港规制比较与分析。包括针对境外自贸港立法模式、税收制度、金融制度、贸易制度、营商环境及其政策、风险管理制度等进行分析。

（二）海南自由贸易港通关相关规制的改进优化

分析我国通关监管发展历程、监管模式、通关监管场所等，重点对海南自贸港通关监管模式的特点和局限性进行分析，包括从现行法规、政策的效用角度进行评估，提出改进优化建议。针对通关监管的业务运行模式及管理办法、模式创新的实施路径、通关监管相关制度等进行研

---

① 本书涉及的全球各类自贸区、自贸港称呼不一，但管理和运作模式大致相同。为了叙述方便，下文中的“境外自贸港”均包含“自贸区”等概念。

究，提出对海南自贸港通关监管模式优化改进的建议。

（三）海南自由贸易港与境外自贸港的衔接与合作

一是研究通关实行的税收制度比较与衔接，研究境外自贸港的税收制度及其实施效果、海南自贸港相关税制与国际通行税制比较衔接等问题。

二是研究通关中贸易金融监管制度比较与衔接，包括国际反洗钱相关协定与通关要求、国际贸易货币结算协定与通关要求、海南自贸港通关监管中的金融风险防控与衔接等问题。

三是研究通关数据治理规制与衔接，包括国际贸易数据治理规则与通关监管的数据交换分析、贸易对象数字化和数据治理技术对通关监管的影响、“数字政府”与“双接轨”——海南自贸港通关数字治理创新要求等问题。

三、研究意义和预期成果

本书贯彻习近平总书记“把论文写在祖国大地上”的思想，着眼于新时代改革开放和社会主义现代化建设，在前期海南自贸港“一线放开、二线管住”课题基础上，进一步梳理世界自贸港通关监管相关的规则制度，对通关监管发展趋势以及我国通关监管历程、模式和场所等进行详细分析，聚焦境外自贸港的各项规制和实践操作，针对我国通关监管实践改革路径的探讨分析，希望基于国际先进模式和经验形成适合我国国情的、本土化的启示与借鉴，重点对海南自贸港的通关监管模式如何与国际规制结合、发挥中国特色社会主义制度优势进行创新研究，在借鉴世界先进经验基础上，提出海南自由贸易港通关监管模式创新设计、通关监管相关制度和优化改进的相应实施路径。

（一）理论和实践意义

海南具备特有的区位优势和生态资源优势，不仅与东盟各国进行贸易往来十分便利，同时为建立独立的关税区提供了有利的条件，也为建设“一线放开，二线管住”的海关监管特殊区域提供了便利。2021 年 6 月 10 日，《海南自由贸易港法》正式公布并实施。海南自由贸易港代表着我国最高水平的开放形态，涉及一系列自由贸易港尚未遇到的问题和业态，包括金融、税收问题，以及离岸贸易、离岸金融等新业态。其中，海南自由贸易港由于要实现国际国内贸易的最大自由化、便利化，由此带来的“一线放开、二线管住”问题是能否建成海南自由贸易港的关键问题之一。

在此基础上，研究如何与境外自贸港进行国际通行的税收和营商环境等制度衔接，开展良性、有序竞争，真正发挥海南自贸港的中国特色社会主义制度优势和国际化自贸港的优势，需要进一步深入研究世界自贸港的管理体制、税收制度、金融制度、数据治理制度等特点，包括其操作规程中的先进经验。通过对比分析，研究海南自贸港在与国际规制衔接、入境海关衔接中的相关问题，抓住“通关监管”这一核心环节，促进海南自贸港规则制度的落地实施。

最后，本书旨在围绕海南自贸港的制度集成提出优化改进策略，把“一线放开、二线管住”的基础进一步夯实做强。

（二）预期研究成果

本书着力于国际视野与实务操作的结合、国际比较与案例分析方法，重视规则制定和流程梳理等实务操作。利用比较分析和实证研究的方法，聚焦境外自贸港海关通关和国内先进地区海关通关的具体操作实践，不拘泥于理论概念分析，而是侧重管理制度、业务流程、技术支撑等可以付诸实践的细节进行评估和研究，主要创新之处在于着眼于海南自贸港与国际自由贸易之间的各种规则制度方面的衔接与效用分析，方便海南自贸港在通关监管中对标比较和实践操作，具备极高的应用价值。

本书包括四个主体报告和在此基础上形成的三个专题研究。同时，针对研究的问题，形成建言献策十一份，得到了中央有关部委、海南省委省政府主要领导的高度重视，为相关部门的决策提供了可供参考的建议。

第二部分

主体报告

主体报告一：境外自由贸易港货物贸易政策及海关监管模式研究

一、境外典型自由贸易港货物贸易政策比较

（一）中国香港自由贸易港货物贸易政策

中国香港特别行政区的地理位置很优越。1841 年，英国宣布香港为自由港。香港的经济活动体现了市场经济的高度自由，主要体现在如下方面。

1. 自由的货物贸易制度

香港是一个自由港，进出口贸易很便捷，除一些特殊的商品，比如管制类、烟酒类以外均享受零关税，也不受进口配额的限制。香港特区政府不限制货物的进出口经营权，因此任何香港机构和个人不需要向政府申请就可以办理进出口货物业务，这充分体现了自由的贸易制度给自由贸易港的发展带来的重要作用。

2. 完善的海关管理工作

香港海关一般采取抽样方式对货物进行查验，依托审阅文件对所有经由航空、海路、陆路进出香港的货物进行管理和制约。基本工作内容包括以下几方面。

（1）进出口清关。香港海关查验航空、陆路和海路进出口的货物，搜查抵港和离境的飞机、船只以及车辆，在进出口时进行清关，从而达到负责保护香港和防止禁运物品非法进出香港的目的。

（2）进出口报关。进出口货物需向海关进行报关，除豁免物品外，任何人均须在输入或输出物品后 14 日内呈交准确及完整的进出口报关单。

（3）应课税品。根据《应课税品条例》（香港法例第 109 章）的规定，海关负责征收四类应课税品，即酒类、烟草（除了无烟烟草产品和另类吸烟产品）、若干碳氢油类及甲醇的税款及保障这四类货品的税收。酒税按酒精浓度为基准计算评估，烟草、碳氢油类及甲醇的税款是按每单位数量的特定税率征税。

（4）现金类物品。根据香港地区海关部门的相关规定，对于现金类物品在某一跨境运输工具上进口或出口大量（即总值高于 12 万港元）属同一批次货物的货币及不记名可转让票据（以下简称“现金类物品”），要通过海关现金类物品申报系统提前向海关申报。

（5）禁运物品。禁运物品是有明确要求的，对于禁运物品须预先向政府部门申请牌照和许可证，方可进出口。

（6）暂准进口证。在出入境站进行货物清关时，海关人员核对货物资料，对暂准进口证涵盖的物品在暂准进口证的相对凭单上进行签注。香港特区政府根据《伊斯坦布尔公约》，暂准在展览会或会议类似活动上陈列或使用的货物、专业设备、用于体育活动的旅客个人物品及货物、游客的宣传资料等进入香港特区。

（7）个人物品。个人物品进口货物的清关程序与一般货品的清关程序是相同的。

3. 便利的商贸制度

（1）单一窗口制度。为了保证香港的竞争力，香港特区政府在贸易及物流枢纽建设方面根据企业向政府提交的进出口贸易文件，全力发展单一窗口，建设一站式电子平台，加快商贸制度的便利化进程。

（2）认可经济营运商计划。认可经济营运商计划是香港特区政府推行的认证制度，企业公开自愿参与。只要符合既定的安全标准，香港本地公司都可以成为认可经济营运商，享有查验手续简化或优先接受海关查验的便利通关条件等。

认可经济营运商计划在2010年试验运作，后续取得了巨大成功，加强国际供应链安全及便利合法货物的流动，有助于香港保障全球供应链，有助于加强香港国际贸易中心和物流枢纽的竞争优势。在全面推行这个计划后，海关也在寻找机会与其他海关当局达成相互认可协议，进一步提升竞争力。

（3）采用电子货物清关平台。香港海关采用空运货物清关系统、电子货物仓单系统等多个电子货物清关平台，提高提交电子货物数据的速度，提升清关效率。

空运货物清关系统是一个方便检索海关行动编码、不受限制货物可快速清关，营造公平竞争环境的便利贸易平台，是专为加快空运货物清关而设。该系统提供全天24小时服务，全面提高了空运货物清关的效率。

电子货物仓单系统让货物承运商以电子方式向香港海关、政府统计处、工业贸易署提交货物舱单，应用在航空、铁路、远洋及内河货物等各方面业务，目的也是提高清关效率。

（4）海运简易通关计划。海运简易通关计划以Excel/CSV档案，预先向海关提交海运模式的入境/转运付运货品等副提单资料，方便货运代理和物流公司以电子方式提交这些资料进行海运货物清关。这是便利商贸的最新的电子渠道措施，能够更加简化现时的海关清关程序。

（5）自由贸易协定中转货物便利计划。中国与不同国家及地区签订自由贸易协定，如果明确货物途经第三地中转，而中转过程符合未进行再加工的规定及条件，包括受当地海关或指定机构监管，则可被视为直接运输，可享受关税优惠。

（6）多模式联运转运货物便利计划。2010 年 11 月，香港海关推出多模式联运转运货物便利计划，通过简化清关程序，为空陆及海陆联运转运货物提供清关便利。

（7）跨境一锁计划。2016 年 3 月 28 日，香港海关与内地海关正式推行跨境一锁计划，这个计划可以进一步加强清关便利。如湘粤港海关跨境一锁快速通关于 2023 年 6 月 13 日成功开通，湖南省是继广东省后第二个实施跨境一锁的内地省份，标志着两地海关在通关便利合作上取得了新进展。

（二）新加坡自由贸易港货物贸易政策

新加坡位于马六甲海峡东端，地理位置优越，被誉为“世界十字路口”，是亚洲地区重要的金融、贸易和航运中心，也是世界上著名的自由贸易港口。新加坡目前有 8 个自由贸易园区、35 个可享受关税减免的工业园区和 70 余座保税仓库。自由贸易政策是新加坡国际贸易战略的核心，也是新加坡自由贸易港（以下简称“新加坡自贸港”）的关键优势所在。

1. 自由的货物贸易制度

（1）基本规则。

①自由贸易港——承担“转口贸易”业务。新加坡自贸港业务以转口贸易为主，进入园区内的货物在不改变其性质的前提下可以重新包装、分类和拆（并）箱，但是限制深加工，区内基本没有制造业，主要以提供物流附加值为目的。新加坡自贸港均以围墙等方式加以封闭，未经海关部门准许，任何人不得擅自进入或居住其内。新加坡发达的空运、海运和陆运交通运输网络，保证了货物的迅速流通。进入新加坡境内的国外货物，90% 以上会再次转运出口。因此，就整体交易而言，新加坡实质上是一个国际货物转运的枢纽站。新加坡奉行开放的贸易政

策，希望建立自由和开放的国际贸易环境，并积极进行双边贸易谈判。目前，新加坡签订的自由贸易协定（FTAs，以下简称“自贸协定”）涵盖了中国、美国、英国等21个国家（地区），涉及32个贸易伙伴。

新加坡自贸港的主要活动基本上是转口贸易，进入自贸港的货物进行重新包装、分类和去包装等不改变性质的粗加工，深加工有限。整体而言，新加坡基本上是一个国际货物转运中心。

②其他工业区和保税区——提供深加工和仓储服务。新加坡在港口或周边区域划分出一部分特定区域作为工业区，对特定产品进行简单或深加工活动，截至2023年3月，新加坡已有近10个出口加工区和35个工业园区。工业园区设立的主要目的是吸引外资到区内集中投资设厂并进行加工制造，促进经济增长、推动就业。新加坡还有70余座保税仓库，公司可以将货物从自贸港转运到保税仓库储存。这些货物在转运储存时不征收消费税，只有在离开保税仓库、进入国内市场时才征收消费税。此外，新加坡还设有用于存储烟酒、汽车和石油产品等征税货物的特许仓库区，这类仓库须征得海关授权方能建立。工业区和保税区都是自贸区的延伸，为跨国（地区）公司和物流运营商提供便利。

（2）贸易主管部门。新加坡的外贸主管部门是新加坡国际企业发展局，隶属于新加坡贸工部，其前身是新加坡贸易发展局。该局下设贸易促进部，并进一步分为贸易伙伴关系规划署和出口促进署，主要职责是促进新加坡成为国际商业之都，并加强以新加坡为基地的公司的出口能力。

（3）贸易法规体系。新加坡的贸易法规体系较为完备，已建立包括《商品对外贸易法》《自由贸易区法》《海关法》《商品服务税法》《商务争端法》《竞争法》《商船运输法》《战略物资管制法》《禁止化学武器法》《进出口管理法》等在内的贸易相关法律法规。

（4）新加坡海关基本工作内容。

①货物的进口。在将货物进口到新加坡之前，进口商必须通过贸易交换网（Trade－Exchange）向新加坡关税局提交许可申请。在符合规

定要求的情况下，新加坡关税局将向进口商签发进口证书和交货确认书，以确保货物确实进口到新加坡，并且没有被转运或出口到违禁目的地。一般来说，所有进口商品都要缴纳消费税。如果进口货物属于管制货物，则必须向主管当局提交申请并获得批准。

②货物的出口。对于通过海运或空运出口的非管制货物，必须在出口后三天内通过贸易交换网提交准证申请。受管制货物，或通过公路、铁路出口的非受管制货物，必须先通过贸易交换网提交准证申请再出口。

③货物的转运。货物的转运，不论是在自贸区间，还是在同一自由贸易区内，先在贸易交换网获得有效的转运授权，方能开始货物的装载。

④应课税品。新加坡关税是对进口到新加坡的货物征收的关税。关税税率为0～4%。应课税品有四类，即酒类、烟草制品、机动车、石油产品和生物柴油混合物。目前，仅有极少数货物需要缴纳关税或者进口受限。消费税是对新加坡制造或进口的商品征收的税，税率为7%，根据货物价值计算。

⑤进出口商品检验检疫。新加坡政府高度重视进口商品的检验检疫工作，具体而言，由农粮兽医局负责进口食品、动物和植物的检验检疫，卫生科学局负责进口药品、化妆品等检验检疫。

2. 便利的商贸制度

（1）国家单一窗口。贸易网（Trade Net）是新加坡的国家贸易申报单一窗口，为新加坡贸易和物流界提供了一个单一平台，以满足所有进口、出口和转运相关的监管要求。通过单一入口向多个监管机构提交单一声明，Trade Net减少了准备、提交和处理贸易文件的成本和时间。互联贸易平台（Networked Trade Platform，NTP）是一个一站式贸易和物流生态系统，支持数字化工作并连接新加坡和国外整个贸易价值链的参与者。

Trade Net 于 1989 年 1 月 1 日推出，允许有关政府和私人部门在该平台交换贸易信息。Trade Net 集成了进口、出口和转运单证处理程序，使贸易和物流部门能够履行贸易手续。通过 Trade Net，新加坡海关和其他主管当局监控货物的流动并执行健康、安全和其他监管要求，减少了准备、提交和处理贸易文件的成本和时间，加快了货物清关速度，并允许以电子方式扣除费用和税款。

NTP 是一个一站式贸易和物流生态系统，支持数字化工作并连接新加坡和国外整个贸易价值链的参与者，助推新加坡成为世界领先的贸易中心。NTP 作为与其他平台对接的一站式贸易信息管理系统，提供广泛的贸易相关服务。NTP 是开放式创新平台，允许利用跨行业数据进行开发，提供相关服务，用于源头数字化的文档中心，可重复使用数据，以降低成本并简化流程。

（2）经认证经营者制度。经认证经营者（Authorized Economic Operator，AEO）制度是世界海关组织为落实《全球贸易安全与便利标准框架》而推行的制度，其认证和认可守法经营、诚实守信、安全经营的企业，并为获得认证的企业提供优惠通关便利，并以此建立良好的政商关系，实现互利共赢。

2012 年 6 月，中国与新加坡签署 AEO 互认协议，并于 2013 年 3 月 15 日正式实施。新加坡与已实施 AEO 计划的东盟成员国（AMS）认可东盟授权经济运营商相互认可安排（AEO - MRA）。

（3）数字基础设施建设。新加坡的数字基础设施建设完善，数字营商环境和数字基础设施发展环境保持稳定，贸易自由度逐渐提高，打造数字经济新态势。新加坡在 5G 网络、人工智能、云计算、物联网等数字生态建设方面走在国际前沿，未来将进一步发展智慧医疗产业生态圈、电子商务、数字交通等领域，提升数字化转型速度，推动数字经济高质量发展。

新加坡数字化建设发展历史悠久。早在 1980 年，新加坡就组织政府人员学习通信技术提高工作效率，宣传智能化、无纸化和自动化办公，研发近250个信息管理系统、供23个部门工作的信息网络，推动政府与企业之间的数据分享。1990年新加坡政府颁布《国家技术发展规划》，建立了新加坡首个宽带网络，给居民提供便利式生活服务。1999年创立了包含交互与高速的多媒体网络平台，提供24小时在线办事。2000年起，旨在将新加坡打造为电子政务卓越国家，为数字政府部门提供网络全覆盖，便利百姓随时随地可以享受网络信息服务。2006年开始为期10年的“智慧国家2015计划”，旨在将新加坡建设成为一个全球化、信息技术广泛应用的智慧国家。2014年新加坡提出全新的“智慧国家2025计划”，利用物联网、5G技术、云计算等创新技术实现使居民幸福安康、生活美满、国家富强、种族团结的目标。

新加坡的数字基础设施建设打破了贸易往来中的时空约束，促进贸易环节便利化、创新化、生态化，提升贸易效率。

（4）高水平的电子化通关。新加坡电子政务建设处于世界领先水平，基本实现了货物通关环节的电子化、自动化和网络化，为贸易商大大降低了通关成本，节省通关时间。除上述提到的贸易网（Trade Net），还包含港口网（Port Net）和海事网（Mari-net）。

港口网（Port Net）汇集了来自海事和港口管理机构、航运公司及其代理机构、货主、物流服务提供商等的信息，融合了航运和港口的专业运营经验，采用高效的数据交换和通信技术，将航运相关各方联系起来，简化了信息流程。

海事网（Mari-net）为船舶公司提供了处理和传送电子船舶文件等一系列海事服务。

（5）与新加坡关系密切的东盟海关转运系统。东盟海关转运系统（ASEAN Customs Transit System，ACTS）是一个高度自动化的海关转运管理系统，可供从事跨境运输的贸易商使用。它只需要一份海关手续，允许贸易商通过参与的东盟成员国自由运输货物，从而为贸易商提供便利。卡车可以从装货点运往不同东盟国家的目的地，无须在每个边境进行不同的海关申报，也无须将货物转移到每个国家的不同卡车上。

东盟海关申报文件（ASEAN Customs Declaration Document，ACDD）是一种电子文件，旨在促进可交换的东盟成员国（ASEAN Member States，AMS）之间交换出口申报信息。它包含一组特定的Trade Net出口许可证数据，这些数据将发送到AMS中的海关当局，以补充进口国海关当局的风险管理。参与贸易商的预期好处包括可能缩短由ACDD支持并导入可交换AMS货物的清关时间。

（6）集装箱追踪服务。集装箱追踪服务是新加坡海关、中国海关总署、新加坡海事及港务局和新加坡国际港务集团有限公司（Port of Singapore Authority，PSA）合作共同开发的一项服务。集装箱追踪服务使NTP用户能够一目了然地看到他们的集装箱货物在哪里，旨在为位于新加坡的贸易商及其物流合作伙伴提供供应链可见性，使之能够改进决策以保持竞争力。NTP用户只需输入集装箱编号即可检索特定集装箱的状态，同时可以查看其集装箱运输过程中的关键环节，包括新加坡和中国之间集装箱运输的清关、装卸状态。目前，该服务适用于新加坡至上海洋山港和中国广西钦州港之间的货物。

（7）全面保证贸易安全。新加坡为了保持竞争力，建立了健全的自贸试验区安全监管制度，对自贸区内允许的活动实行严格控制和限制。自贸区内的交易和活动必须遵守新加坡的所有法律和法规，这些法律和法规授权政府当局对自贸区实施控制并采取执法行动，例如例行检查和打击非法贸易活动；此外，自贸区运营商没有其他豁免或特殊待遇。

执法方面，新加坡海关协同新加坡警察部队和移民与检查站管理局（Immigration & Checkpoints Authority，ICA）等执法机构，为保护自由贸易区的安全，与其他执法机构建立了操作程序，以便根据有关非法贸易可采取行动的情报迅速采取行动。同时与国际同行合作，通过共享信息（例如将信息传递到下一个停靠港）并响应信息请求，帮助防止和打击自由贸易区内的非法贸易。

3. 新加坡当前的贸易政策走向

新加坡传统上是东南亚的重要转运点，也是全球最繁忙的集装箱港口之一。其作为枢纽的作用反映了这个城市有限的自然资源和对对外贸易的严重依赖。新加坡贸易占 GDP 的比例是世界上最高的国家之一，进一步凸显了这一特点。

近些年，新加坡逐渐成为重要的制造基地，并已成为石油供应、服务和炼油的区域中心。该国的贸易格局正在不断演变，资本货物的比例不断上升，特别是工业材料、机械、石油钻探设备和电信。与此同时，随着制造商将重点转向国际市场而不是区域市场，服务变得越来越重要。

目前，中国是新加坡最大的贸易伙伴，是新加坡第一大出口市场、第一大进口来源和第三大服务贸易国。其他重要的出口市场是美国、欧盟、中国台湾地区和马来西亚。中国同时也是新加坡最大的进口来源地，其次是马来西亚、中国台湾地区、欧盟和美国。主要出口类别（不包括转口）包括机械和设备、矿物燃料和化学品，这些在新加坡的主要进口类别中也占有突出地位。

新加坡是包括世贸组织在内的多个国际贸易机构的成员。从地区角度看，它是由 21 个成员组成的亚太经济合作组织（Asia – Pacific Economic Cooperation，APEC）论坛和亚洲开发银行的一部分。

新加坡也是东盟的一部分。东盟于 2015 年底正式创建单一市场的东盟经济共同体，旨在促进自由贸易、自由投资及劳动力的自由流动。然而，像欧盟那样完全经济一体化可能还需要几年时间。当前，东盟与澳大利亚、新西兰、中国内地及香港特区、印度、日本和韩国签订了有效的自由贸易协定。

新加坡是《区域全面经济伙伴关系协定》（Regional Comprehensive Economic Partnership，RCEP）的签订方之一。新加坡于 2021 年 4 月批准了 RCEP，截至目前，该协定对 15 个参与国全部生效。尽管 RCEP 条款不具约束力且执行机制薄弱，但主要通过供应方协调，有助于巩固新加坡作为贸易中心的地位。新加坡与主要经济体之间的大部分关税削减已经实施，因此 RCEP 预计不会带来变革。

新加坡也是《全面与进步跨太平洋伙伴关系协定》（Comprehensive and Progressive Agreement for Trans - Pacific Partnership，CPTPP）的签署国。CPTPP 取代了 2017 年美国退出后由 12 个成员组成的跨太平洋伙伴关系协定。新加坡批准了 CPTPP 协议，该协议于 2018 年底生效。这个城市国家继续积极倡导中国加入 CPTPP，尽管它与美国提出的印太经济框架接轨，但该国认为 CPTPP 无法被印太经济框架取代。

中国公司越来越多地选择在新加坡设立国际总部，技术供应链的分支可能对新加坡更加有利。

（三）迪拜自由贸易港货物贸易政策

迪拜是阿联酋联合酋长国乃至海湾地区的贸易、航运、金融、物流和科技中心，该城市以其便捷的物流和出色的商业环境而闻名，吸引了一大批的国家贸易和金融企业。从 20 世纪 70 年代开始，迪拜市政府就将港口开发与机场建设列为最重要的基建目标，迪拜港的建设成为政府的重点建设目标。迪拜政府对货物贸易的管制政策较为宽松，对在自贸港内交易、储存、加工或制造的货物，一律免征关税。为了通关更为便利，迪拜海关对自贸港的货物进行抽查监管。为了加快货物的流动，促进产业集聚效应，还制定了外商投资符合一定条件免征企业所得税①、利润和资本可以在任何时候 100% 汇出国外而不受货币和财务限制等措施。经过 50 多年的发展，迪拜港成为中东地区最大的自由贸易港，且

① 迪拜自由贸易港为企业提供了一系列的税收优惠政策，其中包括对符合相关法规（工业组织法案）规定的工业项目可以享受全部税种免税的优惠政策，具体的免税期限为 5 年。此外，迪拜的某些自由贸易区，例如迪拜外包城，提供了更为长期的税收优惠政策，如 50 年 100% 的免税环境。

毗邻建设的自由贸易区也具有非常重要的国际影响力。截至2023年底，迪拜自贸港已建有30多个自贸区，其中14个自贸区在全球范围内具有较大的影响力，其中迪拜杰贝阿里自贸区、机场自贸区等发展势头强劲。杰贝阿里自贸区作为中东最大的自贸区，对迪拜GDP的贡献率高达25%，现拥有超过8000家公司，世界财富500强企业高达100家，提供超过16万个就业岗位。迪拜机场自贸区已入驻企业1600多家，年处理国际货运240万吨，全球排名第6位；空中航线多达140条，可抵达全球260个城市；客运吞吐量高达7800万人次，全球排名第3位。除此以外，迪拜市政府还积极兴建如迪拜五金城、迪拜媒体城、迪拜网络城、迪拜汽车城等特色自贸区，形成了产业集群效应，为迪拜自贸港发展提供了强劲的动力。

1. 迪拜海关通关业务基本规定

（1）海关执法依据。迪拜海关执行海湾阿拉伯国家合作委员会（以下简称“海合会”）国家相关海关法，其他阿联酋国家、联邦法律及其他相关国际协议等。

（2）企业注册。已在海合会成员国或阿联酋境内进行过工商注册的企业均可以向迪拜海关申请注册为海关客户。申请注册的业务类型限制在其本身工商注册的业务范围内。

企业可通过“迪拜贸易”平台（www. dubaitrade. ae）进行网上注册，并获取在线服务接入许可。企业需要先取得一份电子证书，然后再向迪拜海关递交电子申报信息。目前，阿联酋电信 Etisalat 可签发电子证书，相关信息企业可通过 www. etisalat. ae 获取。

企业如果需要报关行[①]提供相关业务、开展船用设备供应、海运及航空代理等申请注册业务类型以及与海关业务相关的手续，必须获得海

① 报关行（customs broker），是指经海关准予注册登记，接受进出口货物收发货人的委托，以进出口货物收发货人名义或者以自己的名义，向海关办理代理报关业务，从事报关服务的境内企业法人的企业。

关签发的同意信函，并满足在银行存有 5 万迪拉姆保证金并支付相关手续费时签发同意信函的条件，该项申请可以通过 www. dubaitrade. ae 网上进行。

（3）海关关税。迪拜的关税是该国海关以《海合会共同海关法》第 10 条为基础进行征收的。这一条款规定海关对进口货物实行从价税、特别税或是二者结合的征收方法。当前，除了烟草是按从价或从量二者相对较高的标准征收之外，绝大多数关税仍是从价税，即按照货价的比例征收。在税率方面，根据《迪拜进出口货物通关须知》，从海合会成员国以外的国家进口的货物或物品，一般货物按照 5% 的税率征收关税，烟草按 100% 征税（从价或从量孰高），酒类按 50% 征税。

（4）海关估价。海关依据货物进口人或其代理人申报的价格对货物进行审定和估价。海关如有需要，将根据《海合会共同海关法》和迪拜海关 2006 年第 7 号法规，按照以下方法的顺序对货物进行重新估价：成交价格；相同或类似货物的成交价格；倒推价格；计算价格。

（5）海关收费。海关将对大多数报关业务按照标准收取一定的手续费、单证材料费。

（6）禁止及限制进出口货物。特殊货物必须在电子申报时提供由相关部门出具的许可证，规定禁止进口、出口或过境转运特定货物。

（7）缴纳税、费。海关可以通过现金或支票的方式向企业收取海关税款及其他费用。此外，也可以通过以下几种方式征收：

第一，设立信用账户。银行向企业提供连带担保服务，企业通过信用账户方式缴纳与海关有关的税款及费用。

第二，设立银行担保。此方式适用于再出口货物或过境转运货物。由银行提供连带担保服务，按企业应缴税款金额暂扣相应税款，待货物运输出境后退还。海关将对未运输出境的货物收取相关担保款并处相应罚款。

第三，借助电子支付。海关可以通过银行转账或信用卡支付等电子支付方式向企业收取税款及费用。

（8）减免税。根据《海合会共同海关法》第98条至第106条：生产用的原材料、大阿拉伯自贸区货物、退运货物、个人及家庭用品、外交物品、军事物品、慈善捐赠物品、旅客携带的少量物品等事项可免征关税。

2. 迪拜海关报关管理规定

不管是否需要缴纳关税或其他费用，办理货物通关手续时都必须向海关提交详细申报单，申报单可由进口人、出口人、经其授权的代理人或报关行递交。此外，商业企业只能通过线上渠道递交申报单，非商业企业可以通过指定的海关业务进行现场申报。

（1）进口申报。海合会成员国以外的国家将货物进口至本地，注册后可通过在线系统递交申报单，或通过经授权的报关行进行申报。申报中需提交的单证包括空运或海运提单、商业发票、原产地证书、装箱单、送货单以及必要的许可证。

（2）由自由区内进口至本地。企业缴纳关税由已注册的进口人或经授权的报关行申报。需提交的单证包括送货单、发票、装箱单、限制进口货物所需的许可证。

（3）由海关保税仓进口至本地。企业须缴纳关税由海关保税仓注册企业或本地注册进口商（须为货主本人）进行申报。需提交的单证包括：发票、装箱单。

（4）由海合会成员国进口至本地（统计进口）。货物在海合会内部各成员国之间流动，需要在出口国提交统计出口申报，进口时提供原出口申报单。货物在最终目的国不需要重复缴税。需提交的单证包括空运或海运送货单、空运或海运或陆路运输提单、商业发票、装箱单、有相关部门签章的海合会国家统计出口申报单。

（5）由非海合会成员国进口至本地，且用于再出口。用于再出口的整批或部分货物进口时，必须提供相当于应缴税款总额的存款或保证金。而该申报在当前仅适用于货物价值高于2万迪拉姆的货物（进口货物为车辆时除外）。需提交的单证包括空运或海运提单、商业发票、原产地证书、装箱单、送货单。

（6）由自由区内进口至本地，且用于再出口。凭银行保函或保证金存款由本地注册进口商或有资质的报关行申报。需提交的单证包括送货单、发票、装箱单、限制进口货物所需的许可证。

（7）由海关保税仓进口至本地，且用于再出口。凭银行保函或保证金存款，由海关保税仓注册企业或本地注册进口商（须为货主本人）申报。需提交的单证包括发票、装箱单。

（8）由海合会成员国以外国家进口至海关保税仓。货物进口至海关保税仓（私人保税仓或公共保税仓）时，无须缴纳关税。申报时需提交的单证包括空运或海运提单、商业发票、原产地证书、装箱单、送货单。

（9）由自由区进口至海关保税仓。货物可由迪拜自贸区进口至海关保税仓，必须由海关保税仓注册企业作为进口人进行申报。需提交的单证包括送货单、发票、装箱单、限制进口货物所需的许可证。

（10）暂时进境货物由本地进口至海关保税仓。保税仓以暂时进境方式进口至本地的货物（如展览品维修、退运等），在规定时间内可再进口至海关保税仓内。需提交的单证包括暂时进境单、发票、装箱单。

3. 暂时进口申报

由海合会成员国以外国家暂时进口至本地。货物以参展、参加项目、加工、维修、重新灌装等目的由海合会成员国以外国家暂时进口至本地的，凭借与应缴税款等额的保函或存款保证金，可以暂缓征税，予以放行。需提交的单证包括空运或海运提单、商业发票、原产地证书、装箱单、送货单。

由自由区暂时进口至本地，凭借与应缴税款等额的保函或存款保证金暂时进境，由在自由区内注册的企业申报。需提交的单证包括送货单、发票、装箱单、限制进口货物所需的许可证。

由保税仓暂时进口至本地，凭借与应缴税款等额的保函或存款保证金暂时进境，由海关保税仓注册企业或当地进口商进行申报。需提交的单证包括发票、装箱单。

4. 出口申报

（1）由本地出口至海合会成员国以外国家。需提交的单证包括出口发票、装箱单、限制出口货物所需的出口许可证。

（2）由本地出口至迪拜本地自贸区。由出口人或其代理人进行申报，自贸区内货物接收人需通过“迪拜贸易”平台进行确认。需提交的单证包括出口发票、装箱单。

（3）由本地出口至海合会成员国（统计出口）。凭相关部门签章，可以避免最终目的国的重复征税。需提交的单证包括出口发票、装箱单、原进口报关单。

（4）由保税仓出口至海合会成员国以外国家。需提交的单证包括出口发票、装箱单。

（5）由保税仓出口至自贸区。需提交的单证包括出口发票、装箱单。

（6）再出口至海合会成员国以外国家或自贸区。以再出口为目的的货物进口后，海关需进行出口查验并签发出口证明。自进口之日起6个月内再出口的，企业可退还原保证金或保函。需提交的单证包括出口发票、装箱单。

（7）原暂时进口货物退运出口至海合会成员国以外国家。必须在规定时限内申报退运出口，如需延期，必须在原规定时限到期前获得海关的批准。需提交的单证包括出口发票、装箱单。

（8）由本地暂时出口至海合会成员国以外国家。适用于暂时出境参展、参加项目、维修、加工等。出口及再进口时，必须经过海关查验。需提交的单证包括出口发票、装箱单。

（9）由本地暂时出口至自贸区。适用于维修、翻新、加工等。出口及再进口时，须经海关查验。需提交的单证包括出口发票、装箱单。

5. 过境申报

（1）由海合会成员国以外国家过境迪拜转运至其他非海合会成员国。必须在海关监管下以 30 天为限转运出境。需提交的单证包括转运单、送货单。

（2）由别国运输进入迪拜自由贸易港。无须缴纳关税，但单证列明的货主必须是自贸港内注册企业且部分货物禁止进入自贸港。需提交的单证包括空运或海运提单、商业发票、原产地证书、装箱单、送货单。

（3）从自贸港运出至海合会成员国以外国家。提交出口证明文件后可退还原先缴纳的保证金。原先未缴纳保证金的，出口方也须提交出口证明，否则迪拜海关可给予货款 10% 的罚款处罚。需提交的单证包括运货单、出口发票、装箱单。

（4）从海合会成员国、阿联酋其他酋长国所属自贸区或海合会成员国本地进入迪拜自由贸易港。无须缴纳关税，但单证列明的货主必须是自贸区注册企业且部分货物禁止进入自贸区。需提交的单证包括空运或海运提单、统计出口申报单、商业发票、原产地证书、装箱单、送货单。

（5）迪拜各自贸区内部之间转运。由出口方或其代理人申报，该申报须由货物接收人通过“迪拜贸易”平台确认。需提交的单证包括运货单、出口发票、装箱单。

6. 转运申报

此种申报适用于在机场、码头及仓库间转运及海关保税仓或自由区之间的货物转运。

7. ATA 单证册[①]（暂准进口通关单证册）申报

当前，ATA 单证册在阿联酋仅适用于参展货物，相关手续只能在海关业务现场办理。企业只需提交 ATA 单证册，无须缴纳任何费用，海关即可在 ATA 单证册上签章放行。若未按规定办理货物出口手续的，海关将向 ATA 单证册的担保机构追征相应税款。

ATA 单证册申报手续业务可在以下地点办理：迪拜国际机场货运航站楼海关业务中心、杰布阿里港海关业务中心、迪拜国际机场海关业务中心、马克图姆国际机场海关业务中心。

二、境外典型自由贸易港海关监管制度比较

（一）中国香港自由贸易港海关监管制度

1. 监管制度

中国香港实施有效高质的海关监管制度，从广义上来说是真正的自由港。因为，它的自由既体现在商品、服务和资金上，也体现在人员和信息等方面，贸易投资不分内外，金融不分在岸、离岸。它以贸易为核心，在税收上给予极大优惠，在金融上给予极大开放度。香港的发展模式给海南自贸港未来的发展提供了很好的借鉴作用。

中国香港海关监管制度的特点是灵活有效。在报关方面，香港是全

① ATA 单证册即“暂准进口通关单证册”，又称为货物免税进口护照。ATA 是国际上广泛使用的一种海关文件。由法文“Admission Temporaire”和英文“Temporary Admission”的首字母组合而成，表示“暂准进口”。

球唯一的准许贸易商在货物付运后提交进出口报关单的贸易经济体，办理手续十分简便；在关税方面，香港实行零关税制度，企业可以在货物进出口 14 天内报关，还可以多批次货物一次性申报，这些制度给贸易企业带来了很大的便利；在通关方面，香港海关实施“海易通”“多模式联运转运货物便利计划”“认可经济营运商”等一系列便捷通关计划以及“认可经济营运商”互认安排等，手续简单，时间很短，环境宽松。

2. 管理体制

香港自由港的行政主管机构包括工业贸易署、香港海关、航港局和入境事务处，由香港特区政府负责运营和管理。

香港工业贸易署负责签发进出口证、处理对外贸易关系等。香港海关是香港财政司的下属法定机构，它的职责包括进出口清关、进出口报关等。航港局向私营机构提供议事机制，也向政府提供发展策略和发展规划。入境事务处负责管理外来人员进出香港的手续办理。这些机构也为外来人员进出香港提供了方便。

3. 业务流程

香港在通关流程上办理进出口报关手续十分方便。承运人只需于货物输入或输出后 14 日内向海关详细呈报进口或出口商品的所有付运资料和进/出口报关单即可，当然豁免报关的商品除外。

根据相关规定，进出口报关共分六类：非食品类的进口报关、香港进出口货物分类表内附录一所列食品类的报关、出口/转口物品的出口/转口报关、香港法例第 318 章《工业训练（制衣业）条例》附表 1 所列的香港制造成衣及鞋履类的出口报关、进口报关（属豁免报关费的物品）、出口报关（属豁免报关费的物品）。

4. 技术支撑

单一平台模式是指由政府建设一个与各口岸管理部门内部管理系统

实现数据共享交换并为所有进出口企业提供统一的通关业务的平台的模式。它的特点是“机构独立、系统共享”。适用单一平台模式的国家或地区，一般在“单一窗口”建设之前各口岸管理部门均已有各自的管理系统，通过建设单一的公共服务平台，对接相关系统，是最为便捷、成本最低的做法。

2006 年香港正式上线“数码贸易运输网络系统”（Digital Trade and Transportation Network，DTTN）。这是一个相对安全又开放的公共平台，采用“单一平台”模式，接入了口岸管理部门、进出口企业、货代、银行保险、物流等国际贸易参与方。任意一家进出口企业通过 DTTN 可以高效便捷低成本地开展国际贸易业务。国际贸易“单一窗口”极大地提高了香港的国际竞争力，香港在 2016 年和 2017 年连续两年被国际评级组织评为全球国际竞争力第一名。

（二）新加坡自由贸易港海关监管制度

1. 监管制度

（1）调整机构设置，优化监管资源。2003 年，新加坡政府对海关和移民局进行改革，组建了移民局关卡检查站（ICA），专门执行进出口货物的检查和放行职责。ICA 设立在各个口岸，由移民局管理，主要偏重供应链安全方面的核查，而海关则主要偏重税收及贸易管制方面的核查。这项改革解决了两个机构原工作内容交叉重叠导致的低效率问题，从而优化了监管资源的配置，提高了口岸通关效率。

（2）简化监管制度，减少申报手续。新加坡海关通关手续和程序都较为简单便捷。根据新加坡《海关法》《进出口条例》等法规，在新加坡港进口过程中，应课税商品为酒、烟草、机动车及石油产品，而所有其他商品均为非应税商品，不产生关税；从新加坡港出口的货物一律不产生关税。为方便贸易商办理申报，1994 年起，新加坡海关还采用了简化贸易分类法，用2600项品目来代替过去使用过的5700项品目。新加坡海关没有海关附加费用，统一按纳税价值征收3%的货物与服务进口税。进口货物均在特定的自由贸易区卸货和储存，在区内储存期间暂免关税和货物服务税。

（3）实施风险管理，提升监管效率。在供应链安全日益受到关注的全球大背景下，必须保证进出口货物的安全，提前获取申报信息可以帮助海关进行高效可靠的风险分析。根据世界海关组织《贸易安全与便利标准框架》，成员国应对出口货物提前获取电子信息以识别货物风险。自2013年4月起，新加坡海关规定，所有出口申报必须在货物出口之前完成。提前获取申报信息可以帮助新加坡海关进行及时可靠的风险分析，对高风险货物作出预判，仅对重点货物实施查验。

（4）加强海关与企业合作，推进通关便利。海关与企业加强合作，可以共同应对风险、共享通关便利。新加坡港的经认证经营者制度，即“贸易安全伙伴关系”（Secure Trade Partnership，STP或STP－Plus）。其申请流程为，向海关提交STP申请表，填写Trade FIRST自我评估清单和相关附件，接受Trade FIRST评估，并达到最低“中级”和“高级”频段，分别有资格获得STP和STP－Plus认证。提交会计和公司监管局报告、过去3年经审计的财务报表、相关安全认证以及Trade FIRST自我评估清单指示标签中指定的其他相关文件。获得STP－Plus认证的企业可以获得诸如减少查验率、国际互认优惠及提高通关效率等优惠。

2. 管理体制

自由贸易区原本实行政府主导型管理模式，后进行了政企分开的管理体制改革，转变为公司主导型。现新加坡自由贸易园区不设政府管理机构，采取海关、民航局、港务局监管，专业公司运营的管理模式，在交通部门牵头下，分别由新加坡国际港务集团有限公司（PSA）、裕廊海港私人有限公司、樟宜机场集团有限公司3家公司负责管理并经营。PSA是世界第二大的港口经营管理公司，其前身是新加坡港务局，负责经营管理运作新加坡港的所有港务事宜。1997 年 8 月 25 日，新加坡国会通过法案，将港务局改组为新加坡港务集团有限公司，同年 9 月 1 日开始运作。于 2003 年 12 月进行重组，并成立新加坡国际港务集团，定位为全球性的港口经营公司。裕廊海港私人有限公司负责管理裕廊港自由贸易区。樟宜机场集团有限公司成立于 2009 年 6 月 16 日，其前身是新加坡民航局的一部分，负责樟宜机场的管理和发展。

3. 业务流程

在新加坡实行“一次申报、一次查验、一次放行”。企业将通关数据一次录入电子平台，然后由电子平台将报关报检数据分别发送到海关和检验检疫等部门。简化通关程序，将货物的实际流动与海关、检验检疫等口岸监管部门的文件审核分开。在货物到港口前，海关和检验检疫部门分别对企业预录入货物的电子数据与客户提前报关、报检的运输单副本或复印件进行审核、对照。等货物到港口后，一经确认立即放行。这样减少了企业重复录入信息和在各政府部门之间往返奔波而导致的人力、物力的浪费。各口岸管理部门通过对货物和交通工具进行联检，使信息交流更加及时、准确，从而减少通关时间、降低成本、扩大贸易量。

4. 技术支撑

新加坡政府在自贸港建设中一直致力于监管平台建设的更新和升级。1989 年，新加坡开始运行世界上首个国际贸易单一窗口——TradeNet。该系统替代了此前贸易商需要提供纸质单证的烦琐贸易程序，通过多机构的协调合作，以“单一窗口”的方式向贸易商提供一站式服务，大大提高了贸易活动的流程效率，节省了贸易商的交易成本。2007 年，新加坡又在 TradeNet 的基础上启动了集成化平台——TradXchange，该平台的最大特点是在保持中立性和安全性的基础上，对贸易、物流企业和政府部门的 IT 系统进行流程与数据信息的处理，将贸易单一电子化窗口扩大到物流领域。2018 年 9 月，新加坡政府通过整合 TradeNet 和 TradeXchange，新开发了互联贸易平台（NTP）并投入使用。NTP 成为率先实现集企业对政府、企业对企业于一体的综合贸易平台，通过把贸易商、物流服务商、运输商和银行等聚集在该平台上，贸易商可随时获得政府及商业方面的服务和信息，从申请进出口许可证、海关申报、安排和追踪货运到申请融资等所有手续均可在该平台上完成。

（三）迪拜自由贸易港海关监管制度

1. 迪拜自由贸易港设计思路

迪拜自由贸易港是中东地区最大的自由贸易港口，也是专设自贸区的自由贸易港。港区内外政策制度差异明显，分散设有 27 个高度开放、主题明确、功能细分的专业自贸区。自贸区分为两大类型：第一类是以机场自贸区和杰贝阿里自贸区为代表的自贸区，其以货物贸易为主，通过物理围网隔离；第二类是以多种商品交易中心（DMCC）、国际金融自由区（DIFC）为代表的自贸区，其以服务贸易为主，通过规章制度实施软隔离。自贸区内企业以国际市场和离岸业务为经营方向，其境内非自贸区的贸易、投资、金融业务仍受高度管制。

2. 迪拜自由贸易港监督管理体制

迪拜因资金自由流动且不受任何金融和货币限制，其营商环境在全球遥遥领先。在监督管理体制方面，迪拜自由贸易港实行政企合一的制度。其一，迪拜自由贸易港是地方政府的一部分，修建和开发空港和码头、出租港口土地等基建工作和发展事务都由政府管辖。为了更好地实现这一目的，迪拜专门成立了迪拜港务局，设立迪拜港董事局管理机构，其董事局的董事会主席由皇室指派，拥有谈判事宜的最终裁定权，是一个集港口与自贸区于一体的政企结合实体，迪拜港务局对拉什德港、杰贝阿里港以及杰贝阿里自贸区进行统一管理。迪拜自由贸易港还实行自由港、海关、自贸区“三位一体”的管理模式。港口内海关、银行、公安等机构对其进行统一管理，审批签证和办理进出口手续都可以在24小时内完成，审批投资的流程也只需要7天，分工明确、流程高效。其二，迪拜政府设立了杰贝阿里自贸区管理局等政府性质的服务机构来承担招商、服务和管理工作，该管理局是拥有政府职能的实体公司，坚持以市场为导向，为企业提供高效率、一站式的服务。

迪拜自由贸易港实施“1+N”的产城融合模式，即1个自贸区（如杰贝阿里自贸区）组合N个特色产业城（如迪拜互联网城和迪拜金融城）。杰贝阿里自贸区是以低投资、低运营的工贸结合型自贸区为其定位的，专业提供加工制造再出口和物流贸易供应链管理等相关业务。而各个特色产业城则发挥资本、技术、人才集聚的作用，更好地促进特色产业高速发展。产城融合的“1+N”模式成功实现了自贸区与各个产业协调发展，形成了自贸区特有的“制度红利”和辐射效应，在自贸区与腹地经济之间构建起一张完整的功能网。

3. 迪拜自由贸易港的监管模式

迪拜自由贸易港依托杰贝阿里港这一世界第三大港口，充分运用其自贸港优势，将迪拜打造成为类似于中国香港和新加坡这样的全球型航运枢纽中心。此外，迪拜为了提高港口的运营能力，引入了包括货物监控、数据处理、码头管理、信息传输等各项功能在内的航运系统，努力使其成为集“物流信息港”和“货物吞吐港”于一体的世界一流港口。尽管货物通过自贸港从海上进出口都必须向海关进行申报，但通关程序和手续均可在24小时之内办结。

迪拜自由贸易港内实行自由、便捷的贸易政策，对在机场自贸区和杰贝阿里自贸区进出口的货物免征关税，实施物理围网隔离。通过国际贸易“单一窗口”，7小时之内企业就可以完成货物的通关。此外，迪拜自由贸易港还实行极为开放的投资政策，根据海合会的统一规定，迪拜在境内不能设立外资控股企业，当地企业必须持股达到 51% 以上，当地员工比例必须达到 20% 以上。但在自贸区内，对外资实施国民待遇，不设股比限制。除石油开采、国家安全、环保等特殊行业外，其他行业的企业注册均可在 24 小时内办理完成。

迪拜政府在自由贸易港的交通、通信和高速数据传输等基础设施方面也进行了大量投资，除加工制造业务和中转贸易以外，其余相关中介服务行业等也可进入。不过，此类企业都仅限于阿联酋本国所有企业，外资企业不得进入。

4. 迪拜自由贸易港的便利化监管措施

迪拜自由贸易港实行自由化的国际金融政策和分类施策的人员出入境政策。迪拜国际金融中心与其他国家之间货币可进行自由兑换，保证资金能够自由流动。参照英美民商法制定相关法规，实行高度自由的民商事立法权和司法权，设立独立的仲裁庭和法院、金融服务局对区内金融企业进行监管。根据企业需求高效率向外籍人员签发工作证，对首次入境的外籍人员实施严格安全审查，对随行老年亲属实行管制，对再次入境的外籍员工则可以通过互联网发放工作签证，更为便捷。此外，迪拜自由贸易港采用智能化管理方式，对 33 个国家及地区实行旅游面签，动态监测入境外籍人员在境内的活动，逗留时限不超过 30 天。

三、启示与借鉴

（一）完善海南自贸港“单一窗口”平台建设，推动贸易便利化

海南的全岛封关操作被视为自由贸易港建设的首要任务，其目标是确保 2023 年达到封关操作的硬件标准；到 2024 年底，封关的所有准备

工作都将完成；到2025年底，为了贸易和投资的自由化和便利化，全岛的封关操作将会在适当的时机启动。通关便利化是实现货物贸易自由化便利化的关键，“单一窗口”制度便可提升贸易便利化程度，具有较强的经济和社会效益，但我国现存“单一窗口”的建设存在一定的问题。本课题组总结问题，并参考中国香港、新加坡、阿联酋迪拜等国际自由贸易港的经验，为海南自贸港提供一些建议和策略。

1. “单一窗口”概述和国际做法

国际贸易的“单一窗口”指的是所有参与国际贸易和运输的各方，通过一个统一的平台入口，向相关政府机构提交货物进出口或转运所需的文件或电子数据，将贸易流程进行整合，数据标准实现协调统一，推动贸易流程简化，控制交易成本，提升通关效率。同时，政府可以利用国际贸易“单一窗口”对安全有效的信息进行系统化收集，保证监管贸易程序全面透明，提升资源配置效率。参与国际贸易的企业，通过使用国际贸易“单一窗口”平台，简化贸易手续，提升整体效率，控制合理的产品周期，实现资源优化配置。

“单一窗口”包含以下内容：规划信息传输转换方式；顶层设计工作；有效解决系统和各个机构与企业间的对接问题。一是数据标准规范化、数据安全管理、信息系统运维；二是功能模块整合，实现共建共享共用；三是建立健全相关法规。

（1）中国香港的做法。商务及经济发展局已于2016年4月成立项目管理办公室，联同香港海关及其他参与的政府机构推出有关措施。作为“单一窗口”的运营者，香港海关在2018年成立贸易“单一窗口”部门，目的是监控系统的正常运行，并向用户提供各种支持，如宣传、教育、培训、技术援助和热线服务等。

“单一窗口”分三个阶段实施。第一阶段自2018年推出，现已全面投入服务。第一阶段涵盖14类贸易文件，主要是特定受管制货品所需的进出口牌照（许可证）。自第一阶段推出以来，业界对“单一窗口”服务评价正面，系统使用率一直稳步上升。截至 2022 年 12 月，每月平均使用率已高达 90%，当中部分文件的使用率更持续保持在 100%。

第二阶段的服务内容包括额外的 28 种贸易文档，于 2023 年起分批推出。

特区政府全力推展“单一窗口”第三阶段的筹备工作。香港海关将继续全面配合项目管理办公室和其他参与的政府机构落实第二阶段及第三阶段的有关工作。

（2）新加坡的主要做法。新加坡的“单一窗口”是指一个集中的电子平台，旨在简化跨部门和跨机构之间的贸易和行政流程，目标是通过整合各个政府机构和部门的业务流程，提供一个统一的入口，以便企业和个人能够更高效地完成贸易和行政手续。它整合了各个机构之间的数据和业务需求，简化了贸易和行政流程，使企业和个人只需在一个平台上提交相关的信息和文件，而不需要逐个与各个政府机构进行交互，从而减少了复杂的审批程序和重复的填写。新加坡的“单一窗口”涵盖了广泛的业务领域，包括贸易、运输、海关、金融、健康等。通过该平台，企业可以申请贸易许可证、报关、支付关税和税款等。此外，个人也可以使用该平台获取健康证明、行驶证等。新加坡“单一窗口”一直比较超前，它采用的公共平台模式非常有效。

（3）迪拜的主要做法。杰贝阿里自贸区管理局成立于 1985 年，在保证贸易原则的同时，融入了适合国际市场的经验模式，自成立以来不断向各行业合作伙伴传授市场技能与知识，从而协助刺激贸易与投资。作为政府性质服务机构，杰贝阿里自贸区管理局通过优质服务网络，提供国际“单一窗口”管理。港口内海关、银行、公安等机构均统一管理、统一办公，分工明确且流程高效，进出口手续和签证审批在 24 小时内即可办理完成，专门的工业、贸易和物流设施为来自中东、非洲和南亚地区的各行业企业提供了前所未有的销售增长机会和市场准入。

为了完善业务范围，确保贸易运营畅通无阻，迪拜贸易和迪拜商会通过迪拜贸易门户网站提供会员资格和原产地证书（Certificate Of Origin，COO）服务，简化了出口商和再出口商贸易。COO 包含了贸易货运的基本数据，能够确定出口或再出口货物的原产地，并帮助估算关税。Dubai Trade（迪拜贸易）的“单一窗口”使迪拜的出口商能够通过其“单一窗口”即时请求、支付和生成 COO，这是该平台产品及其促进无缝跨境贸易努力的一个重要里程碑，使出口商能够完成从货物处理到清关的端到端出口贸易旅程。数字物流平台为客户提供高效货物运输的“单一窗口”解决方案，平台内设的贸易融资服务也为中小企业提供了获取资金支持的机会。

2. 海南“单一窗口”现存问题

（1）缺乏顶层设计。可以把“单一窗口”比喻为国家的铁路网，其主要特征表现在两方面：一是超区域范围大型公共设施；二是规范统一。要有效推动“单一窗口”顺利实施，须做好海关、商检、外汇等行政管理部门的协调管理工作。“单一窗口”包含以下内容：规划信息传输转换方式及顶层设计工作；有效解决系统和各个机构与企业间的对接问题。

我国“单一窗口”建设初期，是以地方口岸各自为主、自主竞争的方式进行建设的，各个地区所使用的“单一窗口”系统的建设模型、网络技术与数据格式等存在极大差距，甚至会严重影响之后组建全国性甚至国际性“单一窗口”系统。

（2）功能模块整合度低。“单一窗口”系统设计之时，思路有如下两种：一是坚持以服务外贸企业各单位内部业务流程为主，将海关、商检、商务等部门实际操作流程设计成独立系统，依照单位名称列出来，此种模式为横向模式。二是将主要业务类型作为线索，进行各个环节的串联。每一项业务办理时，都有可能涉及诸多单位，依据顺序进行办理，这是纵向模式。横向模式需要工作人员具备丰富的经验，明确业务顺序与各种类型业务操作间的差距；纵向模式在输入数据时可相应进行条件限定，以此来提升针对性。但是政府所主导的开发团队在现实中囿于开发经费、系统架构难度等问题，往往会选择开发难度系数较小的横向模式。

（3）法律制度不够完善。“单一窗口”的建设工作需要各个相关因素共同作用。我国进行“单一窗口”建设时主要是依据政府政策文件，对应的法律法规缺乏完善性。未来在运行“单一窗口”时，因为电子数据和知识产权保护等方面的问题，可能面临贸易纠纷问题。

3. 海南自贸港“单一窗口”建设的对策建议

（1）形成科学合理的顶层设计。一是促使“单一窗口”对应政策及法规更加完善。利用客观的调查研究分析，对“单一窗口”实施中的各种法律问题深入分析，明确电子数据的合理性与合法性，推动电子签名制度的完善。二是明确及保证机构的法律地位。法律需充分明确掌握“单一窗口”授权机关的协调及领导地位，精确合理划分其权力。三是法律保障及认可公私合作。在“单一窗口”建设过程中，公私合作较常见，并且主要使用的方式是合作备忘录或政府合同。“单一窗口”整合海南省 13 个部门 20 个涉及投资相关的政务系统功能，设置统一入口和统一身份认证，实行“一个账户、一次注册、一套密码、一组资料”管理模式，企业注册登录即可办理 234 项投资相关业务。企业在办理业务过程中能够实时了解办理进度。平台可对企业办理事项进行全程跟踪，并进行监测和统计分析。

（2）功能组织上使用自动化一站式流程模块。建设“单一窗口”是对外贸企业注册、许可证申领、核销单申领、报关、核销等行政监管的有效整合，建设相对丰富的信息服务功能，包含保险服务信息、贸易融资信息等。此系统中，外贸企业要快速抽取所需业务处理单据，可通过填写“单一窗口”综合申报单，将业务信息输入，提交后形成关键字，由系统依据规定格式或内容进行相关字段的抽取，然后将其传送给海关、商检、保险公司、银行等机构。各个单位在审核没问题的情况下，可进行相关业务的处置；明确处理结果之后，再形成新的业务关键字段进入此笔业务信息库中。“单一窗口”通过复用数据和开放共享电子归档信息，设置大数据分析功能，采集企业设立、变更、注销、项目建设等数据，定期开展外商投资总体态势、投资情况等研究分析，为优化调整项目招商提供辅助决策依据。

（3）健全法律法规。为促使“单一窗口”建设工作更加合法，推动建设工作顺畅进行，须合理调整与修改当前的法律规章，使得各个机构或部门可依据统一的法律规章进行相关工作。同时，在进行“单一窗口”建设运营时，难免会遇到有关单证资料合法性、数据准确授权、数据保护与数据质量标准等各种法律方面的问题。基于此，需尽可能保证法治体系的完善，这对“单一窗口”建设非常重要。相对完善健全的法律法规可有效保证信息的安全性，使得贸易各方的利益得到保证。不仅如此，修订完善的具体操作细则与业务流程、“单一窗口”平台运营中的电子签名制度，促使“单一窗口”授权、托管与部门权限等相关法规规章更加明确，可为“单一窗口”平台运行创造良好的制度性保障条件。

（二）加强数字基础设施建设，提供更优越的贸易条件

数字基础设施是新型基础设施建设的支柱。其主要指在新一代信息技术演进基础上产生的基础设施，如以5G、物联网、工业互联网、卫星互联网等为代表的通信网络基础设施，以人工智能、云计算、区块链等为代表的新技术基础设施，以数据中心、智能计算中心等为代表的算力基础设施等。数字基础设施建设可以在降低成本、拓展市场、深化分工三个层面促进外贸发展，也可以在生产效率、交流模式、技术传播等层面有力推动外贸升级。

1. 海南数字基础设施建设现状

近年来，海南自贸港数字基础设施支撑能力已有较大提升。海南加快打造国际通信服务枢纽，已建成文昌—香港国际海缆、海口区域性国际通信业务出入口局、海南自贸港国际互联网数据专用通道。支持运营商建设海南连接港澳、东南亚的新增2条国际海缆，预计2025年建成。同时，海南加快推进“双千兆”网络建设，截至2023年11月，全省累计建成5G基站超2.5万个、万兆光纤宽带端口超17万个，实现“全省行政村5G网络通达率”“行政村千兆光纤宽带通达率”100%。此外，海南加快建设通用算力、智能算力、超级算力建设布局，截至2023年底，全省在用和在建数据中心超20个，折合标准机架总数超3万架。与此同时，海南的数字基础设施建设仍面临着不容忽视的问题，包括数据跨境流动规则缺失、缺乏完善的数字经济监管机制、面临国外数字贸易壁垒等，这都限制了海南自贸港数字基础设施的进一步完善和贸易环境的优化。

2. 政策建议

（1）加大在琼投资力度，夯实“数字基座”。海南自由贸易港的建设需要新型信息服务的支撑和引领。为此，海南积极推进“智慧海南”建设，打造本地化的“连接+算力+能力”新型信息服务平台，以数字产业化推动产业数字化，实现数字经济的高质量发展。2020年以来，海南在新型基础设施方面投资超过40亿元，计划在“十四五”期间投资100亿元，加快5G、云计算、大数据、人工智能等领域的建设和应用。以5G为例，2023年海南已实现城区、镇区、行政村和环岛岸圈的覆盖，以及三沙区域的开通，满足了党政军警民的多样化需求。海南的新型信息服务不仅提高了信息化水平，也为自贸港的各项功能和产业提供了强有力的支撑。

（2）打通国际信息传输通道，配合国家开展跨境数据流动试点。

海南在跨海光缆建设方面取得了重大进展，投资 4.3 亿元人民币，建设了连接海南文昌和香港的海底光缆，这是一条超大容量的 16 纤中继海缆系统，总长度为 676 公里，设计带宽为 1Tbps，时延仅为 2.15 毫秒，已于 2021 年 8 月 20 日正式投入使用。此外，海南还牵头筹划了亚太五号国际海缆联盟项目，投资 1.5 亿美元，将建设一条从海南陵水延伸至马来西亚、泰国、菲律宾等东南亚国家的跨海光缆，预计将在 2024 年底建成并投入运营。这些项目将极大地提升海南的国际通信能力和区域影响力。

（3）推出新数字产品，促进数字消费升级。海南移动积极推进数字化转型，为生产、生活、治理提供了多样化的数字产品和服务。在数字化生产方面，海南移动依托 5G 技术，为省委省政府、各行业龙头企业提供多个“5G +”行业解决方案，涵盖飞机维修、数字工厂、医疗健康等领域，其中多个项目获得国家级和省级的奖项和认可，如“5G + 智慧医疗”和“5G + 智慧港口”项目被列入海南省发改委 2020 年新基建工程项目。在数字化生活方面，海南移动充分利用 5G、千兆宽带等大带宽网络，为用户提供丰富的新媒体业务和智慧家庭服务，包括 4K、VR、云游戏等“五新”全场景特色数字内容服务，以及极速网络、超清娱乐、全屋智能、家庭安防等智慧家庭生活服务。咪咕视频、咪咕音乐、视频彩铃、和彩云和包等数字服务应用也成为行业的领先者。在数字化治理方面，海南移动充分发挥电信运营商的数据资源优势和数据技术优势，通过 SaaS、DaaS、CS 等多种模式，为政府和企业提供优质的大数据产品和咨询服务，助力科学治理决策，多个项目获得国家级、省部级奖项，并入选海南省十佳大数据案例。

（4）利用新技术，助力智能科技应用与变革。“数字基建”的核心是数据，它将物理域、信息域、认知域通过先进的连接技术融合成一个有机的整体。物理域全面覆盖、多维感知，信息域数据居中、心中有数，认知域共创共治、共建共享。这样的数字基础设施建设可以为经济社会发展、改善民生、网络强国、数字中国、智慧社会建设等提供更有价值的公共服务。海南省社管平台就是数字基础设施的典型应用案例，其融合运用了大数据、云计算、5G、区块链等先进技术，实现了极简、无感、快速的防控，保障了人流、物流、资金流的高效快速流动，从而推动了智能科技的应用和变革。抓住机遇、发展新基建，就是抓住未来。在国家政策的指引下，在自由贸易港建设的新形势下，通过源头创新和先发优势，培育新动能，拓展新空间，数字基础设施将成为支撑海南自由贸易港发展的基石。

（5）强化数字经济平台垄断监管和治理。从全球层面看，美国互联网巨头不仅在数字经济领域占据领先地位，而且深度参与了全球数字经济的发展，甚至对电子商务、人工智能、移动支付、互联网汽车等领域国际规则的制定也产生了一定的影响。尽管这些大型互联网公司在市场竞争领域存在差异，但它们已经获得了强大的市场影响力和竞争优势，对数字经济领域的公平竞争，尤其是对新的市场进入者构成了较高的壁垒。

为营造稳定、公平、透明、可预期的数字经济营商环境，海南鼓励和支持中小企业及市场新进入者积极投入数字产业的创新，并借鉴发达国家和地区的做法，严厉打击数字经济领域的垄断行为，禁止商业巨头滥用优势地位影响用户购买行为或通过不正当手段打压竞争对手，不断强化对数字经济领域垄断行为的监管。

主体报告二　境外自贸港税制与征管的比较与借鉴

一、境外自贸港通关实行的税收制度

（一）中国香港自由贸易港税收制度

1. 关税

任何个人、企业及其他经济组织进口符合规定的酒类、烟草、碳氢油及甲醇到中国香港，需要在香港就应课税品缴纳相关税款。其征收方式与内地的关税类似，但因为香港并没有对进出口货物征收关税，所以应课税品常被认为是香港关税的一种。另外，需要注意的是，任何作为贸易、营商或商业用途的应课税品均需要缴税。

任何船舶或飞机在香港的时候，其乘客、船员或机员没有关长准许，不得在该船或飞机上管有、保管或控制任何超过下列数量的应课税酒类或烟草：酒精或餐酒 1 升，啤酒或司徒特啤酒 4 升，以及砵酒、雪利酒或力娇酒 1/2 升；烟草 250 克、雪茄 50 支或香烟 200 支。

如超过上述数量的酒类或烟草是高级人员、船员、机员或乘客的财产，并贮存于根据规定为保管船舶或飞机补给品而设的地方，且已在规定的记录上显示和列于进出口陈述书及船舶或飞机补给品申请书之内，则准许超过上述数量，亦不予以没收。

（1）税率及计税依据。

①酒类。各种酒类须按所列的税率缴税，税率以价值的百分率表示（见表2－1）。

表2－1 酒类税率

酒类	税率（%）
在20℃的温度下度量的酒精浓度多于30%的酒类	100
在20℃的温度下度量的酒精浓度不多于30%的酒类，葡萄酒除外	0
葡萄酒	0

如无可用资料或资料不足，以致海关关长（或关长为评定缓缴税款而授权的任何人员）无法厘定在任何时间以一批托运的形式进口而分量少于12升的酒类的价值，则可按160美元/升的税率评定该批酒类的须缴税款。

②烟草（见表2－2）。

表2－2 烟草税率

烟类	税率（港元/公斤）
每1000支香烟	1906
雪茄	2455
中国熟烟	468
所有其他制成烟草（拟用作制造香烟者除外）	2309

任何长度超过90毫米（不包括任何滤嘴或烟嘴口）的香烟，每增加90毫米或不足90毫米即视作另一支香烟计算。

③碳氢油类。碳氢油类须按定额税率缴税（见表2－3）。

表2－3 碳氢油类税率

碳氢油类	税率（美元/升）
飞机燃油	6.51

续表

碳氢油类	税率（美元/升）
汽油（含铅汽油）	6.82
汽油（无铅汽油）	6.06
轻质柴油	2.89
超低含硫量柴油	2.89
欧盟V期柴油	0.00

④甲醇。甲醇及任何含甲醇的混合物均须按840美元/百升（在20℃的温度下量度）的税率缴税。此外，酒精浓度超过30%的每1%，须按28.1美元/百升的税率缴税。

（2）税收优惠。

①酒类。凡年满18岁的旅客，可以免税携带1升在20℃的温度下度量的酒精浓度多于30%的饮用酒类进入香港，供其本人自用。持香港身份证的旅客，则必须离港不少于24小时才可以享有以上豁免数量。

②烟草。凡年满18岁的旅客，可以免税携带下列烟草产品进入香港，供其本人自用：19支香烟；1支雪茄，如多于1支雪茄，则总重量不超过25克；25克其他制成烟草。需要注意的是，任何作贸易、营商或商业用途的应课税品均无免税优惠。

③其他。下列货品可享受免税：

• 补给品：净注册吨位多于60吨的船舶补给品、远洋拖轮的补给品、飞机补给品，包括用以测试引擎的试航飞机的补给品；

• 油缸的燃料：净注册吨位多于60吨船舶的油缸燃料、远洋拖轮的油缸燃料、飞机油缸燃料；

• 从香港出口的货品；

• 在关长同意下销毁的货品；

• 由船舶、飞机、铁路列车、车辆的乘客或工作人员为自用而放在其行李内进口的货品；

• 在关长所施加条件的规限下，符合以下说明的饮用酒类或烟草：

由任何船舶、飞机、铁路列车或车辆的乘客或工作人员为自用而放在其行李内进口的饮用酒类或烟草，由该等乘客或人员在位于香港任何入境站抵境范围内获关长批准的地方的私用保税仓为自用而购买的饮用酒类或烟草；

• 圣礼所用的葡萄酒；

• 供医院管理局使用或任何获财政司司长为此而认可的教育、科学或慈善机构使用的乙醇及甲醇；

• 按规定方式制造的饮用酒类，但限于符合以下条件的情况：其管有人在香港管有该等饮用酒类的总数量不超过 50 升；其所在处所内存放的该等饮用酒类不超过 50 升；

• 从内地抵港的任何车辆的油缸中供该车辆使用的燃料，但货车除外；

• 从内地抵港的货车的油缸中供该货车使用的燃料；

• 抽取作为样本供政府化验师进行分析的货品；

• 根据暂准进口证进口的货品。

2. 飞机乘客离境税

飞机乘客离境税是根据《飞机乘客离境税条例》（香港法例第 140 章）的规定，向搭乘飞机离开香港的乘客征税。

（1）课税范围。向搭乘飞机离开香港的乘客征税。

（2）纳税人。每名在机场搭乘飞机离开香港的乘客（年满 12 岁）均为飞机乘客离境税纳税人（包括香港和境外人士）。

（3）税率。每名香港国际机场的离境旅客须缴 120 港元的离境税。

（4）税收优惠。以下情况的旅客可豁免飞机乘客离境税：

• 直接过境乘客：即由香港以外的地方搭乘飞机抵达机场的直接过境乘客，而此类乘客不经过入境检查，但如由于非乘客所能控制并获处长信赖的原因而经过入境检查者例外；于其后搭乘同一架飞机离开香港，或由于该架飞机被宣布不能提供服务而乘坐另一架飞机离开香港。

• 转机过境乘客：即从香港以外的地方搭乘飞机抵达机场的过境乘客，而此类乘客既不是直接过境乘客，也不经过入境检查，但如由于非乘客所能控制并获处长信赖的原因而经过入境检查者例外；于其后乘坐另一架飞机离开香港。

（a）由香港以外的地方乘搭飞机抵达机场，而在为该到港航程发出乘客机票时，该飞机是预定在某天飞抵机场的；

（b）于其后乘搭飞机离开香港，而在为该离港航程发出乘客机票时，该飞机也是预定在（a）段所提述的同一天飞离机场的。

纯粹由于所乘搭的飞机遭遇危难、紧急情况或恶劣天气降落香港而抵达；于其后在切实可行范围内尽快乘搭飞机离开香港者。

• 搭乘在当时作以下用途的飞机离开香港的乘客：作政府的公务或礼仪用途；作任何国家政府的军事、外交或礼仪用途；作联合国或其属下专门组织的公务或外交用途。

• 搭乘民航飞机离开香港并属下述类别的乘客：中国人民解放军人员或中央人民政府国防部所资助的平民；与香港驻军一起身处香港或在与香港驻军有关联的情况下而身处香港及与其同住的家庭成员，而他们的旅费是由有关当局安排或获有关当局批准，且具备驻军最高指挥官或其代表所签发的证明书作为证据；离开香港往外国永久定居并属越南难民的乘客；12 岁以下的乘客。

3. 酒店房租税

酒店房租税是根据《酒店房租税条例》（Hotel Accommodation Tax Ordinance）（香港法例第 348 章）的规定，对纳税人取得的酒店住房租金收入征收的税。酒店须按住客所付房租缴纳税款。

为鼓励香港旅游业的发展，政府自 2008 年 7 月 1 日起，免收酒店房租税（2008 年 7 月 1 日前，税率为 3%）。

（1）课税范围。酒店房租税是根据《酒店房租税条例》对位于香港的酒店住房征收的税种。

酒店，指任何场所，而该场所的所有人显示在其提供的住房的范围内，提供住房予任何到临该场所并且有能力和愿意为所获提供的服务及设施缴付合理款项而本身状况亦属宜于获得接待的人。

根据《酒店东主条例》（Hotel Proprietors Ordinance）（香港法例第158章）的规定，酒店须当作为旅馆，而任何其他场所均不得作为旅馆。而根据《旅馆业条例》（Hotel and Guesthouse Accommodation Ordinance）（香港法例第349章）的规定，“旅馆”（Hotel、Guesthouse）的定义指任何处所，其占用人、所有人或租客显示在其可提供的住宿的范围内，向到临该处所的任何人提供住宿的地方，而有能力并愿意为所提供的服务及设施缴付合理款项，并且是在宜于予以接待的状况的。酒店、旅馆应根据规定取得相关牌照。

住房，指由酒店所有人租予客人住宿，或供客人作住宿用途的任何备有家具的房间或套房，其中并包括通常在其内所提供的家具、用具及装置。

房租，指由客人或其代表为所获提供的住房而缴付的款项。

（2）纳税人。在香港拥有酒店的所有人为酒店房租税的纳税人。

（3）课税对象。酒店须按住客所付房租缴纳税款。

（4）税率。自2008年7月1日起，政府免收“酒店房租税”（截至2008年6月30日止，税率为3%）。

（5）计税方法。酒店房租税 = 房租收入 × 税率。

（二）新加坡自由贸易港税收制度

1. 货物和劳务税（GST）

（1）征税范围。货物和劳务税适用于以下的交易：在新加坡，纳税人从事的经营活动中生产的应纳税商品和提供的应纳税服务；进口至新加坡的商品。

要对商品或服务的供应征收货物与劳务税，必须满足以下几个条件：供应必须是在新加坡进行的；该供应是应税供应；供应是由纳税人进行的；而且供应是在纳税人进行的任何业务过程中或推进中进行的（见图2-1）。

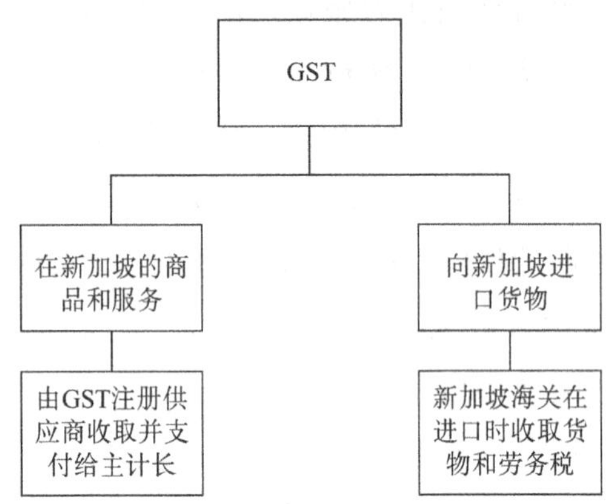

图2-1　货物与劳务税（GST）的征税范围

在以下情况下，不需要征收进口GST：

①投资性贵金属的进口。

②根据《商品及服务税法》特别给予商品及服务税减免的商品的进口：

——通过邮包进口。以邮包方式进口的货物（应税产品除外），如果到岸价值不超过400新元，则无须缴纳货物与劳务税。当到岸价值超过400新元时，全部金额都要缴纳货物与劳务税。

——临时进口。

（2）纳税人及扣缴义务人。货物和劳务税的纳税人指的是已登记或者按要求应当登记货物和劳务税的纳税人。

①强制登记。货物和劳务税的登记门槛为1000000新元。对于强制性登记，该门槛按以下方式适用：

追溯性标准：如果在某一季度季末，应税商品在该季度及之前的3个季度的价值超过1000000新元，则应当被要求进行货物和劳务税登记。但是，如果货物和劳务税的主管税务局认为在接下来的4个季度内应税商品的价值不超过1000000新元，则无须进行税务登记。

前瞻性标准：如果在任意时间有合理的理由认为在接下来的12个月内应税商品的价值超过1000000新元，那么应当进行税务登记。

在上述第一条的情况下，从事经营活动者应当在相关季度季末之后的30天内通知主计长；在上述第二条的情况下，从事经营活动者应当在相关期间开始之后的30天内通知主计长。

②自愿登记。如果一个经营活动中生产的应税商品的价值低于登记门槛，则当事人可以选择自愿进行货物和劳务税税务登记。自愿进行货物和劳务税税务登记的经营活动必须至少在2年内持续登记，除非有主管税务局允许的其他情况。

根据货物和劳务税法案，应税商品指的是不包括免税商品在内的、在新加坡制造的商品和提供的服务。基于这样的定义，只从事免税商品经营活动的经营主体无须承担货物和劳务税的税务登记义务。但是，对于免税的金融服务，如果该服务为应纳税人生产的符合规定的跨国（地区）服务，货物和劳务税法案允许没有纳税登记义务的个人申请自愿登记。

除此之外，如果没有货物和劳务税纳税登记义务的个人生产或有意生产以下产品，则同样可以申请自愿登记：在新加坡生产且提供给境外的商品，视为应税商品；根据仓储制度、特准承包制造商和贸易商计划（ACMT），不视为应税（否则将被纳税）的商品。

但是，符合上述情况的个人还必须在新加坡有经营机构或者在新加坡有经常性居住的处所。

③集团登记。被共同控制的经营活动可以以货物和劳务税集团的形式进行税务登记。每个成员必须单独登记货物和劳务税。在集团成员以货物和劳务税集团的形式进行税务登记之后，他们被视为单一的纳税人并且提交单一的货物和劳务税纳税申报表。同一货物和劳务税集团的成员之间生产的商品无须征收货物和劳务税。集团成员共同且分别负有所

有的货物和劳务税纳税义务。

集团公司必须满足以下所有条件才能获得团体注册的资格：

一是集团中的每个成员必须已经分别注册货物和劳务税；

二是集团中的每个成员必须至少具有以下属性之一：是新加坡居民或在新加坡设立营业地；年营业额至少100万新元；在新加坡境内或境外的证券交易所上市；是满足第二点或第三点的法人实体的子公司；由满足第二点或第三点的实体（作为其风险投资业务的一部分）资助。

三是指定代表成员必须是新加坡居民或在新加坡有固定经营场所。固定经营场所的条件为：经营场所的实体位置关联至某一建筑，且此经营场所是为了持久发展业务而设立。

四是集团中的每个成员必须满足以下控制要求之一：其中一位成员控制其他成员；一名非成员（法人团体或个人）控制所有成员；两个或两个以上经营合伙业务的个人（非成员）控制所有成员。

④分部门登记。如果纳税人从事一个以上的经营活动或者经营几个部门（即分支机构），该纳税人可以向主管税务局申请将商业活动或部门分开进行纳税登记。分部门登记降低了对这类经营活动进行货物和劳务税税务管理的难度。通过批准，每个部门被给予单独的货物和劳务税登记编号并提交各自的货物和劳务税纳税申报表。分部门登记的部门间交易无须征收货物和劳务税。

要获得分支机构登记资格，必须满足以下所有条件：目前已注册货物和劳务税；可能无法将总公司与分支机构申请合并报税；每个分支机构都有独立的会计系统；每个分支机构都能根据其从事的活动性质或其所在地被识别。

⑤登记豁免。在获得主管税务局自由裁量权批准的情况下，生产大量零税率的产品或在12个月内其销项税额小于可抵扣进项税额的纳税人可以申请登记豁免。

但是，如果商品的性质或者零税率商品的组成部分发生任何实质性变化，纳税人应当在变化发生之后的30天内通知主计长；如果无法识别变化发生日期，则应当在变化发生所在季度结束后的 30 天内通知主管税务局。

⑥注销登记。停止运营的实体必须注销其货物和劳务税税务登记。应当注销登记的实体必须在停止生产经营应税商品后的 30 天内通知货物和劳务税管理当局。

如果应税商品的价值预计在接下来的 12 个月不超过 1000000 新元，则纳税人可以申请注销货物和劳务税税务登记。

⑦无机构经营实体。这是指在新加坡没有经营活动或者固定的营业场所。如果一个在新加坡的无机构经营实体生产的应税产品价值超过登记门槛（即 1000000 新元），那么它应当进行货物和劳务税税务登记。一个无机构经营实体必须指定一个当地的税务代表来进行货物和劳务税税务登记。

⑧反向征收机制。从 2020 年 1 月 1 日起，对新加坡货物和劳务税注册企业从海外供应商采购服务，若该货物和劳务税注册企业无法享受全额进项抵扣或属于无法全额进项抵扣的货物和劳务税集团（GST Group），则需对该进口服务反向征税。反向征收机制也适用于在 12 个月内向海外供应商采购服务超过 100 万新元的非货物和劳务税注册企业，并且假设该企业已经注册货物和劳务税也无法全额进项抵扣的情况。无法享受全额进项抵扣的纳税人包括主要提供免税服务的纳税人（如金融机构）或主要从事非商业活动的纳税人（如慈善机构）。

⑨国内反向征收机制。自 2019 年 1 月 1 日起，对货物和劳务税注册供应商向货物和劳务税注册客户本地销售特定商品的情况，若单张发票的货物和劳务税含税销售额超过 10000 新元，则需对该交易进行反向征税。所指的特定商品包含手机、存储卡和现成软件。该方法称为“客户代收”，指供应商负责开具货物和劳务税发票（显示货物和劳务税应纳税额），客户负责代收货物和劳务税销项税并交给新加坡税务局。

⑩数字经济。从 2020 年 1 月 1 日起，对海外供应商向新加坡非货

物和劳务税注册消费者提供 B2C 数字服务的情况，若该海外供应商全球收入超过 100 万新元，对新加坡客户提供 B2C 电子服务超过 10 万新元，则需遵从海外供应商注册机制（Overseas Vendor Registration，OVR）并缴纳货物和劳务税。这类数字服务包括从移动平台下载的数字内容应用、电子书、数字影片等，以及供订阅的媒体内容，如新闻、杂志、流媒体影音、网络游戏等。

（3）登记程序。在新加坡进行货物和劳务税税务登记，从事经营活动者需要完成并提交货物和劳务税 F1 表格、货物和劳务税登记申请及其他货物和劳务税主管税务局要求的配套文件。对于在新加坡申请货物和劳务税税务登记的合伙企业，还需额外填写并向货物和劳务税主管税务局提交货物与劳务税 F3 表格、“登记义务的通知：所有合伙企业和合伙人的详情”以及货物和劳务税 F1 表格。

对于在新加坡没有处所并在新加坡提供应税商品的跨境经营实体，海外当事人需要指定一个境内代理机构来负责其在新加坡的所有货物和劳务税税收事务。例如，对本地应税商品缴纳货物和劳务税、定期填写货物和劳务税纳税申报表。一项货物和劳务税登记的申请通常持续两个星期左右。此外，对于自愿进行货物和劳务税登记的申请，独资企业负责人、合伙人、企业的董事或受托人需要在申请之前完成两个在线学习教程（“货物和劳务税登记”“货物和劳务税概览”）及其测验。如果相关人员已经得到使用新加坡税务局网站在线服务的许可，那么从事经营活动者可以通过“我的税务门户”（My Tax Portal）进行货物和劳务税网上税务登记。

（4）税率。应税商品，指的是负有货物和劳务税纳税义务的商品和服务，包括适用于零税率减免的商品。免税商品，指的是获得货物和劳务税税收豁免的商品和服务。免税商品增加了对进项税的限制。

2023 年以前，新加坡货物和劳务税的标准税率为 7%。财政部部长在 2022 年预算中宣布，商品及服务税税率将分两步提高：从 2023 年 1 月 1 日起从 7% 提高到 8%；从 2024 年 1 月 1 日起从 8% 提高到 9%。

货物和劳务税标准税率适用于所有商品和服务，获得零税率减免或免税的商品和服务除外。

（5）税收优惠。商品出口和跨境服务适用零税率。货物和劳务税法案中详细列出了符合零税率资格的跨境服务，包括但不限于跨境运输服务与相关保险服务、境外广告、与位于新加坡境外土地相关的建造服务及由地产代理、拍卖师、建筑师、测量师、工程师及其他涉及土地事宜的人士提供的服务、与位于新加坡境外的货物有关的服务。免税商品包括住宅物业的出售或租赁、在货物和劳务税法案第4附表列出的金融性交易和对贵金属的投资或进口。

（6）税收征管

①税务发票和贷记单据。纳税人必须在纳税义务发生时点后的30天内对提供给另一纳税人的标准税率商品开具税务发票。如果应付金额（包括货物和劳务税）不超过1000新元，则开具简化的税务发票。税务发票和简化的税务发票中应当包含的相关信息在货物和劳务税法案中有详细规定。

申请进项税抵扣需要以税务发票作为依据。

在合理调整的情况下，贷记单据可以用来减少对商品或服务征收和抵扣的货物和劳务税。该凭证通常必须包含与税务发票相同的信息及税收抵免的金额，同时也必须列有商品原始税务发票的日期和编号。如果商品原始税务发票的时间和编号无法追溯或识别，那么纳税人需要通过其他方法向主管税务局说明已完成原始商品的纳税义务。

②出口证明。如果有证据能表明商品在60天内离境新加坡，则出口商品按零税率征收货物和劳务税。需要的证据包括以下凭证：出口许可证、海运提单或航空运单、原始发票等。

③外币发票。如果发票是以外币签发的，货物和劳务税税前的应付总金额、应纳货物和劳务税税款与包含货物和劳务税税款在内的应付总金额都应当转换成等价的新元。外币转换成等价的新元要依据纳税时点当期适用的卖出汇率。在实践中，主管税务局允许企业使用任何在新加

坡经营的银行的当日汇率（买入汇率、卖出汇率或者二者的平均值），或者新加坡海关公布的汇率。主管税务局允许从事经营活动者采用他们的内部汇率，前提是该汇率满足以下条件：

一是该汇率能够反映相关日期里新加坡的货币市场。例如，新加坡国内税务局（Inland Revenue Authority of Singapore，IRAS）认可来自当地银行、新加坡海关、当地发行的报纸、有声誉的新闻机构和不受外汇管制的外国中央银行的汇率；

二是该汇率是当日买入汇率、买入汇率和卖出汇率的平均值，或者是与纳税时点一致的当日汇率的近似值；

三是该汇率至少每三个月更新一次；

四是该汇率被一贯用于内部业务报告、会计、货物和劳务税目的；

五是从第一次使用该方法的会计期间的期末起，该汇率至少在一年内被一贯使用。

如果商业活动中使用的汇率不满足以上条件，则企业需要使用一个主管税务局批准的、可接受的汇率。

④电子商务。企业无须向非货物和劳务税注册客户开具税务发票或收据，然而，如果客户要求，企业需要开具税务发票或收据。对于应税进口服务，以下货物和劳务税制度已于 2020 年 1 月 1 日开始实施：对于企业对企业（B2B）模式下的进口服务，实行反向征税机制；对于企业对客户（B2C）模式下的进口电子服务，实行海外供应商登记制度。

2. 关税

（1）征税范围。新加坡是全球知名的免税港，早在 19 世纪初期，新加坡作为远东殖民地被英国政府确立为无限自由港，即所有商品均免税进出口。1965 年新加坡在建国和独立之后，由完全自由港转变为有限自由港，仅对少数商品征收少量关税。新加坡目前仅对四类商品进口征收关税：酒，烟草，石化产品和汽车。

（2）税目及税率（见表2-4）

表2-4　　新加坡关税税目及税率

税目	税率	
酒	酒精超过5.8度的液体饮用酒	88新元/升
	低于5.8度的液体饮用酒	76新元/升
	固体酒精	113新元/公斤
烟草	卷烟	427新元/公斤
	雪茄	427新元/公斤
	烟丝	329新元/公斤
石化产品	97号及以上汽油	790新元/1000升
	压缩天然气	0.2新元/公斤
	生物柴油	0.2新元/公斤
汽车	新加坡进口汽车	出厂价20%

（三）阿联酋迪拜自贸港税收制度

阿联酋的迪拜酋长国设有30多个自由贸易区，包括杰贝阿里自贸区、迪拜机场自贸区、迪拜网络城、迪拜媒体城、迪拜汽车城、迪拜珠宝城、迪拜知识城、迪拜体育城等。其中，杰贝阿里自贸区是迪拜最早设立，也是中东最大的自贸区。自贸区整体上给迪拜贡献了大部分的就业岗位，是迪拜的经济支柱。迪拜税收具有税种少、征税范围窄，但是个别行业税负率特别高等特点。

由于迪拜各自贸区内都对企业在较长时间内实现接近甚至完全零税收，吸引了全球资本的流入。不过，零税收不意味着在迪拜的加工经营是完全零成本的，相反，迪拜通过高租金和高收费补偿了政府税收的不足。一方面，迪拜的劳动力和房地产租金成本相对较高，并且银行、法律事务、写字楼业和餐饮业等仅限阿联酋本国企业拥有；另一方面，迪拜在从事经营活动的各交易环节都设置了服务性收费项目，在自贸区内也有高额的政府收费。

1. 关税

迪拜自贸港对进出口货物一律免征关税，离港进入国内市场时应税产品按正常进出口缴税。

2. 增值税

自 2021 年 1 月 1 日起，迪拜和其他阿联酋地区实施了增值税，目前标准税率为 5%，但是自由贸易区内的企业可以免征增值税。

3. 保税油

迪拜自贸港内的保税油是指未经税收和监管的油品，其不会在迪拜海关范围内进行关税和消费税的征收。这些油品可以在自贸港内的存储和加工设施中进行加工、拆装、混合、再出口等活动，而不必支付关税和消费税。

在迪拜自贸港内，保税油的规定和实施受到迪拜海关管理局的监管。进入自贸港前，保税油需要申报并获得许可证，并由海关进行审核和批准。海关还会对自贸港内的保税油进行监管，确保它们不会流入迪拜本土市场或未经许可的目的地。

4. 报关业务流程

迪拜自贸港（Dubai Free Zone）是指在迪拜境内的自由贸易区域，旨在吸引国内外企业入驻，享受税收优惠和商业便利。以下是迪拜自贸港的报关流程：

（1）选择报关代理人：进口货物时，需要选择迪拜境内的报关代理人，以完成报关手续。可以在迪拜海关网站上查找注册的报关代理公司，并与其联系。

（2）准备必要的文件：在报关代理人的帮助下，需要准备一些必要的文件，例如商业发票、装箱单、提单、进口许可证等。这些文件将用于向迪拜海关申报货物。

（3）缴纳税费：在进口货物时，需要缴纳一定的关税和其他税费。报关代理人将计算和收取这些税费。

（4）进行海关申报：报关代理人将在授权下向迪拜海关提交货物申报。海关将审核文件和信息，并对货物进行检查。

（5）支付费用：一旦货物过关，需要向海关支付一定的服务费用。此外，还需要支付报关代理人的服务费用。

（6）提取货物：在支付所有费用后，可以在港口或货运代理处提取货物。

不同种类的货物可能需要遵循不同的报关流程。在进口货物之前，应当与报关代理人沟通并了解相关规定和流程。

（四）美国纽约港税收制度

根据美国的自贸区法案可知，美国自贸港不征收关税和增值税。由于美国的自贸港不允许零售商品，所以纽约自贸港不包括零售税，流转税包括消费税和银行税。

1. 消费税

（1）纳税人。经营应税消费品的纳税人。

（2）征税对象。消费税应税消费品。

（3）税率（见表2-5）

（4）征收规则。纽约州通过向有执照的代理商出售税票来征收香烟消费税。代理商必须在每包香烟上贴上税票，才能在纽约州进行销售。

（5）税收优惠。公路使用税：政府实体、消防公司、农民、美国邮递员和家庭用品搬运供拥有和经营的机动车辆、公共汽车免税。

表 2-5　　纽约消费税税目和税率

税目	税率	
烟	香烟	4.35+1.5=5.85［美元/包（24支）］
	其他烟草（雪茄、咀嚼烟草、烟斗和散装烟草）	批发价的75%
	自动售货机收取注册费	100美元/年
酒精饮料	酒类（酒精含量2%以上）	6.43/加仑
	酒类（2%~24%的酒精）	2.53/加仑
	啤酒	14美分/加仑
	葡萄酒和酒柜	30美分/加仑
	酒精含量超3.2%的苹果醋	3.79美分/加仑
汽车燃料税	首次使用时对公路柴油汽车燃料	8美分/加仑
	对E-85和天然气	免税
	生物柴油	20%的部分免税
公路使用税	重量超18000磅的机动车	15美元/年
彩池和赛马税 拳击和摔跤展览税	50000美元/场	
废旧轮胎管理费	2.5美分/条	
危险废物产生税	在废物产生地进行填埋处理或存入填埋场	27美元/吨
	从生产地移除进行焚烧	9美元/吨
	在生产地进行焚烧	2美元/吨
	从生产地移出但不焚烧或掩埋	16美元/吨

彩池和赛马税、拳击和摔跤展览税：某些军事比赛、业余学校和大学的活动及官方活动可以免征。

2. 银行税

（1）纳税人。对所有被授权从事银行业务的公司征收。拥有纽约市客户的信用卡公司被视为在纽约市开展业务，无论公司的实际位置。

（2）征税对象。对被授权从事银行业务公司的净收入。

（3）税率（见表2－6）。

表2－6　　纽约银行税税率

税目	税率
对分配的全部净收入征税	9%
对替代性分配的全部净收入征税	3%
对资产征税	一般税率为分配给本市应税资产的10%
固定的美元最低税率额	125美元

二、境外自贸港通关税制比较

（一）关税

新加坡自贸港和中国香港自贸港征收关税。

关税是进出口商品经过关境时，所征收的税收。因为中国香港和新加坡皆为全域自由贸易港，因此征收关税。而其他国家（地区）是单独划出自由区作为自贸港，因此没有征收关税。

新加坡自贸港和中国香港关税的纳税人和征税对象都是相同的。

1. 税目的差异

税目有较小的区别，但总体上基本相同，都是对于烟、酒和石化产品征税。新加坡对进口汽车征20%的进口关税，中国香港对甲醇及甲醇混合物每百升征107美元的进口关税（见表2－7）。

表 2-7　关税税目与税率对比

新加坡			中国香港		
税目		税率	税目		税率
酒类	酒精超过 5.8 度的液体饮用酒	66.16 美元/升	酒类	在 20℃ 的温度下量度所得酒精浓度以量计多于 30% 的酒类	100%
	低于 5.8 度的液体饮用酒	57.14 美元/升		在 20℃ 的温度下量度所得酒精浓度以量计不多于 30% 的酒类，葡萄酒除外	0%
	固体酒精	84.95 美元/千克		葡萄酒	0
烟草类	卷烟	321.02 美元/千克	烟草类	每 1000 支香烟	243 美元
	雪茄	321.03 美元/千克		雪茄	312.77 美元/千克
				中国熟烟	468 美元
	烟丝	247.34 美元/千克		所有其他制成烟草（拟用作制造香烟者除外）	2309 美元
石化产品	97 号及以上汽油	593.92 美元/1 千升	碳氢油类	飞机燃油	0.829 美元/升
				汽油（含铅汽油）	0.868 美元/升
	压缩天然气	0.15 美元/千克		汽油（无铅汽油）	0.772 美元/升
				轻质柴油	0.368 美元/升
	生物柴油	0.15 美元/升		超低含硫量柴油	0.368 美元/升
				欧盟Ⅴ期柴油	0.00
汽车	新加坡进口汽车	出厂价 20%	甲醇	甲醇及任何含甲醇的混合物（在 20℃ 的温度下量度）	107 美元/百升

2. 税率的差异

中国香港的酒类采用比例税率，而新加坡采用定额税率。在油、石化产品方面，中国香港和新加坡均采用定额税率。相对来说，中国香港对酒类征税比例较高，达到100%。烟草类税收相差不大，都在310美元/千克左右，新加坡略高于香港。中国香港与新加坡对于石化产品的税收相差不大，均为0.5美元/升左右。

3. 报关程序

中国香港的报关程序简单便利。中国香港对进出口一般商品不征收关税，没有任何关税限额或附加税，也不设任何增值税或一般服务费。但酒类、烟草、碳氢油类及甲醇这4类商品，无论进口或在本地生产，均须缴付消费税，属于进口的，要收进口关税。香港仅有的少量贸易管制，是为了履行国际义务和保障本地居民的生活。只有危害公共卫生或安全的商品、战略物资、应纳税商品和受限制商品，以及对某些特定国家（地区）的进口或出口，需要领取出口许可证。香港的进出口贸易手续十分简便。香港自贸港通过免关税和低赋税吸引客商。

（二）流转税

1. 不征流转税

中国香港没有针对全行业征收的增值税，只对酒店的房租收入征收酒店房租税，香港的酒店房租税是一种针对酒店行业征收的增值税，纳税人为酒店所有人。而且自2008年7月1日起，政府免收酒店房租税，税率降为客人所付房租的0%（截至2008年6月30日，税率为3%）。因此，目前来说，香港的商品在生产和流通环节，基本上都不征税。

美国的自贸港不允许进行零售行为，虽然美国国内有零售税，但自贸港内没有零售税，且美国的所有自贸港都不征收增值税。

阿联酋迪拜港内的企业可以免征增值税。

2. 征收货物和劳务税（GST）

新加坡自贸港征收货物和劳务税（GST）。自1994年征收货物和劳务税开始，新加坡税务局已前后4次增加税率：1994年4月1日开始征收货物和劳务税，起始税率为3%；2003年税率增加为4%；2004年税率增加为5%；2007年7月1日税率增加为7%；2023年1月1日上调至8%。新加坡政府预计在2024年，相关税率将进一步调高至9%。

这是新加坡首次调高销售税税率，主要目的是增加收入、减轻人口老龄化带来的财政压力。新加坡政府估计，到2030年，新加坡65岁及以上人口占总人口比例将达到1/4。

三、当前海南自由贸易港通关监管中的税制问题与改进建议

海南实施封关运作后，海南省将正式成为“离岸岛”，海南省域范围内的人员、物资和金融资产流动的管理主要遵循《海南自由贸易港法》及其配套法律法规。在税收及其税收监管制度上，将完全不同于内地税制，主要对标国际自由港，实现零关税、低税率、简税制。从税制设计的视角出发，新税制需要重新构架货物与劳务税、个人所得税和企业所得税，全面覆盖“离岸岛”的商品货物、劳务和其他各种所得以及货币和金融资产的持有与交易。从税收征管的角度看，实现海南“离岸岛”新税制设计，需要明确海南省域范围内的人、财、物的离岸属性，形成海南省的独立关境，落实海南与内地的关境分离，“二线管住”才能落到实处。

（一）海南自由贸易港通关税制存在的问题

对标海南自贸港封关运作后的经济活动变化，现行税制和税收征管政策存在较为明显的问题：

1. 零关税政策存在的问题

从海南当前零关税的相关政策来看，与自贸港零关税的需求还存在重大差异。

（1）零关税目录清单偏窄。现行零关税正面清单涵盖的商品过少，目前零关税正面清单包含1700多个商品税号，但仅占全部8500多种商品的20%。与RCEP、CPTPP等经贸规则所要求的90%以上货物实行零关税相比，差距较大。首先，企业自用生产设备零部件采购未明确纳入“零关税”。企业的进口自用生产设备发生故障，需要更换零部件时，进口零部件是按照一般贸易进口，暂时不能享受零关税。其次，原辅料零关税正面清单范围较窄，部分原辅料需要按照一般贸易报关进口。最后，岛内市场主体享受交通工具及游艇零关税政策难。进口车辆主要通过经销商或平行进口的方式，但是，由于经销商不属于零关税政策的享惠主体，进而导致通过经销商进口的车辆不能享受交通工具及游艇零关税政策。

（2）出区内销免税政策落实难。《海南自由贸易港建设总体方案》明确了对鼓励类产业企业生产的不含进口料件或者含有进口料件在洋浦保税港区加工增值超过30%的货物，出区进入境内区外销售时免征进口关税，照章征收进口增值税和消费税。但是，该项税收优惠政策的落实存在一定难度。首先，部分中小企业会计核算制度不健全，不能准确核算进口料件加工增值的比重，进而不能享受该政策；其次，缺乏加工步骤是否属于微小加工或处理的标准，进而产生了确认符合税收优惠政策的交易成本；最后，该政策是按照行政区域进行逐步试点、逐步扩大，从洋浦保税港区率先落地实施，然后扩展至海口综合保税区、海口空港综合保税区、海关特殊监管区域外的重点园区，但是，这种逐步扩大试点的方法造成产业链难以全覆盖，对全产业链的健康发展形成了制度性扭曲。

2. 销售税存在的问题

《海南自由贸易港法》明确了海南实施封关运作后，将现行增值税、消费税、车辆购置税、城市维护建设税及教育费附加等税费（以下简称“四税一费”）进行简并，启动在货物和服务零售环节征收销售税。开征销售税有以下几个问题亟待解决。

（1）纳税人争议。关于销售税的纳税人，国内学者存在争议。有学者认为，销售税的纳税义务人是在零售环节购买应税货物和服务的单位或个人，如张云华、何莹美（2020）①，丁俐源、殷恩琪（2022）②。但是，李慧雯、王金兰（2023）则认为，消费者才应当是销售税的纳税人。当然，从税收征管的角度，大部分学者认为，销售商（零售商、批发商等）应当承担代缴税款的义务③。为此，李慧雯和王金兰（2023）还建议，税务机关应当按照2%—5%的税款，作为代扣代缴的手续费支付给销售商④。应当指出的是，销售税并非销售与使用税，正如潘越（2022）指出，销售税的纳税人是经营者（零售商），而使用税的纳税人才是消费者⑤。

---

① 张云华，何莹美．海南自由贸易港销售税的制度设计［J］．税务研究，2020（09）：16—21.

② 丁俐源，殷恩琪．自由贸易港开征销售税的相关问题探讨——以海南自贸港为例［J］．西部财会，2022（09）：15—18.

③ 李慧雯，王金兰．海南自贸港销售税制设计研究［J］．商业会计，2023（08）：81—85.

④ 李慧雯，王金兰．海南自贸港销售税制设计研究［J］．商业会计，2023（08）：81—85.

⑤ 潘越．美国销售税的框架、要素与问题——兼论海南自由贸易港销售税设计［J］．国际经济法学刊，2022（02）：123—139.

（2）零售环节的界定。对于零售环节，较为朴素的理解是将货物或服务卖给消费者。但是，在理论与实务中仍然容易出现争议。

首先，零售商销售给生产商。一般而言，零售商销售给消费者，属于商品销售的最后一个环节，争议很小。但是，在小众消费行为中，部分生产商由于产量极小（例如服饰的DIY设计），会发生生产商从零售商购买成衣再加工销售给消费者的情况。零售商销售给生产商的环节是否属于零售环节？

其次，批发商的零售行为。批发商既将整批货物销售给零售商，也直接销售单件货物给消费者，批发商的零售行为能否算零售环节？更重要的是，税务机关如何识别、掌握批发商的零售行为？

最后，M2C商业模式。生产商直接销售给消费者，税务机关如何识别、掌握生产商的零售行为？

（3）大部分服务业难以纳入销售税的征税范围。首先，现实经济活动中大部分服务是由自然人、个体工商户和小型服务机构提供的，税源“小、散、乱”，税收征管难度过大；其次，缺乏明确标准确认服务发生的地点，对服务征税容易导致重复征税。

（4）销售税制度下消费地与购买地存在不一致的可能性。如果消费者的消费地与购买地（纳税地）在同一税收管辖区域，则不会出现区域间税收转移；但如果消费者的消费地与购买地（纳税地）不同，即跨区域销售或消费将为区域间税收转移提供可能，进而引发地区间税收分配问题。以打车App为例，当前滴滴仍是最主要的出行服务供应商，滴滴公司在海南提供交通运输服务，但是，消费者的出行费用则是支付给了位于天津的滴滴公司总部。从理论上而言，海南自贸港封关运作后，可以对各大互联网平台公司按照离岸管理，规避大部分消费地与购买地不一致导致的税收征管问题。但是，从逻辑上而言，使用在岸现金支付海南离岸商品和服务的情形依然存在。例如，海南的商品服务供应商用在岸公司的收款码收取海南离岸商品和服务的价款。

（5）销售税征管难度更大。增值税的财政收入能力强，源于增值税专用发票抵扣制度建立起了一条完整的税收信息链，确保供应链上下游纳税人自我监督，主动如实申报商品流转数据，为税务部门实现税收数据稽核比对夯实了数据基础。但是，在商品与服务的终端，商品与服务提供商有隐瞒收入逃避税款的动机，而消费者缺乏向税务机关提供消费数据的激励，因此，零售端的税收征管是流转税中最为困难的问题。由于增值税的多环节征收，在零售端的前一个环节，已经实现了大部分增值税收入的有效征管，且形成了零售商品的增值税进项数据，进而抑制了零售环节隐瞒收入的空间。但是，销售税缺乏税收数据信息链的保障，税收征管更为困难。

同时，海南自贸港的销售税会给过境旅客及岛内居民一定的免税额度，用于激活海南的旅游消费市场。但是，作为销售税的纳税人——商品与服务提供商，缺乏动力和能力辨认购买者提供的税收豁免凭证是否真实有效，进而加剧销售税的税源流失。

（6）销售税税率与海南地方财政的关系问题。关于销售税税率问题，国内学者着墨颇多。李慧雯和王金兰（2023）认为，将销售税税率设置为5%、3%两档税率[①]。张云华和何莹美（2020）认为，参考国际经验，海南销售税的标准税率应当是5%[②]。但是，应当看到的是，销售税作为将来海南自贸港的重要税源，首先，替代海南的增值税；其次，还需要能够弥补海南省的企业所得税、个人所得税及其他四项税费减税的财政收入减收额度，实现海南财政收支的基本平衡。为此，许生和张霞（2020）测算，销售税“不含税”税率在13%左右[③]。但是，

---

① 李慧雯，王金兰. 海南自贸港销售税制设计研究［J］. 商业会计，2023（08）：81—85.

② 张云华，何莹美. 海南自由贸易港销售税的制度设计［J］. 税务研究，2020（09）：16—21.

③ 许生，张霞. 销售税与海南自由贸易港财税改革［J］. 国际税收，2020（11）：9—15.

如果将注册在海南自贸港并实质性运营的企业减按15%的税率征收企业所得税和对在自贸港工作的高端人才个人所得税实际税负超过15%的部分予以免征等优惠政策的减税部分也由销售税收入弥补不足，则销售税“不含税”税率需要达到15%。当然，根据海南省财政厅的测算，海南房地产行业足额征收销售税，则7%左右的销售税税率即可实现海南财政收支的基本平衡。但是，上述税率与境外自贸港流转税低于5%的现状相比，明显偏高，销售税税制缺乏与其他自贸港税制的竞争力。

3. 进出口环节流转税的税收监管存在“九龙治水”问题

海关征收关税、代征增值税和消费税的基本逻辑是控制海关与港务的表单，实施货物流动监管，保障关税收入，并依据关税数据为基础代征增值税和消费税。这种税收监管逻辑仅适用于物流节点，但对于复杂经济活动货物流转的税收监管则力不从心。首先，海关与税务部门的监管逻辑差异，造成了日常税收监管漏洞。海关缴款书作为纳税人申报进口货物增值税进项税的主要凭证，其防伪与数据稽核比对标准显著低于增值税专用发票，为纳税人篡改海关缴款书实施虚抵进项税提供了可能性；其次，出口环节，海关仅对货物进行核查，并不核查货物所有人信息，因此，为“买单配票”① 骗取出口退税的违法行为提供了空间；最后，海南自贸港封关后，商品与资产的“在岸”与“离岸”属性将产生明显的价格差，政策套利空间明显，不法企业存在利用“阴阳合同”实现“套利”的经济动机。但是，在现有海关的税收监管逻辑下，难以识别“阴阳合同”。

① 主要是指行为人通过中介人员或者其他方式购买那些无法申请退税或者不需要退税的出口货物信息，获取虚假报关单，例如义乌、柯桥等国际小商品集散市场采购的无须退税商品的单证，再根据出货报关单退税联制作虚假购销合同、虚开发票以及虚假收汇，制作出整套国内购货、报关出口以及销售境外等材料，并以此向税务机关申请退税的行为。

4. 海关与税务的协同执法存在重大制度性障碍

以某企业变造海关缴款书虚假抵扣增值税的税务稽查案件为例，税务稽查部门怀疑涉案企业用于申报进项税抵扣的海关缴款书存在问题，向海关缴款书所属海关发出协查函，要求按照税务部门移交的海关缴款书复印件实施比对。但是，基于数据安全考虑，各所属海关均拒绝提供海关缴款书原件，仅按照海关内部系统进行数据比对，并得出“比对一致”的结论，险些造成案件终结、国家税款流失的局面①。实际上，变造海关缴款书虚假抵扣增值税的税务稽查案件已经发生多起，2013年6月17日广东省国税局实施的“海豹行动”、2021年舟山市税务局稽查局查处的榴莲“变”煤炭案，均是变造海关缴款书货物品名虚假抵扣增值税进项税的典型代表。但是，基于海关“比对一致”的核查回函而错误终结的税务稽查案件可能更多。这一现象反映了当前海关与税务部门在税收监管逻辑上的差异，更体现了海关与税务部门跨部门协同执法上的制度性障碍。

5. 税收与税源的背离，阻碍“离岸岛”独立市场建设

数字经济突破了交易行为的地理空间限制，消费者通过网络向所在地以外的供应商大量购进数字产品和服务，跨区交易发生在没有应税存在或者供应商规避应税存在的情况下，消费地的税务机关无法或难以应用消费地原则征税，基于消费地原则的税收管辖权遭遇侵蚀和冲击。在全国统一大市场背景下，税收与税源的背离主要对省际税收收入分配产

---

① 汉中市税务局第一稽查局承办“2022CTH 西办－P05”专案中，查明纳税人通过篡改海关缴款书的货物品名，变造海关缴款书，实现了虚抵增值税进项税的违法行为。但是，由于海关与税务部门关于海关缴款书的数据比对仅限于海关缴款书号码（报关单编号）、海关代码、海关、填发日期、税款金额、缴款单位（人）六项信息，不比对商品品名，因此，税务稽查部门发给多个海关的协查函，均获得“比对一致”的结论。因该案税务检查人员持续对该涉案企业上下游外调走访，最终取得其中一份海关缴款书原件，证实了纳税人存在篡改海关缴款书货物品名的违法行为。

生一定的负面影响。但是，封关后，海南作为“离岸岛”，将形成独立市场，税收与税源的背离侵蚀了海南本地的税收管辖权，最终结果就是破坏“离岸岛”市场有效运转所依赖的竞争性经济条件，妨碍“离岸岛”经济规则的统一和运行秩序，进而对“离岸”独立市场建设产生不良影响。

（二）海南自由贸易港封关运作后通关税收政策的优化建议

为保障海南自贸港封关运作有序进行，服务高质量发展，税收制度亟待优化。结合中国香港、新加坡、迪拜等自贸港经验，通关税收政策优化应当主要从关税和流转税两个方面着手。

1. 完善零关税政策，构建零关税负面清单

应当按照海南“离岸岛”的性质，加快零关税清单优化。一是应当在封关运作前将进口设备易损耗的零部件纳入自用生产设备零关税清单；二是应当以终端用户是否为海南“离岸居民”为标准，确定汽车、游艇是否享受零关税；三是应当对海南生产所需原辅料实施分行业的专项调研，优化原辅料零关税正面清单范围；四是应当加快岛内居民消费品零关税清单的制定，在封关运作前实现岛内居民消费品零关税的全覆盖，为岛内零售环节的零关税商品市场运行和反走私监管的压力测试夯实基础；五是应当参考中国香港、新加坡等自贸港所列举的零关税负面清单，结合海南实际和财政承受能力，逐步将正面清单转化为负面清单，并不断缩减负面清单长度，在封关运作时建立较为完善的海南自贸港零关税负面清单；六是加工增值 30% 免征关税政策应当尽快在海南全岛实施。并尽快完善加工增值的认定标准和认定程序，服务满足标准的企业应享尽享该税收优惠政策。

2. 科学设计销售税税制，服务离岛经济高质量发展

《海南自由贸易港法》明确规定了封关运作时，将现行增值税、消费税、车辆购置税、城市维护建设税及教育费附加等税费（以下简称“四税一费”）进行简并，启动在货物和服务零售环节征收销售税。因此，科学设计销售税税制是海南自贸港全岛封关运作前的一项重要任务。

（1）纳税人。实际上，相较于将销售税的纳税人确认为“购买应税货物和服务的单位或个人”，明确经营者（零售商）为销售税的纳税人，既节约了代扣代缴的手续费，更有利于税务机关的日常税源管理。

以购买应税货物和服务的单位或个人为纳税人，销售税征收管理极容易陷入目的地原则（或称“消费地原则”）或来源地原则（或称“生产地原则”）之争，特别是在互联网经济发达，购买者与消费者、销售地与发货地不一致的情形越来越多，极易造成销售税税收征管困难和省域间的税源争议。以经营者（零售商）为销售税的纳税人，以商品和服务供应商所在地（线上则以商品和服务供应商 IP 地址的地理信息为准）确认为应税义务发生地，可以减少理论与实务的争议。特别是销售税是自贸港特有的税种，是针对海南自贸港独立关境下对离岸财产和离岸服务征收的税种，并非以销售税替代增值税，因此，以海南的关境（包括数字关境）为标准，确认销售行为发生在海南岛内的，以经营者（零售商）为销售税的纳税人可以有效降低销售税的设计难度，并提升征管效率。

（2）征税范围。按照《海南自由贸易港法》的要求，销售税的征税范围应当包括应税货物和应税服务。其中，应税货物主要是指有形动产（包括电、热、燃气等能源和自来水）；应税服务则是满足消费者日常生活需求的各类服务（该范围应当与增值税适用6%税率和邮政、基础电信服务、交通运输服务等适用9%税率的征税对象基本一致）。除此之外，还应当参考增值税的免税项目，确定免税货物、服务的正面清

单，确保离岛免税的政策稳定性。

（3）零售环节的确认。

首先，零售商的销售活动应当一律认定为零售。虽然从理论上而言，下游购买者实际是小众商品的生产者，发生了从零售环节购买生产用途的原材料，不属于零售环节，但是，这种特殊情况并不会对生产者的决策产生实质性影响。为了保障销售税的简便、易操作，零售商的销售活动应当一律认定为零售。

其次，批发商和生产商的零售行为应当认定为零售。换言之，不论是生产商还是批发商，只要发生了小额零散销售，都应当认定为零售，应当承担销售税纳税义务，如实向税务机关申报纳税。同时，税务机关应当从现金流信息稽核批发商和生产商的零售行为。

（4）税率。为了实现海南自贸港与其他国际自贸港的接轨，并保持竞争力，销售税税率确实不宜超过5%。为弥补销售税税率过低产生的税收收入缺口，影响海南地方财政正常运行，销售税应当确定为地方税，中央不参与销售税税收收入分成。加上海南离岸经济的巨大优势，参考徐丽（2022）统计的2021年海南社会零售总额增速25.3%，预计因销售税税率过低造成的财政收支缺口会在封关运作后三年左右，即2028年实现平衡。

3. 应当优化海南销售税税收监管体系、强化销售税征管能力建设

从销售税的监管主体看，应当由税务部门承担销售税的全部监管职责。首先，税务部门实施销售税全环节监管可以避免“九龙治水”的困境，减少跨部门执法协作产生的误判，保障税收执法的刚性；其次，封关后海关的关税业务锐减，海关代征销售税并不能形成行政执法效率优势；最后，相较于海关以关税为基础的税收监管逻辑，税务部门“以数管税”在技术层面上已经能够实现对企业的纳税行为、财务活动和涉税风险进行全方位的精准画像。因此，税务部门全环节征收销售税

效率更高，也更有利于建立税收监管的“圆形监狱”①，进而提升纳税遵从，减少税源流失。

从销售税的监管方式看，销售税监管需要突出对离岸经济的监管能力建设。首先，税务部门应当强化与市场监管部门的配合，强化互联网平台企业的离岸监管，预防利用互联网平台实施在岸资金交易离岸资产或服务，防止海南自贸港出现税收与税源背离的现象；其次，税务部门应当强化与金融监管部门的配合，实施对第三方支付平台、收款码、代币支付等数字支付方式的支付监管，逐步形成并健全税务部门的现金流监管能力。

4. 海南自贸港封关后应当由税务部门承担除关税、船舶吨税以外所有税种的税收监管责任

从境外自贸港经验看，多数国家（地区）的自贸港免征关税，海关主要职责是通过管理、货物进出口检验检疫和打击走私，重点放在人流、物流监控，基本没有税收监管职责。新加坡海关依据报关信息代征进口环节的 GST（商品和服务税），但是，对纳税人的税收监管职责则主要由税务机关履行。结合海南自贸港封关后的通关监管工作实际，建议应当由税务部门承担除关税、船舶吨税以外所有税种的税收监管责任。

首先，在关税业务锐减的前提下，由税务部门承担除关税、船舶吨税以外所有税种的税收监管职责，可有效提升税收行政执法效率、降低税收监管成本，并增强海关通关监管力量；其次，由税务部门承担销售税的全部监管职责，可以避免“九龙治水”的困境，减少跨部门执法协作产生的误判，保障税收执法的刚性；最后，相较于海关“以关税”为基础的税收监管逻辑，税务部门的“以票管税”是通过强化增值税

① “圆形监狱”的监管思想源于边沁，核心要义是在中央设立观察哨，让检查员在不被人发现的情况下监视被监管对象。该思想广泛应用于监狱、金融监管等。

征管，实现全税种、全纳税环节的监管覆盖，形成监管闭环优势，而以金税四期为代表的智慧税务更是实现了“以票管税”向“以数管税”的迭代升级，在技术层面上已经能够实现对企业的纳税行为、财务活动和涉税风险进行全方位的精准画像。因此，税务部门全环节征收销售税效率更高，也更有利于建立税收监管的“圆形监狱”，进而提升纳税遵从，减少税源流失。

为了便利出入境纳税申报，强化海关通关监管力量，税务部门应当派驻出入境管理部门负责征收进出口环节的销售税，规避海关代征销售税数据交换过程的信息损失，保障销售税征管数据的完整性与一致性，为销售税与国内增值税的数据交互夯实制度基础。

5. 要求在海南提供服务的互联网平台企业在海南登记注册离岸公司

海南自贸港封关后，海南的“离岸岛”属性决定了在海南提供服务的互联网平台企业应当在海南登记注册离岸公司，并以离岸公司作为纳税主体履行纳税义务，保障海南离岸经济系统的稳定。因此，建议由市场监管部门与税务部门协同执法，督促互联网平台企业履行在海南登记注册离岸公司的义务。

6. 应当启动移动支付监管的地方立法

零售环节实施有效税收征管，关键在于对支付信息的有效监管。同时，由于我国数字经济发达，收款码已经成为零售环节最主要的资金收讫方式，因此，实施移动支付监管可以有效提升零售环节的税收征管能力。

但是，根据现行《税收征管法》，税务部门缺乏支付监管的权限。支付监管的行政主体——金融监管部门是通过监管第三方支付机构，间接实现对收款码的监管，金融监管部门难以对收款码的使用者直接实施监管。有效的支付码监管，需要税务部门与金融监管部门协同执法。因此，建议海南用足用好自贸港法规制定权，率先实施支付监管立法，促进税务部门与金融监管部门协同执法，积累支付码监管和“以数治税”的税收监管经验。

具体而言，支付监管立法应当包括以下四方面内容：一是应当将税务部门的银行账户备案登记范围扩展至收款码（包括个人收款码），并授权税务部门查询收款码流水信息；二是应当建立税务部门与金融监管部门反洗钱协同执法与情报交换的工作机制；三是应当授权税务部门与金融监管部门对收款码实施联合监管，对利用收款码实施跨关境收款活动进行合规性审查；四是制定非法跨关境金融活动联合惩戒机制。

主体报告三：海南自由贸易港金融监管与境内外规制衔接研究

一、境外自贸港金融监管制度考察

（一）新加坡自由贸易港金融监管

新加坡位于马来西亚半岛南端、马六甲海峡出入口，是世界级的天然港口。新加坡于20世纪60年代后期逐渐兴起并发展成为国际金融中心，通过与美国进行战略合作，新加坡在本土建立起亚洲第一个美元离岸金融市场，同时配套实施取消外币利息税、取消外币存款缴纳存款准备金、放宽外资银行持股比例等优惠政策措施，成为亚太地区重要的国际金融中心。新加坡国际金融中心主要进行亚洲美元交易、国际资金借贷、外汇黄金交易，参与者主要有商业银行、中央公积金、贸易银行、贴现公司、金融公司及外资银行等。

新加坡为应对自贸港内金融业高度混业的状况，设立了专门的机构保证其监管的统一与独立性。成立于1971年的金融监管局（Monetary Authority of Singapore，MAS）是新加坡的主要金融监管机构。新加坡自贸港法治体系健全，执法公正严明，建立了良好的营商环境。MAS的特殊之处不仅在于其监管的独立性，MAS既作为央行被赋予保持汇率及物价稳定、保证整个国民经济平稳运行的宏观审慎监管职能，同时又作为监管当局履行微观审慎监管职能。在政策工具运用上，MAS与其他央行相同，包括常见的利率政策、公开市场业务操作、存款准备金等工具。其在履行金融监管职能时，对所有的金融部门进行监管，包括银行、保险、证券以及资本服务中介机构。另外，MAS 强调公司不断完善自身的治理，并通过严格国际会计审计标准来保障新加坡的金融机构抵御风险的能力。在其完善的法律监管体系和严密的监管措施下，新加坡自贸港跻身世界一流的国际金融中心。在监管原则上，MAS 以采用风险导向为主的方式进行日常监管，颇有功能监管的意味，确保了港内金融业务监管的有效性。在内部机构设置上，兼顾了行业监管的原则，将其下属部门划分为审慎政策部（PPD）、专业风险监管部（SRD）、银行监管部（BD）、保险监管部（ID）、复杂机构监管部（CID）。其中，审慎政策部承担对银行、保险及资本市场中介机构三类金融机构的资本和宏观审慎监管，并制定相关政策以保持其稳定，增强其活力。专业风险监管部则承担与审慎政策部互补的部分，其主要范围是金融系统性风险，必要时会对个别金融机构进行监管；除此以外，专业风险监管部还为银行、保险及证券领域的基层监管人员提供相关的风险专业技术支持，确保监管能力与业态发展匹配。余下的银行、保险监管部和辅助机构监管部分别负责银行、保险和金融公司的牌照发放和日常监管，以保护存款人和金融消费者的利益为目标。

（二）迪拜自由贸易港金融监管

迪拜自贸港的功能定位与海南自贸港有诸多相似之处，学习借鉴迪拜国际金融中心的建设亦在情理之中。目前迪拜自贸港内形成了以迪拜金融服务局（Dubai Financial Services Authority，DFSA）为主导的、清晰灵活的金融监管框架。DFSA 作为混业监管机构实现了监管工作的高效、现代化，即迪拜国际金融中心监管的成功很大程度上是由于其风险性监管机构的独立性。迪拜自贸港区内组织机构主要有三个，即迪拜国际金融中心管理局（Dubai International Financial Centre，DIFC）、迪拜金融服务管理局、迪拜国际金融中心司法管理局（Dispute Resolution Authority，DRA）。迪拜金融服务局权力主要来源于2004年迪拜国际金融中心1号法令——《监管法》。迪拜国际金融中心管理局根据区内法律法规负责区内所有事务；迪拜金融服务管理局只负责区内的金融服务工作，对本地金融市场和各项金融活动进行统一化、规范化、专业化的管理，其主要职权包括：制定监管的基本框架；金融服务及迪拜国际金融中心的相关金融机构营业执照的授予、许可和登记；迪拜国际金融中心区域内金融服务及相关活动的监管；市场活动的监督、调查和执行；并对这些金融机构未来的创新型金融业务给予持续的监管。迪拜金融服务局还能够以自己的名义独立参与诉讼。在反洗钱及预防腐败的制度中，迪拜积极对接国际最高标准，充分利用欧美先进的金融监管方式和准则。2016年DFSA发布《贸易财务报告》，该报告针对所有在迪拜国际金融中心开展业务的金融机构，警示其降低业务活动的洗钱风险。基于“了解您的客户”（Know Your Customer）原则，强化对账户持有人的审查，对账户的实际持有人进行必要的穿透性审查。为了鼓励金融科技的发展，监管机构还推出了极具吸引力的试执业许可，6个月试运营执照。在此期间，监管机构会观察试执业者是否合规合法，然后再决定颁发下一步的执照。

（三）美国纽约自由贸易港金融监管

纽约国际金融中心是当前世界上最大的国际金融中心，主要包括外汇市场、短期资金市场（货币市场）、长期资金市场、证券市场四个市场。自1961年起经州法律允许外国银行在纽约设立分行，现有300余家外国银行分支机构。1981年12月建立“国际银行设施”（IBFs），允许在国内开展境外金融业务，形成了离岸货币市场。纽约国际金融中心是由国内金融中心发展而成。由于独特的地理位置及对金融业的重视，19世纪纽约超越费城成为国内金融中心。1913年，美国《联邦储备法案》颁布，联邦储备系统将总部设于纽约，为纽约奠定了“银行之都”的地位。第一次世界大战后，美国经济实力大大增强，凭借庞大的黄金储备、巨额的资本积累和国际收支顺差等取代英国成为世界经济中心，为纽约成为国际金融中心提供了强有力的国家保障。作为美国最大的金融中心，纽约开始成为重要的国际金融中心，与伦敦分庭抗礼。1929—1933 年经济大萧条暴露了金融领域的问题与金融监管的漏洞，罗斯福新政开启了政府对金融监管的新时代，为纽约国际金融中心的发展提供了制度保障。第二次世界大战彻底改变了世界经济政治格局，战后，美国成为世界上最大的债权国，经济飞速发展。布雷顿森林体系构筑了美元在国际金融体系中的中心地位，美元取代英镑成为世界上最主要的国际储备货币和国际清算货币，纽约发展成为世界美元清算中心和金融中心。凭借美国雄厚的经济实力与美元的中心地位，纽约取代伦敦成为世界上最大的国际金融中心。即便后来布雷顿森林体系瓦解，纽约仍然凭借美国资本市场的迅猛发展和在国际市场上的巨大影响力，保持着国际金融领域的领先优势。

纽约自由贸易港金融产业发展的主要原因在于：一是独特的地理位置促进了纽约金融业早期发展。纽约位于美国大西洋海岸东北部的哈德逊河入海口，是世界最大的天然港口之一，早期的纽约主要依靠航运业迅速发展，成为重要的贸易中心，并带动金融业发展，使得大量金融机构在纽约集聚，19 世纪早期就拥有美国最大的银行及证券交易所。二是强大的综合国力为纽约成为国际金融中心奠定了扎实的物质基础。两次世界大战，美国远离战场，损失较小，综合国力迅速提升，经济实力一举跃升为全球首位，为纽约成为国际金融中心提供了有力保障。三是美国金融市场迅猛发展，金融创新不断涌现。纽约的外汇市场、短期资金市场（货币市场）、长期资金市场、证券市场四大市场均非常活跃，与之相关的商业银行、储蓄银行、投资银行、保险公司、外汇经纪商和股票经纪商等金融机构汇聚于此，共同推动金融体系不断创新，促进新衍生产品、新交易市场不断涌现，使纽约金融市场始终保持旺盛的生命力与强大的竞争力。四是布雷顿森林体系奠定了美元的世界货币地位。第二次世界大战后，美国凭借强大的经济和金融实力，通过布雷顿森林体系建立了以美元为中心的国际货币体系，使美元成为最主要的国际储备货币和国际清算货币，为纽约成为国际金融中心奠定了货币基础。五是成熟的法律体系与监管环境提供了制度保障。早期美国奉行自由经济，对金融市场持放任态度，缺乏有效监管，引发了一系列危机。1929—1933 年经济大萧条期间，金融业受到巨大冲击。为了防止金融系统崩溃，美国逐渐确立了分业经营与分业监管的金融监管政策，并出台了《1934 年证券交易法》《投资公司法》等一系列法令。政府这只“看得见的手”发挥作用，构建了完备的法律体系，并对金融业实施适当的监管，为纽约金融发展提供重要的制度保障。

（四）中国香港自由贸易港金融监管

中国香港金融业发展奠基于开埠后的实体经济繁荣，第二次世界大战后得益于地缘政治及内部制度建设，香港金融业不断摸索和完善，建立了一套自由、透明并适用国际标准的成熟金融体系。由此香港得益于富有竞争性的金融制度、经济体系以及优越的地理区位，受到国际资本、机构以及客户的青睐，逐步成长为全球最重要的国际金融市场之一，自此奠定了其国际金融中心的地位。我国内地大陆金融市场开放并不断扩大，金融科技和绿色金融飞速发展，也为香港提升国际金融中心的竞争力创造了巨大的机遇。中国经济高质量发展以及香港良好的营商环境、完善的金融生态、强韧的金融市场等优势为香港作为国际金融中心的持续繁荣奠定了坚实的基础。

目前，境外离岸金融市场的管理模式大致可分为三类——以美国国际银行业务设施（IBF）和日本离岸金融市场（JOM）海外特别账户为代表的“内外分离型”，以伦敦和中国香港为代表的“内外混合型”，以新加坡（ACU 市场）和中国台湾（OBU 市场）等地区采取的“分离渗透型”。中国香港所采用的“内外混合型”模式，逐步采取了取消外汇管制，实行港币汇率自由浮动，放宽对外资来港设立机构的限制，取消对外币存款利息预扣税等措施，有力推动了香港金融市场境外业务的发展，极大地促进了香港金融业的发展。与海南自贸港相同，香港也实行区港合一，但金融监管体制远远领先于海南。香港实行混业经营、分业监管模式，这与香港经济和金融发展的特殊性分不开。香港的金融监管框架具体由金融管理局、证券及期货事务“监察委员”会、保险业监理处三大机构以及行业自律协会构成，共同对三大领域开展监管工作。香港金融管理局作为最核心的监管部门，主要负责宏观层面——确保币值和银行体系稳定；与此同时，还肩负着建立国际金融中心和管理外汇基金的任务。《银行业条例》《外汇基金条例》为其主要的授权法律依据。证券及期货事务监察委员会负责证券业监管，以《证券及期货条例》及其附属条例为其授权的法律依据，对证券、金融投资及商品期货买卖实行审慎监管。证券业协会为其辅助，共同保证香港证券及期货业的稳定发展。与银行业和证券业不同，香港保险业采取了行业自律的形式，一方面由政府进行审慎监管，另一方面由香港保险业联合会负责香港保险业的监管。《保险公司条例》为其授权的法律依据。对来港开展保险业务的公司进行相应的资质审核。需要特别说明的是，香港对开展离岸金融业务的准入门槛进行三个级别的划分，将其分为持牌银行、有限持牌银行和接受存款公司，规定了不同的业务范围。

二、我国上海自由贸易试验区的金融改革

上海作为我国乃至世界上重要的金融中心，其金融市场活跃度始终保持高位，相关的金融改革也走在全国前列。自 2017 年上海提出建设自由贸易试验区以来，金融领域的政策出台持续不断，为上海加快建成面向国际的金融市场体系提供了巨大推力。上海自贸区正在稳步推进人

民币全球化，探索资本可兑换项目的进一步放开。与快速发展的金融业相对应的是，上海自贸区在离岸金融监管方面的有益经验值得海南学习借鉴。上海自贸区金融监管具备对标国际的实力，海南自贸港金融监管体制的完善必然少不了对于上海自贸区经验的借鉴。

上海自贸区自成立以来，“一行两会”等金融管理部门出台了一系列政策推进上海金融领域改革，针对离岸金融也进行了相应的制度创新。首先，上海自贸区在监管理念上进行变革，从传统的事前审批向注重事中、事后监管过渡，明确了“一线放开，二线抓紧”的新理念。上海市政府颁布《进一步深化中国（上海）自由贸易试验区和浦东新区事中事后监管体系建设总体方案》，对实施步骤予以细化，确保理念的落地实施。为了能让更多外资机构进入，进一步发展壮大离岸金融业务，上海自贸区在市场准入监管方面也进行了相应调整，对原有的事前监管进行填补。自2019年7月30日起，《自由贸易试验区外商投资准入特别管理措施（负面清单）（2019年版）》正式生效，其中一方面规定各类金融机构平等进入清单以外的领域，另一方面也对许可方式进行改变。此举意在引入更多的金融机构参与自贸区经济建设。上海自贸区在“引进来”的同时，同样鼓励“走出去”，对内资银行进行离岸银行业务试水进行政策扶持。在银行业市场准入相关报告事项上，上海自贸区也率先进行了系统规范，在审慎监管基础上，将中外资银行的报告类事项进行统一。

目前上海自贸区监管机构监管创新侧重于限制性和合规性手段，但是对系统性风险和市场退出监管方面还比较薄弱。为适应自贸区内混业经营不断加深的情况，上海自贸区在监管方式上进行调整，进行金融综合监管试点，在离岸金融业务监管中探索以功能监管为导向的协调监管，逐步变革传统的机构分业监管模式。目前存在的不足是缺乏事前防范机制，对潜在风险的侦测能力较弱。面对自贸区内易发的金融领域犯罪，“金改30条”中规定了“监测与管理”，建立自贸区综合信息监管平台，加强在反洗钱、反恐融资、反逃税领域的监控。

三、境内外自贸港金融监管制度给海南的启示

一方面，要健全完善金融监管法律制度，适当设置金融监管体制。金融领域创新实践更新速度较快，如何确保监管框架的稳定及金融创新的鼓励需要进行科学的权衡。金融监管法律体制的形成和演化，受多种因素的影响。以监管金融业为主要内容的相关立法变迁速度较其他法律部门更迅速。上述国家、地区的自贸港金融监管制度均有完善的立法予以支撑，对金融监管基本框架和具体制度予以规定。只是形式有所不同，有的是专门立法，有的是包含在总的金融监管法律中。在强调发挥市场基础性作用的同时，政府的有效监管为维护市场稳定发挥作用，二者缺一不可。需要不断完善符合自贸港金融特质的监管体制。例如，放开金融混业采用综合监管模式，在港内建立专门的监管机构，统一负责包括银行、证券、保险业务在内的各项金融监管事项。

另一方面，要注重金融监管合作。离岸金融“两头在外”的特性决定了离岸金融离不开跨国（地区）合作与协调，中国香港、新加坡金融监管都遵循了现有离岸金融监管的国际惯例，如国际资本市场协会（ICMA）规则以及《巴塞尔协议》中关于离岸金融监管的核心内容；并且主动与离岸金融监管相关的国际组织进行合作，如国际货币基金组织（IMF）、离岸银行业监管集团（OGBS）、巴塞尔委员会等。新加坡金融监管局（MAS）在审核外资银行入驻时，不仅审核其港内分支机构的信用资产状况，还将其港外主要机构纳入审核范围。在与其母国（地区）的监管机构获得相关信息后，进而综合考虑是否批准其机构在港内的设立。在反洗钱、反跨国（地区）避税监管上，各自贸港所在国加强了与利益相关国家（地区）的跨国（地区）监管协作与信息共享。

四、国际反洗钱协定与通关要求

作为金融市场开放程度最高的特殊经济区域，在海南建设规范高效的金融市场，谨慎避免各类风险，构筑风险防控体系，维护海南自贸港金融安全的重要性不容小觑。其中，洗钱作为我国经济生活中的“黑洞”，一直以来给我国金融市场带来了极大威胁。海南自贸港为实现贸易自由便利，以“一线放开、二线管住、岛内自由”作为自贸港建设的基本原则，构建一套以“零关税、低税率、简税制”为主要特征的有别于内地的特殊税收制度。然而，优惠政策之下，如何避免犯罪分子利用可乘之机以自贸港为跳板进行一系列洗钱活动成为相关部门监管方面的一大难题。下文根据洗钱及贸易洗钱的定义、现行相关国际组织反洗钱相关协定及通关要求、相关典型案例的分析来为海南自贸港的建设建言献策。

（一）洗钱及贸易洗钱

洗钱是将非法活动所得资金转换为合法资金来减少因为其资金被没收的可能性的活动。洗钱危害巨大。一是其上游犯罪社会性质恶劣。洗钱的上游犯罪包括毒品、黑社会、走私、恐怖活动、贪污贿赂、金融诈骗等，不仅严重危及地区和国家安全，扭曲决策基础，误导政策方向，也极大侵蚀了社会信用，损害社会公平正义，引发社会系统风险。二是我国洗钱案件以资金外流为主，其将导致社会财富大量外流，人民币持续贬值，威胁国家外汇储备安全，国家利益大量受损。

在洗钱的诸多手法中，贸易洗钱是利用贸易活动洗钱的方式，因全球贸易流量巨大、贸易支付和交易方式多样、各国海关数据交换和核查手段有限、货物查验比例较低等原因，较之传统洗钱方式隐蔽性更强，在国际洗钱案例中越来越多。贸易洗钱的监管与自贸港的海关等机构关系密切。

(二)国际反洗钱相关组织协定

1. 反洗钱金融行动特别小组(Financial Action Task Force on Money Laundering, FATF)

金融行动特别工作组(FATF)是独立的政府间组织,旨在制定和促进实施保护国际金融体系免受洗钱、恐怖融资风险和大规模杀伤性武器扩散融资危害的政策。FATF 的主要任务是制定国际标准,促进有关法律、监管、行政措施的有效实施,以打击洗钱、恐怖融资、扩散融资等危害国际金融体系完整性的活动。FATF 还与其他国际利益相关方密切合作,识别国家层面的薄弱环节,保护国际金融体系免受滥用。

(1)FATF 建议。FATF 建议规定了各国应当建立的基本措施:识别风险、制定政策和进行国内协调;打击洗钱、恐怖融资和扩散融资;在金融领域和其他特定领域实施预防措施;明确主管部门(如调查、执法和监管部门)的权力与职责范围,以及其他制度性措施;提高法人和法律安排的受益所有权信息的透明度和可获得性;推动国际合作相关方面的详细内容。

所有 FATF 成员及区域性反洗钱组织成员必须执行 FATF 标准规定的措施,并按照 FATF 通用的评估方法,通过 FATF 互评估程序或国际货币基金组织和世界银行的评估程序,对各成员的执行情况进行严格评估。

(2)全球 FATF 互评估(Mutual Evaluations)。互评估中,FATF 组织来自各成员国,类 FATF 组织,FATF 观察员组织的专家进行相互评估。互评估按照要求对 40 个技术合规性指标(并称“40 项建议”)和 11 个有效性指标(并称“11 个直接目标”)进行全面评估。评估流程将最后出具报告，若相关指标不达标将会被列入“高风险国家或地区”（黑名单）或“加强监控国家或地区”（灰名单）。被列入名单的国家或地区除了在吸引外国投资、对外投资、国际金融合作、进出口贸易等方面面临更大挑战外，本国实体经济也可能面临其他司法辖区更加严格的审查，严重情形下双向投资和贸易都可能被拒绝。黑名单司法辖区甚至会面临彻底无法接入国际金融体系的困境。

2014 年 5 月，FATF 正式启动第四轮互评估，涉及 190 多个国家和地区。2022 年 4 月 19 日，FATF 发布了《全球 FATF 标准执行报告》《FATF 第五轮反洗钱、反恐怖融资和反扩散融资合规性及有效性评估方法》和《FATF 第五轮反洗钱、反恐怖融资和反扩散融资评估程序》，将在第五轮国际互评估中正式启用，将评估周期由 10 年压缩至 6 年。

（3）贸易洗钱分类报告。FATF 组织在 2006 年 6 月发布了对于贸易洗钱分类的报告，明确了贸易洗钱的定义并且分析了一系列案例来阐明洗钱的脆弱性。2008 年，FATF 发布了基于 6 个反贸易洗钱原则的最佳实践手册。

2. 埃格蒙特集团（Egmont Group）

埃格蒙特集团是由一些国家的金融情报组织形成的联合体（中国尚不是该集团成员），旨在为反洗钱、反恐怖融资，关联上游犯罪提供经验和知识的平台。

《金融情报机构之间的信息交流原则》（Principles for Information Exchange Between Financial Intelligence Units）具体包括埃格蒙特集团内部的结构，FIU 提出请求的义务，FIU 接收请求的义务，不合理、不适当的限制条件和拒绝国际合作的案例，资料保障及保密等部分。

3. 世界海关组织（World Customs Organization）

（1）《关于简化和协调海关业务制度的国际公约》（International Convention on the Simplification and Harmonization of Customs Procedures）

（以下简称《京都公约》）。《京都公约》涵盖海关核心活动的具有法律约束力的标准，反映了海关事项的透明度和可预测性的主要原则：文件的标准化和简化；简化获授权人士的手续；最大限度地利用信息、通信技术和国际标准，在确保遵守海关法的情况下尽量减少必要的控制；使用风险管理；采用以审计为基础的控制措施，与海关和其他边境机构协调干预；利用抵港前的资料，在抵港前办理海关手续，以加快放行时间，并与业界建立伙伴关系。该公约含有特别适用于自由区运作的标准和建议做法。

（2）《全球贸易安全与便利标准框架》（the Framework of Standards to Secure and Facilitate Global Trade）。这是由世界海关组织与国际组织和世界商界密切协商后制定的，对国际恐怖主义起到威慑作用，确保收入的征收，并促进全世界的贸易便利化，对经济和社会发展作出积极贡献。此框架旨在建立标准，为国际贸易货物提供供应链安全和便利，实现所有运输方式的综合供应链管理，提高海关管理能力，加强海关与工商界的协定；支持贸易中货物在安全的国际贸易供应链中流动的无缝衔接；还规定了数据的预先提供、风险管理以及非侵入式检查技术的使用。

（3）《海关商品估价公约》（Convention on the Valuation of Goods for Customs Purpose）。这是协调成员国关税完税价格审定办法的国际性公约，成为国际海关估价制度的法典。海关估价所接受的价格有三个条件：一是必须是货物正式销售的价格；二是价格是在充分竞争的公开市场上形成的；三是买卖双方没有特殊经济关系。显然，洗钱所使用的高报或低报商品价格的行为违反了该条公约。

（4）《关于协调商品名称及编码制度国际公约》（以下简称“HS 公约”）。HS 编码“协调”涵盖了《海关合作理事会税则商品分类目录》（CCCN）和联合国的《国际贸易标准分类》（SITC）两大分类编码体系，是系统的、多用途的国际贸易商品分类体系。它除了用于海关税则和贸易统计外，对运输商品的计费、统计、计算机数据传递、国际贸易单证简化以及普遍优惠制税号的利用等方面，都提供了一套可使用的国际贸易商品分类体系。在现实工作中，需要按照进出口商品的性质、用途、功能或加工程度，根据六条基本归类规则，将商品准确地归入该协调制度中与之对应的类别和编号。然而实际操作中，由于商品的纷繁复杂、种类繁多，常造成归类上的模糊不清，导致税率等方面不同，常产生利用偷漏税等洗钱的情况。

4. 巴塞尔银行监管委员会（Basel Committee on Banking Supervision）

巴塞尔银行监管委员会也称为“巴塞尔委员会”。该组织每年召开三次例会，其工作主要致力于以下几个方面：改善对国际银行监管技巧的效能；提出任何影响从事国际银行业务的问题，为了改善全世界银行业监管的工作，与世界各监管机构交换信息和意见。委员会并没有担负一个正式的跨国（地区）性的监管责任，从而其所作的决议没有法律效力，但由于委员会代表世界强大的经济集团，其影响力的存在是不容忽视的。

（1）《关于防止犯罪分子利用银行系统洗钱的原则声明》（国际社会反洗钱法律概览与启示）（巴塞尔委员会的反洗钱原则）（以下简称《声明》）。巴塞尔委员会在 1988 年 12 月公布《声明》勾画出反洗钱的基本政策和程序。

《声明》体现了银行反洗钱的四个原则：

一是客户身份识别。《声明》要求银行对所有提出建立交易申请的客户采取合理的措施来确认其真实身份，尤其是确认账户受益人和那些使用保险箱服务的客户的真实身份。

二是遵守法律规定。银行的负责人和管理人员必须确保所有交易符合法律法规和诚实信用标准。

三是与执法机关合作。银行需要与各自国家和地区的执法机关就客户身份验证问题进行充分的合作，在进行身份验证时得到有关执法机构的协助。

四是反洗钱原则的执行。银行在制定经营政策和具体规则时，应该符合《声明》中的反洗钱原则要求。为了能让反洗钱原则在银行内得到更有效地执行，还要针对客户身份识别和交易记录内部保存制定特殊的程序，内部控制和内部审计也要以能够更有效地执行反洗钱原则为标准进行强化。

（2）银行对客户的谨慎调查。巴塞尔委员会一再强调，完善的客户身份验证程序对银行体系的安全和稳定具有重要作用。客户身份验证制度的执行，一是可以使银行了解自己的客户，清楚自助服务的对象，减少盲目性，避免银行成为金融犯罪的牺牲品；二是不至于陷入金融犯罪，保护银行的商业信誉，维护稳健经营和金融体系的完整性；三是防止和减少因涉嫌洗钱犯罪而引发自身经营风险，以及引发系统性金融风险的可能性；四是完善银行内部控制制度，建立一个成熟而完善的风险管理体系。

虽然巴塞尔委员会是银行监管的国际组织，但“谨慎调查”不仅适用于银行业机构。巴塞尔委员会也努力推行它在非银行金融机构和金融服务中介机构（会计、审计、评估事务所等）和中介者（如律师、会计师）等部门和行业中的实施。

（三）典型案例分析——中国反洗钱监管与 FATF 互评估

FATF《第四轮反洗钱和反恐怖融资互评估程序》规定：如果技术合规性指标出现超过 8 个不合规或部分合规、核心指标，即建议 3（洗钱犯罪）、建议 5（恐怖融资犯罪）、建议 10（客户尽职调查）、建议 11（记录保存）和建议 20（可疑交易报告）之中出现 1 个或更多不合规或部分合规，有效性指标 11 个直接目标中超过 7 个为低效或中等有效，或 4 个乃至更多为低效，被认定为 FATF 第四轮互评估不通过，需采取强化后续程序。

2018 年 7 月 9 日至 27 日，FATF 对我国反洗钱和反恐怖融资进行了现场评估。2019 年 2 月 22 日，FATF 全会对我国反洗钱和反恐怖融资状况进行了讨论，并于 2019 年 4 月 17 日发布了对我国的反洗钱和反恐怖融资互评估报告。报告肯定了我国反洗钱和反恐怖融资工作取得的积极进展，认为我国反洗钱和反恐怖融资体系具备良好基础，同时存在一些问题需要改进。

有效性评估结果——在有效性评估方面，11 项有效性评估指标中，我国没有项目达到高水平有效性，有 3 项为较高水平有效性，有 4 项为中等水平有效性，有 4 项为低水平有效性。

技术合规性评估结果——在技术合规性 40 个评估指标中，7 项建议合规，15 项建议大致合规，12 项建议部分合规，6 项建议不合规。

根据 2019 年 FATF 发布的关于中华人民共和国（中国）反洗钱和反恐融资（AML/CFT）体系的报告，中国存在以下问题：

一是中国应更多地关注犯罪所得的洗钱问题，并增加国家风险评估的来源范围。

二是金融机构和非金融机构对其面临的风险认识不足，而中国人民银行对其金融机构如何可能被犯罪分子和恐怖分子滥用有很好地了解，但对非金融企业和行业面临的风险知之甚少。

三是法律的根本缺陷和有效性导致有隐藏最终拥有或控制一个法律实体的人的可能性，这一缺陷也明显影响解决腐败问题的能力。

四是中国致力于通过刑事和行政诉讼追究和没收犯罪所得，但也应审查其金融情报部门的运作和运作独立性，并改进金融情报的使用，以促进对洗钱的监管。

五是中国应将包括报告可疑交易在内的预防措施扩大到指定的非金融企业和专业以及网络借贷机构。

六是针对恐怖主义融资和扩散融资的定向金融制裁都很薄弱，中国应从根本上加强其法律框架和联合国授权制裁机制的执行，并与金融机构和指定的非金融企业专业合作，尽快落实。

在后续评估中，中国持续改进，至2022年底，中国有9个建议合规，22个建议大致合规，5个建议部分合规，4个建议不合规（见表2－8）。

表2－8　FATF《第四轮反洗钱和反恐怖融资互评估程序》核心指标中国改进情况

年份	核心指标	改进前	改进后
2020年	建议26（对金融机构的监管）	部分合规	大致合规
	建议34（指引与反馈）	部分合规	大致合规
	建议15（新技术）	部分合规	大致合规
2021年	建议2（国家层面的合作与协调）	部分合规	大致合规
	建议8（非营利组织）	部分合规	大致合规
	建议16（电汇）	部分合规	大致合规
	建议18（内部控制、境外分支机构和附属机构）	大致合规	合规
	建议29（金融情报中心）	部分合规	大致合规
	建议38（双边司法协助：冻结和没收）	部分合规	合规
2022年	建议7（与大规模杀伤性武器扩散及扩散融资相关的定向金融制裁）	不合规	部分合规
	建议24——法人透明度和受益所有权	部分合规	大致合规

中国自2007年加入FATF以来，在FATF的指导下，积极与国际其他组织交流协作，先后制订完善反洗钱相关法律法规，建设反洗钱监测更新系统，推动反洗钱监测工作从“规则为本”向“风险为本”方向转变，扩大监管主体和范围，在保证金融市场稳定安全的情况下促进金融市场的繁荣发展。

五、国际贸易货币结算协定与通关要求

（一）各国现行的贸易规定与协定

1. WTO 贸易规定

在国际贸易领域，世界贸易组织（WTO）的贸易规则起到基础和全球性的作用。WTO 是一个旨在推进自由贸易的国际组织，通过一系列协定和规则来规范会员国间的贸易行为。其中，GATT（关税与贸易总协定）主要针对货物贸易，规定了关税和非关税壁垒的应用和削减方式。对于服务贸易，WTO 通过 GATS（服务贸易总协定）为各个服务行业（如金融、教育、医疗等）设定了开放与规制的标准。知识产权方面，TRIPS（与贸易有关的知识产权协定）确保了专利、商标、地理标志和版权等得到全面保护。投资与政府采购也有对应的协定，分别为 TRIMS（与贸易有关的投资措施）和 GPA（政府采购协定）。此外，WTO 还设有专门的争端解决机制（DSM）以调解和裁决会员国之间的贸易争端。最惠国待遇（MFN）和国民待遇（National Treatment）则是 WTO 贸易规则的基础原则，旨在确保贸易活动的公平性和透明度。这些协定和规则共同构成了一个旨在促进公平、自由和可持续贸易的全球性法律框架。

尽管 WTO 为全球贸易提供了一套普遍接受的基础规则和原则，各个国家和地区在具体实践中还是展示了相当大的多样性。以北美地区为例，美国、墨西哥和加拿大组成的贸易协定，即 USMCA，不仅遵循 WTO 的基本框架，还进一步加入了劳工权益和环境保护方面的额外条款。这些条款是为了确保贸易不仅仅是自由和有效的，还必须是可持续和社会公正的。与此不同，欧洲联盟（EU）在维护 WTO 规则的同时，特别注重产品质量和安全标准，例如食品安全和消费者权益等，从而确保进入欧洲市场的商品和服务达到高标准。在亚洲，区域全面经济伙伴关系（RCEP）则是一个区域贸易便利化的协定，涉及多个国家，旨在降低关税、简化通关流程，并促进服务和投资的自由流动。这样的多样性反映了不同地区在实施 WTO 规则时的不同重点和优先级，也暗示了单一的全球贸易框架是难以满足所有国家和地区多样化需求的。

2. 区域贸易协定

区域贸易协定是指两个或更多的国家或地区之间签署的协议，旨在通过减少或消除贸易壁垒以促进商品和服务的自由流通。区域贸易协定通常会涵盖几个关键领域。

第一，大多数区域贸易协定会规定关税和配额问题，旨在降低或消除成员之间的贸易壁垒。这通常涉及商品和服务的分类、税率的调整以及相应的时间表。第二，协定通常也会涉及非关税壁垒，如产品标准、质量认证和知识产权保护等。第三，很多区域贸易协定也考虑了劳工和环境标准，以确保贸易便利化不以牺牲社会和环境为代价。第四，投资和资本流动也是重要议题，协定通常会规定投资保护、争端解决机制和资本控制等方面的规则。第五，协定还可能包括一系列的合作项目和机构安排，如贸易便利化措施、研发合作、数据共享等。第六，大多数协定都设有一种监管和审查机制，用以评估协定实施的效果并作必要的调整。因此，区域贸易协定不仅是一套贸易规则和税率的清单，而是一个涵盖经济、社会、政治多个方面的综合性合作框架。

这些协定通常是在全球贸易组织框架之外，根据各方特定的经济和政治目标来制定的。因此各国政府对这类协定的态度和政策选择呈现出明显的多样性。

第一，关于贸易自由化与保护主义的取向存在显著差异。例如，新加坡和澳大利亚这样的国家强烈支持贸易自由化，并积极参与多边和双边贸易协议。相反，印度和美国在某些阶段可能更倾向于贸易保护主义，以捍卫其国内关键产业。第二，有关多边与双边贸易协定的选择也各有不同。欧洲联盟（EU）因为其共同政策和标准的推进，通常更偏好多边协议，而美国等大国则可能更青睐双边协议，因为这样的协定更容易谈判和实施。第三，不同国家在推动区域贸易协定时所持的经济和政治动机也各异。第四，有些国家倾向于全面的贸易协定，这类协定通常涵盖从商品和服务到投资和知识产权的方方面面。日本和韩国则可能更关注特定领域或行业，如农业或科技。第五，劳工和环境标准在不同区域协定中的重要性也不同。北美和欧洲的贸易协定通常会包含更加严格的劳工和环境保护条款，而发展中国家可能因为短期经济利益而忽视这些方面。第六，各国在开放度与互惠性方面也有所不同。小型和发展中的经济体通常更愿意开放其市场，以换取更大的经济体给予的市场准入。大国则更可能在这二者之间寻找平衡。第七，关于政策的变通和灵活性，新西兰和智利等国更愿意与各种不同规模和类型的经济体进行贸易协定谈判，显示出其政策的高度灵活性。

以美墨加协定（USMCA）为例，该协定被视为是北美自由贸易协定（NAFTA）的现代化版本。USMCA 协定在原 NAFTA 协定的基础上，加入了一些新的条款和规定，以解决新出现的贸易和投资问题，同时对一些原有的内容进行了更新和修订。首先，USMCA 协定对原产地规则重新进行了定义和修改。例如，协定对汽车行业的规定更为严格，要求更高比例的汽车部件由协定国家生产，并规定生产工人的工资水平。这些修订目的在于确保北美三国在全球供应链中保持竞争力，同时也使得这些国家的制造业劳工能够在贸易中获得更公平的收益。其次，在劳工权益方面，USMCA 强化了保护措施，将劳工权益问题纳入主要协定条款中，并且要求各成员执行相关劳工法律。这些条款关注提高工人工资、改善工作环境和增强工人的集体谈判权，同时也明确禁止了童工的使用。在农产品贸易方面，USMCA 进一步开放了市场，为美国农产品进入墨西哥和加拿大市场提供了更多机会。突出的例子是加拿大对其乳制品市场的开放，这意味着美国农民可以向加拿大出售更多的乳制品。此外，USMCA 在知识产权方面确立了更为严格和全面的保护措施，涵盖了版权、商标和专利等领域，为创作者和创新企业提供了更为有力的权益保障。与此同时，该协定也增强了对网络犯罪的打击力度，以适应数字时代的发展。USMCA 还完善了解决争端的机制，提供了一个更加公正、透明和高效的争端解决平台。特别是协定引入了新的双边机制，允许任何一方在相信另一方违反协定条款时提出争端解决请求。综合来看，USMCA 协定对美国、墨西哥和加拿大的经济关系产生了深远影响，使三国之间的贸易关系变得更为紧密和平衡，特别是在汽车、农业和劳工权益等领域。尽管 USMCA 受到一些批评，被认为没有完全解决贸易不平衡和环境保护问题，但大多数经济学家和政治分析师都认为，与 NAFTA 相比，USMCA 更为现代化和全面，更符合 21 世纪的全球经济需求。这一协定无疑将进一步塑造北美三国未来的经济发展和国际贸易格局。

以欧洲联盟（EU）内部的贸易协定为例，单一市场和欧元区是协定中两个重要且显著的方面。这二者都深化了成员间的经济一体化，并且推动了不同程度的经济和政策协同。其中，单一市场确保了人员、货物、服务和资本在联盟内部的自由流动，而欧元区则进一步推动了部分欧盟国家的经济和货币政策一体化。单一市场是欧洲联盟的核心组成部分，其主要目标是通过确保人员、货物、服务和资本在联盟内部自由流动，来推动欧洲各国经济的进一步融合。人员的自由流动允许欧盟国家的公民在联盟内自由迁徙、工作和学习，推动了人力资源的优化配置和文化的交流与融合。货物的自由流动则通过消除关税和非关税壁垒，实现欧盟内部的自由贸易，促进各成员之间的产业竞争与合作。同时，服务的自由流动为服务业开辟了更为广阔的市场，使得各国可以在更大的范围内提供和获取服务。资本的自由流动则推动了金融市场的整合，为企业和个人提供了更多丰富和多样的投资机会。欧元区是另一个关键的一体化机制，它进一步推动了部分欧盟国家之间的经济和货币政策一体化。在欧元区内统一，采用欧元作为官方货币，并由欧洲中央银行制定统一的货币政策。经济一体化在财政、经济政策和法律框架等方面实现了欧元区内国家更为紧密的协同。通过采用单一货币，欧元区成功减少了成员之间的货币兑换成本和汇率波动风险，从而促进了区内的贸易和投资。此外，作为一种国际货币，欧元还增强了欧元区在全球经济中的影响力和竞争力。总之，欧盟内部的单一市场和欧元区都是为加深成员间的经济一体化而设立的重要机制，这两大机制都通过各自的方式推动了人员、货物、服务和资本的自由流动。这不仅加强了联盟内部各成员国的经济联系，也为全球经济的稳定与繁荣作出了积极贡献。

3. 双边贸易协定

双边贸易协定是指两个国家间签署的合约，旨在通过降低或消除关税、配额和其他贸易壁垒，促进和规范两国之间的商品和服务贸易以及投资活动。除了关税和非关税壁垒的调整，双边贸易协定也常常包括知识产权和投资保护条款，甚至可能覆盖劳工、环境和竞争政策等多元化议题。总体来说，双边贸易协定为参与国提供了一个更加稳定和明确的贸易和投资环境，而且因其相对简单和灵活的特性，通常更容易达成和实施。

不同国家在双边贸易协定方面的政策各具特色，多数反映了综合性的经济、政治和地缘战略考量。美国作为全球最大的经济体，经常使用双边贸易协定来推动其全球战略和经济目标。例如，美国与日本的贸易协定（USJTA）标志着两国之间经济关系的进一步深化与加强。该协定对农产品、工业货物和数字贸易的规范和开放作了详细规定，涉及减税、配额和知识产权保护等多个方面，从而推动了双边经济与贸易的共同发展。农产品是协定中的关键领域。根据协定的规定，大量的农产品能够享受到减税或零关税的待遇。美国的农产品，如肉类、谷物和水果，可以更加容易地进入日本市场，而日本的农产品也可以更便利地进入美国市场。这不仅加强了两国农产品的贸易往来，还有利于两国农民的利益，推动了农业的可持续发展。在工业货物方面，美日贸易协定也取得了积极成果。协定中明确了大量工业产品的关税减让，使得美国和日本的工业产品能够在对方市场享受更为优惠的待遇。这无疑刺激了双边工业货物的交易，提升了工业生产的效率和竞争力。数字贸易是该协定中的另一重要组成部分。协定中详尽地规定了数字产品的贸易规则，为数字产品的跨境交流和合作提供了便利条件。在数字经济日益成为全球经济增长的新引擎的背景下，美日贸易协定中的相关规定预示着数字经济领域的巨大发展潜力。协定还强化了知识产权的保护。双方约定加强对知识产权的保护和执法，打击侵犯知识产权的行为，包括侵权、假冒和网络盗版。这将有助于保护创作者和企业的权益，推动创新和科技的发展，也是推动经济发展的关键因素。总之，美日贸易协定为两国在多个经济领域的合作与发展铺平了道路。它通过降低贸易壁垒和促进经济一体化，不仅加强了美国与日本之间的经济纽带，也为双方带来了实质性的经济利益，推动了全球经济的繁荣与发展。相较之下，中国正通过一系列双边贸易协定和“一带一路”倡议，以推动其全球和地区影响力。例如，与新西兰和智利的贸易协定侧重于资源和商品交换，同时也为中国企业提供了进入这些市场的便利条件。欧盟则有别于美中，其在双边贸易协定中常常将高标准的规则和法律准则作为关键元素。

欧盟与美国的《跨大西洋贸易与投资伙伴关系协定》（TTIP）象征着一种具有深远影响的国际合作模式，旨在加深和拓宽欧盟和美国的经济联系。其内容和目标引起了国际广泛的关注和研究，提供了关于国际贸易和投资的重要洞见。TTIP 协定的提出是为了通过消除各种贸易壁垒，来推动欧美之间的贸易和投资，涉及的领域包括贸易、投资、知识产权和监管合作。其中，监管协作是协定的核心内容之一，旨在实现欧盟和美国在监管制度、标准和认证程序等方面的协同和一致性，减少和消除不必要的监管差异和贸易壁垒，为国际企业创造更为一致和友好的营商环境。市场准入方面，协定着重探讨了如何简化和协调市场准入程序，以促进欧盟和美国的产品和服务更加便利地进入对方市场。协定的目标是通过市场准入的简化和协调，推动双方的贸易增长和多样性。此外，知识产权保护也是TTIP协定的重要内容，包括加强版权、商标、专利和地理标志的保护和执法，以刺激创新和经济发展。在投资保护方面，TTIP协定提供了解决投资争端的框架，讨论了投资者的权利和义务，旨在建立一个公平、透明和可预期的投资环境。它所触及的广泛和深刻的问题对于塑造国际贸易和投资的未来发展具有极其重要的影响和启示价值。总之，《跨大西洋贸易和投资伙伴关系协定》（TTIP）广泛而深入的内容为全球经济体制的未来发展提供了丰富的思考和借鉴，有助于我们更好地理解和构建未来更加和谐、共赢的国际经济合作关系。

日本作为全球经济大国之一，更倾向于与其他发达国家或地区建立高标准、全面的贸易关系。欧日经济伙伴关系协定（EPA）是欧盟和日本之间的一项全面性国际协定，旨在深化二者在贸易、服务、投资和知识产权等多个方面的合作，推动经济整合和共同发展。这一协定象征着欧盟与日本经济的紧密联系和长期合作，也为双方带来了实质性的经济利益和战略优势。该协定首先着重于贸易方面的合作，通过降低或消除关税和非关税壁垒，为欧盟与日本之间的商品和服务贸易开辟了新的道路。欧盟的农产品、食品和酒类等可以更容易地进入日本市场，而日本的汽车、电子产品等也得以更为顺利地进入欧盟市场，进一步激发了双边贸易的活力和潜力。服务领域的合作也是此协定的重要组成部分。协定中包含各种服务的贸易和投资规定，包括金融、通信和运输服务等。这些规定旨在建立开放、公平和透明的服务贸易环境，使双方企业能够在更加便利和友好的条件下开展业务活动，进而推动服务产业的发展和创新。在投资方面，欧日经济伙伴关系协定同样作出了努力。协定中包含了投资保护和投资促进的条款，为欧盟和日本的企业提供了稳定、透明和可预测的投资环境。这有助于加强双方的经济联系，也有利于推动双边投资的增长和多元化，进一步推动经济的共同发展。此外，该协定还涵盖了知识产权的保护和合作，包括加强版权保护、打击假冒和侵权行为等，以确保创意和创新得到应有的保护和激励。加强知识产权的保护和合作不仅有助于激发创新活力，还有助于推动科技发展和经济增长。总体来看，欧日经济伙伴关系协定是一项全面而深入的协定，通过多方面的合作和整合，有望进一步加强欧盟与日本的经济关系，推动双方的共同繁荣和发展。在当前全球经济中，此类协定具有重要意义，为促进全球经济一体化和多边合作提供了范例。

印度在双边贸易协定上则相对保守。尽管印度有着庞大的市场和丰富的资源，但其更倾向于与邻国（如斯里兰卡、尼泊尔）或与主要贸易伙伴（如俄罗斯）进行双边贸易协定，以保护本国的农业和初级制造业，同时寻求在服务贸易等高附加值领域的更多机会。

综上所述，不同国家的双边贸易协定政策多样而复杂，深受各自经济状况、政治体制和全球战略等多重因素影响。从积极推动全球影响力的大国，到更加保守和内向的发展中国家，各国的政策选择都体现了其独特的国家利益和战略目标。

（二）全球贸易下各国货币结算机制与通关要求

1. 货币结算机制

货币结算机制是为实现跨境贸易或投资等经济活动中货币交换所建立的一种制度性安排。这种机制旨在简化和加速支付流程，确保交易的安全和透明，并有助于规避或降低货币兑换和资本流动的风险。

在国际贸易中，货币结算通常需要涉及至少两种不同的货币和相应的金融体系。为解决这一问题，多种结算方式应运而生，包括电汇转账、信用证和托收等。各种方式都有各自的优点和局限性，不同的交易方会根据交易的性质、规模和双方的信任程度来选择最适合的结算方式。

近年来，由于金融科技的发展，新型的货币结算机制也逐渐出现，例如，使用区块链技术来实现实时的跨境支付。此外，一些国家或地区也尝试通过双边或多边协定来简化货币结算流程，例如亚洲货币合作（ACU）或是欧元区内的单一支付区（SEPA）。

不同国家（地区）对货币结算机制的选择具有高度多样性和复杂性，反映了各自的经济地位、贸易关系和金融战略。在美国，美元的全球主导地位使其成为大多数国际贸易和金融交易的首选结算货币，而SWIFT系统则是实现这一目标的关键平台。与此相反，欧盟通过欧元和单一支付区（SEPA）简化了会员国间的货币结算，同时也用于与非欧元区国家的贸易。在亚洲，中国正推动人民币国际化，通过跨境人民币结算系统（CIPS）和与多个国家（地区）的货币互换协议来促进人民币在国际贸易中的使用。日本和韩国尽管也有使用本地或区域货币进行结算的趋势，但更多地依赖美元。新兴市场和发展中国家通常更倾向于使用硬货币（如美元或欧元）以降低货币风险，但也可能与主要贸易伙伴（如中国或俄罗斯）使用本地货币进行结算。此外，数字货币和区块链技术也开始在一些国家（如爱沙尼亚和新加坡）得到应用，这些国家正在探索使用这些新型机制来提高货币结算的效率、降低成本。从全球角度看，这些不同的货币结算机制不仅提供了多样的选项，也反映了各国在全球金融体系中的不同地位和战略考量。

2. 通关要求与协定

在国际贸易中，通关要求与程序构成了一套复杂但至关重要的规则体系，旨在规范、控制商品和服务从一个国家流向另一个国家的过程。这个体系涵盖了从关税计算、商品检查和认证，到必要文件的准备和提交等多个环节。不同国家和地区根据其自身的法规、经济需求、安全考量，以及与其他国家和地区的贸易协定，设定了各自不同的通关规定。例如，进口商品在进入某一国家或地区前通常需要支付不同比例的关税，这些税率往往受到商品类别和原产地等多个因素的影响。此外，某些特定类型的商品，如食品和药品，可能需经过更为严格的质量和安全检查；同时，贸易商还需要准备一系列详尽的文件，如商业发票、装运单以及原产地证明等，以满足通关的行政要求。在某些特定情况下，还可能涉及配额限制或特殊许可证的申请。由于这些规定和流程的存在，通关成了可能影响贸易速度和成本的一个重要环节。因此，精通并遵守目标国家或地区的通关要求和程序，对于顺利和高效地实现国际贸易至关重要。同时，了解如何通过多边或双边贸易协定来优化这些流程，也是企业和政府决策者需要考虑的关键问题。

（三）全球贸易政策与货币结算的典型案例分析

1. 中美贸易摩擦

中美贸易摩擦自2018年以来持续影响全球贸易和经济格局。不仅在贸易额和关税上有所体现，而且也对货币结算和通关要求产生了一系列影响。

在此背景下，由于关税和贸易政策的不断变动，企业在进行跨境贸易时面临多重不确定性，其中最为显著的就是货币结算问题。以美元为主导的全球贸易结算体系在一定程度上受到了冲击，因为中方开始寻求规避美元，尝试使用人民币或与第三方国家使用其他货币进行结算。这一做法在减少对美元依赖的同时，也增加了由于汇率波动带来的风险。此外，不断升级的贸易战导致一些传统的货币结算渠道和机制出现中断或不稳定，比如银行信用、支付系统等，进一步加大了企业和金融机构在进行国际贸易货币结算时的成本和风险。总体而言，中美贸易摩擦使货币结算流程复杂化，不仅加大了企业操作的难度，还可能影响全球贸易和金融体系的稳定。

中美贸易摩擦对通关要求和程序也产生了明显的影响，使其变得更为复杂和严格。由于加征关税和贸易限制的实施，双方都不得不调整自己的进口商品分类和税收标准，这直接增加了企业在进出口环节的成本和不确定性。比如，某些商品可能需要重新分类，或者需要额外的许可和证明才能通关。这种不确定性还可能导致通关时间延长，从而影响供应链的效率；同时也导致通关检查更为严格，不仅是常规的质量和数量检查，还包括对商品原产地、安全性以及是否涉及敏感技术或信息的审核。这些额外的检查和验证流程不仅增加了时间成本，也增加了企业通关的复杂性和风险。总体而言，中美贸易摩擦加剧了通关程序的变化和不稳定性，对全球贸易流程和供应链管理构成了严峻挑战。

2. 英国“脱欧”后的贸易政策

英国自 2021 年 1 月 1 日正式完成与欧盟的“脱欧”后，其贸易政策发生了重大变化，标志着英国从欧盟单一市场和关税同盟中的退出，并开始单独制定自己的贸易政策和规定。首先，与欧盟之间的贸易不再自由，双方需要遵循新的贸易协议——英欧贸易与合作协定（TCA），该协定规定了一系列关于商品和服务贸易、数字贸易、知识产权和公平竞争等方面的条款。其次，英国开始积极与其他国家和地区谈判新的双边或多边贸易协定，以填补“脱欧”造成的贸易空白。例如，英国与日本、加拿大、澳大利亚等国签订了新的自由贸易协定，并与美国、新西兰等国进行贸易谈判。再次，英国也开始调整自己的关税政策和进出口规定，其中包括发布新的“英国全球关税”方案，这个方案旨在简化关税体系，并针对某些关键行业和商品提供更有利的关税率。

此外，货币结算机制的新挑战在英国“脱欧”后变得尤为明显。由于英国与欧盟之间不再有单一货币结算便利，需要额外的货币兑换步骤，这无疑增加了货币兑换成本和汇率风险。例如，若英国企业与欧盟进行贸易，可能需要更多地依赖金融衍生品，如货币互换和期权来规避汇率波动。并且，英国在选择与其他非欧盟国家的结算货币时面临更多的不确定性。过去，在欧盟内部，结算通常使用欧元，但现在英国可能需要考虑是否与特定国家使用美元、人民币或其他货币进行结算，这对企业的财务规划和货币风险管理带来额外的复杂性。更重要的是，英国的金融市场地位可能受到影响，因为其作为欧洲最重要的金融中心的地位可能会受到挑战，这将进一步影响英镑作为结算货币的吸引力。总体而言，英国“脱欧”对货币结算机制带来了多重挑战，不仅增加了交易成本，还引入了更多不确定性和风险。

与此同时，“脱欧”后的英国在通关要求与程序方面也经历了重大变革。以往作为欧盟的一部分，英国享受着与其他欧盟国家之间无障碍的通关和货物流通，但现在情况已经发生了翻天覆地的变化。根据新的英欧贸易与合作协定（TCA），英国需要为其进出口商品执行一系列新的申报和检查程序。其中包括更为复杂和细致的商品分类，需要遵循更多原产地规则，以及不同的税收标准。例如，在进口食品和农产品时，除了必要的商品分类和税收，还要符合欧盟严格的质量和健康标准。这些新程序不仅大大延长了通关时间，也增加了与通关相关的成本。更为重要的是，由于这些复杂的通关要求和程序，英国企业必须重新评估和调整其在全球供应链中的位置和战略，以适应这一新的贸易环境。这些变化给英国的进出口商带来了显著的运营挑战，同时也影响了与其他贸易伙伴的关系和竞争地位。

3. 美墨加协定

美墨加协定（USMCA）是美国、墨西哥和加拿大三国签订的一项自由贸易协议。这个协议是原北美自由贸易协定（NAFTA）的现代化版本，于2018年签署并于2020年7月1日正式生效。USMCA在多个方面进行了更新和修订，以适应21世纪全球贸易的新挑战和机会。

在USMCA中，货币结算机制相当复杂，涵盖了多种货币和支付方式。特别是美元在这三个国家之间的贸易中占据主导地位，而加拿大元和墨西哥比索也具有其特定的用途和影响。该协议对结算方式有明确的规定，包括如何处理多种货币、汇率波动、电子支付和可能涉及的各种手续费。由于涉及多国货币和不同的金融市场，企业在进行货币结算时需要考虑多种风险，包括汇率风险、信用风险和流动性风险。因此，各方企业经常利用金融衍生产品，如期权、期货和远期合约来对冲这些风险。随着数字货币和区块链技术的崭露头角，一些企业还开始探索使用这些新型结算方式以减少成本和提高效率。这些多样和复杂的货币结算机制不仅增加了贸易活动的复杂性，也推动了金融创新和风险管理策略的不断演变。

此外，通关要求直接影响三国之间货物和服务的流通速度与成本。该协定规定了一系列详细的通关程序，包括商品分类、税费计算、检验检疫以及货物跟踪等。对于特定类型的商品，还有可能涉及额外的许可证或证明文书。USMCA 还着重强调了简化和数字化通关程序，以提高效率并减少行政负担。这包括采用电子数据交换（EDI）和自动化识别（如条码、射频识别等）等现代化技术。但随着全球贸易环境的快速变化，包括但不限于政治压力、安全问题以及新兴技术的影响，通关要求和程序也在不断地适应和调整。这些变化不仅为企业带来了新的挑战，也向政府和监管机构提出了如何平衡贸易便利化和合规性的复杂问题。

六、海南自贸港的金融监管与通关发展的现状与挑战

（一）海南自贸港现状

海南自贸港作为中国现代化、国际化和高质量发展的重要平台，为全球贸易和金融活动提供了一个充满潜力和活力的环境。这不仅在中国范围内有着重要的意义，还在国际贸易货币结算和通关协定方面扮演着日益重要的角色。

海南自贸港在货币结算方面采用多币种计价，重点推动人民币的国际化。为此，海南正在加速与全球主要金融市场和“一带一路”沿线国家的交易场所规则进行对接和互联互通。这意味着在海南自贸港进行

的货物贸易、服务贸易和新型国际贸易都将更加自由、高效和便捷。同时，海南自贸港正在探索更加便捷和高效的跨境人民币结算服务，以满足跨国（地区）企业及其产业链、供应链上下游企业的经营性融资需求。这也是为了降低企业的“脚底成本”和财务成本，从而更好地推动人民币国际化。

在通关方面，海南自贸港实施一系列简化的报关程序和 24 小时通关服务，旨在加快货物的进出口速度，提高整体通关效率。与此同时，海南自贸港还将与 RCEP（《区域全面经济伙伴关系协定》）和 CPTPP（《全面与进步跨太平洋伙伴关系协定》）等国际贸易协定进行更紧密的合作，并深化跨境全产业链金融合作。

（二）面临的金融监管与通关挑战

建设海南自贸港作为中国的一项重要战略，其金融监管和通关体系一直在不断优化和演变，但仍面临一些挑战和问题。

首先，在金融监管方面，如何平衡自由化和风险控制是一个持续的问题。尤其是在当前全球金融环境复杂多变的背景下，如何防范跨境金融风险，确保金融稳定，是海南自贸港必须面对的重要课题。其次，在通关方面，尽管已经实施了多项便利化措施，但如何进一步简化报关流程，提高通关效率，以及如何更好地与全球通关系统接轨，也是需要解决的问题。再次，在与国际贸易协定和规则的对接方面，海南自贸港还需要更加积极地参与多边和双边贸易谈判，以确保其金融和通关规则能与国际接轨，从而吸引更多的全球资本和资源。最后，随着数字货币和区块链等新技术的快速发展，如何将这些新技术合理地融入金融和通关体系中，以提升效率和安全性，也是海南自贸港在未来需要重点关注的方向。

总体而言，海南自贸港在通关金融监管方面已经取得了显著的进展，但仍然面临着诸多挑战和不确定性。海南自贸港未来要进一步加强与国内外相关机构和组织的合作，以实现更高效、更安全、更可持续的发展。

七、关于海南自贸港货币结算和通关要求的政策建议

在海南自贸港的建设和发展过程中，通关金融监管机制与规制衔接尤为关键。

首先，金融监管方面需要与通关要求实现无缝对接，以减少交易成本和提升效率。这包括但不限于设立一个统一的信息平台，将金融机构和海关、出入境检验检疫等多个部门的数据整合在一起，以便实时查询和交换信息。这样不仅能够提高通关速度，也能有效防范金融风险。

其次，应考虑推动人民币在跨境交易中的使用。在遵循国际贸易货币结算规定的基础上，海南自贸港可通过特殊的金融产品和服务，如人民币定向支持工具和跨境人民币结算服务，来降低企业和个人在跨境贸易中的货币转换成本。这将有助于海南自贸港的金融服务与国际接轨，同时也是人民币国际化战略的有益实践。

再次，需要强化与全球主要贸易伙伴、国际金融机构和标准制定组织的合作。这意味着在制定和实施金融监管政策时，应充分参考和吸收国际先进经验，并在符合 WTO 等国际组织规则的前提下，尽量与国际标准保持一致。

最后，对于复杂的金融衍生品和跨境金融活动，应建立更加严格和精细化的监管机制。例如，在商品贸易中涉及的金融衍生品交易，应在确保交易透明的基础上，制定相应的风险控制措施，以防范潜在的金融风险。

总的来说，通过优化信息共享平台、推动人民币在跨境贸易中的使用、强化国际合作以及精细化金融产品和活动的监管，海南自贸港可以

在保证金融稳定和防范风险的同时，实现金融监管与通关要求的高效衔接。这不仅将有助于海南自贸港本身的可持续发展，也将进一步推动中国金融市场与国际金融体系的有机融合。

八、海南自贸港通关监管中的金融发展与金融风险防控

（一）自贸港金融业发展的基础要素

自贸港金融的本质是建设产业集聚区，在这个产业集聚区里聚集着大量的银行、券商、基金、交易商等金融中介机构，部分金融机构同时承担着货币结算和价值储藏的职能。金融产业聚集有利于区域内的金融中介机构加强金融合作，延伸并完善产业链，进而提高金融资源的配置效率。从金融产业聚集角度来说，其本质上是规模经济发展到一定阶段在区域内自发形成的产物。个体金融机构从内部规模经济角度而言在世界范围内实现资源优化配置，进而国际金融机构在区域范围内从实现产业集群效应以强化企业间的联系和深化产业内部的分工协作关系，再到促成产业集群形成的人际关系网络和信息扩散网络，实现外部规模经济。以国际银行业为例，只有在全球不同国家和地区设立分行，才能有效开展国际性银行服务；也只有网点分散至世界各地，才能最大限度地降低经营成本。处于行业领先水平的国际性银行会带动更多的国际性银行进驻某个城市，从而形成多家银行网点在地理上聚集的现象。从外部规模经济的角度出发，国际银行业属于国际性高端服务业，所以必须要有实体经济基础予以支撑，必须靠近消费者、靠近生产者、靠近市场，才能及时响应各方的需求。

具体而言，海南自贸港金融业发展情况应着重考察以下因素。

1. 资金因素

区域内的金融中心首先是一个资金集散地。资金是金融机构从事存款及贷款等金融活动的重要基础，没有资金便谈不上有金融。因此，一个国际金融中心的首要条件是资金进出要自由。金融中心的资金来源于四面八方，包括境内、境外。资金来源地越广，金融市场则越活跃、越国际化。资金来源也可在一定程度上反映一个金融中心的层次或辐射范围，是全球性的还是区域性的。一般而言，在市场充分流动的条件下，金融中心的效益越高便可吸引越多资金流入，因为资金是追逐回报的，哪个金融中心可以为资金提供高效的投资服务，哪个金融中心便有更多的发展机会。

2. 资讯因素

资讯是金融市场运作中的必要因素，资讯最主要的功能是给市场运作提供方向，给投资者提供判断市场走势的依据。因此，资讯开放及自由是一个区域内金融中心发展的必要条件。金融中心是一个资讯集散地，部分研究将金融中心视为资讯腹地。从现实中看，金融中心与信息产业紧密相关，具有相辅相成的关系。纽约、伦敦、中国香港是国际媒体扎堆的地方，是当今世界最重要的资讯中心。金融中心对资讯的要求是及时、准确及客观，因此新闻自由、资讯充分流动是重要的前提条件。

3. 人才因素

一定区域内的金融中心属于资本密集型产业，也是一个创新型产业，需要大量的各类人才，因此，金融中心也是一个人才的集散地。伦敦金融城在对全球主要金融机构的高管所做的问卷调查显示，人才是当今影响金融中心发展的最重要因素。有些专家把未来金融中心之间的竞争视为人才的竞争。因此，人才自由流动及进出便利也是一个金融中心发展的必要条件。从现实看，金融中心越发达，所集聚的人才，尤其是高学历的人才就越多，这是个不争的事实。金融人才主要包括管理人才与专业人才两大类别。作为金融产业集群，金融业除了需要各类金融人才之外，法律、会计等相关的专业服务人才也是不可缺少的。金融中心的发展对专业人才的依赖主要与金融市场变化快、产品周期短、金融机构需要有较强的金融创新能力才能在行业中生存与发展有关系。

4. 制度因素

金融制度是金融中心运作最重要的基础因素，指的是有关金融交易的规则、惯例和组织安排，是约束各类金融机构的行为准则，具体包括金融产权制度、金融组织体系制度、货币制度、信用制度、税收制度以及金融监管制度。金融法规是推动金融中介机构、金融市场及金融服务深入发展、高效运作以及宏观金融体系审慎监管的关键，是影响金融创新环境的基础因素。从制度经济学视角来看，优良的制度可以降低交易成本，提高资金效率，推动金融创新。一个发达的金融中心至少有五方面的制度优势支持：（1）法律制度健全，是一个比较成熟的法治社会。法治社会的精髓是法律面前人人平等，包括政府也不能凌驾于法律之上。（2）行政、立法与司法之间建立清晰的关系，具有制衡作用。（3）具有一套较规范的经济金融运作与监管制度，具有较高的专业服务和社会专业化管理水平。（4）政府角色清晰，行政透明度高，行政效率与公职人员的操守受到民众与媒体的充分监督。（5）司法功能有较高的公信力。

5. 市场因素

现代经济运作高度依赖信用工具及各类金融交易。金融交易以各种各样的方式进行，金融交易进行的场所便可称为金融市场。金融市场可以从业务类别、交易期限、交易对象、交易产品性质以及交易地点等角度进行分类，是一个十分庞大及复杂的体系。金融市场，从业务类别看，主要包括股票市场、债券市场、外汇市场、黄金市场、保险市场、金融衍生产品市场等；从交易期限看，则可分为短期资金市场或货币市场（交易期限一年以内）以及长期资金市场或资本市场（交易期限一年以上）。短期资金市场包括同业短期拆借、票据买卖或抵押等；长期资金市场主要包括债券市场及股票市场。从产品性质看，金融市场可分为现货市场及衍生产品市场。衍生产品市场一般包括期货、期权、互换等交易。从现代金融的发展特点看，金融期货产品及金融衍生产品是当代金融中心竞争的焦点，主要是这两类产品一般较为复杂，主要服务于专业投资者，创新空间较大，发展自由度及风险也大，金融监管难以跟进。一个金融市场的发达程度及影响力，可看其有否金融资源定价权，更关键的是看该市场开发金融期货及金融衍生产品的能力。

金融市场还可以从交易地点的角度分为场内交易（金融产品在交易所进行交易）与场外交易（金融产品在机构之间进行交易）。从市场层次看，以银行间市场为主体的场外市场以及以交易所市场为主体的场内市场各有对方无法取代的功能。交易所市场是一个标准化的市场，较规范，有交收及清算系统，可以掌握实际交易数据，相对而言是一个风险可控的市场；但场外交易市场在机构之间就可以进行，一般情况下，效率较高，交易成本较低，但金融监管者对其发展动向难以及时掌握，与交易所交易具有互补性，二者可以长期并存、相互补充，共同发展。

6. 机构因素

金融机构是金融中心发展的载体。金融机构的规模、类型、资本结构与来源反映了金融中心的面貌，如国际化程度、实力与成熟程度、创新能力等。一般而言，世界一流的金融中心都拥有世界一流的植根本土的金融机构。金融机构包含监管机构及商业机构。监管机构水平及能力是影响金融中心发展一个很关键的因素。商业机构大致可分为吸收公众存款的零售银行、不吸收公众存款的批发银行（或者叫投资银行），证券及投资类机构及保险类机构。近些年，对冲基金、私募基金、风险基金、私人银行等从事另类投资业务的金融机构发展快速，在金融市场的交易中扮演越来越活跃的角色，成为促进金融中心多元化发展的新生力量。在各类金融机构中，大型投资银行在金融创新与发展中扮演着重要角色，主要是这类机构由于不吸收公众存款，受到的监管较零售银行少，经营自由度较大，可以运用较高的资金杠杆从事金融投资活动，有机会赚取暴利，有能力用高薪吸引高级人才，因此人才的发展与机构的发展形成良性互动。但2008年爆发的全球性金融危机，暴露了投资银行高杠杆的经营模式对金融市场稳定与健康发展存在威胁，以美国为首的西方金融监管当局开始加强对这类机构的监管，投行的经营模式面对调整及转型。

（二）海南自贸港金融开放的特色政策

2018年4月14日，中共中央、国务院出台《关于支持海南全面深化改革开放的指导意见》。10月1日，资金流监测信息系统正式在海南省政府数据大厅上线，实现了对海南自贸区（港）资金流动的及时、有效监测。10月9日，海南自贸区（港）区块链试验区设立，同日牛津（海南）区块链研究院揭牌。该试验区作为我国目前首个区块链试验区，对海南区块链相关产业发展具有重要意义。10月16日，国务院正式印发《中国（海南）自由贸易试验区总体方案》。10月18日，在中国人民银行海口中心支行的指导下，由工商银行海南省分行等7家金融机构牵头发起成立“海南省自由贸易试验区金融消费权益保护协会”，由银行业、证券业、保险业金融机构，以及支付机构、财务公司、小贷公司等77家会员组成，旨在保护金融消费者。海南市级层面也有对于金融业的扶持政策，三亚市曾出台《三亚市高标准高质量推进金融业发展三年行动计划——基石计划（2019—2021年）》《三亚市高标准高质量推进金融业发展扶持奖励暂行办法》等，支持当地金融业发展。

与长三角、粤港澳大湾区相比，国家金融管理部门给予海南更多的政策支持。2021 年 3 月，中国人民银行、原中国银保监会、中国证监会、国家外汇局联合发布《关于金融支持海南全面深化改革开放的意见》；同年 9 月，海南省金融管理部门联合发布贯彻落实该意见的实施方案。总体看，海南自贸港的金融政策有以下特色。

1. 跨境投资方面

（1）合格境外有限合伙人（QFLP）制度更为高效、便捷。根据现行制度，符合 QFLP 资格的企业在国内设立基金后，允许境外投资者在备案金额内自由汇兑本金进行申购和赎回。而海南 QFLP 制度的特别之处在于：一是免联审，取消联席会议审核，采用“推荐函”；二是范围广，采取负面清单管理，扩大投资范围，为投资二级市场股票和企业债券预留了空间；三是门槛低，符合中国证券投资基金业协会基本要求即可，没有对资本、出资比例、期限的设定。

（2）推动合格境内有限合伙人（QDLP）制度试点。海南 QDLP 制度试点的独特之处在于：一是设立流程包含路演与质询；二是探索项目沙盒机制，申请人在申请 QDLP 试点资格时可以结合项目所处的不同阶段，提交不超过 5 个投资项目，审核通过后形成“项目沙盒”；三是动态额度管理，给予试点资格和试点基础投资额度后，省金融监管局将定期评估，临时增发或收回未用额度，优化使用效率。

（3）非金融企业（不含房地产企业和地方政府融资平台）可适当提高跨境融资限额。目前非金融企业跨境融资上限为其净资产的两倍，海南企业在风险可控前提下可以提高跨境融资额度。为实现更高额度的跨境资金融入规模，中国人民银行目前主要根据企业实际融资需求和融资能力，采取“一企一策”的处理方式。

（4）开展跨境资产管理业务试点。金融管理部门支持境外投资者投资海南金融机构发行的私募和公募资产管理产品。与通行规定和做法相比，海南跨境资产管理业务有以下特点：一是投资主体宽泛，不受国别限制；二是投资产品包括理财产品、私募资管产品、公募证券投资基金、保险资管产品四类产品；三是发行机构为海南自贸港内金融机构；四是采取单边主动开放模式，面向全球，无特定区域限制，无须与境外监管机构签协议。

2. 跨境资金流动管理及业务创新方面

（1）放宽个人跨境交易政策。具体措施包括：支持在海南自贸港内就业的境外个人使用境内合法收入、境外合法外汇收入，开展包括证券投资（股票、债券、基金等）及股权投资在内的各类境内投资；允许符合条件的非居民按实需原则在海南自贸港内购买房地产，对符合条件的非居民购房给予汇兑便利；提升海南居民个人留学学费购付汇、薪金结汇等个人用汇便利化水平。

（2）探索多功能自由贸易（电子围网）账户（Electronic Fence Account，简称 EF 账户）业务管理。2023 年 8 月 11 日，中国人民银行海南省分行公布了《海南自由贸易港多功能自由贸易（电子围网）账户业务管理办法（征求意见稿）》，正式向全社会公开征求意见。同日，中国人民银行广州分行也公布了适用于横琴粤澳深度合作区的 EF 账户管理办法。

（3）支持在住房租赁领域发展 REITs。在房地产长效机制框架下，支持海南在住房租赁领域发展房地产投资信托基金（REITs），鼓励银行业金融机构创新金融产品和服务，支持住房租赁市场规范发展。

（三）金融监管和发展方面存在的问题

1. 顶层设计和信用基础需同步加强

虽然海南自贸港有立法授权，但目前在金融业发展方面尚未有清晰的定位，国家和地方金融管理层面虽出台了相关意见和方案，但仍需加强海南金融开放发展的顶层设计，进一步完善长远规划；同时，亟须加强政策出台的事前分析和事后评估，为实施方案的科学制订和动态调整提供依据。政策落地需要良好的营商环境作为支撑，这对于自贸港建设至关重要，应更加重视营商环境建设，提升社会诚信和司法公信。

2. 逆全球化与中美博弈

西方发达国家中的阶层分配问题以及产业链分工问题日益凸显，在全球化、贸易自由化的背景下各地出现了不同程度的民粹主义以及逆全球化思潮，贸易保护主义抬头，国际贸易呈现紧张局势。中美贸易摩擦、中美潜在“脱钩”以及由此引发的潜在全球产业链布局的改变，将对海南自贸港建设及金融产业发展造成持续的负面影响。

3. 对标高标准经贸规则制度创新仍需加强

党的二十大报告提出，推进高水平开放，稳步扩大规则、规制、管理、标准等制度型开放。而海南自贸港承担着打造制度型开放平台的职能，因此，海南应以制度创新为核心，深化金融改革开放，灵活探索金融政策、监管模式和管理体制，在多领域金融工作中率先尝试，持续与国际对标。从目前进展看，尽管海南推出一系列制度创新，为自贸港开展对外经济建设带来强劲助力，但整体看，制度创新的系统性仍存在不足，部门、行业之间缺乏协同，重点行业缺乏集成式的支持措施，金融市场的对外开放水平仍较为滞后。

4. 金融行业发展水平亟待提升

一是金融机构发展规模总体较弱。长期以来，海南经济体量较小、产业结构相对简单，相应的金融机构规模小，金融业态主要集中于银行、保险公司，同时，财务公司和资产管理公司等非银金融机构较活跃。多数跨机构类型的综合金融业务在海南难以开展。二是金融机构利用自贸港政策的效率不高，创新产品服务的动力和愿望不足。例如，资金结算、贸易融资、套期保值等金融服务的灵活性、时效性与国内外同行还存在较大差距。三是金融风险防控机制不够完善。目前，海南金融监管仍主要基于国内传统金融业务的风险防控机制，尚无法适应离岸金融、离岸贸易等离岸业务的监管要求，相关体制机制尚不完善，防控压力较大。

（四）完善海南自贸港金融监管制度的建议

1. 优化海南自贸港与国内其他城市金融业协同发展布局

一是中央继续坚定不移地给予海南一贯的政策支持，稳定并优化海南自贸港金融产业发展环境。强化海南自贸港金融市场连接内地金融市场与国际金融市场的纽带作用，顺畅内外金融交互渠道，优化双循环金融链接机制，进一步带动内地实现更高层次开放特别是金融开放。要让在港的国际投资者和金融机构与海南的利益连接，让其可以获得更大的收益。二是科学统筹，合理规划与香港、上海、深圳、北京等城市的分工，明确不同金融中心城市的差异化发展定位。

2. 探索建设自贸港离岸金融监管体系

自贸港金融监管体系的完善离不开各项法律制度的保障，法治是推进实施自贸港政策创新的有效路径和防范港内市场风险发生的主要手段，海南自贸港在建设进程中，除以中央的相关政策作为支撑外，仍需要较为完善的法律体系为其提供顶层制度保障。2021 年 6 月，《海南自由贸易港法》已正式施行。相关体制机制仍需进一步完善。

3. 应着重防范化解相关金融风险

短期内要多措并举，注重防范海南自贸港房地产市场和外汇市场的风险，着力把控国际形势对自贸港金融市场的风险冲击，坚决保障自贸港金融市场繁荣与稳定，进一步提高自贸港金融市场体系的弹性和韧性。中长期内，国家要在以国内大循环为主、国内国际双循环相互促进的新发展格局中对海南自贸港金融进行再定位，进一步提升自贸港金融市场在双循环新发展格局中的地位和作用，注重凸显自贸港双重定位优势和内外链接功能。

4. 着力培育海南自贸港金融科技竞争力

一是应更加重视传统基础设施的数字化改造及新型数字基础设施建设，在量子技术、云计算等方面搭建金融服务的底层数字技术仓，在中层搭建人工智能和大数据的数字服务仓，在顶层搭建平台化数字供给仓，构建多层次的数字新基建。二是可以引导国内其他地区的金融科技产业将产品测试等环节向海南自贸港转移，打造金融科技试验田、数字货币交易所等，提升自贸港的金融科技竞争力。三是持续强化自贸港在反洗钱等领域的国际话语权。加强科技监管能力建设，提高监管科技水平，用更多的技术手段防范洗钱和恐怖融资犯罪，强化我国在反洗钱等领域的国际领先水平。

5. 构建金融监管合作机制

自贸港金融监管体系的完善不仅需要港内建立行之有效的监管体制，还需要形成与港外各国、各地区、各相关组织在金融监管方面的沟通合作机制。金融的自由化带来了离岸金融市场的繁荣，全球经济一体化的趋势也在不断加深，自贸港离岸金融市场的监管离不开金融机构母国（地区）监管当局的有力支持。在借鉴各国自贸港先进离岸金融监管经验的同时，需要加强与离岸金融机构母国（地区）的监管合作。

主体报告四：国际贸易数据治理与管理——海南自由贸易港通关监管新规则探研

数据被称为第四次工业革命的“新石油”。在数字经济的大潮下，当今世界的国际贸易也迅速进入数字化新阶段。这一新阶段源于信息化又完全不同于信息化。从内涵上看，数字贸易基于从信息到数据包含两种形式或趋势。一是贸易方式数字化，电子商务成为国际贸易的重要枢纽，贸易环节向线上迁移，国际贸易成本大幅降低，效率显著提升。这一趋势不仅是指国内近年来发展快速的跨境电子商务零售，而且包括国际贸易全环节全流程从生产制造到运输交付各个环节的数字化。这种数字化产生的数据提高了国际贸易生产方式的效率，以成本的方式体现，同时为政府对贸易的管理提供了新的对象和新的要求。二是贸易对象数字化，数据和以数据形式存在的商品和服务贸易程度大幅提升，新的贸易标的物出现并急速增长。这些新的贸易对象由于其数据在传输、储存、复制、消费等方面的全新特点，使得其国际贸易流程和交易过程完全不同于传统的国际贸易，同样也给政府的贸易监管和数字监管带来了新的命题。

数字贸易发展对经济的影响具有两面性。一方面，贸易过程更便捷高效，贸易机会增加，中小企业有机会参与到全球贸易中，国际市场供给和需求潜力进一步释放，全球化分工进入更高水平阶段；数字产品和服务融入全球价值链体系，推动世界经济数字化转型。另一方面，虚拟网络高度联通，贸易网络相互交汇，竞争化马太效应通过数字经济和数字贸易向各个领域蔓延深入，价值链分配向前后两端转移，劳动力优势被削弱，新的参与分工方式出现。目前的政府监管还不能适应数字贸易的发展，更应注意的是，传统的自由贸易港理念与实践，也必然会受到数字贸易在税收、监管方面的影响和冲击。

根据《海南自由贸易港法》和《海南自由贸易港建设总体方案》，海南自贸港以借鉴国际经验、体现中国特色、符合海南定位、突出改革创新、坚持底线思维为基本原则，以零关税、低税率、简税制、更自由为基本特征，分步骤分阶段实现贸易、投资、跨境资金流动、人员进出、运输来往自由便利和数据安全有序流动。在《海南自由贸易港建设总体方案》中，"数据安全有序流动"的内容是指在确保数据流动安全可控的前提下，扩大数据领域开放，创新安全制度设计，实现数据充分汇聚，培育发展数字经济；具体制度设计主要提出了有序扩大通信资源和业务开放。《海南自由贸易港法》分别在第二条、第四十二条、第五十五条从三个方面规定了数据安全有序流动基本原则、产业发展探索方向和风险预警与防控体系要求。

当前，从海南自贸港的战略定位与数字贸易发展态势审视，自贸港数字贸易发展面临以下问题：第一，自贸港以数据为对象的监管与服务是政府监管与公共治理的全新领域，基本没有国际公法和国际惯例可以遵循借鉴。不难发现，《海南自由贸易港建设总体方案》在数据安全有序流动的制度设计上偏向数据流动形式的设计，偏向服务贸易负面清单的准入开放，对数据流动的交易属性、交易场景和贸易对象没有明确；《海南自由贸易港法》主要是从产业发展探索方向和风险预警与防控体系要求两个方面作了原则性规定，产业发展明确使用了"探索"的文字表述，也显露出发展思路的不确定性。以上情况凸显缺乏相关税制和监管机制的设计，尤其是与自贸港税制简化后建立直接税体制的衔接以及"谁来管、怎么管"的问题。第二，以数据流动和数字化为方式的自由贸易港智慧建设对贸易、投资、资金、人员、运输工具等领域通关监管海量数据的产生、存储、确权、流动、交易、应用场景开发等数字经济治理规则提出了新的挑战，对自贸港数字经济治理方式、治理质量和营商环境提出新的要求。当前海南无论是数字贸易还是数据场景开放水平，在规则和规模上并不比国内其他地区先进。如果数字贸易摆脱了

"自由贸易港"体制概念的"束缚"，那么"数字贸易自由贸易港"就会遍地开花。海南自贸港须紧跟数字经济与数字贸易发展前沿，稳步推动数字贸易的发展。

因此，对海南自贸港的制度规则设计者和实施者而言，当前要积极跟踪其他国家自贸区域创新政策，迅速拓展数字服务贸易场景业态，吸引国际国内数字贸易企业，促进信息通信网络互联互通，共建共享数字化发展成果。重点是探索构建数据要素国际化开放市场，健全数据开放法律法规，建立数据开放机制，强化数据保护与管理，积极参与数字贸易国际规则制定，营造数字贸易良好的发展环境，优化数字贸易监管服务体系，加强国际交流与合作。

一、数字贸易概念内涵

数字贸易是经济活动发展的一个新阶段。数字贸易在内涵与外延上与熟知的电子商务概念既有交叉，也有不同。传统贸易主要是指以货币为媒介的一切交换活动或行为。其活动范围不仅包括商业所从事的商品交换活动，还包括商品生产者或他人所组织的商品买卖活动；不仅包括国内贸易，还包括国际贸易。

电子商务指商务活动的电子化、网络化，即借助信息技术开展商务贸易活动，如线上推广、网络零售、移动支付等。经济合作与发展组织在《电子商务的经济与社会影响》中将电子商务定义为"发生在开放网络上的包含企业之间、企业和消费者之间的商业交易"。欧洲经济委员会对电子商务的定义是，参与方之间以电子方式而不是以物理交换或直接物理接触方式完成任何形式的业务交易。美国政府在《全球电子商务纲要》中将电子商务描述为"通过互联网进行的各项商务活动，包括广告、交易、支付、服务等活动"。我国将电子商务界定为通过互联网等信息网络销售商品或者提供服务的经营活动。跨境电子商务指跨越国境开展的电子商务活动，是由于电子商务活动范围扩大而衍生出的概念。

相比以上概念，数字贸易更突出数字化的产品和服务贸易，但国际上对数字贸易的讨论和谈判大多仍在电子商务框架基础上展开。数字贸易是由于信息技术对贸易影响的进一步深化所产生的概念。目前，各国对数字贸易的认识尚不统一。美国认为数字贸易是指“不仅包括网上消费产品的销售和在线服务的供应，还包括使全球价值链成为可能的数据流、使智能制造成为可能的数字服务以及无数其他平台和应用”。澳大利亚政府认为数字贸易不只是在线上购买商品和服务，还包括信息和数据的跨境流动。经济合作与发展组织认为数字贸易是指数字技术赋能于商品和服务贸易，同时涉及数字的和物理的传输。2019 年 11 月，中共中央、国务院《关于推进贸易高质量发展的指导意见》首次正式提出要加快数字贸易发展，提升贸易数字化水平。

从统计方式看，对于数字贸易概念，国际社会分为宽口径和窄口径。宽口径（基于统计目的）：将数字贸易定义为通过数字订购或数字支付开展的交易，包括数字并购贸易、跨境电商、数字交付、大型互联网平台提供的在线交易和服务等。中国内地以宽口径理解数字贸易。窄口径（强调数字化变革）：将数字贸易定义为通过电子手段实现的商品或服务贸易，将货物和服务分开，主要强调数字贸易的在线服务。国际经合组织（OECD）、国际贸易组织（WTO）、联合国贸易和发展会议等国际组织主张宽口径，美国国际贸易委员会和欧盟等主张窄口径。国内目前官方在统计口径上采用“数字服务贸易”和“跨境电子商务”的方式处理。

根据联合国贸易和发展会议报告相关数据，全球数字服务贸易的占比由 2011 年的 48% 增长至 2020 年的 63.6%。2021 年，全球跨境数字服务贸易规模已经超过 3 万亿美元，在服务贸易中的占比超过 60%。预计到 2030 年，全球数字服务贸易年均增长将提高 2 个百分点，服务贸易出口占全球贸易的比重将超过 1/4，数字服务贸易占比将达到 75%。

中国跨境数字服务贸易增长势头强劲，紧随美国、爱尔兰、英国和德国，居全球数字服务贸易规模第 5 位。2021 年，中国数字服务进出口总值达到 3597 亿美元（美国为 8507.2 亿美元），同比增长 22.3%，占服务进出口比重达 43.2%。2020 年上海数字贸易额达到 433.5 亿美元，同比增长 8%，已经超过《上海市数字贸易发展行动方案（2019—2021 年）》（沪商服贸〔2019〕201 号）中制定的 2021 年发展目标（400 亿美元）。该方案提出数字贸易出口额年均增速达到 15% 左右。2021 年，上海数字贸易交易额达 568.8 亿美元，占服务贸易进出口比重提升至 24.8%。

数字贸易的内涵应从以下几个方面理解，尤其是要对数据和数字产品的跨境贸易与流动提高认识：

第一，数字贸易的突出特征包括贸易方式的数字化和贸易对象的数字化。其中，贸易方式的数字化是指信息技术与传统贸易开展过程中各个环节深入融合渗透，如电子商务、数字海关、智慧物流等新模式和新业态对贸易的赋能，从而带来贸易效率的提升和成本的降低，表现为传统贸易方式的数字化升级；贸易对象的数字化是指数据和以数据形式存在的产品和服务贸易，一是研发、生产和消费等基础数据，二是图书、影音、软件等数字产品，三是通过线上提供的教育、医疗、社交媒体、云计算、人工智能等数字服务，表现为贸易内容的数字化拓展。

第二，数字贸易的产生源于数字经济的发展和全球化分工。新一代信息通信技术的发展使得不同经济主体间紧密联系，形成更高效、更频繁的分工、协同和共享关系。物理商品交易变得更加高效、有序、广泛，中小企业获得了更多参与贸易的机会；数字商品的可贸易程度大幅提升，催生出一系列新模式和新业态。

第三，数字贸易的认识根据贸易商品类别可分为三个层次。目前，国际上对数字贸易尚未形成统一的认识，数字贸易的议题时常出现在电子商务、数字经济等会议和谈判中。例如，仅 2019 年就有 76 个世贸组织成员宣布启动电子商务议题谈判，其中就包含大量涉及数字贸易的内容。此外，由于各国数字经济、数字贸易的发展水平不一，对数字贸易商品范围的接受程度也存在差异。根据接受的程度，数字贸易涉及贸易品可以分为三个层次：第一层，以货物贸易为主，认为数字贸易等同于电子商务；第二层，加入了图书、影音、软件等最常见的数字产品，开始涉及服务贸易领域；第三层，加入了“数字赋能服务”，如电信、互联网、云计算、大数据等数字经济时代的新兴产业。

第四，数字贸易可能打破现有国际贸易平衡，并对国际贸易监管模式构成新的挑战。与传统贸易相比，数字贸易的关键技术不仅包括生产制造技术、交通物流技术，还包括信息通信技术。信息通信技术的应用又导致贸易方式和贸易商品等基础贸易条件的变化。一方面，原有国际贸易的分工、分配模式面临重构，对各国产业发展、人民生活水平产生深远影响，国际贸易规则面临重构；另一方面，碎片化的小单货物贸易、日益复杂的数字服务，对传统货物贸易监管部门和新兴数字产业监管部门都构成了巨大挑战。

二、国际贸易方式数字化对海南自由贸易港通关监管规则的影响

（一）国际贸易方式数字化的表现与影响

贸易方式的数字化是数字贸易的第一大特点和起点，信息技术在贸易各环节中的广泛应用催生出新的模式和业态，有效缓解了国际贸易中的信息不对称问题。

信息技术深刻影响传统贸易方式表现在以下几个方面。

一是企业跨境贸易方式的数字化。从信息获取角度看，网络搜索引擎、数字广告已经成为外贸企业获取国际市场信息的重要渠道。信息技

术的发展，使得企业能通过网络获取海外全方位的资讯，走出去的信息搜索成本大幅降低。从信息输出角度看，网络为企业提供了更廉价和高效的市场宣传方式，外贸企业纷纷投放线上广告和开设虚拟网店，打造通往国际市场的跳板。物理时空的空间硬约束与固定时间硬约束被打破，买卖双方不再需要在规定时间、规定地点完成交易，国际贸易出现无限可能。

二是跨境电商综合服务的数字化。贸易方式数字化的关键在于资金流、货物流与信息流的有机结合。货物流是跨境电商发展的基础。不同于国内物流，跨境物流距离远、时间长、成本高，还涉及目的国清关（办理出关手续）等相关问题。跨境电商的发展，逐步形成与之对应的物流模式。目前，国际快小包仍是主要的跨境电商零售（B2C）物流方式。资金流是跨境电商发展的重要支撑。跨境电子支付业务发生的外汇资金流动，必然涉及资金结售汇与收付汇。从支付业务发展情况看，我国跨境电子支付结算方式主要有网上支付（包括电子账户支付和国际信用卡支付，适合小额的跨境零售）和银行汇款（适合大金额的跨境交易）。

三是跨境电商政务监管的数字化。为适应贸易方式的数字化，政府部门简政放权、优化外贸政府服务，为跨境电商发展提供坚实基础。截至2023年底，中国累计建设300多个跨境电商综合试验区。跨境电子商务综合试验区通过构建信息共享体系、金融服务体系、智能物流体系、电商诚信体系、统计监测体系和风险防控体系，以及“线上综合服务平台”和“线下综合园区”平台等“六体系两平台”，极大地推动了“关”“税”“汇”“检”“商”“物”“融”一体化，实现跨境电子商务自由化、便利化、规范化发展。

四是贸易方式数字化对国际贸易格局的影响。传统模式下，决定一国制造业国际竞争优势的主要因素包括要素价格、劳动生产率水平、产业集群规模等。随着数字技术在供应链管理的应用，特别是全球供应链管理的应用，一种基于企业间协同的新竞争力逐步形成。一些国家和地区的企业率先开始将数字技术应用于供应链、价值链中，与上下游的协同效率大幅提升，采购成本、营销成本、物流成本大幅降低，形成新的竞争优势，有望在数字经济时代获得发展先机。WTO研究报告指出，数字技术正在将供应链管理从线性模型（供应商—生产商—分销商—消费者）转变为一种更综合的信息向多个方向同时流动的模型。

目前，新的数字技术对全球价值链的影响仍不明确。一种可能是生产过程重塑，自动化生产、3D 打印、人工智能等技术降低了国家间分工协调的需求，价值链长度缩短，发展中国家参与全球价值链的机会降低；另一种可能是数字技术降低了协调和匹配成本，如正在蓬勃发展的跨境电子商务为很多中小企业创造了走出去的机会，从而强化全球价值链。数据显示，新冠疫情以来，全球价值链的参与度逐步恢复，其中高收入国家比中等收入国家恢复得更快。

贸易方式的数字化还会产生强者越强、弱者越弱的马太效应。不少行业都存在马太效应，互联网行业尤其突出，搜索引擎、网络购物、即时通信、网络安全软件等垂直互联网行业排名第一位的企业往往占据了80% 以上的行业收入。这主要是因为互联网环境下，市场信息非常透明，领军企业的产品价格或质量即使只有很小的优势，也会使得消费者将其余选项排除在外。随着贸易便利化水平的提升，国际经济环境和互联网环境越来越相似，如果不考虑关税等贸易壁垒的影响，某一国家的某一产业一旦率先崛起就会取得一定的绝对优势。

（二）国际贸易方式数字化对监管的影响——以 RCEP 为例

本部分主要以 RCEP 第二章“货物贸易”、第四章“海关程序与贸易便利化”、第八章“服务贸易”、第十二章“电子商务”为对象来研究。RCEP 协议生效后，我国和东南亚国家在跨境电商方面的交易约束逐步减少，而且交易量进一步扩大，各种奶制品、果蔬肉蛋等也可以转移到线上进行，进一步刺激了跨境电商贸易的发展。同时，协议设计了一系列贸易便利化条款，通过无纸化贸易、抵达前处理等，极大程度地促进了跨境电商物流的发展。

1. RCEP 涉及跨境电商的主要举措

（1）提高贸易便利化水平。

无纸化贸易：每一缔约方应当努力接受以电子形式提交的贸易管理文件与纸质版贸易管理文件具有同等法律效力，可公开获得，并增强其接受度。

电子认证和电子签名：允许各方确定适当的电子认证技术和实施模式，不限制。给予证明其交易合规的机会，鼓励使用可交互操作的电子认证，除非其法律和法规另有规定，不得否认电子签名的法律效力。

（2）创造有利的电子商务环境。

网络安全：缔约方应认识到网络安全主管部门的能力建设及交流合作的重要性。

透明度：每一缔约方应当通过各种方式尽快公布所有相关措施并尽快答复另一缔约方关于特定信息的请求。

海关关税：维持目前不对电子传输征收关税的做法，但不得阻止缔约方对符合本协定的电子传输征收税费、费用及其他支出。

国内监管架构：在考虑电子商务国际公约和示范法基础上，采取或维持监管电子交易的法律框架，避免施加不必要的监管负担。

线上消费者保护：缔约方应认识到采取或维持透明及有效的电子商务消费者等保护措施的重要性，采取或维持法律法规保护消费者免受欺诈和误导，并加强各主管部门的合作，发布消费者如何寻求救济以及企业如何遵守相关法律要求在内的消费者保护相关信息。

线上个人信息保护：每一缔约方应当考虑相关的国际标准、原则，采取或维持保护电子商务用户个人信息的法律框架，向电子商务用户发布包括个人信息保护的相关信息。鼓励他人通过互联网公布其与个人信息保护相关的政策和程序，保护从任一缔约方转来的个人信息。

规范非应邀商业电子信息：每一缔约方应将非应邀商业电子信息减少到最低程度，对未遵守者提出相关追索，加强关切问题的监管和合作。

（3）促进跨境电商的发展与合作。

计算设施的位置：尊重各缔约方计算设施的通信安全和保密要求，不设不合理的商业行为交换条件，且不得阻止任一缔约方采取或维持合法、非歧视和保护其基本安全利益所必要的任何措施。

通过电子方式跨境传输信息：尊重每一缔约方对于通过电子方式传输信息的监管惯例，不得阻止涵盖的人为进行商业行为而通过电子方式跨境传输信息，且保留各缔约方采取或维持措施的权力。

电子商务合作：每一缔约方应当在适当时就帮助中小企业克服使用电子商务障碍、电子商务法律框架以及分享信息经验和最佳实践等多方面开展合作，努力采取建立在国际论坛等既有合作倡议的合作形式。

（4）构建电子商务对话与争端解决机制。

电子商务对话：缔约方应认识到对话，包括在适当时与利益相关方对话，对于促进电子商务发展和使用的价值，考虑合作机遇与相关问题，并提出相应的建议。

争端解决：发生分歧时缔约方应当首先善意地进行磋商，尽最大努力达成共同满意的解决方案，未能解决分歧时可提交至RCEP联合委员会，不得就电子商务下产生的任何事项诉诸非电子商务法律层面的争端解决。

2. RCEP涉及跨境物流的主要举措

RCEP协定在海关程序和贸易便利化章节重点阐述了协定缔约方海关遵循本国相关海关法律法规，对进出口货物及运输工具进行管理的具体措施。通过促进对每一缔约方海关程序的有效管理，简化海关程序，达到货物快速通关的贸易便利化。

（1）简化海关通关程序。

货物装运前检验：对因商品归类或海关估价目的进行装运前检验的禁止，并不减损成员国政府为其他目的而向贸易主体施加装运前检验义务的权力。虽然 RCEP 鼓励缔约方对装运前检验的使用不再采用或适用新的要求，但是并不禁止缔约方出于环保、卫生、防疫等目的对其他成员国拟进口商品新增装运前检验的强制要求，并将相关检验证书作为进口报关的必备文件。

设立货物抵达前处理程序：允许提交货物进口所需的文件和其他信息，以便在货物抵达前开始处理，从而加快货物放行。

大力简化海关程序：对货物检查以合理和必要为限，实现普通货物 48 小时通关、易腐货物 6 小时通关、快件 6 小时通关。

（2）提高海关程序管理能力。

规定预裁定措施：税则归类、是否属于原产货物、完税价格确定等事项可以申请预裁定，并明确规定了实施预裁定的原则、流程以及效力等。其中，预裁定决定应于 90 天内作出，具有约束力，且有效期不少于三年；提出预裁定申请的主体，包括进出口商及具有合理理由的任何人及其代表。

应用信息技术进行管理：使用可以加快货物放行的海关程序的信息技术，包括在货物运抵前提交数据以及用于风险目标管理的电子或自动化系统，便于海关对于海关程序的电子化管理。

透明度：缔约方应在可能的范围内在互联网上及时公布并更新有关信息，并应以非歧视和易获得的方式使政府、贸易商和其他利害关系人知晓。

（3）企业管理。

对经认证的经营者施行贸易便利化管理：规定了经认证的经营者范围扩大到中小微企业，缔约方考虑使用协调员制度主动为守法企业提供便利措施。缔约方 14 个成员中，已有 10 个成员建立了 AEO 制度；我国与 5 个国家签署了 AEO 互认安排。

风险管理：要求每一缔约方应当采取或设立用于海关监管的风险管理制度，但是该制度应当以避免任意或不合理的歧视或避免构成对国际贸易变相限制的方式设计和实施。要求将海关风险管理集中于高风险货物，加快放行低风险货物。同时允许每一缔约方随机选择货物进行此类监管。每一缔约方应当基于通过适当选择性标准开展的风险评估进行风险管理。此类选择性标准可以包括协调制度编码、货物性质和描述、原产国、货物启运国、货值、贸易商合规记录以及运输工具类型。

建立后续稽查管理制度：设立透明的后续稽查程序，以风险为基础选择当事人或货物进行后续稽查，保证海关及其他相关法律法规得到遵守。如该当事人参与稽查过程并且已得出最后结论，该缔约方应当立即告知被稽查人稽查结论、作出结论的理由以及当事人的权利和义务。当事人可以利用后续稽查中获得的信息进行进一步的行政或司法程序。每一缔约方在可行的情况下，应当在实施风险管理时使用后续稽查结论。

（4）快运货物。

RCEP 中要求成员国给予快运货物申请人如下便利：①抵达前处理相关信息；②允许通过电子方式一次性提交涵盖一批快运货物中所有货物的信息；③将放行快运货物所需的单证减少到最低；④在正常情况下尽快放行快运货物并且在可能的情况下，在货物抵达并且提交放行所需信息后 6 小时内放行。同时，要求缔约国对快运货物的上述通关优惠待遇努力扩展适用到“任何价值和重量的货物”。主要利用快递运输的跨境电子商务零售进出口企业和进出境快递物流企业将是该条款最主要的受益者。

（三）海南自由贸易港贸易方式数字化挑战

1. 内部挑战

（1）简化海关程序，提高清关效率和跨境物流时效。RCEP 采取预裁定、抵达前处理、信息技术运用等促进海关程序高效管理的手段，简化海关通关手续。这涉及跨境物流多个环节，包括降低甚至消除邮政小包征收关税的风险、降低海外物流仓储建设成本等，港口航运、跨境电商这类企业将直接受益。例如，当进口缔约方取得清关所需信息后，应当在48小时内放行货物；对于易腐货物，如海鲜、水果和蔬菜等生鲜货物，进口缔约方在收到清关信息后6小时内应当放行；允许空运货物加快通关等。

RCEP跨境物流方面的规定，有望帮助中国出口商品在目的国海关提高通关效率，从而大幅提高跨境物流效率、缩短物流时间，使消费者有更好的购物体验。

（2）降低跨境交易成本。根据协定，RCEP各缔约方之间采用双边两两出价的方式对货物贸易自由化作出安排，协定生效后区域内90%以上的货物贸易将最终实现零关税，且各国根据自己的国情承诺立刻将关税降到零或过渡期降税到零（过渡期的时间主要为10年、15年和20年等），自贸港内有望在较短时间兑现所有货物贸易自由化的承诺，进而使缔约国消费者享受到物美价廉的海外商品。

以跨境电商零售进口主要商品之一——3304品类目化妆品的关税减让承诺为例：RCEP电子商务章中，对澳大利亚、新西兰和东盟，关于唇妆、眼妆、指甲化妆品、粉税目下的四类商品，我国承诺从协定生效的第1年起，关税率降为5%，此后一直维持在5%；对于澳大利亚、新西兰和东盟跨境电商零售进口3304.9900（其他）税目下的商品，我国承诺从协定生效的第17年起关税率降为1%，此后逐步趋近于零税率，至第20年完全降为零。

此外，RCEP关税减让对外贸企业最直观的影响就是原材料、资源品进口成本降低，企业封装加工后的产品报价比其他地区的竞争对手更具优势，从而进一步提高跨境电商企业的盈利能力。

（3）助推我国跨境电商模式推广。目前，我国跨境电商的发展已经走在了世界前列，在RCEP的区域中，这种优势更为明显，总结出了很多优秀的发展模式，这些模式对其他 RCEP 成员国具有借鉴意义。RCEP 中有专门的“电子商务”条款，可见发展跨境电商已经成为各方共识，各国也意识到跨境电商发展的重要作用。其中列出了很多鼓励缔约方加强电子商务方面合作与交流的条款，这将有利于我国跨境电商模式在 RCEP 成员国中推广，实现共同发展。

我国跨境电商模式的推广将会促进数字贸易技术出口，并加速 RCEP 区域跨境电子商务监管方式的数字化进程。

（4）优化区域跨境电商供应链和价值资源。当前，全球产业链、供应链和价值链仍存在着较大的不确定性，面临着“断供”的风险。RCEP 签署后，区域内各成员国的资源、商品流动、技术和服务资本合作以及人才合作将会更加便利，有利于创造价值和整合资源。这将给我国跨境电商在海外仓的建立与运作、东亚和东南亚市场的建立以及国际人才的招聘方面带来机遇。此外，通过优化 RCEP 区域内跨境电商供应链和价值资源也有利于缓解各种不利外部环境的负面影响，帮助我国跨境电商在全球价值链中的地位逐步攀升。

（5）加速我国跨境电商转型升级。虽然我国跨境电商的发展已经走在了世界前列，但向海外发展仍然面临地域文化差异、物流配送难、支付信任以及宽带成本和网速限制等现实问题。RCEP 的签署，对于上述问题提供了一些可供参考的解决路径，完善跨境电商促进政策，支持跨境电商发展，适应产业革命新趋势都是可行之策。RCEP 中重点提到要鼓励搭建跨境电商发展服务平台，推动配套物流服务体系建设以及支持和建设更多的海外仓，这将加速我国跨境电商转型升级，提供更多优质产品，服务更多国家的消费者。

2. 外部挑战

在新兴市场发展新业务模式，当地滞后的管理制度和配套服务是跨境电商出海东南亚须重点关注的问题。

东南亚国家复杂的地理环境增加了配送难度。如“万岛之国”印度尼西亚由超过1.7万个岛屿构成，消费者分布极为分散，一件物品的送达往往需经转多个岛屿。现阶段，除新加坡外，东南亚国家的物流水平整体偏低，物流配送效率不佳，特别是“最后一公里”配送存在明显的短板。同时，当地物流行业的信息化程度普遍较低，物流终端协议与货物特征（重量、包裹大小和距离等）关联度较低，运送效率及服务质量整体欠佳。这也将对退换货等售后服务质量带来不利影响。物流基础设施发展不均衡、物流服务能力参差不齐和海关清关管理流程不统一等，将可能导致跨境电商企业的物流成本高企、物流时效迟缓和物流服务体验较差，进而制约跨境电商业务的盈利空间（见表2－9）。

表2－9　2023年越南、马来西亚、泰国主要进出口商品

越南		马来西亚		泰国	
出口	进口	出口	进口	出口	进口
手机及零部件	计算机、电子产品及零配件	电子电器产品	电子电器产品	汽车及零部件	机械及部件
电子、计算机及零配件	机械设备、工具及零配件	石油产品	化工及化学产品	计算机及零部件	原油
纺织品服装	手机及零配件	棕榈油及制品	石油产品	宝石首饰	电器及部件
机械设备、工具及零配件	纺织面料	化工及化学产品	机械设备及零件	橡胶产品	化工品
制鞋业	塑料	橡胶制品	金属制品	聚乙烯、丙烯原料	集成电路
木材及木制品	钢铁			集成电路	钢铁及制品
	塑料制品			化工产品	汽车零部件
	汽车			器械及部件	计算机及零部件
				精炼油	其他金属制品
				空调及部件	金银珠宝

资料来源：商务部国别投资指南。

东南亚巨大的经济增长潜力、庞大的消费市场及劳动力优势使其成为全球制造业投资的首选之地。世界500强企业，如三星、LG、英特尔、富士康等均已在东南亚投资设厂，我国纺织、服装、玩具等企业也纷纷将制造业务重点转移到东南亚。一个制造企业完整的供应链条包括全球采购、本土生产、海内外销售，这需要与之配套的全新供应链服务能力。世界制造业向东南亚迁移拉长了客户供应链距离，造成了东南亚供应链缺口，为我国快递企业带来了远赴东南亚参与客户供应链管理、获取更多的市场份额的契机。

（四）海南自由贸易港贸易方式数字化对策

传统的跨境电商物流主要有以下模式：传统的快递包裹模式、集中发货模式、国际快递模式、海外仓模式。海外仓模式是跨境电商卖家先将商品提前备货到目的国的物流仓库中，待客户在卖家电子商务网站或第三方店铺下单后，直接从海外仓将商品发货给客户。这样可以提高物流时效，给客户带来优质的物流体验。

跨境电商的不断发展，对跨境物流服务也提出了更高的要求。尤其是海外仓，成为2022年跨境物流的重要载体。作为新型外贸基础设施，海外仓功能不断完善，日渐成为集仓储、物流、报关清关、退换货、加工维修、包装、分销、金融保险等于一体的服务综合体，在服务贸易新业态新模式快速发展、促进全球产业链供应链稳定畅通中所发挥的作用日益增强。

1. 海外仓模式特点

第一，提升跨境订单物流时效。外贸企业通过提前备货至海外仓，不仅能够有效避免运输中断等突发风险，而且大幅缩短了物流配送周期。此外，随着海外仓信息化、智能化和数字化水平不断提升，自动化流水线、立体仓库、智能移动机器人等设施也进一步提升了海外仓的物流配送效率。数据显示，智能仓的作业效率较传统仓提升2倍至3倍。

第二，降低企业运营成本。一方面，与单包跨境直发相比，外贸企业集中备货至海外仓有利于降低企业的物流成本；另一方面，针对中小企业融资难问题，海外仓充分挖掘自身大数据资源优势，为企业融资增信提供支持。

第三，提高出口产品售后保障能力。“退货难”问题一度是困扰跨境电商出口企业的难点和痛点，由于退货成本高企，大多数企业只能选择打折促销甚至“退款不退货”等方式清理退货商品。近年来，在海关不断优化跨境电商退货政策的同时，海外仓也立足自身优势，积极拓展售后维修服务。据统计，维修后的二次可售产品比例达72%，其中44%可作为全新品销售，28%可作为开箱产品销售。

第四，促进中小企业开拓国际市场。海外仓功能不断完善，除了提供基本的仓储配送服务，部分海外仓也在积极拓展报关清关、仓储物流、市场推广等全链条综合服务，大幅降低了中小企业进入国际市场的门槛，并实现了国际物流网络和国际营销网络的覆盖。例如，浙江省上线运行的“海外仓服务在线”场景应用，通过整合第三方公共海外仓运营企业数字仓储数据，“一站式”解决企业出口海外仓业务遇到的多种问题，为企业构建了一个服务多元、信息交互的平台，显著提升了贸易便利化水平。

第五，促进供应链高效衔接。海外仓充分发挥其靠近市场的优势，为企业开展营销推广提供便利。例如，山东自贸试验区青岛片区积极打造“前展后仓、展仓一体”新模式，在海外仓内开辟专门的商品展示区，为当地采购者提供商品展示、洽谈、签约、物流、配送等贸易全链条全流程服务，通过现场确认商品、达成交易，实现了外贸交易本地化。通过服务功能的拓展，有效降低了交易风险，提高了交易效率。

第六，加快贸易产业融合。海外仓作为连接消费者的最后一环，能够较早感知海外市场的需求变化。在实践中，一些海外仓企业积极开拓数据增值服务，为生产企业投资决策提供参考，通过专门的大数据分析部门，对产品销售数据、海外仓周转率等分析研判，及时捕捉海外市场需求动向并反馈至前端生产企业，大幅提升了国内企业对国际消费需求变化的响应能力，促进了贸易与产业融合发展，助力生产提质升级。

2. 国外共建物流体系的可行性

东南亚部分国家物流水平有待提升，RCEP 的签署也是各缔约方加强物流合作、共克难关的良好契机，将从一定程度上改善欠发达地区的物流系统、支付系统、仓储系统，促进电商基础设施建设，这也是物流企业新的机会。目前东南亚快递市场显现出巨大的潜力。据谷歌和淡马锡联合发布的《东南亚数字经济报告》显示，2019 年东南亚电商市场规模为 380 亿美元。预计到 2025 年，该市场规模将突破 1530 亿美元，具有很大的发展潜力。但由于东南亚地区整体呈现水路较多且基础设施不发达状态，物流体系成为其未来发展的重点对象之一。

（1）马来西亚的经验借鉴。

基础区位条件：根据《2019 年东南亚数字经济报告》，马来西亚地区 2019 年电子商务市场规模达到 30 亿美元，预计在 2025 年达到 110 亿美元，占马来西亚互联网经济市场规模的 42% 左右。其在地理上拥有较为完整的陆地、较为优秀的路况，并具有完备的基础设施。但由于部分地区路段不够发达，因此物流体系仍有极大的发展空间。

未来趋势：随着马来西亚电子商务的不断崛起，当地迫切需要建立庞大的物流网络，这不仅需要电子商务企业的支持和基础建设的大力发展，同时也需要更多优秀的集仓储、配送、最后一公里、电子商务领域管理平台为一体的全方位物流公司。马来西亚对合作共建物流体系呈支持态度，政府积极响应“一带一路”政策，且支持中国企业投资建设基础设施，以完善其物流体系。

对标案例：菜鸟马来西亚吉隆坡 eHub，是基于 eWTP（世界电子贸易平台）合作框架下的重要项目，位于吉隆坡国际机场旁，面积超过24万平方米，其中，物流仓储区域超过10万平方米，包括航空货站、分拨中心和订单履约中心，由菜鸟自主运营。为了更快速地货物清关和确保现场监督，马来西亚皇家海关总署首次在枢纽内设立了运营和行政办公室。目前该项目已建成3座分拣中心、1个海关中心、1个运营中心和1个巴士站。为帮助当地商品出口，马来西亚3个主要港口——巴生港西港、巴生港北港和新山丹戎帕拉帕斯港都设有菜鸟提供的B2B物流，线路可覆盖55个国家的174个港口。依托于菜鸟数智化全链路服务，菜鸟马来西亚吉隆坡eHub已成为全球电子商务的区域配送中心之一，服务全球跨境电商和新经济业务。菜鸟马来西亚吉隆坡eHub项目是与马来西亚政府共建物流体系的优秀对标案例，更好地提升了马来西亚在东南亚的贸易枢纽地位，助力东南亚数字经济的发展。

（2）泰国的经验借鉴。

基础区位条件：和东南亚其他国家相比，泰国物流体系更加成熟，物流基础设施不断完善，促进物流效率提升。由于地处陆地中心的天然优势，泰国与东盟其他国家联通的公路网络更加发达，有9条亚洲公路网、23条东盟公路网，连接邻国的高速公路数量达13条，数量为东盟成员国中最多。此外，泰国东南临泰国湾（太平洋）、西南濒安达曼海（印度洋），水路网络也较为发达。公路、水路运输是泰国目前主要的运输方式。与中国及相对发达地区相比，泰国国内物流体系仍有较大的进步空间。在泰国第十二个国家经济和社会发展规划（2017—2022年）中，政府决定大力投资基础物流运输设施，并鼓励他国合作，旨在将物流成本在GDP的占比从目前的14%提至2021年的12%。在二十年国家战略（2018—2037年）和第十二个国民经济和社会发展的规划（2017—2022年）的框架下，第三个泰国物流发展规划（2017—2022年）目标就是使泰国通过提升国家物流体系，从而成为这个地区中的贸易、服务和投资中心。

对标案例：京东泰国东南亚地区智能仓储物流中心是以京东物流在

中国的标准进行建设的，集成了整套供应链服务体系，实现物流系统打通，仓储、配送、分拣、运输等各个环节能够成熟平稳地运营。上述物流中心使用了更适配于泰国仓储物流环境的 WMS5.0 系统海外版，可支持物流领域 90% 以上的应用场景，让传统仓库的运营效率提升 5 倍以上。与此同时，由京东物流完全自主研发的智能履约系统也在泰国上线。泰国的智能履约系统是基于开放性的物流平台进行设计，可以兼容任何有意愿合作的物流伙伴，并将自身的技术和经验快速移植和复制。在泰国建成的智能仓储物流中心体系涉及大件、中小件、跨境物流在内的三张大网，并覆盖泰国全境。在曼谷，京东物流开通 211 限时达服务，当地消费者可以享受到“上午下单，下午送达”的服务。京东智能仓储物流中心是与泰国政府共建物流体系的优秀对标案例，有利于京东物流整套供应链系统在海外市场的落地。

（3）越南的经验借鉴。

基础区位条件：越南政府对物流产业发展特别关注，将其视为附加值高的经济活动并且提出实现高速、可持续发展目标。然而，越南物流产业对 GDP 的贡献率依然处于较低水平，目前仅占 3%～4%，而物流成本占越南企业各项成本的比例很高。据越南工贸部报告，越南物流服务公司数量多，但大多数规模小且缺乏沟通协作，其所占市场份额比较小，主要是物流服务链条中的部分服务环节或做外国各家海轮公司的代理。此外，越南物流基础设施规划依然缺乏配套性，经常集中于陆路网络规划和港口体系规划，而物流节点规划、多式联运规划尚未得到应有的关注。目前交通基础设施建设投资有限，公路、铁路、水路等基础设施投资进展缓慢，机场早已超负荷运营。此外，越南物流企业的信息技术应用力度较低。胡志明市现已研究决定新建 7 个物流中心，加大对基础交通设施的投资，为海运港口奠定基础。

对标案例：东南亚物流设施开发商和运营商 SEA Logistic Partners 和中国最大的仓储运营商普洛斯已于 2020 年合作成立一家合资企业，在越南投资和建设物流基础设施。

3. 政策建议

为满足东南亚地区日益攀升的跨境电商市场规模增长需要、缩小物流基础设施的差距，可从以下方面考虑，以期实现优化市场、建设基础设施等共建物流体系的目的。

第一，加强与中小跨境电商平台合作，自建或者共建公共海外仓，满足中小型跨境电商企业物流仓储需求，解决中小电商企业物流稳定性、效率及物流成本的问题。同时基于企业的实际需求，拓展供应链金融、营销决策支持等海外仓增值服务。

第二，寻求并探索与当地仓储、分拨、物流企业的合作方式，提高本土化运营的适应能力，实现资源共享，降低投资风险。

第三，部署智能化仓储所需的软硬件，构建专业化、智能化海外仓，通过精准库位管理、自动分拨、物流需求预测等方式提高运营效率，在东南亚市场形成进入壁垒。

第四，通过已建成海外仓运营数据的沉淀和分析，动态掌握当地用户消费习惯和对物流配送的预期，建立健全海外仓科学评估体系，一方面支撑海外仓运营提升，预警跨境供应链管理风险，另一方面为跨境电商企业经营决策提供增值服务。

三、国际贸易对象数字化对海南自由贸易港通关监管规则的影响

（一）国际贸易对象数字化的表现与影响

贸易对象的数字化是数字贸易的第二大特点。信息技术的发展，使得一些产品和服务开始以数字的形式存储、传输和交易，超越物理的束

缚，可贸易程度大幅提升。服务业是现代产业体系的重要组成部分，对经济增长、稳定就业发挥着巨大作用。服务业不仅通过直接消费产生效用，还以中间投入的形式参与生产制造过程，如研发设计、货物运输、仓储和邮政、信息服务、金融服务、商务服务等生产性服务业，对于农业、工业高质量发展具有重要意义，其促进了生产专业化，扩大了资本和知识密集型生产，提高了劳动与其他生产要素的生产率。

据世界银行数据显示，服务贸易在全球跨境贸易中的占比约为1/5，远低于服务业在全球经济中的占比。服务业贸易水平低下与其行业属性有较大关联。一是服务业的贸易成本较高，许多服务要求生产和消费同时同地，一国服务业很难直接为外国消费者提供服务，也难以像农业、制造业一样通过货物运输的方式对外销售产品。联合国贸易和发展会议（UNCTAD）研究报告显示，在三大产业中，服务业的贸易成本是最高的，特别是零售业、建筑业等地理属性较为突出的产业。二是各国政策壁垒与监管差异，使外国公司进入国内市场相对更加困难。考虑到服务业对国民经济的潜在影响，大部分国家对关键领域的服务业开放持保留态度，对外国企业进行一定的限制，以确保本国政治、经济和文化的安全。世界服务贸易限制指数显示，各国对法律、运输、电信、零售等服务业限制最大。

数字经济时代，云、网、端发展正改变着服务业不可贸易、难贸易的局面。一是服务存储载体的演进。磁盘、光盘、移动硬盘等传统的数字化存储设备正在被虚拟的、线上的云存储取代，推动存储成本的降低、存储方式的优化和存储服务的演进。二是服务传输渠道的改善。全球网络普及率、速率稳步提升，网络使用价格持续下降，形成一个高效的数字化航道，数字化的产品和服务从云端通过网络快速流入千家万户。三是服务输入、输出设备的升级。从台式计算机、笔记本电脑到现在的智能手机、车载智能终端，硬件和终端设备快速升级迭代，为更优质、更丰富的数字产品服务提供了可能。由于数字产品和服务本身具有零边际成本的特性，可贸易程度的提升将进一步促进相关产业与贸易的发展。

数字服务贸易快速增长为全球服务贸易注入新动能。数字服务是指可通过互联网进行远程交付的产品和服务，不仅包括信息及通信技术（ICT）服务产业、数字媒体产业等几乎全部通过数字化手段进行交付的服务，还包括养老、金融、知识产权等数字交付程度较高的服务。近年来，数字服务增长迅猛，2008—2022 年，全球数字交付贸易增长接近 60%，年平均增长率约为 5.83%。

全球数字服务贸易发展趋势在于数据要素成为新的贸易产品，成为新的关键生产要素。20 世纪 90 年代以来，数字化技术飞速发展，人类 95% 以上的信息都以数字格式存储、传输和使用，同时数据计算处理能力也提升了上万倍。由网络所承载的数据、由数据所萃取的信息、由信息所升华的知识，正在成为企业经营决策的新驱动、商品服务贸易的新内容、社会全面治理的新手段，带来了新的价值增值。相比其他生产要素，数据资源具有的可复制、可共享、无限增长和供给的禀赋，打破了传统要素有限供给对增长的制约，为持续增长和永续发展提供了基础与可能。全球大数据产业稳步发展。有机构研究显示，2018 年大数据市场总体价值约 420 亿美元，其中大数据软件市场价值约 140 亿美元。美国、英国、荷兰、瑞典、韩国、中国等多个国家提出大数据相关战略，通过加大技术研发投资、强化基础数据库、推动数据开放共享等途径促进大数据产业发展。全球数据流通规则博弈加剧。2018 年 3 月，美国通过《澄清域外合法使用数据法》，默认美国政府能够直接从全球各地调取所需数据，达到美国法律覆盖在全球运营的美国企业的效果。2018 年 5 月，欧洲联盟出台《通用数据保护条例》，对企业数据使用方式进行了限定，任何收集、传输、保留或处理涉及欧盟所有成员国内个人信息的机构组织均受该条例的约束。世界贸易组织（WTO）报告预测，2040 年服务贸易在世界贸易中的比重将上升至 1/3，相比现在增长约 50%。

事实上，服务业全球化的发展速度可能比预期的还要快，因为新技术不仅使现有服务业能够越来越多地进行跨国（地区）贸易，而且有助于推动尚未想象到的新服务业的发展和增长以及提供服务的新方式。随着数字贸易发展，数字服务跨越国境，数字服务的提供者和消费者可能分别处于不同国境内，数字治理问题变得更为复杂。一是不同国家数字治理法律法规不同。在传统货物贸易，当一个国家向另一个国家出口时，海关等外贸监管部门负责对商品合规性进行检查，确保出口国的商品符合进口国的法律法规。在数字化产品和服务贸易中，许多数字服务提供商身处其他国家，且在进口国缺乏实体存在，难以对企业进行直接监管；贸易过程由线下转移到线上，对商品的检查难度加大。二是不同国家数字治理价值标准不同。一些数字服务虽然没有直接触犯法律法规，但是由于不同国家价值标准和判断尺度的不同也可能导致争议。三是不同国家数字经济发展水平不同。数字经济发展较快的国家希望通过数字贸易推动本国数字产业发展，主张市场开放、降低壁垒和减少监管；数字经济发展较慢的国家希望数字贸易为本国经济发展服务，而不要过多冲击传统产业，主张适当的贸易保护、完善治理。

2019 年，二十国集团（G20）发布“大阪数字经济宣言”，标志着主要国家对于建立允许数据跨境自由流动的“数据流通圈”达成初步共识。全球范围内数字化转型是大势所趋，数字化的技术、产品和服务对数字化转型意义重大。美国国际贸易委员会的一份研究报告，从在线销售（电子商务）的比例、与信息技术（IT）相关的总投入采购的比例、从事数字职业的员工的比例、针对云服务的总 IT 支出的比例四个维度，分析了各行业的数字化强度，即某一特定行业企业在其业务中采用互联网技术的程度。从线上销售占比看，制造业货运、批发行业、旅行和住宿服务、信息服务和网络搜索服务的电子商务占公司总收入比重最大，均超过 20%。从 ICT 产品和服务投入看，电信广播业、政府采购、其他运输设备制造业、证券服务、专业服务等部门的数字化投入比例最高，在中间投入中的占比超过 10%。从信息通信雇员占比看，信息产业、专业科学和技术服务业、企业管理部门信息化雇员最多，分别达到 19.0%、18.0% 和 12.1%。由此可以看出，数字技术、产品和服务在生产经营活动中应用的不断深化，正成为价值链中新的重要环节。

（二）数字贸易治理的国际规则进展

数据作为经济增长和创新的驱动力以及作为社会各方面变革的力量所具有的高价值是被公认的，但是，包括大数据和人工智能等一些颠覆性现象却使我们发现，社会科学对数据驱动转型这一主题的探索是支离破碎的，远远落后于技术层面的发展。这在某种程度上是危险但可以理解的，因为数据监管不能完全包含在一个政策领域中，而是受到国内和国际背景下多种软法律和硬法律制度的影响。

财税法是法律和经济交叉的一个领域，迄今为止，该领域对跨国（地区）界数字贸易的探索还很有限，而且对国际贸易数字化转型的反应较较缓慢。我们目前还没有充分理解数字化对整个全球贸易规则的影响，也不知道当前的规则对数据驱动创新的条件和总体数据治理有何影响。与此同时，最重要的是，我们还没有看到任何根本性的法律调整，这是因为现在发生的所谓变化都可以归类为边际性渐进性变化，其影响有限，完全源于双边或区域贸易协定的传统范围限定。世界贸易组织（WTO）多边论坛设定的议题与规则仍维持不变，对数字贸易跨境税收问题采取回避的态度。简单地说，我们还在使用专门用于规范有形商品和实体企业的贸易规则来看待数字贸易。目前已进入“第四次工业革命”时代，这个概念集中体现了数据对所有经济部门的深刻影响以及数字化的颠覆性特征，但贸易规则却未能与时俱进。

数据收集和数据使用对隐私的影响已得到广泛认可，同时也加剧了对数据的日益依赖带来的新的担忧。比如，我们都清楚地知道，跨境数据流动是绝对必要的，特别是在大数据时代，物流或制造公司等传统企业离不开跨境数据流动；再比如，人工智能的发展也严重依赖于数据输入。与此同时，国家对隐私、国家安全或知识产权保护方面的数据监管可能构成新的重要贸易壁垒。总体而言，需要在全球贸易法中确定适当且可行的机制以管理并协调各国追求的经济和非经济利益。国际公共治理的经验表明，多元治理模式总体上不宜以经济体为中心，并且，由于数据治理与互联网作为生成性端到端平台的功能特点，新的治理框架也很难按照 WTO 现有机制那样单独以关税地区为主体。最基础的规则难点在于，优惠贸易协定（PTA）目前对跨境数字贸易无法实施，必须寻找新的合适解决方案。数字经济合作伙伴协议（DEPA）探索的方向还需要深入研讨，在具有更加开放和灵活的程序框架之外，参与和共同监管的要素与规则亟待出现。

1. 优惠贸易协定中的数字贸易条款

有研究表明，目前向 WTO 报告并审查的 347 项 PTA 中，有 184 个 PTA 条款中涉及数字贸易相关内容，条款数量最多的是“电子商务和知识产权”章节。但总体而言，这些规定差异极大，涉及范围从关税和无纸化贸易到个人数据保护和网络安全等；在内容之外，承诺的深度及其约束力的程度也有很大差异。例如，第一个电子商务条款可以追溯到 2000 年约旦和美国之间签订的自由贸易协定（FTA）。最早的电子商务章节在 2003 年出现（澳大利亚－新加坡自由贸易协定），在当年 30 个 PTA 中，仅有 3 个包含电子商务章节和 6 项数字贸易条款。到 2018 年，当年新签署的 9 个 PTA 中，全部包含电子商务章节与数字贸易条款。由于长达 15 年的时间跨度，我们发现，即使是公认较为领先的欧盟与新加坡，专门电子商务的章节和实质性条款的出现也很晚，而且，贸易性条款很少，主要是服务章节的一部分，仅限于 GATS 级别的开放和合作承诺。随着时间的推移，截至我国签署 RCEP 协定时，PTA 电子商务章节平均条文数量为 13 条，平均字数为 2527 字，范围与深度远超我国 PTA。2020 年，USMCA 数字贸易章节达到 19 条，文字达 3206 个单词。专门数字贸易协定的出现实现了新的突破，美日数字贸易协定有 5346 个单词，数字经济合作伙伴协议（DEPA）达到 10887 个单词。

从现行贸易规则看，数据和数据流的跨境流动以三种方式对贸易规则产生影响。第一，通过规范商品和服务贸易规则来规范数据的跨境流动，这是作为知识产权保护的体现；第二，因为某些跨境规则的跨国（地区）通用性要求改变国内监管规则，例如，关于电子签名或数据保护的程序；第三，财税贸易等经济专门法一般会明确特定监管机构在国内的政策空间，比如国内增值税由税务部门管辖，而进境环节增值税由海关负责征收。考虑到互联网的分层结构以及监管基础设施的特点，特定监管机构的政策空间很难确定。举例来说，与国际贸易有关的通信网络和服务、技术标准和 IT 硬件的规则，以及应用程序和软件，音视频等流媒体，都不是税务和海关机构可以自行设定监管环境的。这种情况在过去十年出现了积极的变化，明确规范数据流的全新规则已经初步成型。同时必须指出，国内外文献和法律对数据流的定义尚未达成共识。目前，CPTPP 和 USMCA 的表述“通过电子方式跨境传输信息，包括个人信息”已成为迄今为止最常见的措辞。

2. 跨境数据流向规则

跨越国界的数据流并不完全与一项跨境商业交易的资金流、物流、信息流一致对应，并且某些服务的提供可能涉及多个跨境数据流。从这个意义上说，“数据流的地理分布与贸易流的地理分布非常不同”。值得注意的是，不同类型的数据之间没有区别。例如，个人和非个人数据、个人或公司数据或机器对机器数据之间的关系。然而，个人信息通常明确包含在优惠贸易协定的数据相关条款中，从而与国内数据保护制度的潜在冲突变得明显。总体而言，规则既涉及数据的自由跨境流动，又涉及禁止或限制数据本地化要求；既普遍存在于电子商务专门章节，也存在于少量服务贸易章节中。

第一个包含此类条款的协议是 2006 年的台－尼自由贸易协定，作为政府间合作内容部分，双方确认“维持跨境信息流动”，并将其作为促进电子信息动态环境的重要因素。

2007年韩美自由贸易协定中双方承诺增强，在“认识到信息自由流动的重要性”之后，承诺“在促进贸易并承认保护个人信息的重要性方面”，声明“应努力避免对跨境电子信息流动施加或维持不必要的壁垒”。

2010年香港－新西兰自由贸易协定中，双方同意确保“其监管制度支持服务的自由流动，包括利用电子手段开发服务的创新方式”。

第一个对跨境信息流具有约束力条款的协议是2014年墨西哥－巴拿马自由贸易协定。根据该条约，每一方“应允许其人员和另一方的人员在该人员要求时，根据有关个人数据保护的适用立法，从其领土传输电子信息”。

2018年欧盟－日本EPA双方承诺在协议生效后三年内“重新评估”将数据自由流动条款纳入条约的必要性。这标志着欧盟在数据流问题上的重新定位，以及欧盟希望适时将其与GDPR的高数据保护标准结合起来。至此，欧盟确立了认可和保护隐私作为一项基本规则的模式。

3. 反数据本地化规则

近年来一些PTA开始纳入有关数据本地化的具体规定，禁止或限制数据本地化或数据使用的要求。与前面分析的数据流向条款的一个重要区别是，PTA中几乎所有有关数据本地化的条款都具有明确具体的约束力。

第一个具有此类规则的协议是2015年的日本－蒙古自由贸易协定。该协定规定，任何一方不得要求另一方的服务提供商、另一方的投资者或另一方的投资者在前一方地区的投资在其所在地使用或安置计算设施。

2015年修订版的PAAP纳入了关于计算机设施使用和位置的类似规定。2016年，TPP明确禁止本地化，随后在CPTPP和USMCA中得到复制。这些规范在随后的PTA中清晰可见。

4. 隐私和数据保护规则

通常在“数据保护”的概念下，保护个人数据的方式差异很大，并且可能包括真正混合的具有约束力和非约束力的条款，体现了主要参与者截然不同的立场以及数据创新和数据保护监管目标之间的内在紧张关系。

早期处理隐私问题的协议包含不具约束力的声明。例如，2000 年《约旦 - 美国自由贸易协定》关于电子商务的联合声明，仅宣称有必要确保在全球信息网络上处理个人数据时有效保护隐私，但也指出隐私保护的手段应灵活。各方应鼓励私营部门制定和实施执行机制，例如指南、核查和追索方法，建议将经合组织隐私指南作为政策制定的适当基础。同样，2001 年《加拿大 - 哥斯达黎加自由贸易协定》包括一项条款作为全球电子商务联合声明的一部分，双方同意分享有关各自数据保护制度运作的信息。后来的协议包括加强个人数据安全的合作活动，以提高电子通信中的隐私保护水平，避免需要传输个人数据的贸易障碍。这些合作活动包括共享信息以及有关数据保护的法规、法律和计划或保护个人信息的国内整体制度的经验；以交流的形式提供技术援助信息和专家；研究和培训活动；建立联合计划和项目；保持对话；就数据保护事宜举行磋商；或一般而言的其他合作确保个人数据保护的机制。

部分 PTA 参照采用境内标准处理个人数据保护问题。虽然有些国家（地区）仅认识到保护在线个人信息的重要性或好处，在多个条约中，缔约方明确承诺采用或维护国内保护用户个人数据或隐私的立法或法规，其中还包括行政措施，但强调采用非歧视性做法。各方有权定义或规范自己的个人数据保护级别，以追求或促进公共政策目标，并且不得被要求披露机密或敏感信息。另一些 PTA 规定，在开发在线个人数据保护标准时，各方应考虑现有国际标准及相关国际组织或机构的标准或指南。例如《APEC 隐私框架》和《OECD 个人数据跨境流动指南》，给予与最高国际标准兼容的高水平保护，以确保电子商务用户的信心。在少数条约中，各方承诺发布有关电子商务信息时，为电子商务用户提供个人数据保护，包括个人如何寻求补救措施以及企业如何遵守任何法律要求。某些协议特别强调个人数据的传输，规定只有在主管当局执行双方之间达成的协议有必要时才应进行个人数据的传输，或者国家需要保护个人数据的足够保障。一些条约补充说，当所述数据被提供给第三方，PTA 各方应采用更具约束力的选项来保护在线个人信息。

综上所述，该领域大致形成三种相互补充的规则设定。

第一种是考虑保护与个人数据处理和传播有关的个人隐私以及保护个人记录的机密性作为协议特定章节中的例外情况，例如服务贸易、投资、人员流动、电信和金融，主要由欧盟主导；甚至有保护个人数据的专门章节，包括目的限制、数据质量和相称性、透明度、安全性、访问权、纠正和反对、继续传输的限制原则和保护敏感数据，以及有关执行机制、与国际承诺的一致性以及各方之间合作的规定，以确保对个人数据的充分保护。USMCA 是第一个由美国主导的旨在保护个人数据的 PTA，包括一个承认数据保护关键原则的条款。

第二种是同意各国采取适当措施确保隐私保护，同时允许数据自由流动，建立“等同”标准，意味着各国同意只有在接收方承诺保护个人数据的情况下才可以交换个人数据。至少有一种与供应方适用于该特定情况的方式等效、相似或充分的方式，这也主要是欧盟的做法。为此，各方承诺相互通报其适用规则并谈判互惠的一般或具体协议。

第三种较少使用的选择是将数据保护规则的制定交给条约机构。例如，在 2012 年哥伦比亚－欧盟－秘鲁自由贸易协定（现在增加厄瓜多尔）中，贸易委员会可以设立一个工作组，其任务是提出指导方针，使签署国安第斯国家成为保护贸易个人数据的“安全港”。为此，工作组应通过一项合作议程，定义实现该目的的优先方面，特别是关于数据保护系统各自的认证流程。

5. CPTPP 所代表高水平贸易规则中的相关规定

自 2017 年美国正式宣布退出 TPP 以来，2018 年 3 月 8 日，原 TPP 成员国中除美国外的剩余 11 国签署《全面且先进的跨太平洋伙伴关系协定》（Comprehensive and Progressive Agreement for Trans - Pacific Partnership，CPTPP），创建了迄今为止最全面的数字贸易协定模板，由 18 个条款组成。对于海关管理和贸易便利化，CPTPP 的宗旨是通过采取便利化措施和提高透明度来保证海关当局公正地对待不同国家的商品，同时减少海关管理的利益冲突，从而实现成员国商品的快速通关。由于中小企业更加希望商品能够快速流通，尤其是通过快递使得商品尽快地送到消费者手中，而复杂的海关程序很可能阻碍中小企业出口，从而影响其贸易往来，故 CPTPP 的贸易便利化措施对中小企业显得尤为重要。同时，CPTPP 有助于提高海关部门防止权力滥用、加强合作，以应对逃税、虚假贸易以及其他海关犯罪的能力。

第一，对“数字产品”作出了明确的定义，对线下交付的数字产品与线上交付的数字产品一视同仁，从而确保技术中立。同时，还承认世贸组织规则对电子商务的适用性，主张并在 WTO 框架下实现“永久暂停”对数字产品的电子传输进出口征收关税。第二，在美国主导的相关协议的章节中，确保了数字产品贸易的最惠国待遇和非关税待遇，禁止基于数字产品“在境外创建、生产、出版、存储、传播、承包、委托或首次以商业条款提供”或“其作者、表演者、制作者、开发者”或“经销商是另一方或非当事人的人”为由进行歧视。第三，明确提出了超越世贸组织的规则，除了有关信息技术标准和互操作性、网络安全、电子签名和支付、无纸化贸易和电子政务的规定外，数据流规则是其中最具说明性的，由此形成了由 CPTPP 认可并由 USMCA 进一步发展的最先进的数字贸易规则。

CPTPP 首次寻求明确限制数据本地化措施的使用。第 14.13（2）条禁止当事人要求“受保护人在该缔约方领土内使用或设置计算设施作为在该领土开展业务的条件”。第 14. 13 条规定的限制数字流或本地化要求的措施只有在不构成“任意或不合理的歧视或变相的贸易限制”且不“对信息传输施加超出实现目标所需的限制”的情况下，CPTPP才被允许。这些非歧视性条件类似于《服务贸易总协定》第十四条和《关贸总协定》第二十条制定的标准，如前所述，其目的是平衡贸易和非贸易利益。

CPTPP 与 WTO 有所不同的重要方面是，虽然 GATT 和 GATS 中列出了公共政策目标（如公共道德或公共秩序），但 CPTPP 没有提供此类列举，而只是提及“合法的公共政策目标”。这为 CPTPP 签署国提供了更多的监管自主权。然而，这也可能导致整体法律的不确定性。此外，值得注意的是，在金融服务和机构方面，本地化措施的禁令有所软化。金融服务章节的附件有单独的数据传输要求，其中对数据流的某些限制可能适用于保护个人记录的隐私或机密性，或出于审慎的原因。政府采购也不包括在内。

根据第 14. 17 条的规定，CPTPP 成员不得要求在其领土内转让或访问另一方拥有的软件源代码作为进口、分发、销售或使用此类软件或包含以下内容产品的条件。该禁令仅适用于大众市场软件或包含此类软件的产品。这意味着定制产品以及用于关键基础设施和商业谈判合同中的软件被排除在外。该规定的目的是保护软件公司并解决他们对知识产权丢失或专有代码安全漏洞的担忧。

这些条款说明，数字贸易规则的演变超越了世贸组织，并且不仅需要澄清现有的歧视禁令或更自由的承诺。同样明显的是，新规则不仅像贸易协定中普遍预期的那样设定了更高的标准；相反，它们塑造了国内监管空间，甚至可能降低某些标准。在隐私和数据保护领域，降低保护标准的承诺尤其明显。

第 14. 8（2）条要求 CPTPP 各方“采用或维持一个法律框架，规定保护电子商务用户的个人信息”。除 CPTPP 各方“考虑相关国际机构的原则或准则”的一般要求外，没有具体规定法律框架的标准或基准。

更确定地说，缔约方可以通过采取或维持全面的隐私、个人信息或个人数据保护法、涉及隐私的特定部门法律或规定执行自愿承诺的法律等措施来遵守本段中的义务，还请缔约方促进其数据保护制度之间的兼容性。总体而言，贸易优先于隐私保护。

CPTPP 还包含有关消费者保护、网络中立性的规则和垃圾邮件控制，尽管这些都相当薄弱。根据第 14.16 条引入了网络安全规则，该规则确定了在“恶意入侵”或“传播恶意代码”情况下相对有限的合作活动范围，以及政府机构处理网络安全事件的能力建设。

此外，CPTPP 中的海关管理和便利化内容一共包括 12 条，分别是海关程序和贸易便利化、海关合作、预裁定、对建议或信息请求的答复、复审和申诉、自动化、快运货物、处罚、风险管理、货物放行、公布与机密性，其中与贸易方式数字化相关，涉及通关监管与贸易便利化措施的主要有信息交换。CPTPP 认为，贸易效率的提升要求高透明度的信息交换。为了保证透明度，CPTPP 从文本语言进行统一，明确“每一缔约方应通过包括在线在内的方式，使其海关法律法规一般性行政程序和指南可公开获得，并尽可能使用英语”；对于海关管理和贸易便利化条款，CPTPP 要求成员国尽可能使用英语，并提出可通过互联网将相关法律法规进行公布，以保证信息获取便捷的同时，最大限度地避免理解不当问题的出现。

6. 《北美自由贸易协定》（USMCA）

美国退出 CPTPP 后，其贸易协议的总体方向，特别是数字贸易问题，存在一些不确定性。重新谈判的《北美自由贸易协定》（USMCA）体现出美国消除疑虑的新进展。USMCA 有一个全面的电子商务章节，现在也被命名为“数字贸易”，并遵循 CPTPP 的所有关键路线，通过明确禁止数据本地化（第 19.12 条）确保数据自由流动，对于数字产品（第 19.4 条）和关于自由信息流动提供非歧视待遇的硬性规则（第 19.11 条）。

USMCA 在两个方面特别重要。第一，它保留了允许追求某些非经济目标的例外条款。第 19.11 条规定，如果有必要实现合法的公共政策目标，各方可以采取或维持不符合数据提供自由流动的措施，前提是：（a）措施是不以构成任意或不合理歧视或变相限制贸易的方式实施；（b）不会对信息传输施加超出实现目标所需的限制。第二，与美国标准方法不同的是，USMCA 表示遵守某些数据保护原则。虽然第 19.8 条在规定个人数据保护的国内制度方面仍然比较温和，但它承认相关国际机构的原则和准则。第 19.8 条承认“保护数字贸易用户个人信息的经济和社会效益以及这对增强消费者对数字贸易的信心的贡献”，并要求各方“采用或维持法律框架”。该协议旨在保护数字贸易用户的个人信息。在制定保护个人信息的法律框架时，各方应考虑原则和相关国际机构准则的意见，例如 APEC 隐私框架和经合组织理事会关于隐私保护和个人数据跨境流动指南的建议。

值得一提的是 USMCA 的三项创新。第一项是指包含“算法”，其含义是“为解决问题或获得结果而采取的定义的步骤序列”，并且已成为传输或访问要求禁令的一部分到第 19.16 条中的源代码。第二项是指认识到“交互式计算机服务”对数字贸易的增长尤其重要，这里的“交互式计算机服务”典型方式就是现在大行其道的生成式人工智能 AI。在这个意义上，各方承诺不“采取或维持将交互式计算机服务的供应商或用户视为信息内容提供商的措施，以确定与存储、处理、传输、分发或提供的信息相关的损害责任”，除非“供应商或用户全部或部分创建或开发了信息服务”。该条款很重要，因为它旨在澄清中介机构的责任，并将其与主机提供商在知识产权侵权方面的责任区分开来。第三项相当重要的自由承诺是开放政府数据。这确实是创新性的，并且与国内数据治理制度领域非常相关。在第 19.18 条中，各方认识到便利公众获取和使用政府信息有利于经济和社会发展、竞争力和创新。“如果缔约方选择向公众提供包括数据在内的政府信息，则应努力确保该信息采用机器可读和开放的格式，并且可以被搜索、检索、使用、重复使用和重新分配。”此外，还努力进行合作，以“扩大公开的政府信息（包括数据）的获取和使用，以增强和创造商业机会，特别是对于中小企业”。

7.《美日数字贸易协定》

2019 年 10 月 7 日签署的《美日数字贸易协定》复制了几乎所有 USMCA 和 CPTPP 的规定内容，包括关于开放政府数据源代码和交互式计算机服务的新 USMCA 规则，还涵盖金融和保险服务作为协议范围。针对使用加密技术的 ICT 商品专门添加了一项新规定，该规定补充了源代码规定，类似于 CPTPP 关于技术性贸易壁垒的章节附件 8 – B 第 A. 3 节，阐述了一些国家（特别是中国）对加密产品实施禁令或制定限制此类产品销售的具体技术法规的做法。

8.《数字经济伙伴关系协定》（DEPA）

《数字经济伙伴关系协定》（Digital Economy Partnership Agreement，DEPA）是专门针对数字经济、数字贸易合作的国际协定，缔约方为新加坡、新西兰和智利。我国于 2021 年正式提出申请加入。该协定旨在促进各缔约方的数字经贸合作，推动建立数字经济相关规范。相比其他贸易协定中的数字贸易安排，DEPA 体现了数字贸易全球治理的第四种力量。

DEPA 协定由十六个主题模块构成，包括商业和贸易便利化、处理数字产品及相关问题、数据问题、更广阔的信任环境、商业和消费者信任、数字身份、新兴趋势和技术、创新和数字经济、中小企业合作、数字包容、透明度和争端解决等。其中最具特色的条款包括以下几条：

（1）数字贸易便利化。包括数字身份认证（Digital Identity）、无纸化贸易（Paperless Trade）、电子发票（E – Invoicing）、金融科技与电子支付（Fintech and E – payment）。

（2）数据跨境流动与创新。包括个人信息保护（Personal Information Protection)、跨境数据流动（Cross - border Data Flows）、政府信息公开（Open Government Data)、信息创新与监管沙盒机制（Data Innovation and Regulatory Sandboxes)。

（3）构建值得信赖的数字环境，促进中小企业和民众数字参与程度。包括人工智能（AI)、线上消费者保护（Online Consumer Protection)、中小企业合作（SME Cooperation)、数字包容性（Digital Inclusivity）等。

DEPA 借鉴了 CPTPP 的数字产品非歧视待遇、允许数据跨边界自由流动等内容，将 WTO 暂停电子传输关税的规定永久化。DEPA 与《美日数字贸易协定》也有重合，均致力于消除对数字产品的歧视性待遇，都设置了类似 WTO 协定的一般例外和安全例外条款。DEPA 的突破是考虑了包括人工智能、金融科技等新兴技术在内的软性合作安排，并将治理范围从数字贸易扩大到数字经济的多个方面。此外，在协定中加入对中小企业的特别安排，对于促进中小企业的合作和发展、缩小数字鸿沟具有重要作用。DEPA 独特的“模块式安排”极大提高了新成员参与的灵活性，各国政府可以根据自身数字经济发展水平和利益诉求，选择部分或全部模块加入协议。

9. 结论

数字贸易作为新型贸易活动，已经成为全球贸易高质量发展的新引擎，必然与货物贸易产生密切联系。同时，数字贸易规则是基于经济体自身数字经济产业的发展态势、政治优先事项的考虑等，在此前提下，发达国家拥有绝对优势，因此，他们是推动数字贸易规则的主要参与者。当前，全球主要经济体正通过区域贸易协定、国际多边框架积极推动数字贸易规则新体系的制定和完善。中国也积极争取数字贸易治理的话语权。

大数据时代给全球贸易带来新的挑战，贸易协定已成为采用数字贸易规则的首选方式。解决新贸易壁垒的规则（如数据本地化措施）、新的紧迫问题（如迫切需要将贸易和个人数据保护机制结合起来），需要提供一个有利于数字贸易实际情况并为所有相关参与者提供一定程度的法律确定性的监管环境。了解数字贸易的现有规则及其随时间的演变方向，对于海南自由贸易港建设至关重要。我国自由贸易区（港）是“开门”战略，不存在上述新贸易规则建立过程中优惠贸易协定的缔约方，因此，独立自主制定的贸易规则是否得到贸易伙伴的认可，需要更加全面的概念和规则说明。

目前的数字贸易规则还存在一定的空白，传统的路径是在特惠贸易协定中积累经验，通过不断地谈判努力在国际超越现有承诺和目标。目前看，解决一系列新出现问题的速度在加快，如数字身份、人工智能、电子发票、开放数据及 DEPA 涵盖的问题。国内目前的主要问题还停留在数据经济对监管提出了更高的要求，而对数字贸易的国际治理合作基本是空白。随着数据驱动型社会的复杂性上升，加强监管合作是向前发展不可或缺的，因为数据问题无法通过监管来解决。海南自由贸易港可以充当中国数字贸易的治理实验室，前进的道路是光明的。

四、推动海南自由贸易港国际贸易数据治理与管理的建议

根据《海南自由贸易港建设总体方案》和《海南自由贸易港法》，海南自贸港制度设计以借鉴国际经验、体现中国特色、符合海南定位、突出改革创新、坚持底线思维为基本原则，以零关税、低税率、简税制、更自由为基本特征，分步骤分阶段实现贸易、投资、跨境资金流动、人员进出、运输来往自由便利和数据安全有序流动。在《海南自由贸易港建设总体方案》中，“数据安全有序流动”是指在确保数据流动安全可控的前提下，扩大数据领域开放，创新安全制度设计，实现数据充分汇聚，培育发展数字经济；具体制度设计主要是有序扩大通信资

源和业务开放。

数字经济与数字贸易是贸易自由化与便利化的全新领域。当前，在数据跨境流动的国际规则尚不统一明确，国内数据跨境流动监管规则处于初步探索期，美欧从数据规则上对我国进行封锁的背景下，从海南作为自由贸易港的国家战略定位审视，我们面临的问题是：第一，自由贸易港以数据为对象的监管与服务是公共治理的全新领域，《海南自由贸易港建设总体方案》在数据安全有序流动的制度设计上偏向数据流动形式的设计，对数据流动的交易属性和贸易属性对象没有明确，因此也缺乏相关税制和监管机制的设计与借鉴衔接，尤其是与自贸港税制简化后建立直接税体制的衔接。第二，以数据流动和数字化为方式的自由贸易港智慧建设对贸易、投资、资金、人员、运输工具等领域通关监管海量数据的产生、存储、确权、流动、交易、应用场景开发等数字经济治理规则提出了新的挑战，对自贸港数字经济治理方式和水平提出了新的要求。

（一）明确海南自贸港数据跨境跨港流动与数字贸易统计标准

建议根据《海南自由贸易港法》的原则精神，适当补充完善自贸港“数据安全有序流动”的制度设计内容，借鉴以上国际组织数字贸易统计口径与模板，尽快按照数据流动与数字贸易、跨境与跨港两个维度制定明确四个维度联动的海南自贸港数据统计口径与统计方式实施方案，数字贸易可以按数字方式订购和（或）以数字方式交付进一步扩展。在完善的统计标准下，数据无论是跨境流动还是跨港流动（自贸港与国内其他地区之间），无论是作为贸易对象还是贸易方式组成，基于其通关跨境跨港的基本特征，都是自贸港政府监管与服务的对象。根据我们前期全面调研，上述建议对 11 个自贸港重点园区，如博鳌乐城国际医疗旅游先行区为研发药品和医疗器械开展的真实世界数据研究、陵水黎安国际教育创新试验区开展的国际教育创新合作都具有十分现实而积极的作用。

（二）出台海南自贸港规范和促进数据跨境跨港流动相关政策

数据跨境流动是近年来国际上对我国高度关注的政策领域。为保障数据安全，保护个人信息权益，促进数据依法有序自由流动，国家互联网信息办公室依据有关法律于2024年3月22日公布了《促进和规范数据跨境流动规定》，根据该规定，符合特定条件的数据出境，可以不采取申报数据出境安全评估、订立个人信息出境标准合同、通过个人信息保护认证等要求。根据海南自贸港的定位和开放要求，在坚持底线思维的基础上，建议尽快从以下因素考虑，出台海南自贸港促进和规范数据跨境跨港流动相关政策，促进实现贸易、投资、跨境资金流动、人员进出、运输来往自由便利和数据安全有序流动。

（三）衔接数字贸易国际高水平规则、国际合作与监管的最佳实践

现有WTO法律框架下监管数字贸易或电子商务的主要规则存在于《服务贸易总协定》（GATS）及其若干参考文件中，并不完善和具有针对性，自由贸易港如何监管数字贸易或电子商务尚不存在广泛多边体制下统一规范的国际规则。显而易见，关税、最惠国待遇、国民待遇、原产地规则、进口许可、海关估价等传统监管手段在数字经济或数字贸易中无法履行，也就无法体现在自由贸易港的监管特殊性上。但是，当前也出现了许多高于WTO规则与实践的国际高水平规则创新，国际合作与监管的最佳实践不断涌现。需要重视的是，自由贸易港等传统特殊区域在这一领域并无明显的优势，数字流动与传统的货物流动和贸易规则差别明显。

因此，建议海南自贸港积极对接数字贸易国际前沿高水平规则，加强与高水平地区国际合作。目前可以首先考虑与DEPA和CPTPP数字

规则的对接，重点可以按照世界银行营商环境新评估体系（B－Ready）的数字经济维度（贯穿10个主题）指标，从多方面进行监管规则衔接与创新设计。

在经合组织数字贸易限制性指数（OECD Digital STRI）排名中，我国在80个样本国家中列第78位。因此，从自贸港建设的角度看，数字贸易监管规则的改革和创新完善具有极其重要的作用。

（四）打造数字自由贸易港

数字贸易是具有挑战性的前沿性议题，主要依托于信息通信技术所体现的贸易数字化和自由化等特点，导致不同国家对数字贸易发展的顶层制度设计与数字贸易政策大相径庭，欧盟和美国是全球数字贸易的积极倡导者和推动者。近年来，澳、德、英、法等各国都相继出台法律法规征收电商税。我国跨境电商企业今后不论是税收还是隐私及数据合规方面压力会越来越大。目前已经拓展的海外市场地位也面临严重的挑战。我国应尽快确定数据战略，明确数据治理模式、海关管理模式和更有利于全球贸易的治理规则，为数字经济国际及跨境电商话语权奠定基础。

考虑国内目前数字经济整体发展阶段和国情，我国在国家方案上与欧美数字经济进行规则竞争的时机尚不成熟。因此，利用海南自贸港的定位优势，打造数字自由贸易港“海南方案”具有必要性和合理性。建议海南自贸港充分研究和借鉴“美式模板”和“欧式模板”的合理成分，重点推动无纸化、数字证书和电子签名互认、消费者隐私保护、产权保护等，重点完善数字领域法律体系建设和明确数据产权权属。

第三部分

建言献策

建言一：关于海南自贸港封关后优化税收监管体制的建议

海南自由贸易港封关后，海南省将正式成为“离岸岛”，海南省域范围内的人员、物资和金融资产的流动管理主要遵循《海南自由贸易港法》及其配套法律法规。在税收制度上，海南省将主要对标国际自由港，实行零关税、低税率、简税制。这与内地税制完全不同。不同的税制要求不同的税收监管机制。海南省应参考国际自由贸易港（区）的税收监管问题与经验，优化税收监管体制，以适应海南“离岸岛”的经济发展需求。

一、海南现行税收监管体制存在的问题

海南自贸港封关后，数字经济与离岸经济叠加的税收监管问题将越发突出，现行《税收征管法》《海关法》《关税条例》所构建的“以组织收入为核心”的传统税收征管体系已经无法胜任数字经济与离岸经济的税收监管职能。

（一）海关代征流转税的行政效率优势不复存在

在传统国际贸易关系中，海关在征收关税的同时，代征增值税和消费税等流转税可以有效节约行政资源。但是，参考 RECP、CPTPP 等经贸规则所要求的国际自由港 90% 以上货物实行零关税，海南自由贸易港封关后的关税业务将大幅缩减，海关代征流转税的行政效率优势将不复存在。

（二）进出口环节流转税的税收监管存在“九龙治水”问题

海关征收关税、代征增值税和消费税的基本逻辑是控制海关与港务的表单，实施货物流动监管，保障关税收入，并依据关税数据代征增值税和消费税。这种税收监管逻辑仅适用于物流节点，对于复杂经济活动货物流转的税收监管则力不从心。首先，海关与税务部门的监管逻辑差异，造成了日常税收监管漏洞。海关缴款书作为纳税人申报进口货物增值税进项税的主要凭证，其防伪与数据稽核比对标准显著低于增值税专用发票，为纳税人篡改海关缴款书实施虚抵进项税提供了可能。其次，出口环节，海关仅对货物进行核查，并不核查货物所有人信息，为“买单配票”骗取出口退税的违法行为提供了空间。最后，海南自由贸易港封关后，商品与资产的“在岸”与“离岸”属性将产生明显的价格差，政策套利空间明显，不法企业存在利用“阴阳合同”实现“套利”的经济动机。但是，在现有海关的税收监管逻辑下，难以识别“阴阳合同”。

（三）海关与税务的协同执法存在重大制度性障碍

税务稽查部门有时会向海关缴款书所属海关发出协查函，要求按照税务部门移交的海关缴款书复印件实施比对。但是，基于数据安全考虑，各所属海关均拒绝提供海关缴款书原件，仅按照海关内部系统进行数据比对，并得出“比对一致”的结论，这将造成案件终结、国家税款流失的风险。实际上，变造海关缴款书虚假抵扣增值税的税务稽查案件已经发生多起，2013 年 6 月 17 日广东省国税局实施的“海豹行动”、2021 年舟山市税务局稽查局查处的榴莲“变”煤炭案，均是典型案例。基于海关“比对一致”的核查回函而错误终结的税务稽查案件可能更多。这反映了当前海关与税务部门在税收监管逻辑上的差异和跨部门协同执法上的制度性障碍。

（四）税收与税源的背离，阻碍“离岸岛”独立市场建设

数字经济突破了交易行为的地理空间限制，消费者通过网络向所在地以外的供应商大量购进数字产品和服务，跨区交易发生在没有应税存在或者供应商规避应税存在的情况下，消费地的税务机关无法或难以应用消费地原则征税，使得税收与税源发生了背离，减少了消费地的税收收入。例如，滴滴公司在海南提供交通运输服务，却在天津申报缴纳交通运输服务的增值税，使得本应归属于海南的税收流向了天津。

在全国统一大市场背景下，税收与税源的背离主要对省际税收收入分配产生一定的负面影响。封关后，海南作为“离岸岛”，将形成独立市场，而税收与税源的背离会使得海南省的税收进一步减少，这将破坏“离岸岛”市场有效运转所依赖的竞争性经济条件，妨碍“离岸岛”的经济规则统一和运行秩序，对“离岸”独立市场建设产生不良影响。

（五）销售税征管难度大

在商品与服务的终端，商品与服务提供商有隐瞒收入逃避税款的动机，而消费者缺乏向税务机关提供消费数据的激励，因此，零售端的税收征管是流转税中最为困难的问题，且销售税缺乏税收数据信息链的保障，税收征管更为困难。同时，海南自贸港的销售税会给过境旅客及岛内居民一定的免税额度，用于激活海南的旅游消费市场。但是，作为销售税的纳税人——商品与服务提供商，缺乏动力和能力辨认购买者提供的税收豁免凭证是否真实有效，进而加剧了销售税的税源流失。

二、海南自贸港封关后优化税收监管体制的建议

(一)由税务部门承担除关税、船舶吨税以外所有税种的税收监管责任

从境外自贸港经验看，多数国家的自由贸易港（区）免征关税，海关主要职责是出入境监管、货物进出口检验检疫和打击走私，重点放在人流、物流监控，基本没有税收监管职责。新加坡海关依据报关信息代征进口环节的商品与服务税（GST），但是，对纳税人的税收监管职责则主要由税务机关履行。结合海南自贸港封关后的通关监管工作实际，建议应当由税务部门承担除关税、船舶吨税以外所有税种的税收监管责任。

首先，在关税业务锐减的前提下，由税务部门承担除关税、船舶吨税以外所有税种的税收监管职责，可有效提升税收行政执法效率、降低税收监管成本，并增强海关通关监管力量。其次，由税务部门承担销售税的全部监管职责，可以避免“九龙治水”的困境，减少跨部门执法协作产生的误判，保障税收执法的刚性。最后，相较于海关“以关税”为基础的税收监管逻辑，税务部门的“以票管税”是通过强化增值税征管，实现全税种、全纳税环节的监管覆盖，形成监管闭环优势，而以金税四期为代表的智慧税务更是实现了“以票管税”向“以数管税”的迭代升级，在技术层面上已经能够实现对企业的纳税行为、财务活动和涉税风险进行全方位的精准画像。因此，税务部门全环节征收销售税效率更高，也更有利于建立税收监管的“圆形监狱”，进而提升纳税遵从，减少税源流失。

为了便利出入境纳税申报，强化海关通关监管力量，税务部门应当

派驻出入境管理部门负责征收进出口环节的销售税，规避海关代征销售税数据交换过程中的信息损失，保障销售税征管数据的完整性与一致性。

（二）要求在海南提供服务的互联网平台企业在海南登记注册离岸公司

依据“一线放开”原则，全岛封关运作后，海南市场主体在财产权利的持有及交易上不仅适用自由港的特别规则，不再受到部分内地法律法规的束缚，而且在规则和开放度上较之于内地更与国际接轨，与国外的跨境贸易更便利。从市场主体角度看，海南封关运作后，岛内市场主体与我国香港的市场主体类似，虽然同属于中华人民共和国市场主体，却受到不同法律制度的管辖；从财产角度看，海南封关运作后，岛内的所有商品，可区分为全岛封关运作前的存量商品和全岛封关运作后的增量商品。对于增量商品，不管是动产还是不动产，从其产生起，其所有权人的身份已经是离岸市场主体，其物权的获得，不管是通过交易还是生产获得，都遵守自由港相关法律法规的物权，并按自由港规则缴纳相应的税收。对于存量商品，全岛封关运作前，其法律属性与内地在岸商品一样，遵守内地法律法规，其持有和交易缴纳内地相关法律法规规定的税收；全岛封关运作后，其所有权人变成了离岸市场主体，其财产所有权遵循以《海南自由贸易港法》为基础的离岸法律法规，因此，技术上可将这些存量商品直接界定并转换为离岸性质的商品和物权，按离岸管理。

海南自由贸易港封关后，海南的“离岸岛”属性决定了在海南提供服务的互联网平台企业应当在海南登记注册离岸公司，并以离岸公司作为纳税主体履行纳税义务，保障海南离岸经济系统的稳定。因此，建议由市场监管部门与税务部门协同执法，督促互联网平台企业履行在海南登记注册离岸公司的义务。

（三）启动移动支付监管的地方立法

零售环节实施有效税收征管，关键在于对支付信息的有效监管。同时，由于我国数字经济发达，收款码已经成为零售环节最主要的资金收讫方式，因此，实施移动支付监管可以有效提升零售环节的税收征管能力。

但是，根据现行《税收征管法》，税务部门缺乏支付监管的权限。支付监管的行政主体——金融监管部门是通过监管第三方支付机构，间接实现对收款码的监管。金融监管部门难以对收款码的使用者直接实施监管。有效的支付码监管，需要税务部门与金融监管部门的协同执法。因此，建议海南率先实施支付监管立法，促进税务部门与金融监管部门的协同执法，积累支付码监管和“以数治税”的税收监管经验。

具体而言，支付监管立法应当包括以下四个方面内容：第一，应当将税务部门的银行账户备案登记范围扩展至收款码（包括个人收款码），并授权税务部门查询收款码流水信息；第二，应当建立税务部门与金融监管部门反洗钱协同执法与情报交换的工作机制；第三，应当授权税务部门与金融监管部门对收款码实施联合监管，对利用收款码实施跨关境收款活动进行合规性审查；第四，制定非法跨关境金融活动联合惩戒的机制。

建言二：关于海南自贸港封关后推进财政可持续发展的建议

2025年封关后，海南将建成全球辖区面积最大的自由贸易港。在彰显我国扩大对外开放、积极推动经济全球化决心的同时，海南自贸港为我国持续推动高水平对外开放、构建“双循环”新发展格局提供了公共政策试验场。从国际自由贸易港（区）通关监管体制改革的经验与教训来看，国际自由贸易港（区）打破了原有的央地财政关系，必将带来新的体制性变革。与此同时，海南特殊的地缘政治结构决定了海南还必须承担起重大国防安全责任。在当前逆全球化、全球贸易摩擦以及日趋严峻的国际安全形势下，海南的经济与财政面临着重大挑战。

一、海南自贸港封关后财政与经济面临重大压力

（一）税收制度与税收征管面临双重难题

1. 销售税税率难以实现“简并五项税费”的税负平衡

从《海南自由贸易港建设总体方案》来看，销售税是在简并现行增值税、消费税、车辆购置税、城市维护建设税及教育费附加等税费（以下简称“简并五项税费”）基础上进行。在以“简并五项税费”的税收收入替代为前提下实施静态分析，销售税税率最低应当设定在13%；如果销售税还需要平衡企业所得税和个人所得税优惠政策所产生

的税收减收，则销售税税率需要达到15%。

但是，对标境外自由港，大部分自由港已经不再征收流转税，仍然征收流转税的国际自由港，其流转税税率也不超过5%。海南自贸港销售税税率如果超过5%，则难以形成与其他自由贸易港的竞争力，进而对我国推动高水平对外开放、构建“双循环”新发展格局产生负面影响。

2. 销售税征管难度大、实征率偏低

增值税的财政收入能力强，源于增值税专用发票抵扣制度建立起了一条完整的税收信息链，确保了供应链上下游纳税人自我监督，主动如实申报商品流转数据，为税务部门实现税收数据稽核比对夯实了数据基础。但是，在商品与服务的终端，商品与服务提供商有隐瞒收入逃避税款的动机，而消费者缺乏向税务机关提供消费数据的激励，因此，零售端的税收征管是流转税中最为困难的问题。由于增值税的多环节征收，在零售端的前一个环节，已经实现了大部分增值税收入的有效征管，且形成了零售商品的增值税进项数据，进而抑制了零售环节隐瞒收入的空间。但是，销售税缺乏税收数据信息链的保障，税收征管更为困难。

同时，海南自贸港的销售税会给过境旅客及岛内居民一定的免税额度，用于激活海南的旅游消费市场。但是，作为销售税的纳税人——商品与服务提供商，缺乏动力和能力辨认购买者提供的税收豁免凭证是否真实有效，进而加剧了销售税的税源流失。

（二）海南的财政支出压力增大

1. 受日本核污水排放冲击，海洋监测与远洋渔业的财政支出呈快速上涨趋势

南海总面积350多万平方公里，其中中国拥有的260万平方公里海

域均属于海南管辖。发展远洋渔业，不仅是海南发展地方特色经济、保障粮食安全的重要举措，更是维护南海海防安全的重要补充力量。但是，受日本核污水排放冲击，海产品市场需求收缩，海南渔民生计恶化。为了保障渔民生计，并维持远洋渔业健康发展，海洋监测与远洋渔业的财政支出势必快速上涨。

2. 地方债务压力增大

由于基础设施、公益性项目、生态和环境保护建设等方面的投入和房地产行业遇冷造成的税收收入减少，海南省形成了一定规模的政府债务并呈现债务扩张趋势。

2020 年海南房地产业的税收收入贡献达到 33.6%，高出全国平均 18.6 个百分点，位居全国第一。但是，自 2021 年开始，海南房地产业快速下行，量价齐跌。从房地产业行业趋势看，全国房地产市场已经饱和，整体呈现收缩状态，因此，海南房地产业的税收收入贡献呈现持续下降的趋势。与此同时，海南省地方政府债务余额保持增长。截至 2021 年末，海南省地方政府债务余额为 3007.90 亿元，债务规模位居各省第 27 位，较上年上升 1 个位次；较 2020 年末增加 385.09 亿元。以地方政府债务余额与一般公共预算收入规模相对比，2021 年末海南省地方政府债务余额是其当年一般公共预算收入的 3.27 倍，较 2020 年小幅上升，债务压力有所增大。从海南各市县政府债务增速来看，除陵水和五指山债务规模出现下降，洋浦未获取 2021 年末债务规模数据外，其余市县政府债务规模均有不同幅度的增长。其中东方增幅最大，2021 年末政府债务余额同比增长 31.90%，海口、三亚、儋州、文昌、琼中、琼海、乐东 7 市县增速为 12.69%～25.24%，其余市县增速均在 10% 以下。

以 2021 年末政府债务余额与当年一般公共预算收入相比来看，大部分市县债务负担较上年有所加重，仅屯昌、澄迈、昌江、定安和陵水 5 个县债务负担较上年有所减轻。具体来看，在海口、三亚、儋州、文昌4个债务规模排名前4位的地市中，2021年末政府债务余额/2021年一般公共预算收入分别为4.12倍、3.68倍、9.05倍和7.37倍；琼中、临高和白沙债务负担最重，这3县2021年末政府债务余额分别为当年一般公共预算收入的15.09倍、13.57倍和10.93倍，其余市县均在10倍以下。总体来看，海南省各市县政府债务负担较重。

二、海南自贸港封关后推进财政可持续发展的建议

中央政府对地方政府事后的转移支付在弥补财政缺口的同时，导致地方政府在支出事前对中央的补助有了预期，从而产生了预算软约束问题。以2020年中央与海南的财政往来关系为例，海南省对中央税收收入贡献为506亿元，收到中央税收返还及转移支付1000亿元，转移支付规模占全省一般公共预算收入的1.22倍。综合前文关于封关后海南财政收支缺口加剧的分析，封关后，海南的预算软约束问题可能更为突出。为了实现海南自贸港高质量发展，推进海南自贸港财政可持续发展，我们提出如下几项建议。

（一）将销售税作为地方税，其收入归属地方政府

如前文所述，为了保证海南自贸港具备与其他自由港的国际竞争力，销售税税率不宜超过5%。但是，这种条件下，销售税税收收入仅能实现“简并五项税费”税收收入的1/3多。同时，销售税的征管难度大，实征率与地方税收相关性高。

将海南即将开征的销售税作为地方税，其收入归属地方政府，中央不参与销售税收入分成，将可以实现“三个有利于”：一是有利于弥补海南因税制改革造成的财政收支缺口；二是有利于激励海南以销售税部分替代土地财政，强化海南自贸区实体经济高质量发展，为早日实现海

南“离岸岛”经济体的自给自足夯实基础；三是有利于激励海南实施税收监管的体制创新，为数字经济、跨境贸易等复杂经济场景的税收监管体制改革提供“风洞试验”数据，降低国内监管体制改革的风险与成本。

（二）优化海南税收监管体系、强化税收征管能力

海南应当结合“离岸岛”税收监管的新问题、新挑战，用足用好自贸港法规制定权，构建符合海南“离岸岛”市场经济需求的税收监管体系。

在通关监管中，应当增强海关通关监管能力建设，税务部门应当承担除关税、船舶吨税以外所有税种的税收监管责任。

在防范税基侵蚀监管中，税务部门与金融监管部门应当强化协同监管能力建设，赋予税务部门对第三方支付平台的监管权限，强化税务部门的现金流监管能力建设，对数字经济产生的税收与税源背离现象实施有效控制。

（三）增加中央对海洋监测与远洋渔业的专项转移支付

海洋监测与远洋渔业对于维护国家海域主权具有特殊意义，是维护海域主权的重要非军事力量。因此，海洋监测和远洋渔业相关的财政支出具备一定的国防支出属性，其支出责任属于中央政府。

日本核污水排放客观上将对远洋渔业产生负面冲击，削弱维护海域主权的非军事力量。为了对冲日本核污水排放的负面影响，首先，应当增加海洋监测与远洋渔业的专项转移支付，强化对南海的海洋监测能力建设，夯实海洋粮仓和海域安全的信息基础；其次，增加远洋渔业发展的财政补贴，保护渔民权益，确保远洋渔民规模不减少，稳定维护南海海域主权的非军事力量投入。

（四）海南地方债应在中央不救助原则下，予以政策支持

从国际自贸港建设和我国改革开放的经验来看，海南自贸港具备建成新时期第二个“深圳”的条件，最终成为我国持续推动高水平对外开放、构建“双循环”新发展格局的标志性改革成果。为了加速海南自贸港的高质量发展，预防地方借改革东风实施“跑部钱进”，加剧财政预算软约束问题，应当坚持中央不救助原则，做到“谁家的孩子谁抱”，旨在打破中央政府兜底预期，防止海南各级地方政府盲目举债道德风险，规范地方政府举债行为。

同时，受封关的税制改革、房地产市场下滑和日本核污水排放冲击等多重因素影响，封关后的一段时间内，海南自贸港将出现较为明显的财政收支缺口。海南各级政府的存量地方债务规模也不小，且呈现逐年增长的趋势。为高质量建设海南自贸港，做到“扶上马”“送一程”，中央应当发行海南自贸港专项国债，为置换海南存量地方债务、降低海南地方债融资成本以及应对封关后海南短期财政收支缺口提供财源，并用债务清偿责任强化海南各级地方政府的财政预算约束。

（五）大力倡导正确的政绩观

各级党政领导干部是党的事业的骨干，高质量建设海南自贸港更需要各级党政领导撸起袖子加油干。要树立正确政绩观，处理好稳和进、立和破、虚和实、标和本、近和远的关系，坚持底线思维，强化风险意识，自觉把新发展理念贯穿到经济社会发展全过程。政绩观正确与否，不仅影响到干部个人的健康成长，更关系到自贸港的建设和发展。没有正确的政绩观，更容易引发地方党政领导干部在公共决策中的“短视行为”，将有限的财政资源用于“政绩工程”和短期高回报项目开发（如房地产开发），忽视具有长期回报的实体经济发展，进而加剧政府

和地方企业的预算软约束问题。同时，频繁的政策更迭和变化，也难以形成地方产业政策和政府改革的稳定性与延续性。

海南自贸港建设是长期改革，不论是改革的过程与改革的成效，都需要时间检验。为了降低海南自贸港建设过程中政府和企业的预算软约束问题，应当把树立正确的政绩观作为各级领导干部考核的重点内容，并试点实施公共决策的终身追究、终身问责和党政班子长周期考核，引导其找准当前与长远结合的发力点，在衔接上下功夫，既要做让人民群众看得见、摸得着、得实惠的实事，也要作为后人做铺垫、打基础、利长远的好事。以海南自贸港建设的改革试验场淬炼一批改革先锋，为全国全面深化改革夯实人才基础。

建言三：关于完善海南自贸港通关监管数据治理的建议

《海南自由贸易港建设总体方案》中，“数据安全有序流动”的内容是指在确保数据流动安全可控的前提下，扩大数据领域开放，创新安全制度设计，实现数据充分汇聚，培育发展数字经济；具体制度设计主要是有序扩大通信资源和业务开放。在经合组织数字贸易限制性指数（OECD Digital STRI）排名中，我国在 80 个样本国家中列第 78 位。因此，从自贸港建设的角度看，数字贸易监管规则的改革和创新完善具有极其重要的作用。

当前数字贸易领域存在两大问题：数据交换与产权归属问题、数据安全与个人信息保护法律问题。同时，数据跨境流动的国际规则尚不统一明确，国内数据跨境流动监管规则处于初步探索期，美欧从数据规则上对我国进行围堵打压。在此背景下，当前面临的问题是：第一，自由贸易港以数据为对象的监管与服务是全新领域，《海南自由贸易港建设总体方案》在数据安全有序流动的制度设计上偏向数据流动形式的设计，对数据流动（贸易）的对象没有明确，因此也缺乏相关税制和监管机制的设计与借鉴衔接。第二，以数据为方式的自由贸易港智慧建设对自贸港贸易、投资、资金、人员、运输工具等领域通关监管数据的产生、确权、流动、交易、应用场景等数字经济治理规则提出了新的挑战，对数字经济治理方式和水平提出了新的要求。

针对以上问题，提出以下建议。

一、明确海南自贸港数据跨境跨港流动与数字贸易统计标准

数字经济有两个范畴，即产业数字化和数字产业化。同理，数字贸易也有两个范畴，即贸易方式数字化与贸易对象数字化。基于两个范畴，对于数字贸易的内涵，国际上又分为宽口径和窄口径。宽口径基于统计目的，将数字贸易定义为通过数字订购或数字支付开展的交易；窄口径强调数字化变革，将数字贸易定义为通过电子手段实现的商品或服务贸易，将货物和服务分开，主要强调数字贸易的在线服务。国际经合组织（OECD）、国际贸易组织（WTO）、联合国贸易和发展会议等国际组织主张宽口径，美国国际贸易委员会和欧盟等主张窄口径。

由国际货币基金组织（IMF）、经济合作与发展组织（OECD）、联合国贸易和发展会议（UNCTAD）、世界贸易组织（WTO）联合撰写的《数字贸易统计手册（2023）》提出，数字贸易是所有以数字方式订购和（或）以数字方式交付的国际贸易，根据国际商品贸易统计和国际服务贸易统计的衡量，数字贸易交易是现有贸易交易的一个子集。按照数字方式订购和（或）以数字方式交付的标准，可以符合《国际商品贸易统计概念和定义》（联合国，2011 年）、《国际服务贸易统计手册》（联合国等，2010 年）和《国际收支平衡表》（国际货币基金组织）中定义的会计原则进行统计，同时，应考虑到小微企业、家庭与个人、数字中介平台的参与，丰富统计口径，以利于制定促进政策。《数字贸易统计手册（2023）》还提供了一套统计模板。

据此建议：适当补充“数据安全有序流动”的制度设计内容。借鉴以上国际组织数字贸易统计口径与模板，尽快按照数据流动与数字贸易、跨境与跨港两个维度，制订并明确四个角度联动的海南自贸港数据统计口径与统计方式实施方案，重点是跨境数字贸易统计标准与口径。

这些数据无论是跨境流动还是跨港流动（自贸港与国内其他地区之间），无论是作为贸易对象还是贸易方式组成，基于其通关跨境的基本特征，都是政府监管与服务的对象。

根据我们前期的调研，上述建议对博鳌乐城国际医疗旅游先行区为研发药品和医疗器械开展的真实世界数据研究和陵水黎安国际教育创新试验区开展的国际教育合作都具有十分积极的作用。

二、出台海南自贸港规范和促进数据跨境跨港流动相关政策

数据跨境流动是近年来国际上对我国高度关注的政策领域。为保障国家数据安全，保护个人信息权益，进一步规范和促进数据依法有序自由流动，国家互联网信息办公室依据有关法律起草了《促进和规范数据跨境流动规定》。根据该规定，符合特定条件的数据出境，可以不采取申报数据出境安全评估、订立个人信息出境标准合同、通过个人信息保护认证等要求。

据此建议：出台海南自贸港规范和促进数据跨境跨港流动相关政策。

第一，制定负面清单。根据《促进和规范数据跨境流动规定》，自由贸易试验区可自行制定本自贸区需要纳入数据出境安全评估、个人信息出境标准合同、个人信息保护认证管理范围的负面清单。

第二，制定自贸港国际贸易、学术合作、跨国（地区）生产制造和市场营销活动相关数据中个人信息和重要数据的标准。《促进和规范数据跨境流动规定》中明确未被相关部门、地区告知或者公开发布为重要数据的，数据处理者不需要作为重要数据申报数据出境安全评估。海南自贸港是否例外于国内其他相关部门、地区？

第三，根据《促进和规范数据跨境流动规定》，不是在境内收集产

生的个人信息向境外提供，不需要申报数据出境安全评估、订立个人信息出境标准合同、通过个人信息保护认证。这里“境内”考虑将海南作为例外排除。

第四，个人信息需要申报数据出境安全评估的数量。

第五，海南自贸港与国内其他地区间的数据流动原则。

三、衔接数字贸易国际高水平规则、国际合作与监管最佳实践

现有 WTO 法律框架下监管数字贸易或电子商务的主要规则存在于《服务贸易总协定》（GATS）及其若干参考文件中，自由贸易港如何监管数字贸易或电子商务不存在实践中的国际规则。显而易见，关税、最惠国待遇、国民待遇、原产地规则、进口许可、海关估价等传统监管手段在数字经济或数字贸易中无法履行，也就无法体现在自由贸易港的监管特殊性上。但是，当前也出现了许多高于 WTO 规则与实践的国际高水平规则创新，国际合作与监管的最佳实践不断涌现。需要重视的是，自由贸易港等传统特殊区域在这一领域并无明显的优势，数字流动与传统的货物流动差别明显。

据此建议：对接数字贸易国际前沿高水平规则，加强与高水平地区国际合作。目前可以首先考虑与 DEPA 和 CPTPP 数字规则的对接，按照世界银行营商环境新评估体系（B－Ready）的指标，主要在以下五个方面进行监管规则设计：

第一，数字贸易的贸易便利化措施与规则。包括禁止对数字交付产品征收关税、对数字产品的非歧视待遇、衔接国际国内电子交易合同条款、认证技术、电子签名、访问和使用互联网进行电子商务的限制放宽等。

第二，数字贸易的赋能。这是指将数字服务贸易提供商的商业和监

管负担降至最低的规定。这些条款重点关注数字服务贸易公司面临的最常见的监管和商业障碍。通过消除这些障碍，数字服务可以在各个经济体之间更自由地流动，利用它们在不同市场积累的数据创造巨大的规模经济，包括数据自由流动、不限制数据本地化存储、不强制转让源代码、开放政府数据等。

第三，消费者保护和监管自主权。主要指解决商业纠纷的监管框架和合作机制。

第四，鼓励在新兴领域进行多层次监管合作。例如人工智能（AI）治理、数字身份和金融技术。合作形式通常涉及信息交换、最佳实践共享和数字标准开发。政府透明度在监管合作中被强调为一项关键义务，适用于采取或管理影响数字贸易的国内措施。

第五，实现海南自贸港与 DEPA 数字贸易监管框架和系统的合作衔接。

四、打造数字自由贸易港

数字贸易是具有挑战性的前沿性议题，主要依托于信息通信技术所体现的贸易数字化和自由化等特点，导致不同国家对于数字贸易发展的顶层制度设计与数字贸易政策大相径庭，欧盟和美国是全球数字贸易的积极倡导者和推动者。

考虑国内目前数字经济整体发展阶段和国情，我国在国家方案上与欧美数字经济进行规则竞争的时机尚不成熟。因此，利用海南自贸港的定位优势，打造数字自由贸易港“海南方案”具有必要性和合理性。

据此建议：充分研究和借鉴“美式模板”和“欧式模板”的合理成分，重点推动无纸化、数字证书和电子签名互认、消费者隐私保护、产权保护等，重点完善数字领域法律体系建设，重点明确数据产权权属。

一是加快制定出台关于促进数据市场化的指导意见。产权清晰界定是数据开放和市场化的基础。注重数据价值的挖掘和利用，实现数据安全和价值的平衡统一。明确数据市场化必须遵守的法律秩序，坚守数据市场化的监管底线。

二是应尽快出台相关法律法规，为数字贸易发展提供制度保障。明确数字贸易中个人信息的内涵与外延，并且对过程中个人信息的收集、存储、使用、跨境流动等作出规定。此外，还可以针对贸易新业态，积极探索弥补法规制度上的缺失，制定专门的信息保护规则。

建言四：关于应对全球最低税支柱方案对海南自贸港参股豁免税收制度影响，提升高水平对外开放竞争力的建议

为进一步实现高水平对外开放，海南自由贸易港通过引入参股豁免税收制度，允许纳税人在满足一定条件下，股息免予缴税，以吸引国际投资者参与海南自由贸易港的发展。对此，《财政部 税务总局关于海南自由贸易港企业所得税优惠政策的通知》（财税〔2020〕31 号）规定，“对在海南自由贸易港设立的旅游业、现代服务业、高新技术产业企业新增境外直接投资取得的所得，免征企业所得税”。海南自贸港的设立目标之一是促进资金、技术等生产要素的自由流动，参股豁免税收优惠政策的出台标志着我国内地首次实行了有限的属地税制，是通过税收制度支持海南自贸港建设最具开创性的改革试点之一。

然而观察实践，海南自贸港参股豁免税收制度的实施仍存在受益主体范围过窄、允许豁免股息范围过小、征税测试门槛不足、缺乏持股时间限制等局限。随着全球最低税“支柱二”方案［GloBE 规则由收入纳入规则（IIR）、低税支付规则（UTPR）、应税规则（STTR）共同构成］的加速实施，海南自贸港的参股豁免税收制度优势将被抵消。原因是，参股豁免制度与全球最低税“支柱二”方案之间存在本质的矛盾。根据海南自贸港的参股豁免制度，当对外直接投资于法定企业所得税税率大于等于 5% 的国家或地区时，境外所得无须额外承担纳税义务。但根据 IIR 的补足税规则规定，对于实际有效税率低于 15% 的企业，需要缴纳税款将实际有效税率补足至 15%。这意味着，当海南自贸港企业投资于法定企业所得税率高于 5% 的国家或地区时，参股豁免制度所提供的免税优惠将被 IIR 规则部分或全部抵消，从而使优惠税率

所带来的实质性好处无法落实，难以对外商投资产生吸引力。这将导致我国在海南自贸港实行参股免税的政策目的落空，将对海南自贸港的国际税制改革进程造成严重阻碍。

为贯彻落实2024年中央政府工作报告中有关经济社会发展总体要求和政策取向中提出的“赋予自贸试验区、海南自由贸易港等更多自主权，推动开发区改革创新，打造对外开放新高地”等要求，进一步应对“支柱二”可能引发的新型竞争格局，建议积极衔接好“支柱二”方案与国内法之间的矛盾冲突，通过调整税收优惠政策、对受到影响的企业实施非税补贴等方式，降低“支柱二”对海南自由贸易港经济发展的不良影响。

一是建议继续坚持实施参股豁免制度，借助积极谈判将其设置为“支柱二”的例外条款。参股豁免制度的目的在于强化本国开放性经济，对于海南自贸港打造开放新高地意义重大。实施参股豁免是国际主流方向，有助于消除重复征税，提升海外企业国际竞争力、有效配置全球资源。为支持海南自贸港建设，建议继续实施参股豁免制度，积极联合他国参与国际税收规则谈判，将参股豁免作为“支柱二”的例外条款予以设定。当海南企业投资于法定企业所得税税率在5%（含）~15%的国家（地区）时，不受IIR规则的约束，以此实现国际税收规则与海南自贸港参股豁免税收制度之间的协调。

二是建议扩大参股豁免税收政策的受益主体范围。在引入“支柱二”规则后，对于实际有效税率低于15%的企业，需要补足至15%，但对其实施参股豁免部分的企业所得税可抵消部分补足税，依然可以部分减轻企业税收负担。然而，目前我国参股豁免税收政策的受益主体限制了地域和行业，仅限于“在海南自由贸易港设立的旅游业、现代服务业、高新技术产业企业”，考虑到“支柱二”规则在确定GloBE所得或亏损的调整时明确规定成员实体在调整财务会计净所得或亏损时需要将股息排除，股息的存在不会对有效税率的计算产生影响，而我国对境外汇回的股息所得实际税负低于依据我国税法规定所计算的抵免限额时，部分“走出去”企业在按抵免法规定缴纳了企业所得税后，仍需补缴企业所得税，将提高“走出去”企业的税收。为降低“走出去”企业因补足税的征收而承受的负向冲击，可以考虑适当扩大参股豁免税收政策的受益行业范围，由旅游业、现代服务业、高新技术产业扩展至国家鼓励类境外投资产业目录列明的行业。如在《海南自由贸易港鼓励类产业目录（2024 年本）》中，可将从事生物医药产业链业态、海上风电、专用汽车制造、通用设备制造、绿色建材生产等行业企业纳入参股豁免适用范围，对其从境外分回的股息实施参股豁免税收政策，通过对“走出去”企业应补缴的企业所得税进行豁免，与补足税增加的税收负担之间形成部分抵消，提高企业对外投资积极性。

三是建议适当放宽参股豁免条款的适用条件。从世界范围看，大部分国家都会对参股豁免设置持股比例、免税额度、持股期限等条件。目前，我国财税〔2020〕31 号文件对参股豁免政策适用主体的设立地点及时间、投资地点、持股比例等均有所限制，但相对而言豁免条件过于严格，纳税人的遵从成本也较高。为拓宽参股豁免税收政策受益主体范围，可考虑放宽豁免条款的适用条件。建议取消“新增境外直接投资”的限制，将其拓宽到“所有境外直接投资企业”。我国之所以设定“新增境外直接投资所得”（境外直接投资的形式包括在境外投资新设分支机构、境外投资新设企业、对已设立的境外企业增资扩股、收购境外企业股权四种类型）的条件限制，要求被投资地区的法定税率不低于 5%，是为了防止企业利用税收洼地国家和地区进行避税，但客观而言，我国对外直接投资流量超百亿美元的投资主要分布于开曼群岛和英属维尔京群岛等低税率国家或地区，这些利用税收洼地进行避税的行为将在“支柱二”实施后得到有效遏制。目前，海南已建立起一套参股豁免反避税措施，其中包括被投资国（地区）的企业所得税法定税率不低于 5%。为此，对于“走出去”企业的参股豁免税收政策可取消“新增境外直接投资”条款的限制，但可对持股期限作出要求。建议将持股比例的限制条件从 20% 降低至 15%，增强该项制度的吸引力。对于国际投资者而言，之所以选择投资海南自贸港，持股比例要求是其中的一项重要条件（要求持股比例超过20%）。相比于其他国家（荷兰、法国要求5%的持股比例，德国、美国、加拿大、澳大利亚要求10%的持股比例），海南自贸港对参股豁免所作的比例限制竞争力不足，建议适当通过降低持股比例要求，使海南自由贸易港的投资条件更加宽松，吸引更多的国际投资者参与，从而惠及更多“走出去”企业。

四是建议优化参股豁免制度中的最低税率设置。财税〔2020〕31号文件通过“被投资国（地区）的企业所得税法定税率不低于5%”的规定，对被投资国（地区）的法定税率作出最低税率限制。但该税率的设置存在不合理之处：一是法定所得税率低于5%的国家在全球范围内有限，无法对企业在大多数国家的避税行为起到实质约束作用；二是相比当前CFC规则将最低税率设置为12.5%、GloBE规则将最低税率设置为15%，存在制度错配空间。随着GloBE规则的落地，若全球范围内企业所得税实际税率均能达到15%的水平，参股豁免制度中5%的最低税率限制将形同虚设；如果GloBE规则未能在全球范围内所有国家落地，则在5%~15%的税率区间内，适用参股豁免规则会打破15%的全球最低税标准，形成避税空间。为此，应综合考虑GloBE规则的落地情况，将参股豁免制度的最低税率限制提升至15%，以确保制度之间的协调统一。

五是建议优化参股豁免制度的反避税条款。财税〔2020〕31号文件虽明确被投资国（地区）的企业所得税法定税率不低于5%，但由于法定所得税率低于5%的国家在全球范围内有限，难以确保一些企业既享受参股豁免政策红利，又滥用政策实施避税。为此，建议加强反避税条款的配套建设，明确对于设立在避税地或低税地的境外子公司不得参股豁免；境外子公司已将股息进行税前扣除的，不得参股豁免；对于风险投资公司等在大部分国家不缴纳所得税的公司，不得参股豁免。

六是建议以非税补贴方式给原本享有税收优惠的企业提供支持。当前，一些国家考虑到“支柱二”对税收激励措施效果的抵消，在保持税收激励的同时，考虑通过财政补贴或税收返还来鼓励投资。针对 IIR 规则实施后，部分“走出去”企业即便在享受参股豁免优惠后仍需缴纳补足税的情况，可考虑由财政部门以非税补贴或税收返还方式进行统筹考量，将该部分补足税以补贴形式返还给原本享有税收优惠的企业，在税收尚未流失的前提下保留企业原应享有的优惠力度。

建言五：促进海南自贸港税收优惠政策创新的政策建议

为加快推进海南自贸港建设、增强港内财税制度竞争力，一大波利好政策不断出台，其中以企业所得税、个人所得税、增值税等多个税种为主导的税收优惠政策对于促进海南自贸港经济增长、吸引外商直接投资和推动产业结构优化升级意义重大。但对标其他自贸港的先进税收优惠政策，海南自贸港税收优惠政策在实施过程中仍面临不少的问题和挑战，亟待破解。

一、海南自贸港税收优惠政策存在的问题

（一）部分税收优惠政策适用条件严格，实施效果有限

当前海南自贸港税收优惠政策的受益对象有限。以企业所得税为例，根据《财政部 税务总局关于海南自由贸易港企业所得税优惠政策的通知》（财税〔2020〕31 号），对注册在海南自由贸易港并实质性运营的鼓励类产业企业，减按 15% 的税率征收企业所得税。但由于对享受税收优惠政策的产业类型以及是否实质性运营有要求，实践中能够实际享受低税率优惠政策的企业数量占比依然较低。再如，“零关税”是海南自贸港一项重要的税收优惠，但当前仅对购进原辅料、自用生产设备、交通工具免征进口环节增值税、消费税、关税，并采用“三正一负”清单管理进口商品类别，对进口商品限制门槛相对较多，相比我国香港免征流转税，仅对

四类商品采用单一负面清单管理的高度自由化“零关税”政策还有较大差距。从离岛免税政策来看,海南自贸港目前实行每人每年 10 万元免税额度,对化妆品和手机交易数量分别限制在 30 件和 4 件,酒类合计不超过 1500 毫升,但相比韩国和我国香港的免税政策,所涵盖的居民日用消费品类型依然有限,且对化妆品和手机的交易数量限制过大。

(二)一些支持产业发展的税收优惠政策缺位,激励作用不强

作为世界规模最大的自由贸易港,中央明确海南要发展旅游业、现代服务业、高新技术产业、热带特色高效农业,并以此为主要抓手推进现代化产业体系建设。税收优惠在赋能产业发展、为地区发展培育新动能领域的作用至关重要。然而,就企业所得税而言,海南自贸港当前允许企业亏损最多结转 5 年,导致某一年度较大数额的亏损无法向后均匀分摊,在盈利年份承受较大的税收负担,增加了企业的经营成本。资本支出的税前扣除政策能够在鼓励企业进行无形资产、固定资产投资方面发挥重要作用,但现有政策未将生产性生物资产纳入税收优惠范围,不利于推动海南自贸港旅游业的发展。就“零关税”政策来看,符合海南自由贸易港高新技术产业和现代服务业发展定位的医药、生物科技、临空经济、新材料等产业所需的原辅料未在《海南自由贸易港“零关税”原辅料清单》和《海南自由贸易港原辅料“零关税”政策增补清单》范围之内,《海南自由贸易港“零关税”交通工具及游艇清单》内的商品也不能完全满足海南企业发展的特殊需求,不利于产业的培育和集聚。

(三)部分税收优惠政策的实施存在风险和难题,有待化解

就个人所得税的税收优惠来看,《关于海南自由贸易港高端紧缺人才个人所得税政策的通知》(财税〔2020〕32 号)虽规定对在海南自由贸易港工作的高端人才和紧缺人才,其个人所得税实际税负超过 15% 的部

分，予以免征。但在实际运行中，出现了很多实际工作地在海南自贸港以外地区或在海南自贸港和其他地区均有任职的高端人才和紧缺人才，他们的工资薪金均由海南企业为其发放，带来了很多违规享受税收优惠政策的问题。就离岛免税政策实施来看，实践中与之相关的“套代购”走私风险也时常发生，需要及时防控。

二、完善税收优惠政策的建议

在全岛封关运作后，海南自贸港将成为中华人民共和国境内关外的独立关税区，这对海南自贸港建立相适配的税收制度体系、提供具有竞争力的税收优惠政策提出了更高要求。2024 年两会期间，习近平总书记在参加江苏代表团审议时强调，“要牢牢把握高质量发展这个首要任务，因地制宜发展新质生产力”。2024 年中央政府工作报告中有关经济社会发展总体要求和政策取向中，也提出了“赋予自贸试验区、海南自由贸易港等更多自主权，推动开发区改革创新，打造对外开放新高地”的要求。为建立符合海南发展定位、突出改革创新的税收政策制度体系，有必要从以下四个方面完善更具有竞争力的税收优惠政策：

（一）继续释放企业所得税税收优惠潜力，加大税收优惠政策力度

一是扩大企业所得税的税收优惠适用范围。针对享受税率优惠企业比例过小的问题，可考虑引入负面清单制度，对注册在海南自贸港并实质运营的、负面清单以外的企业，减按 15% 征收企业所得税。为吸引更多的企业和投资者参与海南自贸港的建设和发展，可在注册企业之外，考虑将 15% 的低税率优惠扩大至在海南自贸港投资并达到相应条件要求的企业。

二是进一步完善企业所得税的亏损扣除制度。为使设立在海南自贸港的企业及时将亏损额度在未来年度中进行结转抵扣，及时恢复财务状况，建议延长企业所得税亏损额向后结转的期限。考虑到我国在《关于进一步做好企业所得税优惠政策工作的通知》中明确对于符合条件的小型微利企业和新型研发机构，亏损结转弥补年限延长至 10 年，可将该项制度经验推广至海南自由贸易港企业。

三是建议扩大研发费用的加计扣除比例。参考我国香港、澳门的研发费用加计扣除政策，研发费用的加计扣除比例可以达到 200% 或 300% 。以澳门为例，在澳门注册且已于财政局登记为所得补充税 A 组纳税人其列支的应纳税所得额，若涉及用作创新科技业务研发不超过 300 万澳门元的支出，可按 300% 抵扣应纳税所得额；其余用作同一目的但超过以上所指限额的支出，则按 200% 抵扣应纳税所得额，总扣减上限为 1500 万澳门元。相比之下，海南自贸港当前实行 100% 单一比例扣除，在扣除比例方面有较大的提升空间，建议未来采取分段限额扣除模式，将企业研发费用加计扣除比率从现在的 100% 提高到 200% ，甚至更高。在区分企业研发费用区间基础上，分设 100% 和 200% 两档加计扣除政策，并规定扣除的上限要求。

四是建议将享受一次性税前扣除或加速折旧和摊销政策的资产范围扩大至生产性生物资产，以鼓励更多的企业在生产性生物资产领域进行投资。

（二）继续加大个人所得税税收优惠力度，同时有效防范制度滥用风险

一是优化针对高层次人才的专项附加扣除制度。海南自贸港建设，人才是关键。对于在海南自由贸易港工作的境内高端人才和紧缺人才，可在现有七项专项附加扣除制度基础上，将其婴幼儿照护、子女教育、住房贷款利息支出、租房支出、赡养老人部分的扣除额度提高标准，但

最高不超过10万元/年；对于在海南自由贸易港工作的境外高端人才和紧缺人才，可通过个人所得税税负差额补齐机制，加强对其的财政补贴，该补贴免征个人所得税。

二是解决个人所得税存在的风险和问题。建议加强税收风险评估和预警制度建设，加强对高端紧缺人才的资质审查和税收优惠要件审查，将符合省级政府部门认定的人才类别、一个纳税年度内在自贸港内综合所得或经营所得大于等于30万元以及在自贸港内累计居住满183天作为享受海南自由贸易港个人所得税税收优惠政策的前提条件，在此基础上通过制定标准化的逃税监管体系，对利用自贸港税收优惠政策偷逃税行为的认定和处罚进行统一管理。

（三）继续优化离岛免税制度，激发其刺激消费领域的活力

一是加大离岛免税优惠力度。目前，韩国离岛免税已于2022年全面取消了免税限额，只对酒类和烟草限制购买数量。为进一步释放消费活力，建议海南继续扩大离岛免税的免税商品种类，将其扩大至涵盖所有品类的居民日用消费品；同时，取消化妆品和手机的交易数量限制，仅以“负面清单”管理方式对酒类和烟草限制购买数量。

二是要建立健全风险防控体系。通过加快封关运作项目建设，加强区域协调合作，健全失信联合惩戒机制等方式，紧扣“非经营性”原则提高风险应对能力，有效预防和治理“套代购”走私。对于实施“套代购”行为的自然人和相关的法人和非法人组织，应当以“双罚制”，通过直接取消行为人的免税资格、不得从事免税商品经营相关工作进行处罚，情节严重时还应追究刑事责任。同时应加强区块链技术的应用，以海关、税务、金融等部门以及物流公司、外贸企业等社会主体为节点，共同组成区块链网络，以可验证、可追溯的特点提高税收核查稽查的精准度，有效防控税收风险。

（四）推行“零关税”单一清单管理，实行完全的“零关税”减免

逐步取消关税豁免清单，将“三正一负”复合清单统一为关税清单，将有利于促进海南自贸港经济发展的进口生产设备、交通工具和游艇、原辅料等全部纳入“零关税政策范围”。同时设立《海南自贸港禁止、限制进出口的货物、物品清单关税征收清单》，通过采用负面清单管理，对清单以外的商品实行完全的“零关税”政策。

建言六：海南自贸港金融通关监管的建议

海南在自贸港经济发展的辐射下，必将逐步成长为重要的金融产业聚集地，为我国实施对外开放战略，促进国家整体经济发展作出贡献。当前，受逆全球化、中美博弈、内陆发展模式转型等因素的影响，海南自贸港金融业发展挑战与机遇并存。

一、国际自贸港（区）金融监管法律制度启示

新加坡、迪拜、纽约以及我国香港拥有国际先进的自贸港，还拥有享誉世界的金融中心。二者互为表里，相互促进发展，通过持续不断的金融开放与金融创新，实现了金融发展与监管的平衡。可见，海南自贸港的建成少不了金融业务的发展壮大。国际自贸港（区）金融监管法律制度给海南的启示如下。

（一）金融监管法律制度的健全完善是实现有效监管、科学监管的前提

金融领域创新实践更新速度较快，如何确保监管框架的稳定及金融创新的鼓励需要进行科学的权衡。上述国家、地区的自贸港金融监管制度均有完善的立法予以支撑，对金融监管基本框架和具体制度予以规定，只是形式有所不同，有的是专门立法，有的是在总的金融监管法律之中。

（二）金融监管体制设置适当

金融监管法律体制的形成和演化受多种因素的影响，作为以监管金融业为主要内容的相关立法，其变迁速度较其他法律部门更为迅速。一国或一个地区的金融对外开放自由度、创新速度都是影响其相关法律演进速度的主要因素。

（三）金融开放创新与金融监管关系处理妥当

在强调发挥市场决定性作用的同时，政府的有效监管为维护市场稳定发挥作用，二者缺一不可。国际上自贸港（区）在提升金融自由度、支持金融创新的同时，也在不断完善符合自贸港金融特质的监管体制，如放开金融混业采用综合监管模式，在港内建立专门的监管机构，统一负责包括银行、证券、保险业务在内的各项金融监管事项。

（四）注重金融监管合作

离岸金融“两头在外”的特性决定了离岸金融离不开跨国（地区）合作与协调，中国香港、新加坡金融监管都遵循了现有离岸金融监管的国际惯例。

二、海南自贸港目前存在的问题

（一）顶层设计和信用基础需同步加强

虽然海南自贸港有立法授权，但目前在金融业发展方面，定位仍需进一步明确。国家和地方金融管理层面虽出台了相关意见和方案，但仍需加强海南金融开放发展的顶层设计，进一步完善长远规划；同时，亟须加强政策出台的事前分析和事后评估，为实施方案的科学制订和动态调整提供依据。政策落地需要良好的营商环境作为支撑，这对于自贸港建设至关重要，应更加重视营商环境建设，提升社会诚信和司法公信。

（二）逆全球化与中美博弈带来的负面影响

西方发达国家中的阶层分配问题以及产业链分工问题日益凸显，在全球化、贸易自由化的背景下各地出现了不同程度的民粹主义以及逆全球化思潮，贸易保护主义抬头，国际贸易呈现紧张局势，将对海南自贸港建设及金融产业发展造成持续的负面影响。

（三）对标高标准经贸规则制度创新仍需加强

党的二十大报告提出，推进高水平开放，稳步扩大规则、规制、管理、标准等制度型开放。而海南自贸港承担着打造制度型开放平台的职能，因此，海南应以制度创新为核心，深化金融改革开放，灵活探索金融政策、监管模式和管理体制，在多领域金融工作中率先尝试，持续与国际对标。从目前进展来看，尽管海南推出一系列制度创新，为自贸港开展对外经济建设带来强劲助力。但从整体来看，制度创新的系统性仍存在不足，部门、行业之间缺乏协同，重点行业缺乏集成式的支持措施，金融市场对外开放水平仍较为滞后。

（四）金融行业发展水平亟待提升

一是金融机构发展规模总体较弱。长期以来，海南经济体量较小、产业结构相对简单，相应的金融机构规模小，金融业态主要集中于银行、保险公司，多数跨机构类型的综合金融业务在海南难以展开。二是金融机构利用自贸港政策的效率不高，创新产品服务的动力和愿望不足。三是金融风险防控机制不够完善。目前，海南金融监管仍主要基于国内传统金融业务的风险防控机制，尚无法适应离岸金融、离岸贸易等离岸业务的监管要求，相关体制机制仍需进一步完善。

三、完善海南自由贸易港金融监管法律制度的建议

为贯彻落实2024年中央政府工作报告中有关经济社会发展总体要求和政策取向中提出的“赋予自贸试验区、海南自由贸易港等更多自主权，推动开发区改革创新，打造对外开放新高地”“大力发展科技金融、绿色金融、普惠金融、养老金融、数字金融”等要求，建议如下。

（一）优化海南自贸港与国内其他城市金融业协同发展布局

一是中央继续坚定不移地给予海南一贯的政策支持，稳定并优化海南自贸港金融产业发展环境。强化海南自贸港金融市场连接内地金融市场与国际金融市场的纽带作用，顺畅内外金融交互渠道，优化双循环金融链接机制，进一步带动内地实现更高层次开放特别是金融开放。要让在港的国际投资者和金融机构与海南的利益连接，让其可以获得更大的收益。二是科学统筹，合理规划与我国香港、上海、深圳、北京等城市的分工，明确不同金融中心城市的差异化发展定位。

（二）探索建设自贸港离岸金融监管体系

自贸港金融监管体系的完善离不开各项法律制度的保障，法治是推

进实施自由贸易港政策创新的有效路径和防范港内市场风险发生的主要手段，海南建设自由贸易港的进程中，除以中央作出的相关政策作为支撑外，仍需要较为完善的法律体系为其提供顶层制度保障。借助“新法优于旧法，特别法优于一般法”的法律适用原则，规定海南自贸港适用不同于我国内陆地区的相关金融、税收法律制度，以此破除阻碍海南自贸港金融对外开放的法律障碍。

（三）应着重防范化解相关金融风险

短期内要多措并举，注重防范海南自贸港房地产市场和外汇市场的风险，着力把控国际等问题对自贸港金融市场的风险冲击，坚决保障自贸港金融市场的繁荣与稳定，进一步提高自贸港金融市场体系的弹性和韧性。中长期内，国家要在以国内大循环为主、国内国际双循环相互促进的新发展格局中对海南自贸港金融进行再定位，进一步提升自贸港金融市场在双循环新发展格局中的地位和作用，注重凸显自贸港双重定位优势和内外链接功能。

（四）着力培育海南自贸港金融科技竞争力

一是应更加重视传统基础设施的数字化改造及新型数字基础设施建设，在量子技术、云计算等方面搭建金融服务的底层数字技术仓，在中层搭建人工智能和大数据的数字服务仓，在顶层搭建平台化数字供给仓，构建多层次的数字新基建。二是可以引导国内其他地区的金融科技产业将产品测试等环节向海南自贸港转移，打造金融科技试验田、数字货币交易所等，提升自贸港的金融科技竞争力。三是持续强化自贸港在反洗钱等领域的国际话语权。加强科技监管能力建设，提升监管科技水平，用更多的技术手段防范洗钱和恐怖融资犯罪，强化我国在反洗钱等领域的国际领先水平。

（五）构建金融监管合作机制

自贸港金融监管体系的完善不仅需要港内建立行之有效的监管体制，还需要形成与港外各国、各地区、各相关组织在金融监管方面的沟通合作机制。金融的自由化带来了离岸金融市场的繁荣，全球经济一体化的趋势也在不断加深，自贸港离岸金融市场的监管离不开金融机构母国（地区）监管当局的有力支持。在借鉴各国自贸港先进离岸金融监管经验的同时，需要加强与离岸金融机构母国（地区）的监管合作。

建言七：优化海南自贸港通关监管政府管理体制的建议

通关监管主要由海关、税务、外汇、金融等中央垂直管理（条管理）部门与口岸、市场、边防、海事、卫生、农林检疫等地方管理（块管理）部门跨部门协同实施。在国际贸易“单一窗口”的规则约束下，当前由海关牵头负责“单一窗口”建设，其他部门配合。海南自由贸易港“一线放开、二线管住”的通关监管模式本身就缺乏成熟的国内范本。封关后，海南作为全球最大的“离岸岛”，其通关监管实践的复杂度也是空前的。根据《海南自由贸易港法》和《海南自由贸易港建设总体方案》，海南省依照中央要求和法律规定行使改革自主权，国务院及其有关部门根据海南自由贸易港建设的实际需要，及时依法授权或者委托海南省人民政府及其有关部门行使相关管理职权。但是，《海南自由贸易港法》和《海南自由贸易港建设总体方案》并没有明确通关监管过程中授权海南行使的具体业务管理权限，因此，海南自由贸易港通关监管实践遇到重大复杂问题时，仍需要根据业务归口分别请示中央部委的意见。

一、封关后海南自由贸易港通关监管政府管理体制可能存在的问题

作为全面深化改革开放试验区，海南自贸港更类似于改革开放初期的深圳，要勇担“经济体制改革和社会治理创新”的“试验”任务，为新时代改革开放“杀出一条血路”。但是，“条块结合、以条为主”的通关监管政府管理体制客观上造成海南自贸港自主决策权限不足、协

调汇报难度增加、通关监管效能低下等现实问题。

（一）“条块结合、以条为主”的通关监管政府管理体制无法保障通关监管政策的一致性

以“单一窗口”规则为例，为落实国际贸易“单一窗口”规则，我国采取了由海关总署牵头、多部委配合的“顶层设计”。因此，“单一窗口”本身就存在多部委对通关监管的具体业务进行“微操”的现状。同时，依据《海南自由贸易港法》和《海南自由贸易港建设总体方案》，海南作为“离岸岛”，将形成与内地不同的法律体系和通关规则，海南自贸港理应承担改革主体责任。在此背景下，“单一窗口”则面临海关总署与海南自贸港“两个婆婆”并存、多部委业务“微操”的局面，现有海南自贸港通关监管“条块结合、以条为主”的政府管理体制将无法保障通关监管政策的一致性。

（二）“条块结合、以条为主”的通关监管政府管理体制弱化了海南自贸港承担“经济体制改革和社会治理创新”任务的能力

以海关代征流转税为例，海南封关后，在零关税政策影响下，海关关税收入将大幅收缩。同时，在海关代征流转税体制不发生重大变化的前提下（海关代征进出口环节的销售税），受进出口贸易量快速增长的影响，海关代征流转税收入将呈现几何级增长趋势。但是，海关代征流转税是中央税，客观上产生了海南自贸港可支配税收收入的“虹吸效应”。后期虽然可以通过转移支付的方式二次调节中央与海南的税收分成，但是，转移支付客观上淡化了海南地方经济发展对海南财政支出的约束，强化海南自贸港“跑部钱进”的动机，也进一步增加了各个中央部委在海南自贸港建设过程中的业务操作负担。因此，海南自贸港协调各个中央部委、推动“经济体制改革和社会治理创新”的工作难度

呈指数型增加。

（三）“条条冲突”加剧了监管办法制定难度

以《海关对横琴粤澳深度合作区监管办法》（以下简称《横琴监管办法》）为例。《横琴监管办法》研讨多年，终于在2024年1月4日颁布，其主要症结在于海关代征税的监管规则，其中，海关总署制定海关代征税的监管规则时需要以国家税务总局确定的税收优惠政策为前提。但是，在“宽打窄用”的税制设计思路下，国家税务总局在制定税务优惠政策时需要充分考虑海关代征税的监管能力，而《横琴监管办法》则是评估海关代征税监管能力的制度性前提。

从地域面积、人口总量、体制差异和经济复杂度等多个维度分析，海南自贸港的通关监管难以直接复制《横琴监管办法》，“条条冲突”加剧了海南自贸港监管办法的制定难度。

（四）跨部门协同执法难以消除执法监管漏洞

以2023年9月办结的“2022CTH西办－P05”专案为例，主办税务机关除了发现了纳税人通过篡改海关缴款书的货物品名，变造海关缴款书，实现虚抵增值税进项税的违法行为，也发现了海关与税务部门关于海关缴款书跨部门数据比对的制度性障碍。

“条条分割”的政府管理体制是跨部门数据比对最主要的制度性障碍，客观上造成了“骗税”案件事前、事中监管落空，更是造成未发觉的“骗税”案件大量存在的重要体制性成因。

（五）“条块结合、以条为主”的政府管理体制难以适应自贸港经济体制的特殊性

作为全球最大的“离岸岛”，海南自由贸易港带来的经济发展模

式、经济管理体制的冲击和改变是全方位的，特别是高端产业导入、各类人才落地和外籍人士进入等因素，都会催生出社会服务、环境优化等各方面的新变化、新需求。以《〈海南自由贸易港鼓励类产业目录（2020年本）〉界定指引》（以下简称《界定指引》）为例，虽然有关部门对鼓励类产业目录条目进行解读和界定，但是，当经营业务是否属于鼓励类产业发生争议时，主管部门是谁？界定的程序是什么？市场主体的权利救济机制是什么？目前均不明确。

二、优化海南自贸港通关监管政府管理体制的建议

为贯彻落实《海南自由贸易港法》中“国家建立与海南自由贸易港建设相适应的行政体制，创新监管模式”，2024年中央政府工作报告中有关经济社会发展总体要求和政策取向中提出的“赋予自贸试验区、海南自由贸易港等更多自主权，推动开发区改革创新，打造对外开放新高地”等要求，建议如下。

（一）进一步落实《海南自由贸易港法》和《海南自由贸易港建设总体方案》精神，确保让听得见炮声的人来决策

海南自贸港承担着探索建立开放型经济新体制，打造我国面向太平洋和印度洋的重要对外开放门户，并为全国改革开放探路开路的重任。海南自贸港是新时代改革的最前沿，因此，应当让听得见炮声的人来决策，强化海南省改革自主权，实现“条块结合、以块为主”的通关监管政府管理体制改革。

从通关监管的政策制定层面，应当仅保留海南自贸港“一个婆婆”，确保政出一门；从“条管理”部门的授权方面，应当进一步明确

海关、税务、商务等中央部门的授权范围；从财政收支角度，应当强化海南自贸港财政预算硬约束，明确海南自贸港税收收入归属海南，在提升海南财政自给率的同时，逐步降低中央转移支付在海南自贸港财政收支中的占比，确保“谁呼唤了炮火，谁就要承担呼唤的责任和炮火的成本”，最终实现海南自贸港通关监管体制改革的“权、责、利”相统一。

（二）组建海南自贸港通关监管局，全面负责海南自贸港通关监管职能

在中央部委授权基础上，参考我国香港、新加坡等通关监管的政府组织架构，在海南试点通关监管机构“一体化”改革，组建隶属海南自贸港、全面负责国际贸易“单一窗口”建设、全权负责海南自贸港通关监管和离岸岛经济监管的海南自贸港通关监管局。一是从行政编制上，海南自贸港通关监管局应当作为海南自贸港组成部门，接受海南省委和海南自贸港政府的直接领导，全面负责国际贸易“单一窗口”建设；二是海南自贸港通关监管局应当以智慧税务的税收监管逻辑，实施全税种监管，整体承担通关与离岸岛的税收监管职责，规避“九龙治水”的监管困境；三是在组织架构上，按照省、市（县、口岸），设置两级通关监管局；四是应当尽快实施金税四期与金关二期的数据并库，完成税收监管的数据整合；五是加快检验检疫模式改革，优化进口环节第三方检验检疫结果认证管理、强化出口检验检疫证书“云签发”，构建符合“一线放开”需要的检验检疫工作新模式；六是开展“数字关境”监管试点。探索数据分类管理、建立数字数据传输的“负面清单”制度，按照数据平台规模差异，建立预防对平台企业垄断和不正当竞争数字平台的重点监管制度，探索区块链技术在“数字关境”中的应用，建立“依托数字基础设施的网络虚拟空间”进行海关数字贸易特殊监管试验并模拟开征数字税。

建言八：优化海南自贸港政府财税管理体制的建议

习近平总书记在主持中央全面深化改革委员会第二次会议时强调，建设更高水平开放型经济新体制是我们主动作为以开放促改革、促发展的战略举措，要围绕服务构建新发展格局，以制度型开放为重点，聚焦投资、贸易、金融、创新等对外交流合作的重点领域深化体制机制改革，完善配套政策措施，积极主动把我国对外开放提高到新水平。为此，党中央特别要求海南解放思想、敢闯敢试、大胆创新，重点在经济体制改革和社会治理创新等方面先行先试。《海南自由贸易港法》更是以法律的形式明确了海南自由贸易港行政体制的改革要求。但是，当前海南财税管理体制与海南自由贸易港建设仍不相适应，制约了海南自贸港经济体制改革和社会治理创新的潜力。

一、海南现行政府财税管理体制存在的问题

对标国际自贸港扁平化的政府财税管理体制，海南自贸港政府“条块结合”的多级财税管理体制存在如下问题：

（一）多级政府造成体制性财政资源浪费

在海南自贸港探索建立开放型经济新体制的过程中，省级政府及其组成部门承担了经济发展规划、产业政策制定等顶层设计职能；县区一级政府承担了政策执行落地、基层社会治理等职能。但是，海口、三亚

两个地级市的市级政府组成部门“上不着天、下不着地”，仅能充当“二传手”的职能；乡镇一级政府缺乏行政决策权和独立财政权，实际上与县区一级派出机构的职能没有本质性差异。然而，“麻雀虽小、五脏俱全”，多级政府均需要按照“条块管理”模式设置机构部门，一方面，从岗位需求和内部控制的视角看，相当数量的基层政府部门存在“缺编”现象；另一方面，从区域经济发展水平看，干群比严重失调，加剧了部分地区“吃饭财政”的窘境。

（二）“条块结合、以条为主”的管理体制难以适应自贸港的财政需求

例如，海南封关后在零关税政策的影响下，海关关税收入将大幅收缩。同时，在海关代征流转税体制不发生重大变化的前提下（海关代征进出口环节的销售税），受进出口贸易量快速增长的影响，海关代征流转税收入将呈现几何级增长趋势。但是，海关代征流转税是中央税，客观上产生了海南自贸港可支配税收收入的“虹吸效应”，因此，相较于其他自贸港，海南自贸港的财政自主决策能力相对较弱。后期虽然可以通过转移支付的方式二次调节中央与海南的税收分成，但是，转移支付模糊了地方政府经济发展与税收收入的关系，不仅没有解决海南自贸港的财政自主决策能力相对较弱的问题，还更容易滋生财政预算软约束的问题。

（三）“条块结合、以条为主”的管理体制加剧了国际贸易规则落地难度

以国际贸易“单一窗口”规则为例，国际贸易相关主管部门众多。为落实国际贸易“单一窗口”规则，我国采取了由海关总署牵头、多部委配合的“顶层设计”。但依据《海南自由贸易港法》，海南自贸港

全面负责口岸公共卫生安全、国门生物安全、食品安全和商品质量安全等管控职责。如果“单一窗口”仍保持海关的“条管理”，跨境贸易监管中反而会产生海南自贸港与海关总署两个“婆婆”并存的政府治理问题，加剧国际贸易规则在海南自贸港落地的难度。

（四）“条条分割”的管理体制难以消除执法监管漏洞

以销售税监管为例，按照现行管理体制，海关在进出口环节代征销售税，税务部门负责岛内日常经济活动发生的销售税业务监管。但是，海南自由贸易港封关后的关税业务将大幅缩减，海关代征销售税将缺乏行政效率。以汉中市税务局第一稽查局承办的“2022CTH 西办－P05”专案为例，纳税人通过篡改海关缴款书的货物品名，变造海关缴款书，实现了虚抵增值税进项税的违法行为。但是，由于海关与税务部门关于海关缴款书的数据比对仅限于海关缴款书号码（报关单编号）、海关代码、海关、填发日期、税款金额、缴款单位（人）六项信息，并不比对商品品名，因此，税务稽查部门发给多个海关的协查函，均获得“比对一致”的结论。由此可见，当前海关与税务在政务数据交换、使用和比对以及协同执法方面均存在制度性障碍。

（五）“条块结合、以条为主”的管理体制难以适应自贸港经济体制的特殊性

作为全球最大的“离岸岛”，海南自贸港带来的经济发展模式、经济管理体制的冲击和改变是全方位的，特别是高端产业导入、各类人才落地和外籍人士进入等因素，都会催生出社会服务、环境优化等各方面的新变化、新需求。以《〈海南自由贸易港鼓励类产业目录（2020 年本）〉界定指引》为例，虽然有关部门对鼓励类产业目录条目进行解读和界定，但是，当经营业务是否属于鼓励类产业发生争议时，主管部门

是谁、界定的程序是什么、市场主体的权利救济机制是什么均不明确。

（六）“招商引资”异化

在现行政府管理体制下，政府主导的园区管理模式，容易因“招商引资”考核压力过大，制定地方“土政策”或违规返税。虽然地方“土政策”或违规返税会在短期形成税收洼地，带来了大额直接投资，但是，该现象也会促使企业投资异化成为“财税补贴套利”，进而浪费宝贵的地方财政资金、损害了地方营商环境，更会因为扭曲了投资者决策、降低了产业运营效率，而产生招商项目落空和地方债务风险激增的恶果。

二、优化海南政府财税管理体制的建议

为贯彻落实《自由贸易港法》“国家建立与海南自由贸易港建设相适应的行政体制，创新监管模式”2024 年中央政府工作报告中有关经济社会发展总体要求和政策取向中提出的“赋予自贸试验区、海南自由贸易港等更多自主权，推动开发区改革创新，打造对外开放新高地”等要求，我们建议从以下四个方面优化海南政府财税管理体制。

（一）建设扁平化的海南自贸港政府组织

为最大程度释放体制改革红利，降低科层组织对改革红利的耗散作用，海南自贸港可从财税体制入手，参考其他国际自贸港，逐步实施政府组织的扁平化改革，即在现行大部分省直管县基础上，进一步压缩政府管理层级为“省、市（县）”两级政府，取消乡镇一级政府。

第一，财税管理部门全部改成省、市（县）两级。乡镇财政所、税务所（财税中心）全部取消，统一到市（县）管理。第二，取消乡

镇一级政府，改为市县政府的派驻（直属）机构。所有市县（含海口市等）均由省级政府直属，职能部门也直接接受省级职能部门的业务指导。第三，原海口、三亚等地级市的市辖区改为市政府的派驻机构，原区政府职能部门统一作为市级政府职能部门的派驻机构。第四，人大、政协、监察机关和司法机关也按照省、市（县）两级予以配置，并在省人大设置自贸港建设专门委员会，遇到单一行政主体无法实施权威解答海南自贸港优惠政策时，由自贸港建设专门委员会履行立法解释职责。第五，强化司法机关的独立性和专业化。建议参考厦门市思明区法院实施的涉税案件刑民行“三审合一”集中管辖改革，筹建海南自贸港的涉税案件刑民行“三审合一”法庭。

（二）重塑通关监管组织架构，组建海南自贸港通关监管局

参考中国香港、新加坡等通关监管的政府组织架构，在海南试点通关监管机构的“一体化”改革中，组建隶属海南自贸港、全面负责国际贸易“单一窗口”建设、全权负责海南自贸港通关监管和离岸岛经济监管的海南自贸港通关监管局。首先，中央应当充分授权，进一步强化海南自贸港改革自主权，将中央垂直管理的通关监管部门改为隶属海南自贸港政府，为组建海南自贸港通关监管局夯实基础；其次，海南自贸港通关监管局应当全面整合海关、税务和其他各个通关监管部门的全部业务，并以通关监管“一体化”和国际贸易“单一窗口”建设需求为标准，全面梳理整合通关监管业务流程；最后，应当明确海南省人大常委会对于通关监管法律法规具有立法权和解释权，确保海南自贸港通关监管政出一门，权、责、利相统一。

（三）全面推行“聘任制”公务员改革

海南自贸港应当全面推行“聘任制”公务员改革，以更加灵活的

公务员选任制度适应海南自贸港建设过程中政府职能与政府组织快速迭代与演化的需求。首先，应当采用市场化手段引入短期内无法培养的海南自贸港专业化高层次人才；其次，应当按照海南自贸港政府组织需求设置岗位，实现招之能来、来之能战，特别是海南自贸港建设过程中的临时性政府组织，更需要“聘任制”公务员改革实现公务员队伍“进出自如”，确保海南自贸港“人头”财政支出总规模基本不变；最后，采取市场化薪酬、弹性绩效评估方式设岗定责，以市场思维、机关运行规则，实现“聘任制”公务员“引进一个，带动一片”的“鲶鱼效应”。

（四）突出统一化的财税管理优势，实行招商引资的企业化运营

海南自贸港应当以自贸港总体产业规划为指引，以统一的财税政策为基础，突出招商引资的整体性和系统性，实施招商引资的企业化运营。一是借鉴浙江等发达地区的园区招商外包经验和新加坡淡马锡模式，建立由政府控股的园区运营管理公司，再将园区招商工作进行外包，政府仅提供公共服务、基础设施部分，推动海南自贸港 13 个产业园区从“园区运营”向“产业运营”转型。二是实施产业链招商强化产业引导基金，用财政资金以风险投资的形式，发挥杠杆效应，撬动更多社会资本，扶持重点招商目标企业或产业龙头公司。三是以股东权益弥补政府“四新”监管缺位。在高度开放的海南自贸港，新技术、新产业、新业态、新模式“四新”将始终领先于政府监管能力，客观造成“四新”监管缺位，因此，“四新”监管除了按照鼓励创新的原则，实行包容审慎监管之外，还可以充分应用自贸港产业引导基金，在风险投资退出时，适当保留部分股权，以国有资本运作方式实施对“四新”发展的掌控，并弥补政府监管缺位。

建言九：构建海南自贸港通关反洗钱规则的建议

作为金融市场开放程度最高的特殊经济区域，在海南建设规范高效的金融市场，谨慎避免各类风险，构筑风险防控体系，维护海南自由贸易港金融安全的重要性不容小觑。其中，洗钱作为我国经济生活中的“黑洞”，一直以来给我国金融市场带来极大威胁。下文将从洗钱与贸易洗钱的定义、现行相关国际组织反洗钱相关协定及通关要求等方面为海南自由贸易港的建设建言献策。

一、洗钱及贸易洗钱

洗钱是将非法活动所得资金转换为合法资金来减少因为其资金被没收的可能性的活动。在洗钱的诸多手法中，贸易洗钱是利用贸易活动洗钱的方式。因全球贸易流量巨大，贸易支付和交易方式多样，各国海关数据交换和核查手段有限，货物查验比例较低等原因，贸易洗钱较之传统洗钱方式隐蔽性更强，在国际洗钱案例中日益占据重要地位。贸易洗钱的监管与自贸港的海关等机构关系密切。

二、国际反洗钱相关组织协定

（一）反洗钱金融行动特别工作组（Financial Action Task Force on Money Laundering，FATF）

反洗钱金融行动特别工作组（FATF）是独立的政府间组织，旨在制定和促进实施保护国际金融体系免受洗钱、恐怖融资风险和大规模杀伤性武器扩散融资危害的政策。

1. FATF 建议

FATF 建议规定了各国应当建立的基本措施：识别风险、制定政策和进行国内协调；打击洗钱、恐怖融资和扩散融资；在金融领域和其他特定领域实施预防措施；明确主管部门（如调查、执法和监管部门）的权力与职责范围，以及其他制度性措施；提高法人和法律安排的受益所有权信息的透明度和可获得性；推动国际合作相关方面的详细内容。

2. 全球 FATF 互评估

互评估中 FATF 组织来自各成员国、类 FATF 组织以及 FATF 观察员组织的专家进行相互评估。互评估按照要求对 40 个技术合规性指标（并称“40 项建议”）和 11 个有效性指标（并称“11 个直接目标”）进行全面评估。评估流程将最后出具报告，若相关指标不达标将会被列入高风险国家地区（黑名单）或加强监控国家地区（灰名单）。

3. FATF Guidance on TBML（FATF《关于贸易洗钱的特别指南》）

FATF 组织在 2006 年 6 月发布了对于贸易洗钱分类的报告。这个报告明确了贸易洗钱的定义并且分析了一系列案例来阐明洗钱的脆弱性。2008 年，FATF 发布了基于 6 个反贸易洗钱原则的最佳实践手册。

（二）埃格蒙特集团（Egmont Group）

埃格蒙特集团是由一些国家的金融情报组织形成的联合体（中国尚不是该集团成员），旨在为反洗钱、反恐怖融资，关联上游犯罪提供交换经验和知识的平台。

金融情报机构之间的信息交流原则（Principles for Information Exchange Between Financial Intelligence Units），具体包括埃格蒙特集团内部的结构，FIU 提出请求的义务，FIU 接收请求的义务，不合理、不适当的限制条件和拒绝国际合作的案例，资料保障及保密等部分。

（三）世界海关组织（World Customs Organization）

1.《关于简化和协调海关业务制度的国际公约》（以下简称《京都公约》）（International Convention onthe Simplification and Harmonization of Customs Procedures）

《京都公约》包含涵盖海关核心活动的具有法律约束力的标准，反映了海关事项的透明度和可预测性的主要原则：文件的标准化和简化；简化获授权人士的手续；最大限度地利用信息和通信技术及国际标准，在确保遵守海关法的情况下尽量减少必要的控制；使用风险管理；采用以审计为基础的控制措施，与海关和其他边境机构协调干预；利用抵港前的资料，在抵港前办理海关手续，以加快放行时间，并与业界建立伙伴关系。该公约含有特别适用于自由区运作的标准和建议做法。

2.《全球贸易安全与便利标准框架》(the Framework of Standards to Secure and Facilitate Global Trade)

《全球贸易安全与便利标准框架》是由世界海关组织与国际组织和世界商界密切协商后制定的，旨在建立标准，为国际贸易货物提供供应链安全和便利，实现所有运输方式的综合供应链管理，提高海关管理能力，加强海关与工商界的协定；支持贸易中货物在安全的国际贸易供应链中流动的无缝衔接；还规定了数据的预先提供、风险管理以及非侵入式检查技术的使用。

3.《海关商品估价公约》(Convention on the Valuation of Goods for Customs Purpose)

这是协调成员国关税完税价格审定办法的国际性公约，成为国际海关估价制度的法典。海关估价所接受的价格有三个条件：(1) 必须是货物正式销售的价格；(2) 价格是在充分竞争的公开市场上形成的；(3) 买卖双方没有特殊的经济关系。显然，洗钱所使用的高报或低报商品价格的行为违反了该公约。

4.《关于协调商品名称及编码制度国际公约》(以下简称“HS 公约”)

HS 公约是系统的、多用途的国际贸易商品分类体系，用于海关税则和贸易统计。在现实工作中，需要按照进出口商品的性质、用途、功能或加工程度，根据六条基本归类规则将商品准确地归入与之对应的类别和编号。然而在实际操作中，由于商品种类繁多，常造成归类上的模糊不清，导致税率等大小不同，常产生利用偷漏税等洗钱的情况。

（四）巴塞尔银行监管委员会（Basel Committee on Banking Supervision）

巴塞尔银行监管委员会亦称“巴塞尔委员会”。该组织工作主要致力于以下几个方面：改善对国际银行监管技巧的效能；提出任何影响国际银行业务的问题；为了改善全世界银行业监管的工作与世界各监管机构交换信息和意见。

1.《关于防止犯罪分子利用银行系统洗钱的原则声明》（巴塞尔委员会的反洗钱原则）

巴塞尔委员会在1988年12月公布的《关于防止犯罪分子利用银行系统洗钱的原则声明》勾画出反洗钱的基本政策和程序，体现了银行反洗钱的四个原则：客户身份识别、遵守法律规定、与执法机关合作、反洗钱原则的执行。为了能让反洗钱原则在银行内得到更有效地执行，要针对客户身份识别和交易记录内部保存制定特殊的程序，内部控制和内部审计也要以能够更有效地执行反洗钱原则为标准进行强化。

2.《银行对客户的谨慎调查》

巴塞尔委员会在《银行对客户的谨慎调查》中强调，完善的客户身份验证程序对于银行体系的安全和稳定具有重要作用。客户身份验证制度的执行，一是可以使银行了解自己的客户，避免银行成为金融犯罪的牺牲品；二是不至于陷入金融犯罪，保护银行的商业信誉，维护稳健经营和金融体系的完整性；三是防止和减小因涉嫌洗钱犯罪而引发自身经营风险，以及引发系统性金融风险的可能性；四是完善银行内部控制制度，建立一个成熟而完善的风险管理体系。

建言十：借鉴国际经验推动海南自贸港通关便利化的相关建议

海南全岛封关运作作为自由贸易港建设的“一号工程”，确保2023年具备封关运作硬件条件，2024年底前完成封关各项准备，2025年前将围绕贸易投资自由化便利化，适时启动全岛封关运作。通关便利化是实现货物贸易自由化便利化的关键，借鉴中国香港、新加坡、阿联酋迪拜等国际自由贸易港的相关经验，海南自贸港应当从以下几方面发力。

一、完善海南自贸港“单一窗口”平台建设，推动贸易便利化

（一）形成科学合理的顶层设计

一是促使“单一窗口”对应政策及法规更加完善。对“单一窗口”实施中的各种法律问题深入分析，明确电子数据的合理性与合法性，推动电子签名制度的完善。二是明确及保证机构的法律地位。法律需充分明确掌握“单一窗口”授权机关的协调及领导地位，精确合理划分权力。三是法律保障及认可公私合作。国际上在“单一窗口”建设过程中，公私合作十分常见，主要使用的方式是合作备忘录或政府合同。“单一窗口”整合海南全省13个部门20个涉及投资相关的政务系统功能，设置统一入口和统一身份认证，实行“一个账户、一次注册、一套密码、一组资料”管理模式，企业注册登录即可办理234项投资相关

业务。企业在办理业务过程中能够实时了解办理进度。平台可对企业办理事项进行全程跟踪，并进行监测和统计分析。

（二）功能组织上使用自动化、一站式流程模块

加快建设“单一窗口”流程化、纵向业务操作的模式。纵向模式下，“单一窗口”系统可对外贸业务全过程的各种业务操作环节进行有效的整合，其中包含外贸企业注册、许可证申领、核销单申领、报关、核销等行政监管的相关环节，建设相对丰富的信息服务功能，包含保险服务信息、贸易融资信息等。此系统中，外贸企业要快速抽取所需业务处理单据，可通过填写“单一窗口”综合申报单，将该笔业务信息输入其中，提交之后形成关键字的方式，由系统依据规定格式或内容进行相关字段的抽取，之后将其送给海关、商检、保险公司、银行等机构。各个单位在审核没问题的状况下，可进行相关业务的处置；明确处理结果之后，再形成新的业务关键字段进入此笔业务信息库中。

“单一窗口”通过复用数据和开放共享电子归档信息，自动获取企业填报过的信息和批复的相关证照，避免企业重复提交材料。设置大数据分析功能，基于采集的企业设立、变更、注销、项目建设等全流程数据，定期开展外商投资总体态势、投资情况、相关办件情况等研究分析，为优化调整项目招商、企业扶持、营商环境等相关政策提供辅助决策依据。

（三）健全法律法规

为促使“单一窗口”建设工作更加合法，推动建设工作顺畅进行，需合理调整与修改当前的法律规章，令各个机构或部门可依据统一的法律规章进行相关工作。同时，在进行“单一窗口”建设运营时，难免会遇到有关单证资料合法性、数据准确授权、数据保护与数据质量标准

等各种有关法律方面的问题。基于此，需尽可能保证法治体系的完善性，这对“单一窗口”建设非常重要。相对完善健全的法律法规可有效保证信息的安全性，令贸易各方的利益得到保证。不仅如此，修订完善的具体操作细则与业务流程、“单一窗口”平台运营中的电子签名制度，促使“单一窗口”授权、托管与部门权限等相关法规规章更加明确，可为“单一窗口”平台运行创造良好的制度性保障条件。

（四）建设沟通对话机制

国际贸易“单一窗口”作为一种服务型平台，可与用户进行深入的交流沟通，对用户当前的痛点与所需解决的问题进行深刻了解。“单一窗口”平台可设置各种业务热线电话、信访邮箱等进行沟通交流，真实掌握用户的实际需求与困难，合理归纳与总结用户提出的各种问题，积极完善问题总结工作，继而为之后的建设工作创造良好的条件基础。

二、加强数字基础设施建设，提供更优越的贸易条件

数字基础设施通过减少信息成本和信息不对称、互联互通的交通构架降低运输成本从而降低贸易成本，促进全球贸易市场衔接，争取弯道超车。同时，数字基础设施建设有利于减少贸易壁垒、技术壁垒，推动人才、数据在全球范围内自由流动，推动全球科技创新协作。

（一）继续加快数字基础设施建设

推进4G/5G网络融合发展，要加快5G独立组网规模化部署，推进

5G核心网云化转型，网络功能虚拟化。全面推进高速光纤宽带网络建设，全面构建大容量、低时延光纤接入网络。提升全省骨干网络承载能力，探索建设新型互联网交换中心，围绕提升网络互联互通能力及数据交换能力，探索推动国家级新型互联网交换中心在海南的部署。构建国际海缆传输网络，加快推进大容量开放型国际海底光缆系统建设，努力构建海南自由贸易港国际通信传输网络。探索推进海底数据中心试点和文昌航天超算中心建设。创新发展国际数据中心，加快国际数据中心建设布局。深化卫星通信及定位导航应用建设，支持海南高精度定位网建设。推动车联网基础设施建设以及工业互联网基础设施建设。

（二）加快推进跨境数据流动相关规则制定

我国对于数据主权和隐私保护仍然处于起步阶段，这不仅会影响数据信息在跨境流动过程中的安全性、可靠性、稳定性，同时，数据跨境流动也无法在完善的法治框架下规范有序进行。在缺少法治保障的情况下，基于安全问题，海南的自由贸易港数据信息将难以与国际接轨，也无法真正实现国际化的数据共享。这显然与《海南自由贸易港建设总体方案》提出的数据安全有序流动的计划和目标不相适应。完善数据跨境流动规则现已成为海南自由贸易港数字经济创新发展的前提要件和必然要求。

（三）加快完善数字经济新业态新模式的监管机制

数字经济业务模式快速更迭，新产业、新业态、新模式不断衍生，数字经济领域市场监管的对象群体将会更加复杂，监管的行为种类将会更加多样，仅依靠法律监管将难以充分适应海南数字经济创新发展的趋势和需要。因此，亟须采取更加多元化的监管思路和手段，逐步建立起与海南自由贸易港自身属性及其战略定位相适应的数字经济监管体制机制。

三、优化管理体制，发挥自贸港辐射效应

（一）以海南自贸港的发展辐射带动周边特色产业的发展

借鉴迪拜自贸港“1＋N”产城融合模式，即一个自贸区（如杰贝·阿里自贸区）与N个各具特色的产业城（如迪拜金融城、迪拜互联网城、迪拜媒体城等）相结合。自贸港专注于物流贸易供应链管理、加工制造再出口等相关业务，主要实现贸易便利化的功能；而各个特色产业城则发挥人才、资本、技术集聚的作用，实现特色产业的高速发展。自贸区与产业的协调发展，释放了自由贸易区的“制度红利”和辐射效应，形成了自贸区与腹地经济的综合性功能网络。自贸区可以通过打破贸易壁垒，削弱货物服务流动障碍，实现生产要素的集聚，从而拉动产业的分工，促进产业结构升级。

（二）优化自贸港管理模式，提升管理效率

从国际自贸港的管理模式看，我国香港采用政府管理模式；新加坡采取海关、民航局、港务局监管，专业公司运营的管理模式；迪拜实行自由港、海关、自贸区“三位一体”的管理模式。海南自贸港可以实行港口内海关、银行、公安等机构统一管理、统一办公，分工十分明确，流程高效，为企业提供高效简便的一站式服务，为潜在客户提供量身定制的方案。

建言十一：现行国际贸易货币结算协定与通关要求对海南自贸港的政策建议

一、现行的国际贸易规定与协定

（一）WTO 贸易规定

在国际贸易领域，WTO 的贸易规则起到基础和全球性的作用。其中，对于货物贸易，关贸总协定（GATT）规定了关税和非关税壁垒的应用和削减方式；对于服务贸易，服务贸易总协定（GATS）为各个服务行业（如金融、教育、医疗等）设定了开放与规制的标准；对于知识产权，与贸易有关的知识产权协议（TRIPS）确保了专利、商标、地理标志和版权等得到全面保护；投资与政府采购也有对应的协定，分别是与贸易有关的投资措施协议（TRIMS）和政府采购协定（GPA）。

此外，WTO 还设有专门的争端解决机制（DSM）以调解和裁决会员国之间的贸易争端；最惠国待遇（MFN）和国民待遇（National Treatment）则是 WTO 贸易规则的基础原则，旨在确保贸易活动的公平性和透明度。这些协定和规则共同构成了一个旨在促进公平、自由和可持续贸易的全球性法律框架。

（二）区域贸易协定

WTO 为全球贸易提供了一套普遍接受的基础规则和原则，由于各个国家和地区在具体实践中的多样性，在此基础上形成了不同的区域贸易协定，如美墨加协定、欧洲联盟内部的贸易协定等。

区域贸易协定通常会涵盖几个关键领域。第一，规定关税和配额问题，旨在降低或消除成员国之间的贸易壁垒；第二，涉及非关税壁垒，如产品标准、质量认证和知识产权保护等；第三，考虑劳工和环境标准，维护社会保障和环境保护要求；第四，制定投资保护、争端解决机制和资本控制等方面的规则；第五，设定监管和审查机制，用以评估协定实施的效果并作必要的调整。

（三）双边贸易协定

美国作为全球最大的经济体，经常使用双边贸易协定来推动其全球战略和经济目标。美国与日本的贸易协定（USJTA）对农产品、工业货物和数字贸易的规范和开放作了详细的规定，涉及减税、配额和知识产权保护等多个方面。欧盟与美国的跨大西洋贸易和投资伙伴关系协定（TTIP）通过消除各种贸易壁垒，来推动欧美之间的贸易和投资，涉及的领域包括贸易、投资、知识产权和监管合作。

二、全球贸易下各国的货币结算机制与通关要求

（一）货币结算机制

货币结算机制旨在国际贸易过程中简化和加速支付流程，确保交易的安全和透明；在国际贸易中，不同的交易方会根据交易的性质、规模和双方的信任程度来选择最适合的结算方式，因此多种结算方式应运而生，包括电汇转账、信用证和托收，以及新型的货币结算机制，如使用

区块链技术等。

美元的全球主导地位使其成为国际贸易和金融交易的首选结算货币，而 SWIFT 国际结算系统则是实现这一目标的关键平台；欧洲联盟通过欧元和单一支付区（SEPA）简化了会员国间的货币结算，同时也用于与非欧元区国家的贸易；在亚洲，中国通过跨境人民币结算系统（CIPS）和与多个国家的货币互换协议来促进人民币在国际贸易中的使用。

（二）通关要求与协定

在国际贸易中，不同国家和地区根据其自身的安全、经济需求以及法规等方面的考量，设定不同的通关规定。由于这些规定和流程的存在，通关成了一个影响贸易速度和成本的重要环节，如何通过多边或双边贸易协定来优化这些流程，是决策者需要考虑的关键问题。

三、全球贸易政策影响货币结算及通关的典型案例分析

（一）中美贸易摩擦

中美贸易摩擦持续影响全球贸易和经济格局，对货币结算和通关要求产生了一系列影响。由于关税和贸易政策的不断变动，企业在进行跨境贸易时面临多重不确定性，其中最为显著的就是货币结算问题。贸易摩擦使货币结算流程复杂化，既加大了企业操作的复杂性、汇兑成本和风险，也影响全球贸易和金融体系的稳定；同时加剧了通关程序的变化和不稳定性，既增加了企业在进出口环节的成本和不确定性，也对全球贸易流程和供应链管理构成了严峻挑战。

（二）英国“脱欧”后的贸易政策

英国“脱欧”后，其贸易政策发生了重大变化，通关要求同步改变。首先，与欧盟之间的贸易需要遵循新的贸易协议——英欧贸易与合作协定（TCA），该协定规定了一系列关于商品和服务贸易、数字贸易、知识产权和公平竞争等方面的条款；其次，英国需要与其他国家和地区谈判新的双边或多边贸易协定；再次，英国也开始调整自己的关税政策和进出口规定——新的“英国全球关税”方案，旨在简化关税体系，并针对某些关键行业和商品提供更有利的关税率。

此外，由于英国与欧盟之间不再有单一货币结算便利，需要额外的货币兑换步骤，增加了货币兑换成本和汇率风险，给货币结算带来了复杂性。

（三）美墨加协定

美墨加协定（USMCA），强调简化和数字化通关程序，采用电子数据交换（EDI）和自动化识别（如条码、射频识别等）等现代化技术，提高效率并减少行政负担。

USMCA货币结算机制涵盖了多种货币和支付方式。特别是美元在这三个国家之间的贸易中占据主导地位，而加拿大元和墨西哥比索也具有其特定的用途和影响。该协议对结算方式有明确的规定，包括如何处理多种货币、汇率波动、电子支付和可能涉及的各种手续费。

四、海南自贸港货币结算和通关的政策建议

海南自贸港作为中国现代化、国际化和高质量发展的重要平台，致

力于为全球贸易和金融活动提供充满活力的环境，其中国际贸易货币结算和通关协定重要性日益显现。在当前全球金融环境复杂多变的背景下，既要简化通关、便利结算，又要防范跨境金融风险、确保金融稳定，是海南自贸港建设当前面对的重要课题。

稳步扩大规则、规制、管理、标准等制度型开放，全面取消贸易方面的外资准入限制措施，着力消除贸易投资壁垒，在符合 WTO 等国际组织规则的前提下，尽量与国际标准保持一致。强化与全球主要贸易伙伴、国际金融机构和标准制定组织的合作，在制定和实施政策时，应充分参考和吸收国际先进经验，以确保金融、货币结算和通关规则与国际接轨，从而吸引更多的全球资本和资源。

完善多双边合作机制，夯实简化通关基础，推动建设更多有利于贸易畅通、投资合作、服务贸易等多双边经贸合作机制，与更多国家和地区推进政策沟通和战略对接。积极深度参与世界贸易组织改革的中国方案，在中国方案的框架范围内，努力扩大高标准自由贸易区网络，简化通关基础，积极关注并参与国家对外谈判和实施进程，包括 CPTPP、DEPA、RCEP、中国—东盟自贸区 3.0 版以及与海合会及多国等自贸协定谈判或升级谈判进程。

与全球通关系统衔接通关监管机制与规制，从关税计算、商品检查和认证，实现多方、双边互认，从必要文件的准备和提交等多个环节简化和提高效率，更好地与全球通关系统接轨，进一步简化报关流程，提高通关效率；同时加强对相关认证、检查、报关等经营活动的监督管理，实施准入前国民待遇加负面清单，推动落实“非禁即入”，中资机构和外资机构皆可依法平等进入，中外资机构适用同等监管要求和标准，以透明、更符合国际惯例的方式同等对待内外资机构，切实维护良好的市场秩序。

便捷自贸港货币结算，引进国际成熟管理经验、产品体系和风控技术，在金融监管和结算方面与通关实现无缝对接，以减少交易成本和提升效率。建立健全相关工作协同机制，强化信息共享，这包括但不限于设立一个统一的信息平台，将金融机构和海关、出入境检验检疫等多个部门的数据整合在一起，以便实时查询和交换信息。不仅能够提高通关速度，提升结算效率，也能有效防范金融风险。

提升多货币结算效率，降低货币兑换成本和汇率风险，在SWIFT、SEPA、ACU、CIPS之间交易兑换和结算的同时，有必要设置多种金融衍生品，如货币互换、期权、远期合约等来规避汇率波动。对于复杂的金融衍生品和跨境金融活动，应建立严格和精细化的监管机制，在确保交易透明的基础上，设置相应的风险控制措施，以防范潜在的金融风险。

推动和提升人民币在跨境交易结算中的作用，在遵循国际贸易货币结算规定的基础上，通过特殊的金融产品和服务，如人民币定向支持工具和跨境人民币结算服务，营造更多人民币贸易和投融资使用场景，扩大人民币跨境支付系统的国际应用范围，来降低跨境贸易中的货币转换成本。

由于金融科技的发展，数字货币和区块链技术崭露头角，新型的货币结算机制逐渐出现，企业开始使用这些新型结算方式以减少汇兑成本和提高效率，我国也推出了数字人民币试点，自贸港有必要探索和准备数字货币的结算机制和体系。

金融基础设施是金融市场稳健运行和高效货币结算的基础性保障，建立各类包括货币金融数据存储系统、金融产品交易登记系统、金融资金转账清算系统，以及相关技术支持系统。便捷的货币结算，应以金融基础设施强大高效安全运行为前提。

总之，通过加强制度性开放，完善多双边机制，引进国际先进成熟经验，与全球系统衔接通关与监管制度，加强金融基础设施建设和优化信息共享平台、推动人民币在跨境贸易中的使用、强化金融产品和活动的监管、降低结算成本和汇率风险，海南自贸港可以在保证金融稳定和防范风险的同时，实现高效的货币结算与通关要求的高效衔接。这不仅有助于海南自贸港本身的可持续发展，也将进一步推动中国金融市场与国际金融体系的有机融合。

第四部分

专题研究

专题研究一：境外自贸港税收制度的国际比较

一、境外自贸港的税收制度[①]

（一）中国香港自由贸易港

1. 所得税

（1）利得税。利得税（Profits Tax）是对在香港经营任何行业、专业或业务的个人和企业（包括法团、合伙业务、受托人或团体），获得于香港产生或取得来源于香港的所得（售卖资产资本所得的利润除外）所征收的税。香港采用的所得税征税模式并非以“税收居民”（Tax Residency）为征税基础，而是以“地域来源”（Territorial Source Concept）为征税原则，即只有源自香港的利润所得才被视为“应税所得”，而源自香港境外的利润所得，则无须在香港缴纳利得税。

①课税范围。利得税的征税范围为因在香港经营任何行业、专业或业务而获得的经营所得的任何人，而此所得是于香港产生或来源于香港。根据《税务条例》，下列款项将自动被当作应税所得（即因在香港经营行业、专业或业务而于香港产生或来源于香港的经营所得）。

① 不含通关时的税收制度，主要包括关税和流转税。

• 在香港上映或使用的电影、电视的影片、纪录带和录音，以及任何从与该影片、纪录带或录音有关的宣传资料而获得的款项；

• 就允许或授权在香港使用专利、设计、商标、受版权保护的资料、集成电路的布图设计（拓扑图）、表演者权利、植物品种权利、秘密工序或方程式或其他相类似性质的财产而收取的款项；

• 就允许或授权在香港以外地方使用专利、设计、商标、受版权保护的资料、集成电路的布图设计（拓扑图）、表演者权利、植物品种权利、秘密工序或方程式或其他相类似性质的财产而收取的款项；

• 就转让或协议转让与表演者在香港作出的表演有关的表演者权利而收取的款项，或因该转让或协议而应累算归于该表演者或筹办人的款项；

• 因在香港经营业务而收取有关补助金、津贴或类似资助形式的款项，但任何与资本开支有关的款项除外；

• 因允许或授权在香港使用的动产，其租赁费、租金或其他类似形式所收取的款项；

• 在香港经营集团内部融资业务而就某笔资金而收取属利息形式的款项，即使该笔资金是在香港境外提供的。

简单而言，任何人在香港营商而产生的利润，都须在香港就有关利润所得缴税。在香港居住的人士或已成立注册的公司来源于海外的利润无须在香港缴纳利得税，即非居港人士或海外注册公司如赚取于香港产生的经营所得，则须缴纳利得税。

②纳税人。法团以及非法团（合伙商号、信托人或团体），不区分居民和非居民纳税人。

③税率（见表4－1）。

表4－1　　香港利得税税率

纳税人	税率
法团	200万港元以下，税率8.25% 200万港元以上，税率16.5%

续表

纳税人	税率
非法团	200 万港元以下，税率 7.5% 200 万港元以上，税率 15%

④计税依据。利得税是根据课税年度内的应纳税所得额而征收的。对于按年结算账项的业务，应纳税利润是按照在有关课税年度内结束的会计年度所赚得的利润计算。在有关课税年度内，经营者须根据上一年度评定的利润缴纳一项暂缴税。当有关年度的利润在下一年度评定后，首先会将已缴纳的暂缴税用以抵销该有关年度应缴纳的利得税。如有剩余，则用以抵销下一年度的暂缴税。就停止经营的业务，除了若干情况须特别处理外，应纳税利润是根据上一课税年度基期结束以后至停止营业日期为止所赚得的利润计算。

⑤豁免及扣除。从须缴付香港利得税的法团收取的股息，及从其他人士收取已包括在须予缴付利得税的应纳税利润内的款项（例如合资经营所分配的利润），都不列入收受人应纳税的利润内。

一般而论，所有由纳税人为赚取应纳税利润而付出的各项开支费用，均可获准扣除，其中包括：

- 为赚取该项利润而借款所付的利息（但须符合若干条件）及租用建筑物或土地的租金。
- 坏账及呆账（如日后收回须当作所得）。
- 为赚取该项利润而使用的处所、工业装置、机械和物品等的修葺和修理费。
- 为赚取应税利润而使用之商标、设计、专利和植物品种权利（自 2018—2019 课税年度起适用）的注册费用。
- 为赚取应税利润而用以购买指明知识产权的资本开支。如该知识产权属专利权或任何工业知识之权利，在购买首年即享 100% 扣除。
- 研究和开发费用（包括市场、工商或管理事务研究），与设计有关的支出及工业教育的支出，但须符合某些条文的规定。自2018—2019课税年度起，就符合资格的本地某些研发开支，200万港元及200万港元以内的研发开支可获300%税务扣减，超过部分亦可获200%扣减。

• 雇主按年支付认可职业退休金计划的供款、为此项计划而按年支付的保费、向强制性公积金计划支付的固定供款或任何为该等计划而预备的款项。但就每一雇员所付出的数目，不得超过该雇员在有关期间内薪酬总额的15%。

• 独资经营的东主或合伙业务的合伙人，根据《强制性公积金计划条例》（第485章）的法律责任，作为自雇人士而支付的强制性供款。在某一课税年度，这方面的扣除不得超出该课税年度的最高可获扣除额，而这上限已经包括在《税务条例》其他条文下已作出的扣除。自雇人士为配偶所作的供款则不能扣除。每一个课税年度最高可获扣除额为18000港元。

• 支付给慈善团体的认可慈善捐款，但捐款的总和须不少于100美元及不得超过经调整后的应纳税利润的35%；

在计算应课税利润时，以下项目不得扣除：

• 家庭或私人开支及任何非为产生该项利润而付出的款项；

• 资本的任何亏损或撤回、用于改进方面的成本及任何资本性质的开支；

• 可按保险计划或弥偿合约收回的款项；

• 非为产生该项利润而占用或使用楼宇所支付的租金及有关费用；

• 根据《税务条例》缴纳的各种税款（就雇员薪酬支付的薪俸税除外）；

• 支付给东主或东主的配偶、合伙人或合伙人配偶（如属合伙经营）的薪酬、资本利息、贷款利息或在《税务条例》第16AA条以外，就东主或东主的配偶、合伙人或合伙人配偶（如属合伙经营）向强制性公积金计划作出的供款；

• 如果纳税人只有分行或附属公司在本港营业，而总行方面将部分可扣除的管理费用转账，作为本港分公司或附属公司的费用，则在计算香港税项时，此项转入的费用也可以扣除，但只限于在有关课税年度的基期内用以赚取应税利润的数额。

⑥税收优惠。在某些特定范畴上香港有需要提供税务优惠，令工商界能够与区内其他对手在公平的环境下竞争。这些税收优惠包括：

• 购置指明与制造业有关的工业装置及机械，以及电脑硬件软件所作的开支均可全部即时注销。

• 翻修商用楼宇工程所作出的资本开支可分五个课税年度注销。

• 符合资格的债务票据所获取的收益，可获税务宽减。而 2018 年 4 月 1 日或之后发行的若干债务票据，则可获税项豁免。

• 以专业再保险人身份得自离岸风险的再保险业务以及获授权专属自保保险人身份得自离岸风险的保险业务的应税利润，可获优惠税率征税。自 2018—2019 课税年度起，优惠税率适用于在岸风险的业务。自 2021 年 3 月 19 日起，有关税务宽减扩大至涵盖直接保险人的所有一般再保险业务及特定一般保险业务，以及持牌保险经纪公司的特定保险经纪业务。

• 在香港存放于分支机构的存款所赚取的利息，可获豁免缴付利得税（不适用于财务机构所收取的利息或累计归于财务机构的利息）。

• 根据《证券及期货条例》（第 571 章）获发牌或获注册的法团和认可财务机构，在香港所进行的证券、期货合约、外汇合约等交易而获得的利润，若属离岸基金（非居港个别人士、合伙、信托产业的受托人或法团），均可获税项豁免。而该非居港者在香港不能经营任何其他业务。离岸基金的利得税豁免延伸至离岸私募基金（但须符合若干条件），并适用于在 2015 年 4 月 1 日或之后进行指明交易所得的利润。自 2019 年 4 月 1 日起，不论基金的结构及中央管理及控制的地点，税项豁免延伸至所有基金（但须符合若干条件）。

• 购置指明环保设施的资本开支可获加快的扣除。属机械或工业设备指明环保设施，资本开支可获100%扣除。而属建筑物或构筑物一部分的环保装置，则按每年20%连续5年内扣除。自2018—2019课税年度起，有关环保装置的资本开支可获100%扣除。

- 指明环保车辆的资本开支，在购买首年即可享100%扣除。
- 合资格企业财资中心在2016年4月1日或之后得自某些贷款交易，或得自某些企业财资服务或交易的合资格利润，可获优惠税率征税。
- 在符合指明条件的情况下，在香港经营集团内部融资业务的法团，在该业务的通常运作过程中，向非香港的关联企业借款而须于2016年4月1日或之后支付利息，该利息可获扣除。
- 合资格飞机出租商在2017年4月1日或之后得自合资格飞机租赁活动，或合资格飞机租赁管理商在该日或之后得自合资格飞机租赁管理活动的合资格利润。
- 合资格船舶出租商在2020年4月1日或之后得自合资格船舶租赁活动的合资格利润，可获税项豁免。
- 合资格船舶租赁管理商在2020年4月1日或之后得自合资格船舶租赁管理活动的合资格利润，可获税项豁免或优惠税率征税。
- 在符合指明条件的情况下，合资格人士在2020年4月1日或之后得自为经核证投资基金或指明实体提供投资管理服务而获得的资格附带权益净额，可获税项豁免。
- 合资格航运业商业主导人（即合资格船舶代理商、船舶管理商或船舶经纪商）在2022年4月1日或之后获得合资格活动（即合资格船舶代理活动、船舶管理活动或船舶经纪活动）的合资格利润，可获税项豁免或优惠税率征税。

⑦亏损。纳税人于某一会计年度内的亏损可结转用以抵销随后年度的利润，但经营多于一种行业的法团，则可将某一行业的亏损，抵销另一行业的利润。申请以个人所得课税办法计税的人士，可从其总所得扣除营业亏损的数额。

对于实施优惠税率征税的收益或利润，在计算其盈亏用于抵销正常收益或利润时，会作出相应的调整。

⑧折旧免税额。工业建筑物及构筑物：为若干行业兴建工业建筑物及构筑物而支付的资本开支，可获特别免税额。该等行业为交通事业、船坞、水电事业、商品制造加工或贮藏业、在制作所和工厂内从事的行业以及农业。在支付该等资本开支的课税年度内，纳税人可获开支总数20%的初期免税额，其后每年可获开支总数4%的免税额，直至该项开支全部注销为止。如有关资产中途变卖，则会根据该项资产的卖价与变卖时折余价值之间的差额，来决定所给予的结余免税额，或作出结余课税。

商业建筑物及构筑物：任何非工业建筑物或构筑物，如用作经营行业、专业或业务（用作出售的楼宇除外）均可获商业建筑物免税额，即每年获减免为兴建该筹建筑物或构筑物资本开支的4%。如有关资产中途变卖，则会根据该项资产的卖价与变卖时折余价值之间的差额，来决定所给予的结余免税额，或作出结余课税。

⑨计税依据。物业的应税收入根据为换取物业的使用权而付出给业主的代价而厘定。代价包括已收或应收的租金总额、为楼宇使用权而支付的许可证费用、整笔顶手费（顶手费是指租客在签署租约时付给业主的一笔不用退还的款项）。例如，业主接受旧租客将租约转让给新租客，而由租客付给业主的手续费。这类款项是使用该物业付出的部分代价，所以应课缴物业税）、支付给业主的服务费和管理费以及由住客支付的业主开支（如修理费。如有代价在该课税年度内已不能追回，可于计算物业的应税收入时扣除。物业的应纳税所得额，是以应税收入（扣除业主同意缴付及已支付的差饷后）减去20%作为法定的修葺及支出方面的免税额后所得出的数目，其他费用，如地租及管理费都是不能扣除的。曾作不能追回租金扣除而其后收回的款额，须在收回的年度视作代价计算。

⑩账簿及记录。凡在香港经营业务人士，必须就其收入及开支以中

文或英文保存适当的记录，以便确定其应税利润。法律规定必须就各项业务交易记录指定的详细资料。业务记录须自交易完结后，保存至少7年。任何人士如没有保存足够记录，可被罚款最高达100000港元。

⑪非居港人士及为非居港人士服务的代理人。非居港人士如在本港经营任何行业、专业或业务而获得于香港产生或得自香港的所有利润，均须缴税。此税项可直接向该非居港人士或他的代理人征收，而不论该代理人有否实际收取所得利润。税务局并可由该非居港人士的资产中追回此项税款，也可向代理人追讨。代理人必须由非居港人士的资产中保留足够款项，以备缴税。

非居港人士自课税范围中“a”及“b”分段所述获得款项，及非居港人士因非居港艺人或运动员在香港以其艺人或运动员身份演出，而直接或间接收取款项或利益（包括支付给政府的税项），均须缴税。此税项可以支付或以转账方式支付款项予上述非居港人士的香港人士的名义征收。该名缴付或以转账方式缴付这些款项的人士，须在其付款或以转账方式付款时从这些款项中扣除足够支付应缴税款的款额。

居港代销人须每隔3个月向税务局局长申报他代非居港寄销人所做的销售总额，并须向税务局局长缴付相当于该总额1%的款项。但在税务局局长同意下，可缴付较少的数额。

倘若无法确定非居港人士在本港经营行业、专业或业务实得的利润，税务局可根据该项业务在本港的营业额，按一合理的比例计算所获得利润。

在不抵触《税务条例》第50AAK条（即规则2：关于将非香港居民人士的收入或亏损归因于有关人士的独立企业原则）的范围内，倘若非居港人士（财务机构除外）的业务总行设在香港以外地方，而账目未能显示该行设在本港的常设办事处所实得的利润，在进行纳税时，该驻港分行的利润将以比例方法计算，即香港分行的利润在利润总额中所占的比率，相当于此分行的营业额在营业总额中所占的比率。

此外，《税务条例》对非居港船主或非居港飞机东主，因他们的船只造访香港水域或他们的飞机降落香港机场而须缴付的税款亦有明文规定。有关进一步的详情可向税务局查询。

（2）薪俸税。如个人因任何职位、受雇工作或退休金，而获得于香港产生或来源于香港的收入，则该收入需要申报缴纳薪俸税。如果是非香港受雇，则仅就在香港工作所取得的收入缴纳薪俸税。

①纳税人。在香港取得应税收入的所有人，不考虑是否为居民纳税人。

②课税范围。于香港产生或得自香港的职位、受雇工作及退休金所得均须课缴薪俸税。至于所得是否“于香港产生或得自香港”，决定于受雇工作（即所得来源）的地点。“于香港产生或得自香港的所得”一词，包括所有纳税人因在香港提供服务而获得的收入，但此项定义并不影响该词的一般广泛含义。《税务条例》对那些在本港作短暂停留的海员及飞机服务员，以及那些曾在香港境外缴纳类似香港薪俸税的税项的人士均有特别规定。

所得包括各种得自雇主或他人的所得和额外赏赐。度假旅程利益、股份奖赏及股份认购权收益，均属应课税所得。而股份认购权收益在行使、转让或放弃股份认购时，才须纳税。即使雇员在行使认购权当日已离职，该收益仍须课税。

就雇主或关联企业免费供给寓所（包括由雇员自赁寓所，而由雇主退还全部租金）在纳税时所计算出来的“租值”，亦是应课税所得。如获提供的居所为一楼宇单位或服务式住宅，则“租值”是雇主和关联企业给予该雇员薪酬总数［扣除了支出（但不能减少个人进修开支）和折旧后］的10%。纳税人可选择以应课差饷租值代替以10%计算的租值。如获提供的居所是酒店、宿舍或公寓，“租值”则按得自雇主和关联企业的全部所得减去适当扣除额后以8%（占用不超过两个房间）或4%（占用不超过一间房间）计算。若雇主提供一楼宇单位并指定给超过一名雇员共用，计算“租值”的方法与酒店、宿舍或公寓相同。

③计税依据。薪俸税的征收是根据每个课税年度内的应课税所得计

算。由于该年度的所得数额须待该年度结束之后才能计算清楚，因此，税务局会在该课税年度先征收一项暂缴薪俸税，待下一年度评定该课税年度的所得和应课缴的薪俸税后才作调整。调整时，该课税年度的暂缴税（已缴付）先用来抵销应课缴的薪俸税，倘有剩余，则用以抵销下一课税年度的暂缴税。

举例来说，纳税人在2021年7月1日开始受雇，及在2021—2022课税年度赚取了9个月的所得。在估计他的2022—2023课税年度暂缴税时，须将所申报的9个月所得推算至12个月。如在收到税单后，纳税人发觉他的应课税所得实额（所得－扣除项目－免税额）可能会比评估的数额少10%或以上（例如他在2022年10月31日停止受雇），可申请缓缴暂缴税，最迟在缴交暂缴税的限期前28天或暂缴税通知书发出日期后的14天内（二者以较迟的日期为准）提出申请。在计算薪俸税时，纳税人可申请扣减免税项目和免税额。有资格得到一项新的免税额，亦可作为申请缓缴暂缴税的理由。

④税率。

累进税率：薪俸税实行五级超额累进税率，最高税率和最低税率分别为17%和2%。一般来说，累进税率适用于中等和低收入个人（见表4－2）。

表4－2　　薪俸税累进税率

2020—2021年及2021—2022年应税年度的税率应税收入实额（已扣减免税总额）	累进税率
第一税阶——第一个50000港元	2%
第二税阶——第二个50000港元	6%
第三税阶——第三个50000港元	10%
第四税阶——第四个50000港元	14%
余额	17%

标准税率：目前薪俸税标准税率为15%。香港特区政府根据年度财政情况，可能会对税率进行调整。一般来说，标准税率适用于高收入

个人。

⑤已婚人士及配偶所得。已婚人士须负责其本身有关薪俸税的一切事宜，包括填交报税表及缴纳评定的税项。倘若纳税人及其配偶的税收负担在分开纳税下较在合并纳税方式下所计算的为多，可选择“合并纳税”。

⑥税收优惠（见表4－3、表4－4）。

表4－3　香港薪俸税个人免税额

<table>
<tr><th colspan="2">项　目</th><th>金额（港元）</th></tr>
<tr><td colspan="2">基本免税额</td><td>132000</td></tr>
<tr><td colspan="2">已婚个人免税额</td><td>264000</td></tr>
<tr><td colspan="2">单亲免税额</td><td>132000</td></tr>
<tr><td rowspan="2">子女免税额（每名计算）</td><td>第1名至第9名子女</td><td>120000</td></tr>
<tr><td>在子女出生应税年度的额外免税额</td><td>120000</td></tr>
<tr><td colspan="2">供养兄弟姊妹免税额（每名计算）</td><td>37500</td></tr>
<tr><td rowspan="2">供养父母/祖父母/外祖父母免税额（每名计算）</td><td>年龄60岁或以上或有资格根据政府伤残津贴计划申请津贴的父母/祖父母/外祖父母</td><td>50000</td></tr>
<tr><td>年龄55至59岁父母/祖父母/外祖父母</td><td>25000</td></tr>
<tr><td rowspan="2">供养父母/祖父母/外祖父母额外免税额（每名计算须连续全年与纳税人同住）</td><td>60岁或以上或有资格根据政府伤残津贴计划申请津贴的父母/祖父母/外祖父母</td><td>50000</td></tr>
<tr><td>年龄55至59岁的父母/祖父母/外祖父母</td><td>25000</td></tr>
<tr><td colspan="2">伤残受养人免税额（每名计算）</td><td>75000</td></tr>
<tr><td colspan="2">伤残人士免税额</td><td>75000</td></tr>
</table>

表4－4　香港薪俸税扣除项目

项　目	金额（港元）
个人进修开支	100000

续表

项　目	金额（港元）
住所贷款利息（20 年）	100000
长者住宿照顾开支	100000
强制性公积金供款	18000
延期年金保费和可扣税强积金自愿性供款	60000
自愿医保计划保费	8000

个人进修开支：2020—2021 年度个人进修开支的最高扣除额为每年 100000 港元。修读认可院校培训课程所缴交的费用可列为可税前扣除的开支。

住所贷款利息：用于购买自住物业的按揭利息支出可从应课薪俸税收入中扣除。自住物业业主可就一个物业申请扣减每年最多 100000 港元的按揭利息支出，住所贷款利息扣除年期为 20 年。但其物业再按揭的利息不可以作为扣除项目。

长者住宿照顾开支：在照顾长者方面，纳税人可以选择享有供养父母/祖父母或外祖父母免税额，或者将供养接受院舍（如老人院、老人看护中心等）照顾的父母/祖父母/外祖父母的有关费用列为可税前扣除的开支。

可扣除额是在有关应税年度实际缴付予院舍的住宿照顾开支。每名父母/祖父母/外祖父母的可容许扣除额上限以每年的指明款项为准。2020—2021 年度这方面的开支扣除上限为 100000 港元。

指明的扣除额上限在该父母/祖父母/外祖父母年满 60 岁的该纳税年度也可适用。换言之，可允许扣除额无须按该父母/祖父母/外祖父母 60 岁生日之前和以后的天数作出摊分。

可获扣除的金额只包括提供照顾的费用（例如住宿、饮食、护理及杂项开支）。医药费、由院舍代支付并获得付还的私人费用（例如一些按个别个人的需要而支付的费用），均不获扣除。

强制性公积金供款：雇员对认可的退休计划及强制性公积金计划

（强积金计划）所作出的供款可用作税前扣除，最高扣除额为每年根据强积金计划实际支付的强制性供款。2020—2021 年度最高可扣税款额为 18000 港元。

自 2019—2020 年度起，雇员支付认可的延期年金保费和可扣税强积金自愿性供款可用作税前扣除，最高扣除额为每年 60000 港元，每名纳税人可获容许的扣除额不得超过实际支付的合资格年金保费和可扣税强积金自愿性供款的合计金额；或指明最高扣除额，数额以较低者为准。2019—2020 年及其后课税年度指明最高扣除额（两项合计）为 60000 港元。

医保计划保费：自 2019—2020 年度起，在自愿医保计划下支付购买合资格自愿医保产品的保费可以获得税前扣除，每年每位受保人可以申请税前扣除的保费上限为 8000 港元。

其他：慈善捐款、房租补贴、旅游和度假的有关福利。

⑦个人所得课税。如果纳税人在一个纳税年度，除受雇收益（如工资、薪金）外，还同时取得物业出租所得或经营所得，该三类所得，应分别各自独立纳税和申报缴纳；但是如果纳税人符合相关规定，则可以选择以“个人所得税”纳税申报方式，将三类所得收入合并计算并申报纳税。“个人全部收入所得”都可以按照薪俸税的纳税规定，全额享受个人免税额和累进税率。

居民的身份资格条件：一是只有个人（自然人）才可以选择个人所得课税；二是必须年满 18 岁，或者未年满 18 岁但父母均已去世的香港永久性或临时性居民（180 天/年或 300 天/两年），或者属于已婚且配偶为香港永久性居民或临时居民，才有此项选择权。

2. 财行税

（1）物业税。

①纳税人。纳税人为在香港拥有政府直接划拨的土地或建筑物或土地连建筑物的拥有人。根据《税务条例》第 2 条的定义，“拥有人”指

名字已登记在土地注册处的人，包括：

- 土地注册处之登记拥有人；
- 实益拥有人；
- 终身权益拥有人；
- 按揭人（即借款人）；
- 管有承押人（即承受抵押权并管有财产的人）；
- 拥有相应土地业权并就该土地上的建筑物或其他构筑物收取租金的人；
- 为了购买土地、建筑物或土地连建筑物，向根据《合作社条例》（香港法例第33章）注册的合作社付款的人；
- 在须缴地租或其他年费的条件下持有土地或建筑物或土地连建筑物的人；
- （就公用部分而言）根据《建筑物管理条例》《香港法例第344章》第8条注册的法团、单独或与他人共同为其本人或代他人就任何公用部分的使用权收取金钱或金钱等值代价的人；
- 拥有人的遗产的遗嘱执行人。如拥有人为公司，而其业务为拥有和出租物业，可申请豁免缴纳物业税，因为租金收入已在公司的利得税中申报（参阅利得税税收优惠部分）。

《2010年税务（修订）（第2号）条例》修订了《税务条例》第2条中“拥有人”的定义，把业主立案法团（依据按香港法例第344章《建筑物管理条例》成立、业主自行进行大厦管理事务的社会法人组织形式）确认为公用部分的拥有人，并扩展至包括收取大厦公用部分租金的人士（例如大厦管理公司）。同时加入“公用部分”的定义。香港税务局一直认为业主立案法团是楼宇公用部分的拥有人，须为该大厦申报公用部分的租金收入和缴税。修订案为此惯例提供清晰的法例支持。它同时授予业主立案法团和收取公用部分租金的人等同拥有人的税务责任。

②课税范围。香港税务局在每个纳税年度按照在香港的土地或建筑

物的应纳税净值，以标准税率计算向土地或建筑物的拥有人征收物业税。

若土地和建于其上的任何建筑物的拥有人相同，该土地和建筑物则无须分开纳税，否则需要分别纳税。

“土地、建筑物或土地连建筑物”在通常情况下具有一般含义。《税务条例》第7A条把含义引申至包括“码头、货运码头及其他构筑物”。构筑物的一些例子有：墙壁、水坝、广告招牌、灯箱、油站等。这也包括建筑物内的公用部分。除了考虑相关税项豁免外，“建筑物”应包括建筑物的任何部分。

根据《税务条例》第2条的定义，“公用部分”是就土地或建筑物或土地连建筑物而言，具体来说：

一是指该土地或建筑物或土地连建筑物的整体，但不包括在土地注册处注册的文书所指明或指定、专供某拥有人使用、占用或享用的部分；

二是包括《建筑物管理条例》《香港法例第344章》附表1指明的建筑物部分［（a）段所述的文书如此指明或指定者除外］。

物业税还包括暂缴物业税的纳税，以该纳税年度前一年的应纳税净值实额为依据，并与该纳税年度前一年的纳税一并计算。

有关物业税的豁免目前有多项法例条文，其中最常见的是物业收入由需要计征利得税的法团赚取的情况。

③税率。任何坐落于香港的土地或建筑物的拥有人，就该等土地或建筑物的应纳税净值，以15%的标准税率缴纳物业税。

④税收优惠。根据《税务条例》，如有下列情况可以减免税：

• 政府及领事：如果物业的拥有人是香港特区政府，则可豁免缴纳物业税。此外，根据《领事关系条例》，拥有物业的海外国家机构也可豁免缴纳物业税；但这豁免只适用于实际作为领事事务用途或领事馆职员住所的物业。然而，由于这些物业没有租金收入，所以自1983—1984课税年度以来都没有应纳税值。这项豁免也就没有实际效用。

• 法团：是指根据香港或者其他地方任何有效成文法则或成立章程而成立为法团或注册的任何公司，但不包括合作社或职工工会。法团在香港出租物业，会被视为在本港经营业务，而须就其拥有的物业收入缴纳利得税。如果来自应课物业税的收入已包括在纳税人所得的利润内评定利得税，或物业由拥有人自用，以赚取此等利润，则已缴付的物业税会用作抵减应缴付的利得税，多缴的物业税将被退还。

除上述安排外，在本港经营行业、专业或业务的法团因出租或分租物业所得的租金收入，可以书面向税务局局长提出申请豁免缴付该物业的物业税，并缴纳利得税。若该法团并没有申请豁免，其已缴付的物业税在获得税务局局长批准的情况下可在应缴利得税中抵扣。但是，值得注意的是，纳税人不得因为已提出豁免申请或已提交利得税报税表而假定豁免已获批准。关于利得税申报的内容，请参阅上文利得税部分。

根据《税务条例》第 25 条（a），法团必须满足下列条件之一，方可豁免缴纳物业税：

来源于该物业的利润须是经营该行业、专业或业务所得的利润的一部分；该物业须由该拥有人占用或使用以产生应课所得税的利润。

只要能够持续满足相关条件，法团就可以继续获得豁免征收物业税。虽然《税务条例》第 25 条（a）列出了法团豁免物业税的条件，但值得注意的是，《税务条例》第 25 条主要是允许个人将所缴付的物业税用来抵扣其应缴利得税。

会社与行业协会：会社和行业协会均为彼此互助互利的团体，所以会在若干特定情况被视为从事业务而需要缴纳利得税。若这些团体需要缴纳利得税，便可豁免缴纳物业税。若这些团体不需要缴纳利得税，则必须缴纳物业税。然而，如果有关物业是这些团体的营业场所，则不会有实际的物业税。

其他：根据《税务条例》第 87 条的规定，行政长官会同行政会议可豁免任何人、办事处或机构缴付应征收的物业税款的全部或任何部分。第 88 条规定，任何属公共性质的慈善机构或信托，均获豁免缴纳物业税。

⑤供业主用作商业用途的物业。法团在香港出租物业，会被视为在本港经营业务，而须就其物业收入缴纳利得税。不过，如来自应课物业税的收入已包括在纳税人所得的利润内评定利得税，或物业由业主自用，以赚取此等利润，则已缴付的物业税会用作抵销应缴付的利得税。多缴的物业税将获退回。除上述安排外，在本港经营行业、专业或业务的法团，则可以书面向税务局局长申请豁免缴付可从利得税内抵销的物业税。

（2）差饷（房产税）。差饷是根据《差饷条例》（香港法例第116章）的规定，对物业单位的拥有人及占用人征收的税项。主要是按征税地的房产价值或租值，抽取一个比例的款项作为地税，是香港特区政府向香港境内房地产业主征收的一种财产税。其性质与内地房产税类似，只是不论是否出租或是自住用途的物业，其差饷计算方法和税款没有差别。

①纳税人。除豁免评估的物业外，香港所有物业均须评估差饷。而香港持有物业单位的拥有人及占用人为差饷的纳税人。

"物业单位"（Tenement）指作为个别或独立的租赁或持有单位或占用，或根据任何特许而持有或占用的土地（包括有水淹盖的土地）、建筑物、构筑物或建筑物或构筑物的部分；"拥有人"（Owner）指直接从政府取得的物业单位的持有人（不论是根据租约、特许或其他形式持有），或物业单位的直接业主，或该等持有人或直接业主的代理。对于工业装置，任何人借任何工业装置而占用，该人亦须当作为该物业单位的占用人，并须缴付所评估的差饷。

在某些情况下，可把两个或以上物业合并评估差值。合并物业的占用人或任何一名占用人或拥有人均为差饷纳税人，有责任缴纳合并物业的差饷。

如果物业是出租，缴交差饷的责任则由双方所订的租约条款决定，一些租约指定由租户缴交，另一些租约则可能规定租金中"包差饷"，即由业主缴交。

②课税对象。物业在指定估价依据日期作出租用途时，可取得的合理年租金，应课差饷租值。

③计税依据。

评估基础：差饷的征收及估值由差饷物业估价署负责。差饷的计算，是先由差饷物业估价署为每项物业计算应课差饷租值。应课差饷租值的定义，是估计物业在指定估价依据日期作出租用途时，可取得的合理年租金。应课差饷租值是评估差饷的基础。《差饷条例》第 7b 条对应课差饷租值的定义有以下说明：

“……须相等于在下述情况下物业单位按年租出可合理预期得到的租金：租客承担支付一般由租客支付的所有差饷及税项；业主承担支付地税、修葺费用、保险费以及维持该物业单位于能得到该租金的状况所需的其他开支。”

应课差饷租值是物业单位在公开市场出租时估计可收取的年租。“假定租赁”是惯常做法，并有法律案例支持，应课差饷租值就是假定物业以其实际状况空置出租，并获业主和租客双方同意订定租赁，然后依据物业出租后可收取的年租而估算出来。评估租金时，必须假设业主愿意承担维修费用和其他必需开支的责任，将物业单位维持于合理的状况。这意味着在评定应课差饷租值时，无须理会一般的失修情况。然而，无法修复的严重失修，或只有耗费不菲才能修复的情况，则应加以考虑。应课差饷租值是参考同区类似物业于估价期间租金的市价，按照物业的面积、位置、设施及管理水平等进行调整而计算。假如楼价上升，租金会跟随上升，应课差饷租值亦会随之而上升。

另外，对于不在差饷估价册内但须评估差饷的物业单位，估价署署长可随时作出临时估价。这种做法主要适用于新落成物业单位，或曾进行结构性更改的物业单位。

参考租金的估价方法（租金比较法）：大部分物业的估价均可参考其租金资料。当有关物业或相类似物业的租金资料在公开市场可供参考时，而这些资料符合应课差饷租值的法定定义，或者无须作出有损其可靠性的重大调整，则依据这些资料进行估价便是最理想的估价方法。

参考收支数据的估价方法（收支法）：如没有租金资料可供参考，或须分析有关业务的收支数据，作为占用人租用该物业时愿意付出租金的指标。评估物业时须假设占用人有赚取利润的动机，并假设其业务不可在其他物业经营。这种估价方法一般应用于公用事业设施、酒店、电影院等。

参考建筑成本的估价方法（建筑成本法）：这个估价方法适用于一些较少出租，因而通常没有租金资料可供参考，且收支法又不适用的物业单位。香港采纳这个估价方法来评估油库、高尔夫球场、康乐会所及其他类似物业单位的差饷。

评估日期：有关“差饷估价册内划一估价水平”的条文于 1981 年修订，规定在确定应课差饷租值时，必须参考一个指定日期，即“估价依据日期”当日的租金水平。在该日之后租金的一般变动，并不在考虑之列。因此，随后的租金升跌都不会影响应课差饷租值水平。近年来，估价依据日期均定为 10 月 1 日，新差饷估价册的生效日期则为翌年的 4 月 1 日，即 2019—2020 年度差饷估价册的估价依据日期为 2018 年 10 月 1 日。

估价方法：估价方法主要有以下三种方法，是评估物业差饷最常用的估价方法。

- 参考租金的估价方法（租金比较法）：大部分物业的估价均可参考其租金资料。当有关物业或类似物业的租金资料在公开市场可供参考时，而这些资料符合应课差饷租值的法定定义，或者无须作出有损其可靠性的重大调整，则依据这些资料进行估价便是最理想的估价方法。
- 参考收支数据的估价方法（收支法）：如没有租金资料可供参考，或须分析有关业务的收支数据，作为占用人租用该物业时愿意付出租金的指标。评估物业时须假设占用人有赚取利润的动机，并假设其业务不可在其他物业经营。这种估价方法一般应用于公用事业设施、酒店、电影院等。

• 参考建筑成本的估价方法（建筑成本法）：这个估价方法适用于一些较少出租，因而通常没有租金资料可供参考，且收支法又不适用的物业单位。香港采纳这个估价方法来评估油库、高尔夫球场、康乐会所及其他类似物业单位的差饷。

④税率。以 2019—2020 财政年度而言，差饷征收率为 5%。

⑤计税方法。物业的应缴差饷则是以应课差饷租值乘以一个百分比的差饷征收率计算：

差饷 = 应课差饷租值 × 税率

⑥税收优惠。《2021 年差饷（豁免）令》宣布所有物业单位获豁免缴交 2021 年 4 月 1 日至 2022 年 3 月 31 日的差饷：住宅物业单位首两季（2021 年 4 月至 2021 年 9 月）以每户每季 1500 元为上限，其后两季（2021 年 10 月至 2022 年 3 月）以每户每季 1000 元为上限。非住宅物业单位首两季以每户每季 5000 元为上限；其后两季则以每户每季 2000 元为上限。豁免评估差饷下述物业单位，或其部分，均获豁免评估差饷：

• 农地及相关建筑物；

• 用作与农地或农务作业相关用途的新界住宅建筑物；

• 位于新界指定地区内，并符合规定面积、高度和类别等准则的村屋；

• 为供公众作宗教崇拜之用而建成，并完全或主要作该用途的物业单位；

• 坟场及火葬场；

• 政府、立法会行政管理委员会或财政司司长法团所拥有并占用作公共用途的物业；

• 由政府所拥有并由公职人员凭借其受雇而占用作住宅的物业；

• 由香港房屋委员会所拥有并由政府占用作公共用途的物业；

• 军事用地；

• 若干新界重建村落物业单位；

• 平房区或临时房屋区内用作住宅用途的物业；

• 其评估应课差饷租值不超过订明款额的物业。

豁免缴纳差饷：

下列类别的物业单位获豁免缴纳差饷：

• 完全或主要供公众作宗教崇拜之用的所有或部分物业单位，但不包括根据《差饷条例》第36①条获豁免评估差饷者（此条文豁免并非特别为此用途而兴建的物业）；

• 政府或财政司司长法团或其代表所占用作公共用途的物业单位或其部分，但不包括根据《差饷条例》第36①条获豁免评估差饷者（此条文豁免由政府或财政司司长法团占用而非拥有的物业）；

• 政府所持有并由公职人员凭借其受雇而占用作住宅或留待作此用途的物业单位或其部分，但不包括根据《差饷条例》第36①条获豁免评估差饷者（此条文豁免并非由政府拥有而用作政府宿舍的物业）。

（3）印花税。

①纳税人。印花税是就文书征收的税种，纳税人为签立了应税文书的双方或多方，而双方或多方需共同及个别地负责缴纳印花税。纳税人无论是个人或是公司，处于香港境内或是境外，只要所书立的文书属于《印花税条例》附表1所示的四个类别，需就书立的应税文书缴纳印花税。

②征税范围。印花税有一定的地域征收范围是在交易主体的财产性质上，而不是签立文书的地方。即使文书是在香港以外地方签立，也需要征收印花税四类应征收印花税的文书载于《印花税条例》附表1中。这些应征收印花税的文书分别为：

• 转让或租赁坐落香港的不动产（如住宅、土地等）；

• 转让香港证券（如买卖证券、证券借贷等）；

• 香港不记名文书；

• 上述可征收印花税文书的复本及对应本。

③税率。香港不动产印花税税率如下。

• 不动产的买卖。住宅适用第 1 标准税率第 1 部（税率统一为 15%）；非住宅适用第 1 标准税率第 2 部（见表 4－5）。

表 4－5　　香港印花税第 1 标准税率第 2 部　　（单位：港元）

代价或市值	应缴税款
1～2000000	代价的 1.5%
2000001～2176470	30000＋[（代价－2000000）×20%]
2176470～3000000	代价的 3%
3000001～3290330	90000＋[（代价－3000000）×20%]
3290331～4000000	代价的 4.5%
4000001～4428580	180000＋[（代价－4000000）×20%]
4428581～6000000	代价的 6%
6000001～6720000	360000＋[（代价－6000000）×20%]
6720000～20000000	代价的 7.5%
20000000～21739130	1500000＋[（代价－20000000）×20%]
21739130 以上	代价的 8.5%

然而，上述第 1 标准税率不适用于以下情况：

买方是香港永久性居民，而其在购买有关住宅物业（不论是否连同一个车位）时，是代表自己行事且在香港没有拥有任何其他住宅物业（及车位，如适用）；

由多于一名香港永久性居民以分权拥有人或联权拥有人方式共同购入住宅物业（不论是否连同一个车位），而他们在购买有关住宅物业时，各人均是代表自己行事及在香港没有拥有任何其他住宅物业（及车位，如适用）；

由一名香港永久性居民与其非香港永久性居民的近亲（即配偶、父母、子女、兄弟或姐妹）以分权拥有人或联权拥有人方式共同购入住宅物业，他们在购买有关住宅物业时，各人均是代表自己行事及在香港没有拥有任何其他住宅物业；

近亲之间买卖或转让住宅物业，不论他们是否香港永久性居民及在购买或转让该物业时，是否在香港拥有任何住宅物业；

提名一名在香港拥有住宅物业的近亲（不论是否香港永久性居民）签立转易契；

购买人购买住宅物业或非住宅物业是由法院判令或命令作出或依据法院判令或命令作出的，该等法院判令或命令包括不论是否属《税务条例》第2条所指的财务机构的承按人取得的止赎令；

根据转易契，将一个按揭住宅物业转让或归属予该物业的承按人（该承按人须属《税务条例》第2条所指的财务机构），或该承按人委任的接管人；

在此情况下，较低的“从价印花税”税率（第2标准）将适用。此外，任何2020年11月26日或以后签立以买卖或转让非住宅物业的文书的（从价印花税）将会以第2标准税率征收（见表4-6）。

表4-6　香港印花税第2标准税率　（单位：港元）

代价或市值	应缴税款
1~2000000	100
2000001~2351760	100+[(代价-2000000)×10%]
2351761~3000000	代价的1.5%
3000001~3290320	45000+[(代价-3000000)×10%]
3290321~4000000	代价的2.25%
4000001~4428570	90000+[(代价-4000000)×10%]
4428571~6000000	代价的3%
6000001~6720000	180000+[(代价-6000000)×10%]
6720000~20000000	代价的3.75%
20000000~21739120	750000+[(代价-20000000)×10%]
21739120以上	代价的4.25%

• 额外印花税（见表 4 – 7）。

表 4 – 7 香港额外印花税税率

不同的物业持有期	2010 年 11 月 20 日—2012 年 10 月 27 日取得物业	2012 年 10 月 27 日之后取得物业
物业在 6 个月或以内转售	15%	20%
超过 6 个月但在 12 个月或以内转售	10%	15%
超过 12 个月但在 24 个月或以内转售	5%	10%
超过 24 个月但在 36 个月或以后	—	10%

买卖双方在物业转售交易中须共同及个别承担缴付额外印花税的责任。另外，于 2010 年 11 月 20 日前已取得的住宅物业，不论其什么时候处置都无须缴纳额外印花税。

• 买家印花税。2012 年 10 月 27 日之后就住宅物业所签立的买卖协议或售卖转易契。税率为物业交易的代价或物业市值（以较高者为准）的 15%。

• 不动产的转易。不动产的转易一般适用于赠予或以低于公允价值转让不动产的情况，同样适用买卖不动产的印花税率，但计税基准为被转易不动产的市值。

• 不动产的租赁（见表 4 – 8）。

表 4 – 8 香港不动产租赁印花税税率

租赁期	印花税率
租赁期不肯定	平均年租的 0.25%
1 年或以下	租金总额的 0.25%
超过 1 年但不超过 3 年	平均年租的 0.5%
超过 3 年	平均年租的 1%

香港证券：香港证券主要包括在香港注册成立的公司或在香港联合交易所上市的公司的股份。（包括内地购买者购买交易的股票）成交单

据（买单或卖单）（印花税率：买卖双方各 0.13%）；证券转让文书（定额印花税：5 港元）；证券买卖：代价或证券价值的 0.1%（或如上 0.13%），由于购买人和售卖人必须各自签立成交单据，因此交易的印花税合计为 0.26%；无偿处置转让产权：代价或所转让股份价值的 0.26% 征收从价印花税，另加定额印花税 5 港元；证券借用及借出：代价或所转价值的 0.26% 不记名文书。

不记名文书：按发行时市值的 3%。

复本及对应本：征收 5 港元的定额印花税。

④计税依据。印花税是以文书的代价（售价）或文书所涉及不动产或证券的价值二者中的较高数额计算。实际执行方面，印花税署署长会先根据申报的售价征收印花税。如果转让的不动产或证券的价值在其后被认为高于申报的代价，则印花税署署长会作出进一步评税，按超过申报售价的价值征收额外的印花税。不动产转让的印花税值是按不受留置权限制的物业市值计算。市值一般会由差饷物业估价署署长提供。就非住宅物业来说，确定价值是以转让日为准。证券转让的印花税值是按所转让证券的净值计算。在确定印花税值时，印花税署署长一般会根据有关公司近期的账项，重新评估该公司资产在证券转让时的市值。

⑤税收优惠。豁免缴交额外印花税：

• 提名父母、配偶、子女或兄弟姐妹接受物业权益；

• 增加、删除原有买家的父母、配偶、子女或兄弟姐妹的名字；

• 由法院判令或命令作出或依据法院判令或命令作出的物业出售、转让，包括所有按《土地（为重新发展而强制售卖）条例》发出的强制售卖令，以及财务机构的承按人取得的止赎令，以及卖家出售其自法院判令或命令出售、转让予或归属于卖家的物业；

• 出售物业仅关乎破产人的产业或因无能力偿付其债项由法院清盘的公司的财产；

• 属税务条例第 2 条所指的财务机构的承按人，或该承按人委任的接管人，透过不同方式把已承按的物业出售；

• 在拆卸原有住宅物业以供建造新住宅物业后所进行的转售或转让交易（包括空地）；

• 相关联法人团体之间进行物业买卖或转让；

• 把物业出售或转让予政府；

• 出售或转让与离世者的遗产有关的物业，以及出售或转让一个从离世者遗产中继承或根据生存者取得权取得的住宅物业；

• 把物业赠予获豁免征税的慈善机构。

综上，较为重要的豁免及宽免如下：

• 与政府的交易和领事馆处所租约等；

• 以婚姻为代价的馈赠；

• 向慈善机构作出的馈赠；

• 法人团体内的转让；

• 实益权益不变。

（4）商业登记费。

①缴费人。任何在香港经营业务的人士（包括海外个人或公司），需为其业务申请商业登记证来从事商业活动，并且缴付商业登记费及政府征费。

②征收对象。任何在香港独资、合伙或以公司（包括香港和海外成立的公司）形式开展业务的经营者须于有关业务开始经营起1个月内办理商业登记，是商业登记的纳税人。

③费率（见表4－9）。

表4－9　　商业登记证费率

商业登记证（港元）						分支机构登记证（港元）					
1年证			3年证			1年证			3年证		
登记费	征费	总数	登记费	征费	总数	登记费	征费	总数	登记费	征费	总数
0	150	150	3200	450	3650	0	150	150	116	450	566

④豁免征收商业登记费及征费。任何属于公共性质的慈善、宗教或教育机构从事以下业务：农业，包括种植供销售的蔬果花卉；繁育或饲养牲畜（包括生产奶品）、家禽（包括生产蛋类）、蜜蜂（包括生产蜂蜜）或鱼类（包括甲壳类动物及蚝）；渔业。但本段并不适用于根据《公司条例》（香港法例第622章）在香港成立为法团的公司或《公司条例》（香港法例第622章）第Ⅺ部适用的公司；政策局局长根据规例所不时准予豁免的其他业务。

小型业务可获豁免缴费，如纳税人业务每月的平均生意额不超过以下限额，可申请豁免缴付商业登记费及征费：

主要凭提供服务以赚取利润的业务：10000港元（由1996年4月1日起生效）；

其他业务：30000港元（由1996年4月1日起生效）。

对于现有业务，上述每月平均生意额须为紧接申请提出前6个月的每月平均款额。至于新开业务，则须为该业务开业后首6个月的估计平均款额。根据《商业登记条例》规定，局长在收到按照订明的方式提出的豁免申请后，如信赖有关业务情况，可豁免经营该业务的人缴付订明的商业登记费及征费。

如豁免是在订明的商业登记费及征费缴付后才批给的，该登记费及征费将被退还纳税人。

如独资股东或相同合伙人同时经营两项或多于两项业务，则任何一项该等业务均不会获得豁免。

（5）汽车首次登记税。香港没有特别针对进出口货物（包括汽车）征收关税，但为了减少香港特别行政区道路的负荷和控制进口车辆的数量，降低空气污染，香港特区政府根据《汽车（首次登记税）条例》（香港法例第330章）对所有在香港道路上首次使用的汽车，征收“汽车首次登记税”。

①纳税人。车辆可以个人或注册公司名义作汽车首次登记，而该人士或公司同时成为汽车首次登记税的纳税人。

②课税对象。所有在香港道路上首次使用的汽车。

③税率（见表4－10）。

表4－10　　香港汽车首次登记税税率

<table>
<tr><th colspan="2">公布零售价或海关评估应课税值</th><th>税率</th></tr>
<tr><td rowspan="4">私家车</td><td>最初的150000港元</td><td>46%</td></tr>
<tr><td>其次的150000港元</td><td>76%</td></tr>
<tr><td>其次的200000港元</td><td>115%</td></tr>
<tr><td>剩余的应课税价值</td><td>132%</td></tr>
<tr><td colspan="2">客货车以外的货车</td><td>15%</td></tr>
<tr><td colspan="2">的士、小巴、巴士或特别用途车辆</td><td>3.7%</td></tr>
<tr><td colspan="2">电单车、机动三轮车</td><td>35%</td></tr>
<tr><td rowspan="3">许可车辆总重不超过1.9公吨的客货车</td><td>最初的150000港元应课税价值</td><td>35%</td></tr>
<tr><td>其次的150000港元应课税价值</td><td>65%</td></tr>
<tr><td>其余应课税价值</td><td>85%</td></tr>
<tr><td colspan="2">许可车辆总重超过1.9公吨的客货车</td><td>17%</td></tr>
</table>

④征收规则。登记车主、申请首次登记的人或申请更改登记汽车所有权的人，如其购买的二手汽车或本地装配汽车，价格高于以下总数的价格出售的，需要缴纳额外首次登记税。首次登记税是以该汽车的应课税值及根据汽车（首次登记税）条例附表内就该类别的汽车所指明的百分率计算。

⑤税收优惠。符合以下情况者，可以享受减免税：

• 由2018年4月1日至2024年3月31日期间（包括首尾两天），一般电动私家车首次登记税的宽减额将维持以97500港元为上限；及电动商用车、电单车和机动三轮车将继续获全数豁免其首次登记税；

•“一换一”计划：由2021年2月24日至2024年3月31日期间（包括首尾两天），符合条件的私家车车主如购买新电动私家车并安排拆毁其拥有的合条件的旧私家车，将可获较高的首次登记税宽减额，上限为287500港元；

• 如就汽车申请首次登记的伤残人士能够令署长相信他适宜驾驶该汽车，可减免该汽车的应课税价值中为首的300000港元的首次登记税；

• 如伤残人士要求获得豁免，而有关汽车的应课税价值超过300000港元，则署长须按适用于未扣除豁免额的全部应课税价值的比率，就结余的应课税额评估首次登记税；

• 伤残人士如在之前5年内曾登记一辆获豁免的汽车，或曾在无须缴税情况下登记一辆汽车，则无权登记一辆获豁免的汽车，但如署长按其绝对酌情决定权信赖情况特殊，则属例外。

由2007年4月1日起，申请人前往运输署香港牌照事务处为其私家车递交首次登记申请时，如能同时提交有效的“环保私家车证明书”，在文件及资格获核实后，可减免汽车首次登记税30%，减免上限为每辆50000港元。

3. 税收征管

（1）税收管理机构。

①税务系统机构设置。

香港税务局：香港税务局（Inland Revenue Department）最高管理层由局长、两名副局长和5名助理局长组成。税务局局长同时被法定委任为印花税署署长及遗产税署署长。截至2022年9月30日，香港税务局共有2933个职位，分布于局长办公室和6个科别。部门职系人员（即纳税主任、税务主任及税务督察）的职位有764个，负责处理税务事宜；其余2169个职位属行政和后勤职系人员，为香港税务局提供行政、信息科技和文书的支持。

税务委员会：税务委员会是根据《税务条例》第3条成立。委员会的主席为财政司司长，秘书由税务局副局长出任，另有4名委任委员。委任委员中只能有1名政府人员。委员会独立处理各项获得授权办理的事宜。

税务上诉委员会：税务上诉委员会于1947年根据《税务条例》第65条的规定成立，委员会由1名主席、8名副主席及67名委员组成，主席及副主席须由曾受法律训练及具有法律经验人士担任，而所有成员均须由行政长官（即香港特别行政区首长）委任。

联络小组：联络小组于1987年由会计界及商界自行成立。目前，联络小组有6个协会成员，包括美国商会、香港总商会、香港会计师公会、国际财政协会香港分会、香港律师会以及香港税务学会。参与联络小组会议的还有香港银行公会、香港亚洲资本市场税务委员会及香港工业总会。税务局局长及数名其他政府官员可能会以与会观察员身份出席联络小组的会议。

②税务管理机构职责①。

香港税务局职责分工见表4-11。

表4-11　　香港税务局职责分工

科室	负责内容
部门行政	人事、总务、办公室设施、会计
局长直辖科	上诉、税务研究、税收协定、慈善捐赠、投诉、内部稽核、特别任务、表格及服务
总务科	资讯系统、培训、咨询服务、文件处理、文件发送、税务档案、纳税（物业税-联名和法团拥有）及复查（利得税-独资经营、物业税、个人所得课税）
第一科	纳税及复查（利得税-法团及合伙）
第二科	纳税（薪俸税、利得税-独资经营、物业税-独资拥有、个人所得课税）
第三科	收税、税务巡查、遗产税、印花税、商业登记
第四科	实地审核及调查

① 此部分参考：香港税务局．香港税务局所课征的税项指南2022—2023［G］．北京：2022；国家税务总局．中国内地居民赴香港特别行政区投资税收指南［G］．北京：2021.

根据有关法律规定，税务局局长可以授权其他主任代为执行若干法定职务。但是某些情况下，必须是税务局局长亲自履行职责，如纳税人的纳税申报被认为不正确而又没有合理的解释，就必须补缴税款及加收罚款，罚款的数额只能由税务局局长或税务局副局长亲自评定。香港行政长官负责主要政府官员如税务局局长、副局长、助理局长、纳税主任及税务督察的职务任免。

税务委员会：税务委员会的职责是制定如下内容：物业税、薪俸税、利得税及个人所得课税所采用的报税表格或格式；机械及工业装置折旧的每年免税额比率；有关申请退款及减免的程序、提出税务上诉的程序及各项获授权处理的事宜。

税务上诉委员会：税务上诉委员会为独立法定团体，负责就税务上诉作出裁决。上诉人或局长如不同意裁决可提出申请，要求委员会就某法律问题陈述案件，以取得高等法院、原讼法庭的意见。

联络小组：联络小组是一个独立于政府的论坛，旨在讨论各种税务事宜，并向政府反映业界的意见。

（2）香港偷逃税的法律后果。

①罚款。香港税务局可以按照香港的税法，可以征收罚款，最高能达到 3 倍。除此外，还可以针对违法行为，再加收最高 5 万港元的罚款，即罚款的封顶为：3 倍税款 +5 万港元。

②刑事责任。按照香港税务条例，如逃税被定罪，税务局会起诉当事人，最终法院可以判刑（最高刑期为 3 年）。如公司使用假发票，就会触犯“制作虚假文书罪”。按照香港相关法律规定，“制作虚假文书罪”一旦经法庭定罪，最高可判入狱 14 年。所以，最严重的后果是最高可以获刑入狱 17 年。

（3）税收征管方式。香港税收征收管理方式，是以法制要求和纳税人高度遵守的自律性为基础，基本上是自主申报纳税。

一是采取纳税人自主评估为主，自行申报纳税。其形式是：纳税人从税务局获取纳税申报表，委托专业人员或自行填制，在法律要求的时间和地点，通过邮寄申报、网上申报等形式进行。目前已开通电话申报纳税服务，使纳税更加简便直接，促进高效征管。

二是实行按期预征年末结算的征收方式。绝大多数税收按期于每年1月和4月两次预征，纳税年度期末结算，多退少补，由纳税人通过网上缴税服务系统自动缴税。

三是推广储税券便利纳税人。对纳税人申报税款与税务局纳税有差额部分，由纳税人购买储税券，待双方达成一致后，再将储税券转为税款入库或退给纳税人。这种方法减少了偷逃税款的可能性，而且每年两次结算，年末一次计征的方法也大大降低了税收缴纳的时间和成本，提高了彼此的工作效率。

四是实行信息化服务与管理。引入信息技术辅助管理系统，对纳税人的管理以及对纳税资料和对纳税类型等的筛选工作都通过信息管理系统实现，大大降低了税收管理成本。同时，该系统的税务从业人员专业素质要求也较高。

（二）新加坡自由贸易港

1. 所得税

（1）个人所得税。

①征税范围。个人应就其在新加坡境内提供服务获得的受雇所得纳税，而无论酬金是在新加坡境内还是境外支付。居民个人获得境外来源的受雇所得不必纳税，但如果国外来源所得是通过境内合伙企业获取的，则不适用于这种豁免。新加坡居民个人通过合伙企业取得的外国来源股息、服务报酬、外国分支机构利润，如果符合某些规定条件，将免征新加坡税款。在新加坡进行贸易、个体经营、专业服务或职业活动的个人将就其获得的利润征税，至于个人是否从事贸易性质的活动，视具体情况而定。

一是应税所得。对各种所得形式的课税方式如下：

● 受雇所得：应纳税的受雇所得包括现金报酬、工资、薪金、休假薪资、董事费、佣金、奖金、退休补贴、额外待遇、通过雇员股份计划获得的收益和作为服务补偿的津贴。因雇佣获得的实物福利，包括探亲假旅费、雇主提供的住房、雇主提供的汽车以及孩子的学费，也在应纳税范围内。某些实物福利适用特殊税收待遇，但是，针对雇主提供住房的特殊税收待遇，自 2015 纳税年度起停止实行。针对为外国员工及其家庭成员提供探亲假旅费的特殊税收待遇，自 2018 纳税年度起停止实行。雇主为雇员向中央公积金（CPF）缴纳的法定强制缴费部分不构成应税所得。雇主向任何境外公积金或养老基金的缴费，在支付时应当被课税，除非因某些优惠条例而得以免税。

● 非通常居民计划：根据非通常居民计划，居民身份不符合两年行政特许（参见“纳税义务”）的居民雇员可享受以下优惠，有效期为 5 个连续纳税年度：按时间分摊受雇所得；雇主对非强制性海外养老基金或社会保障计划的缴费免税（某些例外），免税以中央公积金（CPF）规定的“普通”和“额外”工资的最大缴费限额为限。

要具备非通常居民计划的资格，雇员须满足以下条件：

在其计划申报该资格的纳税年度中必须被认定为税收居民；

或在其计划申报该资格的纳税年度的前三个纳税年度中该雇员若不被认定为税收居民，为享受按时间分摊受雇所得的优惠，该雇员必须同时满足以下附加条件：因其在新加坡受雇岗位的工作需要，而在境外停留 90 个以上的工作日（日历年）；个人受雇所得至少为 160000 新元；分摊后所得的应纳税额至少为新加坡受雇所得总额的 10%。时间分摊优惠同时适用于现金补贴和实物福利，董事费和雇主缴纳的新加坡税款除外。

新加坡在 2019 年财政预算中宣布：现行非通常居民计划将停用。最后一个非通常居民计划中的“非通常居民身份”有效的连续 5 年期，是从 2020 年至 2024 年。现行有效的“非通常居民身份”将自然延续至其身份失效为止。

• 自我雇用和个体经营所得：应税自我雇用所得是依据在一般公认会计原则下编制的财务报告来确认的，并根据税法对利润和亏损进行调整。个体经营所得和其他类型的所得合计，以确定应纳税所得额，按照“税率”一节中列出的税率课税。

• 投资所得：单一公司税制下，由新加坡税收居民企业支付的股息，股东在取得时不再征收所得税，不管该股息是从税后收入还是免税收益中支付的。

• 对雇主提供期权和股权计划的课税：雇主提供的股票期权在行权而非授予时课税。股份奖励在授予时课税，如果设有等待期，则在达到行权条件时课税。应税所得额为纳税义务发生时股份的公开市场价值与雇员支付的金额的差额。由于 2003 年 1 月 1 日起实行对购得股份的延期偿付，对当日及之后授予的期权和股份奖励，解除延期时才对其收益课税。应税所得额为解除延期当日股份的公开市场价值与雇员支付的金额的差额。

在海外受雇期间被授予的期权和股份奖励不被征税，即使是在派生收益被汇回新加坡且雇员被认定为税收居民的情况下，因为居民个人在新加坡收到的所有国外来源的所得（通过合伙企业取得的除外）都是免税的。自 2003 年 1 月 1 日起因在新加坡受雇而被授予的期权和股份奖励应当纳税，不管期权是在何处行权、股份是在何处达到行权条件。对于外籍雇员而言，终止受雇时（包括因工作调离新加坡或离开新加坡超过 3 个月）这些期权和奖励将被视为行权或达到行权条件，并立即对认定的收益征税。

对于在 2003 年 1 月 1 日及之后按雇员股权计划授予的雇员期权或股份，雇主可以申请“跟踪期权”，前提是满足特定的条件和要求。如果雇主被批准跟踪并且选择这样做，授予雇员的期权和股份需在行权或达到行权条件时申报纳税。

雇员可以选择利用一种激励计划，以推迟缴纳从股份计划中取得所得的税款（有利息费用）。

随后的股份出售产生的任何额外收益一般视为资本性质，不被课税。

二是非应税所得。在新加坡，资本利得不纳税。但在某些情况下，税务机关会将涉及收购和处置不动产、股票证券的交易视为实质上的贸易活动。相应地，从此类交易中产生的收益也应纳税。此类收益是否应纳税视具体情况而定。

三是免税所得。来源于新加坡的投资所得（即不被认定为从贸易、个体经营或专业服务中取得的收益或利润的所得），如果直接来源于个人的特定金融工具，包括标准储蓄、活期和定期存款，免征个人所得税。例如债券利息收入、年金、单位信托基金分配的收益，都属于此类所得。

居民个人在新加坡收到的所有国外来源的所得（通过合伙企业取得的除外）都是免税的。

对于非居民个人，应就其在新加坡境内提供服务获得的受雇所得纳税，而无论酬金是在新加坡境内还是境外支付。非居民个人在新加坡境内取得的外国来源的收入则免征个人所得税。

非居民个人在一个日历年中在新加坡就业不超过 60 天的，对其受雇所得中来源于新加坡的部分，免征个人所得税。这种免税不适用于公司董事、公众艺人或者从事专业工作的人员。

②纳税人。

居民个人：以税收为目的定义的居民个人是指在纳税年度的前一年，除了合理且与该个人为新加坡居民的判定不相矛盾的暂时离开之外，在新加坡实际居住或就业（公司董事除外）183 天或以上的个人。对于就业时期横跨两个日历年的外国雇员，设有一项特许（通常称“两年行政特许”），该特许规定：如果外国雇员在新加坡停留或工作至少连续 183 天（跨年度），将同时被认定为两个纳税年度的居民，即使每一年度在新加坡的时间都少于 183 天。

非居民个人：以税收为目的定义的非居民个人是指在纳税年度的前一年在新加坡实际居住或就业（公司董事除外）不超过183天的个人。

③税率。新加坡的税收居民个人应就其应税收入与个人扣除额的差额纳税（见表4－12、表4－13）。

表4－12　　新加坡2023年居民个人个人所得税税率

应税所得（新元）	税率（%）	应纳税额（新元）	累计应纳税额（新元）
20000以下	0	0	0
20001～30000	2	200	200
30001～40000	3.5	350	550
40001～80000	7	2800	3350
80001～120000	11.5	4600	7950
120001～160000	15	6000	13950
160001～200000	18	7200	21150
200001～240000	19	7600	28750
240001～280000	19.5	7800	36550
280001～320000	20	8000	44550
320000以上	22	—	—

表4－13　　新加坡2023年非居民个人个人所得税税率

所得类别	税率
受雇所得（董事费除外）	15%与居民应纳税额二者中的较大者
董事费	22%
专业服务所得	15%
利息（不包括从经批准的银行、信贷公司、具备资格的债务证券和项目债务证券获得的免税利息）	15%
股息（免税股息和单一制股息除外）	0

续表

所得类别	税率
由动产和科学、技术、工业或商业知识/信息的使用或使用权产生的使用费	10%
使用动产的租金	15%
公众艺人所得	10%，规定费用扣除
符合资格的国际仲裁员和调解员的收入	免税
其他收入	22%

④税前扣除。

可扣除费用：原则上，完全因产生收入而引起的费用均可税前扣除，但在实践中，受雇所得可用的费用扣除是有限的。税务局一般认为，雇主通常会报销雇员在履行职责过程中产生的所有必要费用。雇员必须能够向税务局证明其申请扣除的费用是履行职务过程中必然会产生的。

个人扣除项目及免征额：准许新加坡个人居民进行个人扣除，非居民个人不得对相关费用进行税前扣除抵减（见表4－14）。

表4－14　　新加坡个人所得税税前扣除

扣除类型	扣除额（新元）
配偶免征额	2000
残疾配偶	5500
劳动所得	
55岁以下	1000
55到59岁	6000
60岁以上	8000
残障人士劳动所得	
55岁以下	4000
55到59岁	10000

续表

扣除类型	扣除额（新元）
60 岁以上	12000
子女免征额	每人 4000
残疾子女免征额	每人 7500
赡养父母（至多两人）	
与纳税人共同生活	9000
未与纳税人共同生活	5500
赡养残障父母	
与纳税人共同生活	额外 5000
未与纳税人共同生活	额外 4500
祖父母照顾小孩免征额（针对职业母亲）	3000

备注：配偶免征额是传统的妻子免征额的扩充，目的是对男性和女性纳税人扶养配偶的行为给予褒奖。供养前任配偶的个人不再享受配偶免征额和残障配偶免征额。

职业母亲的子女减免和外籍女佣的扣除项目适用于在新加坡工作的已婚女性。父母在一定条件下可以获得生育退税。预备役军人及其配偶或父母可享受特殊扣除项目。

准许以下针对人寿保险费用或者其他被认可的养老基金缴费的税前扣除项目：

对雇员而言，寿险保费总额、向中央公积金（CPF）以外的其他被认可的养老基金缴费，均可在税前扣除，上限为 5000 新元，前提是中央公积金缴费总额低于 5000 新元。

从事贸易、个体经营、专业服务或职业活动的个人，中央公积金缴费可以在税前扣除，2017 纳税年度起上限为 37740 新元。

为纳税人自己、纳税人父母、纳税人祖父母的中央公积金退休账户进行现金缴费，可申请上限为 7000 新元的税前扣除项目，包括纳税人为不工作的配偶或前一年赚取收入不超过 4000 新元的兄弟姐妹缴费。

准许以下两种独立的上限为 7000 新元的税收免征额：第一种免征

额适用于纳税人或其雇主向其中央公积金退休账户缴费；第二种免征额适用于向纳税人家庭成员的中央公积金退休账户缴费。此外，纳税人自愿向其中央公积金保健储蓄账户（为纳税人的医疗需求设立）缴费，也可以获得税收免征额。由雇主完成的自愿缴费则视为雇员的应税所得。

经批准的课程费用也可以在税前扣除，上限为5500新元。

自2018纳税年度起，每个纳税人每年可申请最高80000新元的税前扣除额。

个体经营可以税前扣除的费用必须完全是在产生营业性质收入的过程中发生的，且不在新加坡税法明令禁止的范围内。明确不可扣除的费用包括个人费用、在新加坡境内外缴纳的所得税、向未经许可的公积金缴费和私人车辆费用。固定资产的账面折旧不允许税前扣除，但准许根据法定比率进行税收折旧。

⑤亏损减免。因从事贸易、个体经营、专业服务或职业活动而产生的亏损和超额资本冲减可用来抵销同年其他应税收入。任何未使用的贸易损失和资本冲减额都可以向将来年度无限结转，以抵销所有来源的未来收入，但会受到某些条件的限制。此减免也适用于本年未使用的折旧免税额和经营损失向过去年度结转，但同样需要满足某些特定条件。

⑥双重征税减免和税收协定。双重征税减免适用于向未与新加坡签订双边税收协定的国家（或地区）提供专业服务、咨询或其他服务时取得的所得。如果作为新加坡税收居民个人的一笔所得在新加坡已经被课税，但还需向境外某国纳税，且该国和新加坡之间有税收协定，则也适用双重征税减免。

（2）企业所得税。新加坡不对资本利得征税。在新加坡产生的收入或来源于新加坡的收入（“新加坡来源”），或在新加坡收到来源于新加坡境外的收入（“境外来源”），均须在新加坡纳税，除非另有豁免。

①征税范围。根据新加坡法规，企业获得的来源于新加坡或在新加坡计提的收入；在新加坡境内取得的境外收入需在新加坡纳税。

然而，不在新加坡境内经营的非居民企业，一般无须就其在新加坡境内获得的境外来源的所得缴纳企业所得税。

根据《所得税法》第10（25）条，以下列举的境外收入属于前述“在新加坡境内取得的境外收入”范畴：

通过境外汇入、转交或携带进入新加坡境内；用于偿还在新加坡进行贸易或商业活动所产生的债务；在海外购置有形动产（如设备、原材料等），并将该有形动产进口至新加坡境内。

第10（25）条只适用于居住在新加坡的个人或位于新加坡的企业在新加坡境内收到的境外收入。因此，非居民个人和不在新加坡境内经营的非居民企业，在新加坡境内所取得的境外收入无须征税。这消除了第10（25）条中涉及的打击外国人和外国企业在使用新加坡银行和基金管理机构积极性方面的担忧。

此外，用于海外再投资而未汇回新加坡的境外收入，不属于前述“在新加坡境内收到的境外收入”范畴，这意味着境外收入的征税时点将延迟至海外再投资结束且境外收入汇回新加坡境内时。

新加坡的居民企业在境外取得股息、分支机构利润及服务收入（上述所得统称为特定境外所得），在新加坡境外取得的符合相关规定的境外所得免于征税；不满足相关条件的，特定境外所得在新加坡境内取得时可依据特定方案或在特定情形下获得免税待遇，但必须经过批准。

对于非居民企业，企业在新加坡发生或来源于新加坡的收入，以及即使是发生于或来源于新加坡之外的收入，只要是属于在新加坡收取的或视为在新加坡收取的，都需要在新加坡纳税。另外，在新加坡收到的境外赚取的收入也须缴纳所得税。但是对于股息、分公司利润、服务收入等项目，若符合条件可享受税务豁免，无须缴纳所得税。

②纳税人。

居民企业：根据新加坡所得税法的规定，若一家企业的管理和实际控制机构在新加坡境内，则认定其为新加坡的居民企业。管理和实际控制机构是指对企业的经营决策及战略作出决定的机构。通常情况下，企业作出战略决策的董事会会议的召开地点是判定管理人和实际控制机构所在地的关键性因素，进而判定企业是否为新加坡的居民企业。

根据新加坡税法规定，若境外企业有来源于新加坡的应税所得且该所得未经支付企业代扣税款，则要求该境外企业向新加坡税务局进行纳税申报。向在新加坡境内无固定营业场所的非居民支付款项的企业须履行代扣代缴税款的义务，在支付款项次月的 15 日之前向新加坡税务局提交预提所得税申报表并缴纳税款。

非居民企业：根据新加坡所得税法的规定，若一家企业其管理和实际控制机构不在新加坡境内，则认定其为新加坡的非居民企业，即使该企业的注册地在新加坡境内。

③税率。企业所得税的税率标准为 17%，其中正常应税所得中，前 10000 新元的部分可享受 75% 的税收减免；10001 ~ 200000 新元的部分可享受 50% 的税收减免；剩余部分按 17% 的税率缴纳企业所得税。此外，2020 纳税年度内，企业可获得 25% 的企业所得税减免，上限不超过 15000 新元。

新加坡企业所得税税目及相应税率情况如表 4 – 15 所示。

表 4 – 15　　新加坡企业所得税税目及其税率

税目	对应税率（%）
企业所得税税率	17
分支机构税率	17
预提税税率	—
股息	0
利息	15
特许权使用费	10
分支机构汇回利润	不适用

非居民企业适用的企业所得税税率与居民企业一致。

④税收优惠。新加坡提供下列税收优惠及减免。

一是先锋企业和先锋服务公司税收优惠。该项优惠的目的是鼓励企业积极从事促进新加坡经济和科技发展的经营活动。先锋企业符合规定的利润可享受至多 15 年的免征企业所得税的待遇。根据现有条例，2024 年 1 月 1 日以后，将不再批准享受该优惠政策。

二是发展和扩张优惠（DEI）。该项优惠主要针对在新加坡境内从事高附加值经营活动但又不符合先锋企业税收优惠条件或其享受的先锋企业税收优惠已到期的企业。享受 DEI 待遇的企业可就其因从事符合规定的经营活动获得的增值部分享受一定的税收减免（税率为 5% 或 10%）。该优惠的初始授予期限最长不得超过 5 年，但可获得延期，一次延期不得超过 5 年，总优惠期限不得超过 40 年。根据现有条例，2024 年 1 月 1 日以后，将不再批准享受该优惠政策。

三是投资免税。经批准后，从事符合规定项目的企业可获得除一般折旧的税收扣除外的投资免税额，金额为在投资生产设备过程中发生的投资额乘以特定比例（最高为 100%）。根据现有条例，2024 年 1 月 1 日以后，将不再批准享受该优惠政策。

四是经核准的特许权使用费、技术支持费用和研发费用（R&D）。支付给非居民企业的经核准的特许权使用费、技术支持费用和研发费用可免征或减征预提所得税。根据现有条例，2024 年 1 月 1 日以后，将不再批准享受该优惠政策。

五是针对新企业的免税计划。在一定条件下，新建立的新加坡（税收）居民企业的应税收入中，前 100000 新元的部分可获得 75% 免税，100001～200000 新元的部分可获得 50% 的税收减免。该项免税政策只在符合规定的企业成立前 3 年内有效。

六是研发优惠。2009 纳税年度至 2025 纳税年度期间，从事任意领域的研发费用均可获得税收扣除，不再要求该研发项目与企业从事的贸易或经营活动相关，符合特定条件的研发费用还可获得额外的税收减免。2019 纳税年度至 2025 纳税年度期间，新加坡境内发生的、符合条件的研发项目的人工成本及耗材可获得额外高达 150% 的税收减免，该计划中的其他条件保持不变。

七是知识产权发展优惠（IDI）。IDI 优惠引入了国际公认的知识产权税收优惠激励标准，旨在鼓励纳税人使用研发产生的知识产权，相关知识产权收入可享受 IDI 优惠。该优惠结合了税基侵蚀与利益转移－修正关联方法。已于 2018 年 7 月 1 日生效，截止日期为 2023 年 12 月 31 日。

八是针对处置股票资产产生的资本利得的税收确定性。为保障税收确定性，在 2012 年 6 月 1 日至 2027 年 12 月 31 日期间，企业因处置普通股获得的资本利得无须纳税，前提是该符合条件的投资方公司在处置相关股份前，连续 24 个月或以上在法律和实际权益上持有该被投资公司 20% 以上（含 20%）的普通股。自 2022 年 6 月 1 日起，以上税收确定性不适用于处置从事持有、交易和开发不动产业务的非上市公司股票产生的收入。

九是总部计划。总部计划适用于所有在新加坡境内建立或注册的、为其区域性的或全球性的公司网络提供总部服务的企业。根据该计划，企业如承诺在新加坡开展实质性总部活动，以管理、协调和控制区域商业业务，可享受先锋奖励或发展和扩张优惠。企业符合条件的所得在特定时期内可享受免税、5% 或 10% 的优惠税率，优惠幅度取决于新加坡总部在集团中的重要性，而重要性根据多重因素决定，包括职员数量、企业的开支和雇员的质量等。

十是对金融和财政中心（FTC）的税收优惠。该项优惠旨在鼓励企业将新加坡作为其地区内的关联企业进行财务管理活动的基地。向核准的公司网提供符合规定的服务所得及自身进行的符合规定的服务所得，可享受 8% 的优惠税率。核准的公司指该获得优惠的公司的办事处或经相关当局认定的关联公司。根据目前规定，2026 年 12 月 31 日以后，将不再批准享受该优惠政策。

十一是金融部门激励计划（FSI）。该项计划旨在鼓励新加坡境内高增长和高附加值的金融业务的发展。经核准的新加坡境内的FSI企业，从事符合条件的经营活动所得可享受5%、10%、12%或13.5%的优惠税率。FSI计划截止期限为2023年12月31日。

十二是海事部门激励计划（MSI）。船舶运营者、船舶租赁商和航运配套服务的提供者可依据MSI享受相应税收优惠。该计划包括三大类——国际船舶企业；海运（船只或集装箱）出租者；航运配套服务。税收优惠包括税收减免和税率优惠（5%或10%）。

拥有或运营国际船队的船舶企业可申请MSI核准国际船舶企业（MSI－AIS）奖励。申请通过者将依据其运营规模获得MSI－AIS资格或MSI－AIS（初级）资格。依据该计划，在公海定期航行的挂有非新加坡旗帜的船队所获得的所得及其他符合条件的所得免于征税。MSI－AIS资格期为10年，可延期，总期限最长不得超过40年，而MSI－AIS（初级）资格期为5年且不可延期，但满足相应条件即可升级为MSI－AIS资格。MSI－AIS（初级）资格的申请期为2011年6月1日至2026年12月31日。

依据MSI海上（船舶）租赁奖励，经核准的船舶投资企业（新加坡境内注册建立的船舶租赁公司、海运基金、商业信托及合伙制企业）取得符合规定的所得（包括向符合条件的个人或法人包租或融资租赁在新加坡港界外使用的远洋船只）可享受免税待遇。此外，经核准的船舶投资即由经营核准的船舶投资企业所得及从事其他规定的服务或经营活动所得，可享受10%的优惠税率，申请期为2011年3月1日至2026年12月31日，申请通过者可享受5年期的优惠待遇。

依据MSI海上（集装箱）租赁奖励，经核准的集装箱投资企业（新加坡境内注册建立的公司、商业信托及合伙制企业）符合条件的所得（包括包租或融资租赁用于国际货物运输的集装箱所得）可享受5%或10%的优惠税率。此外，经核准的集装箱投资即由经营核准的集装箱投资企业所得及从事其他规定的服务或经营活动所得，可享受10%

的优惠税率，申请期为2011年3月1日至2026年3月31日，申请通过者可享受5年期的优惠待遇。

MSI航运配套服务（MSI－SSS）旨在鼓励新加坡境内辅助运输服务的提供，并鼓励航运集团将其服务职能设在新加坡。经核准的MSI－SSS企业因提供经核准的航运配套服务（如船舶经纪、远期运费协议交易、船舶经营、船舶中介、货运代理及物流服务）所取得的增值额可享受10%的优惠税率。申请期为2011年6月1日至2026年12月31日，申请通过者可获得为期5年期的MSI－SSS待遇。

海事部门激励计划（MSI）已进一步修正，并且进一步明确了关于海运租赁奖励的范围，修订案已于2018年12月12日开始生效：在海事部门激励计划下，对于船舶运营商的免税范围拓宽，涵盖由融资租赁获取的收入，以及享受海事部门激励计划的公司可以选择以下处理方式，一经选定，不得再次更改：

作为承租人：对于租赁船舶和集装箱发生的支出不得扣除或资本减免；作为转租人：不得出于税务安排而对船舶和集装箱转租收入进行再分类，即接受会计准则下分类。

此修订案确保了海事部门激励计划与行业内商业模式发展保持步伐一致，并减缓了由于针对租赁的会计准则的变化（即租赁财务报告准则“FRS116”）而导致的行政成本增加，明确了海事部门激励计划的海运租赁奖励（MSL－ML）下认可的收入范畴：

适用海运租赁奖励的公司从获批认证的关联方取得的租赁船舶、集装箱的收入（既包括经营租赁，也包括金融租赁），也属于符合此优惠下认可的收入范围。

十三是全球贸易商计划（GTP）。该计划旨在鼓励跨国（地区）公司在新加坡建立基地以进行或管理其区域性的或全球性的贸易活动。依据该计划，经核准的公司从事符合条件的有关特定商品（包括能源、农产品、建筑、工业产品、电气产品、消费品、碳排放量）或金融衍生工具的交易，以及结构性商品融资可享受5%或10%的优惠税率。此外，根据有关部门的规定，从事符合条件的液化天然气的交易所得在2021年3月31日前可继续享受原有的5%优惠税率（即使该公司仅得到10% GTP优惠税率）；2021年3月31日后，液化天然气交易所得收入将与其他GTP合规产品一样，根据该公司的GTP优惠税率（5%或10%），享受税收优惠。根据目前规定，2026年12月31日以后，将不再批准享受该优惠政策。

十四是风险投资基金优惠。该优惠旨在鼓励新加坡风险投资行业的繁荣发展。处置经核准的资本取得的收益、可转换债券的利息和来自经核准的资本的股息在期限内可享受免税优惠，且可获得每次不超过5年的延期，但优惠的总期限不得超过15年。根据目前规定，2025年12月31日以后，将不再批准享受该优惠政策。

⑤税前扣除。可扣除的费用必须满足以下条件：

费用的产生全部且仅仅为产生该所得而发生；必须为收益性开支；不能为新加坡税法中其他明令规定不可扣除的款项。

为便利创业，企业取得第一笔贸易收入当年的第一天，视为该企业已开展经营活动。企业开始经营活动前一会计年度内（不得超过12个月）的营运性开支亦可扣除。投资控股公司的费用扣除要受特定规定的限制。归为境外来源所得的费用不可扣除，除非该所得在新加坡境内获得且为新加坡的课税对象。一般而言，境外亏损不能用于冲抵境内来源的所得。固定资产的账面折旧不可扣除，但企业可获得法定比率的税收折旧（折旧免税额）。

双倍扣除——与经核准的商品交易会、贸易展览会、贸易访问团相关的费用，海外贸易办事处的日常费用，发展海外投资的费用，研发费用和经批准支付的、对外派遣本地雇员的工资可获得双倍扣除。2020年4月1日开始，为新的海外商业发展寻找人才，建立商业关系的第三方咨询费等合规费用也可享受双倍扣除。根据目前规定，2025年12月31日以后，将不再批准享受该优惠政策。

翻新和整修的扣除——为贸易、职业活动或经营活动服务的翻新和整修（R&R）费用可获得扣除，上限为每个3年期内30万新元，翻新和整修的当年为首次扣除的年度。未被使用的R&R扣除额可被视作损失向前或向后结转（参见亏损弥补）或作为集团的税收减免额（参见合并纳税）。

存货——用于贸易的存货价值一般被认定为成本与可变净现值间的较低者。成本的确认必须采用先入先出法，绝不允许采用后进先出法。

准备金——在新加坡财务报告准则（109）金融工具准则下，如果存在违约风险，即使没有发生损失事件，企业也应确认12个月预期信用损失（Expected Credit Loss，ECL）或终身ECL的减值准备。只有在损益表中确认的、与收入相关的信用受损金融工具的减值准备才允许在税前扣除，以前年度确认的减值准备在损益表中发生转回的，将视为应税项目征税。

⑥税收折旧。

厂房和设备——出于贸易或经营目的而在获得厂房和设备过程中发生的投资支出可获得相应的折旧免税额/税收折旧。符合条件的厂房和设备的费用一般从扣除的当年起在3年内均等摊销或在1年内扣除，在1年内扣除的前提是该项目的成本不得超过5000新元。此外，一个纳税年度内所有相关资产的折旧免税额不得超过30000新元，且各项资产的价值不得高于5000新元。

获得以下资产的费用可在当年摊销：计算机或其他规定的自动化设备；发电机；机器人；指定的高效污染防治设备；指定的工业降噪或化学危险品防治设备。

一般只有特定的运输工具（如商用车和在新加坡境外注册登记且仅在新加坡境外使用的轿车）的相关费用才可获得相应的折旧免税额。2020年7月发布的《2020年所得税法修订草案》中规定，提供私人司机服务的公司可能会被允许获得车辆相关费用的税前扣除和折旧免税额。

土地集约化免税额（LIA）——在满足特定条件下，2010 年 2 月 23 日及之后建造或翻新符合条件的建筑，产生的符合规定的投资支出可获得 25% 的初始免税额及每年 5% 的免税额。LIA 优惠的申请期为 2010 年 7 月 1 日至 2025 年 12 月 31 日。

知识产权（IP）——截至 2025 纳税年度的最后一天，为获得指定种类的知识产权所发生的投资支出可获得分摊免税额（WDA），前提是该知识产权的法定所有者及经济所有者为新加坡企业。免税额采用直线法计算，在 5 年内摊销。然而，对于在 2017 纳税年度到 2025 纳税年度基准期内获得符合条件的知识产权，公司可选择 5 年、10 年或 15 年的摊销期限，一经选择不得改变。经批准，若在 2006 年 2 月 17 日以后（含 2006 年 2 月 17 日）获得知识产权，且新加坡企业持有该知识产权的重要经济利益而境外母公司持有法定权利，则关于企业需为该知识产权法定所有者的要求可被搁置。

处置厂房、设备和工业建筑——销售符合条件的厂房、设备或工业建筑，如销售额超过税收账面价值，应税的折旧额取决于二者的差额（但不得超过已申报的折旧免税额）。

⑦亏损弥补。贸易损失可用于冲抵当年的任意应税所得。在满足股权测试，即同可比日期相比，至少 50% 的股东未发生变化的前提下，未使用的损失额可无限期向后结转。超限折旧免税额可用于冲抵当年的其他应税所得或在满足股权测试和产生该折旧免税额的贸易持续进行（相同贸易测试）的前提下无限期向后结转。

在满足特定条件且符合相关管理程序的前提下，总额不超过 100000 新元的未使用的折旧免税额和损失（统称为“合格扣除额”）可向前结转一年。

损失和折旧免税额向前结转或向后结转均需满足股权测试。若发生损失的企业的股东为另一家企业，则应使用透视原则直至确定最终的股权受益人。

折旧免税额向前结转与未使用的折旧免税额向后结转均需通过相同

贸易测试。

新加坡税务局有权批准企业在相关时期内所有权发生重大变化的情况下依然使用其税收损失或折旧免税额，前提是该所有权的变动并非出于税收目的。经批准后，上述损失和折旧免税额可用于冲抵同类经营活动的利润。

⑧境外税收抵免。新加坡与超过 80 个国家（或地区）签订了双边税收协定，美国不在其中。根据新加坡的法规，境外税收抵免额为境外实际纳税额（或应纳税额）和该所得在新加坡的应纳税额中的较低者。境外税收抵免（FTC）采用分国分项的方式，满足相关条件下该居民纳税人也可以选择将税额合并。

来自未与新加坡签订税收协定的国家（或地区）的所得也可获得与 FTC 相似的单边税收抵免。

新加坡居民企业须满足以下所有条件才能申请境外所得抵免：公司在相关年度内是一家新加坡税收居民企业；在外国税收管辖区的收入所应缴税款已支付，或在特殊情况下为应支付；该笔收入为新加坡应税所得且须在新加坡纳税（即不适用于处于亏损状态的居民企业）。

当居民企业在境外构成常设机构，并且境外所得来源于该常设机构时，该笔收入将在境外被征税。若该笔收入在新加坡也要征税，境外所得税抵免就可以被适用。

⑨反避税条例。新加坡税法允许新加坡税务局对以减少、规避、改变在新加坡的纳税义务的行为进行调整。针对因避税行为进行的纳税调整征收 50% 的所得税附加，以打击避税安排。

若一居民企业为一非居民企业的代理人，且二者间的交易价格因其紧密联系而高于市场价格，新加坡税务局可就非居民企业的利润向该居民企业征税。

《实施税收协定相关措施以防止税基侵蚀和利润转移的多边公约》（MLI）于 2019 年 4 月 1 日生效。自 2020 年 10 月 1 日起，新加坡与 38 个缔约国的税收协定已被更新。

2. 财行税

(1) 房地产税。

①征税范围。新加坡的所有不动产都应征收房地产税，包括房屋、建筑物、酒店、土地和经济公寓等。

②纳税人。房地产税的纳税义务人是指不动产的所有权人。

③税率。对自用型住宅房地产及非自用型住宅房地产实施累进房地产税税率，对其他房地产，如商业及工业房地产，采用10%税率。

对自用型房地产实施的累进房地产税制度（PPTR）自2015年1月1日起生效，规定如表4－16所示。

表4－16　新加坡自用型房地产税率

年价值（新元）	自2015年1月1日起的税率（%）
0～8000	0
8001～55000	4
55001～70000	6
70001～85000	8
85001～100000	10
100001～115000	12
115001～130000	14
超过130000	16

自2015年1月1日起，累进房地产税制度（PPTR）同时适用于非自用型住宅房地产。此类房地产此前适用于10%的房地产税税率。新的税率如表4－17所示。

表 4-17 新加坡累进房地产税率

年价值（新元）	自 2015 年 1 月 1 日起的税率（%）
0～30000	10
30001～45000	12
45001～60000	14
60001～75000	16
75001～90000	18
超过 90000	20

此外，如非自用型住宅房地产取得规划批准后用于以下用途的，仍适用 10% 的房地产税税率，无须向新加坡税务局另行申请：体育及休闲俱乐部内的住宿设施；度假休闲屋（Chalet）；托儿所、学生护理中心或幼儿园；福利院；医院、收容所或康复、复原、护理或类似目的的场所；酒店、背包客旅舍、招待所或宾馆；酒店式公寓；房地产税中豁免缴税的员工宿舍；学生公寓或宿舍；工人宿舍。

④税收优惠。专门用于以下目的的建筑免税：公共的宗教礼拜场所；获得政府财政补助的公立学校；慈善目的；其他有利于新加坡社会发展的目的。

⑤其他。年度房地产税账单会在每年 12 月份寄送给房地产所有权人，通知房地产所有权人应根据该账单支付下一年的房地产税。缴税的截止日期为每年的 1 月 31 日。

（2）印花税。

①股票印花税。企业签订购买或获得股票的合同需要缴纳印花税，并按照股票的成交价格或价值孰高缴付税款。

转让股票时，按照买入价或股票价值孰高者的 0.2% 缴付印花税。

②物业印花税。买方印花税（Buyer's Stamp Duty）按照不动产买入价或市场价孰高者进行缴付。税率如表 4-18 所示。

表 4-18　　新加坡买房印花税税率

物业买入价或市场价孰高者（新元）	住宅物业的买方印花税税率（%）	非住宅物业的买方印花税税率（%）
前 180000	1	1
180001～360000	2	2
360001～1000000	3	3
超过 1000000	4	3

卖方印花税（Seller's Stamp Duty，SSD）适用于 2010 年 2 月 20 日及之后购买的住宅用房地产。卖方印花税根据标准从价税税率对转让、分配或转移的财产征收。但是，对 2017 年 3 月 11 日及之后购买的住宅用房地产，如果其在持有 3 年后再进行出售，那么该卖方无须缴纳印花税。如果其在持有 3 年内进行出售，根据置存期的不同，以销售对价和市场价值中的较高者为计税基础，税率分别为 4%、8% 或 12%。

自 2013 年 1 月 12 日起，对 2013 年 1 月 12 日及之后购买或获得的并且在 3 年内出售或处理的工业用途房地产，同样实行卖方印花税。根据置存期的不同，以销售对价和市场价值中的较高者为计税基础，税率分别为 5%、10% 或 15%。

自 2011 年 12 月 8 日起，购买住宅用房地产（包括住宅用地）除适用以上的印花税税率外，还适用于买方额外印花税（Additional Buyer's Stamp Duty，ABSD）。买方额外印花税的计税基础为购买成交价和市场价值中的较高者，自 2018 年 7 月 6 日起，税率如下：

• 25%，非法人团体、联合投资的受托方、商业信托的基金管理人和合伙企业购买任何住宅用房地产（房地产开发商为 30%）；

• 20%，外国人购买任何住宅用房地产；

• 15%，新加坡永久居民购买其第二套及以上的住宅用房地产；

• 15%，新加坡公民购买其第三套及以上的住宅用房地产；

• 12%，新加坡公民购买其第二套住宅用房地产（首套不征收印花税)；

• 5%，新加坡永久居民购买其首套住宅用房地产。

③租赁物业印花税。租契的印花税是根据已申报的租金或市场租金孰高者，按租契的印花税税率缴付（见表4－19）。

表4－19　　　　新加坡租赁物业印花税

年平均租金	印花税税额
不超过1000新元	免税
超过1000新元	
租期4年或以下	租期内总租金×0.4%
租期长于4年或不定期	租期内年平均租金的4倍×0.4%

3. 税收管理

（1）税收管理机构。新加坡国内税务局负责为政府管理税务、评估税款、征收税款、执行税款的支付，并负责新加坡国内税收征管政策的制定与执行。新加坡税务局隶属于财政部（Ministry of Finance，MOF)，并采用董事会的模式进行管理，下设税务法规和国际税务部、国际事务关系部、法规执行部、纳税服务部以及调查稽核部等部门。

税务法规和国际税务部以及国际事务关系部主要负责审阅税务法规，依据税法认定合规行为，完善及更新法规以及在国际谈判和税收协定中维护新加坡国家经济利益。

法规执行部主要负责处理违反纳税申报以及缴纳税款相关规定的事宜。

纳税服务部主要负责一线日常税务问题的回答，满足服务需求。

调查稽核部主要负责性质恶劣、影响重大的税务违规案件。

而且，新加坡有所谓的“税务特别调查组”，负责打击税务犯罪，包括欺诈、逃税、洗钱等行为。该组织的职能包括开展调查、取证、拘捕和起诉犯罪嫌疑人。

此外，新加坡的警察部队负责维护治安和打击犯罪，其中也包括打击涉及税务犯罪的行动。新加坡的税务法律非常严格，对逃税和其他税务违规行为有着严厉的惩罚。

（2）税务登记。

①单位纳税人登记。在新加坡，新设企业在新加坡会计和企业管制局注册登记后，新加坡会计和企业管制局会向新公司颁发一个识别实体编号（Unique Entity Number，UEN）。公司将使用UEN作为其税务参考编号，企业无须单独在新加坡税务局进行所得税登记，其登记信息将由新加坡会计和企业管制局传递至新加坡税务局，以保障企业所得税的税源征收管理。于新加坡经营或从新加坡境内有所得来源的企业需要在新加坡进行纳税申报。

②个人纳税人登记。新加坡对个人纳税人无注册要求。工作许可证一经发放，新加坡人力部会将纳税人的相关信息传递至新加坡税务局。

（3）税务检查。

①纳税评估。新加坡税务局基于风险评估为基础的方法来审核企业所得税纳税申报表。新加坡税务局按照企业业务及税务事项复杂程度和收益风险进行分类处理。

当新加坡税务局收到企业所得税申报表时，根据企业的规模大小以及从事业务的复杂程度不同，开始选取部分企业进行纳税评估。企业所得税申报表将按照税务事项的复杂程度进行分类。新加坡税务局执行的审阅程度通常取决于每个案件的复杂程度，对税务事项复杂的企业年度所得税申报表将进行更深入的审阅，对一小部分税务事项常规的企业进行合规审查。

②税务稽查。税务稽查是由新加坡税务局负责处理逃税和欺诈的调查稽核部执行。新加坡税务局进行税务稽查以确定被查企业是否存在税收违法行为，调查范围包括个人所得税、企业所得税、货物和劳务税和其他税种的相关问题。税务稽查的时间长短取决于稽查的范围、问题的复杂性以及纳税人的合作程度。稽查周期最长可达2年。

稽查人员可以对纳税人的营业场所进行突击检查，要求纳税人提供会计记录、原始凭证和其他有关记录，并可进行搜查。新加坡税务局亦可从第三方处搜集信息并与其核实，第三方包括其他政府机构、银行及其他金融机构、其他国家（或地区）的税务机构。

税务稽查开始前，新加坡税务局通常会与纳税人及其专业顾问（如有）会面，讨论在调查过程中可能会发现的任何调查问题。税务稽查结束后，新加坡税务局会讨论并最终确定调查结果，并允许纳税人对稽查过程中发现的任何税务违规行为提供合理性解释。

新加坡税务局允许纳税人自行提出稽查过程中发现的违规问题的解决方案。该解决方案需包括两部分内容：应补缴的应纳税额和纳税人愿意支付的罚金。根据税务违法行为的严重程度，罚金可高达应补缴应纳税额的400%。如果确定纳税人存在逃税行为或其他人协助纳税人故意逃税等行为，新加坡税务局将考虑启动法律程序起诉纳税人和教唆人。

③税务审计。税务审计包括检查纳税人账簿、纳税记录及相关财务事宜，以便新加坡税务局核实纳税人提交的纳税申报表是否符合税法规定。新加坡税务局的目的在于发现纳税人过去纳税申报时可能产生的错误，并就纳税人未来的纳税申报事宜提出改进建议。

审计人员通常会审查最近纳税年度的纳税情况，但审计范围也可能追溯以前纳税年度。审计完成后，新加坡税务局将告知纳税人纳税评估所作出的调整，并相应补充或修改纳税评估。

一旦纳税人发现纳税申报错误或报送了错误的申报表，新加坡税务局鼓励纳税人主动披露错误或纰漏，并履行相应义务。满足特定条件时，纳税人可以享受自愿披露计划（该计划系新加坡税务局为鼓励申报错误的纳税人及时主动披露而执行的鼓励计划，从而减少因申报错误或纰漏导致的罚款支出）。

④处罚。在新加坡自贸港，税务纠纷和处罚通常由新加坡税务局处理。如果纳税人不同意税务局的决定，可以向税务纠纷解决委员会上诉。此外，新加坡法院系统还设有专门的税务法院，称为税务诉讼庭

(Tax Court)，处理与税收有关的争议和诉讼。

对于税务违规行为，新加坡税务局实行严格的处罚制度，包括罚款、征收滞纳金和追回逃税所得等。在一些情况下，如涉及故意逃税和欺诈行为，涉税者可能会面临刑事指控和刑事处罚，如监禁和罚款。

一是对不缴或少缴税款的处罚。

所得税：到期未缴纳所得税税款将被处以应缴税款 5% 的罚款。若被处以罚款后 60 天内仍未缴纳，则每月还要处以应缴税款 1% 的额外罚款，最高不超过应缴税款的 12%。

货物和劳务税：未按时缴纳货物和劳务税税款要处以应缴税款 5% 的罚款。如果在缴纳期限 60 天之后仍未缴纳，则每月还要处以应缴税款 2% 的额外罚款，但罚款总额不超过应付税款的 50%。

二是对不履行扣缴义务的处罚。到期没有履行代扣代缴义务，没有在规定期限内缴纳预提所得税，将被处以应缴税款 5% 的罚款。若被罚款后仍未缴纳税款，每月还要处以应缴税款 1% 的额外罚款，但罚款总额不超过未缴税款的 15%。

（4）征管方式。新加坡自由贸易港的征管方式是以数治税。新加坡在征收税收时采用了先进的数字化系统，实现了高效的税收管理。通过电子数据交换和自动化处理，税务机构能够迅速获得企业的税务数据，并进行快速审核和征收。

4. 国际组织与其他事项

（1）FATCA 与 CRS。FATCA（Foreign Account Tax Compliance Act）全称是《海外账户税收合规法案》（或称《外国账户税收遵从法》），是美国制定的外国账户税收合规法案，要求外国金融机构向美国国税局报告其美国公民或居民持有的外国账户信息。共同申报准则（Common Reporting Standard，CRS）（又称《统一报告标准》）则是全球共同的账户信息交换标准，要求各国政府之间自动交换居民的财产和收入信息，以打击跨境税收逃漏。

新加坡已经加入了 FATCA 和 CRS。

在加入 FATCA 和 CRS 后，新加坡金融机构和其他相关组织必须向其本国的税务机构报告外国客户的账户信息，包括账户余额、收益等。这些信息将于其他国家的税务机构分享，以确保公民不会利用这些港口来逃税。

为了执行 FATCA 和 CRS 标准，金融机构需要遵循一些要求，如收集客户的税务身份信息和居民身份信息，并定期向税务机构报告这些信息。金融机构还需要审核其客户的账户，以确定他们是否符合 FATCA 和 CRS 标准的定义。此外，自贸港还制定相应的法规和政策，以确保这些标准得到遵守。具体如下：

审查现有账户：金融机构需要对现有客户的账户进行审核，以确定其是否符合 FATCA 和 CRS 标准的定义。如果账户不符合标准，金融机构需要采取措施来关闭或调整这些账户。

收集客户信息：金融机构需要收集客户的税务身份信息和居民身份信息，并将这些信息报告给税务机构。为了确保客户信息的准确性，金融机构可能需要采用一些有效的身份验证和监管措施。

审查新客户：金融机构需要对新客户的身份和账户进行审查，以确保其符合 FATCA 和 CRS 标准的定义。金融机构需要确保客户提供的信息是准确的，并在必要时进行调查，以确定客户是否有涉及非法活动的历史记录。

制定内部合规政策：金融机构需要制定内部合规政策，以确保其员工和系统能够遵守 FATCA 和 CRS 标准。这些政策应该包括员工培训、监测和报告机制等方面。

与税务机构合作：金融机构需要与税务机构合作，以确保报告的客户信息的准确性和完整性。金融机构需要与税务机构建立有效的信息共享机制，并确保其符合数据隐私和安全的相关法规和政策。

处理违规行为：如果发现任何违反 FATCA 和 CRS 标准的行为，金融机构需要立即采取行动，例如暂停账户、报告相关行为等，以确保其符合相关法规和政策。

（2）BEPS。BEPS 指的是《基于税收的利润转移与贸易避税行动计划》（Base Erosion and Profit Shifting），是由 OECD（经济合作与发展组织）推出的一项国际税收规则，旨在防止跨国（地区）公司通过人为调整其在不同国家间的利润分配以逃避纳税责任。

新加坡自贸港已经签署并加入了 BEPS，没有保留条款。

（3）保税油。新加坡自贸港内的保税油是指未经税收和监管的油品，其不会在新加坡海关范围内进行关税和消费税的征收。这些油品可以在自贸港内的存储和加工设施中进行加工、拆装、混合、再出口等活动，而不必支付关税和消费税。

在新加坡自贸港内，保税油的规定和实施受到海关管理局的监管。在进入自贸港前，保税油需要申报并获得许可证，并由海关进行审核和批准。海关还会对自贸港内的保税油进行监管，确保它们不会流入新加坡本土市场或未经许可的目的地。

（4）报关流程。填写进出口货物清单（Trade Net System），并进行电子报关；提交电子货物清单和相关单证给新加坡海关，海关审核后给出放行通知；货物到达港口，进行卸货和查验；海关审核通过后，缴纳相关税费和费用；取回货物并进行配送或装运。

（三）阿联酋迪拜自贸港

阿联酋的迪拜酋长国设有 30 多个自由贸易区，包括杰贝阿里自贸区、迪拜机场自贸区、迪拜网络城、迪拜媒体城、迪拜汽车城、迪拜珠宝城、迪拜知识城、迪拜体育城等。其中，杰贝阿里自贸区是迪拜最早设立，也是中东最大的自贸区。自贸区整体上给迪拜贡献了大部分的就业岗位，是迪拜的经济支柱。迪拜税收具有税种少、征税范围窄，但是个别行业税负率特别高等特点。

由于迪拜各自贸区内都对企业在较长时间内实现接近甚至完全零税

收，吸引了全球资本的流入。不过，零税收不意味着在迪拜的加工经营是完全零成本的，相反，迪拜通过高租金和高收费补偿了政府税收的不足。一方面，迪拜的劳动力和房地产租金成本相对较高，并且银行、法律事务、写字楼业和餐饮业等仅限阿联酋本国企业拥有；另一方面，迪拜在从事经营活动的各交易环节都设置了服务性收费项目，在自贸区内也有高额的政府收费。

1. 所得税

（1）个人所得税。个人在迪拜自贸港内工作和居住的收入不需要缴纳个人所得税。

（2）企业所得税。企业开业 50 年内免除企业所得税，在自贸区内储存、贸易、加工、制造货物均不征税。

2. 财行税

迪拜自贸港内的企业还可以享受其他税费减免，如房产税、股息税、资本利得税等。

3. 税收管理

（1）税收管理机构。根据阿联酋总统哈利法签署的 2016 年第 13 号联邦法令，阿联酋联邦税务于 2017 年初成立。联邦税务局具有独立法人资格，享有必要的法律行动能力和财务、管理独立的权利。其总部位于阿布扎比，同时在阿联酋境内设立分支机构和代表处。税务局董事会主席由财政部部长担任，总经理为副部级，由总统提名，内阁批准任命。此前，阿联酋联邦层面没有统一的税务系统机构。

阿联酋 2016 年第 13 号联邦法令明确了阿联酋联邦税务局的主要职能包括：管理、征收、执行联邦税收及其相关罚款；分配税务收益；实施阿联酋现行税收措施；履行相关的财政义务；实施国家认可的避免双重征税协议；决定现行税收体系内的注册申请；征收和执行联邦税收和相关罚款的立法建议；出具联邦税收有关的证书；执行解决纳税人和税务总局分歧的有关机制；要求知晓任何接受第三方税务审计人员的信息或者数据等。

迪拜自由贸易区（Dubai Free Zone）是迪拜地区的自贸区之一，包括多个不同的自贸区，每个自贸区都有自己的规则和监管机构。

迪拜自贸港的监管机构主要包括自贸区管理机构和海关等部门，而没有专门的“税务警察”。但是，这并不意味着在自贸区内没有税务机构或者税务执法人员。

在迪拜自贸港，税务问题通常由迪拜税务局处理。迪拜税务局负责管理和征收税款，维护税收法规的执行，并确保纳税人的合法权益。迪拜自贸区没有单独的税务法院，但纳税人可以向迪拜的普通法院提起税务争议和诉讼。

自贸区管理机构会对自贸区内企业的财务和税务情况进行监管和审计，确保企业遵守相关税务规定。此外，海关等部门也会负责监督自贸区内的进出口业务，并对企业的税务情况进行审核和执法。

（2）征管方式。迪拜自贸港的征管方式是查账税收。迪拜实行的税收政策非常宽松，但同时也要求企业按照规定向税务机构提交完整的财务报表和账目记录。税务机构会对这些资料进行仔细审核，确保企业实际纳税额与申报的税款一致。

根据2017年8月1日颁布的《税收程序法》，该税法生效时，阿联酋所有企业皆需准确保留5年会计记录。具体而言，从事任何商业活动的所有个人都必须保留会计记录和商业文本，以及法律要求的任何与税收有关的信息。纳税申报单、数据、资料、记录和文件必须以阿文形式提交给税务局。当然，联邦税务局可以接受任何其他语言的文件，只要纳税人按照要求提供该文件的阿文翻译副本。

（3）处罚。对于税务违规行为，迪拜税务局实行罚款和滞纳金制度。在一些情况下，如涉及严重的逃税和欺诈行为，涉税者可能会面临刑事指控和刑事处罚，如监禁和罚款。

4. 国际组织与其他事项

（1）FATCA 与 CRS。迪拜已经加入了 FATCA 和 CRS。

在加入 FATCA 和 CRS 后，迪拜金融机构和其他相关组织必须向其本国的税务机构报告外国客户的账户信息，包括账户余额、收益等。这些信息将于其他国家的税务机构分享，以确保公民不会利用这些港口来逃税。

为了执行 FATCA 和 CRS 标准，金融机构需要遵循一些措施，如收集客户的税务身份信息和居民身份信息，并定期向税务机构报告这些信息。金融机构还需要审核其客户的账户，以确定他们是否符合 FATCA 和 CRS 标准的定义。此外，自贸港还制定相应的法规和政策，以确保这些标准得到遵守。具体如下：

审查现有账户：金融机构需要对现有客户的账户进行审核，以确定其是否符合 FATCA 和 CRS 标准的定义。如果账户不符合标准，金融机构需要采取措施来关闭或调整这些账户。

收集客户信息：金融机构需要收集客户的税务身份信息和居民身份信息，并将这些信息报告给税务机构。为了确保客户信息的准确性，金融机构可能需要采取一些有效的身份验证和监管措施。

审查新客户：金融机构需要对新客户的身份和账户进行审查，以确保其符合 FATCA 和 CRS 标准的定义。金融机构需要确保客户提供的信息是准确的，并在必要时进行调查，以确定客户是否有涉及非法活动的历史记录。

制定内部合规政策：金融机构需要制定内部合规政策，以确保其员工和系统能够遵守 FATCA 和 CRS 标准。这些政策应该包括员工培训、监测和报告机制等方面。

与税务机构合作：金融机构需要与税务机构合作，以确保报告的客户信息的准确性和完整性。金融机构需要与税务机构建立有效的信息共享机制，并确保其符合数据隐私和安全的相关法规和政策。

处理违规行为：如果发现任何违反 FATCA 和 CRS 标准的行为，金融机构需要立即采取行动，例如暂停账户、报告相关行为等，以确保其符合相关法规和政策。

（2）BEPS。BEPS 指的是《基于税收的利润转移与贸易避税行动计划》（Base Erosion and Profit Shifting），是由经济合作与发展组织（OECD）推出的一项国际税收规则，旨在防止跨国（地区）公司通过人为调整其在不同国家间的利润分配以逃避纳税责任。

迪拜自贸港目前尚未正式加入 BEPS，但是阿联酋政府已经表达了支持该计划的立场，预计未来可能会加入。

（3）保税油。迪拜自贸港内的保税油是指未经税收和监管的油品，其不会在迪拜海关范围内进行关税和消费税的征收。这些油品可以在自贸港内的存储和加工设施中进行加工、拆装、混合、再出口等活动，而不必支付关税和消费税。

在迪拜自贸港内，保税油的规定和实施受到迪拜海关管理局的监管。进入自贸港前，保税油需要申报并获得许可证，并由海关进行审核和批准。海关还会对自贸港内的保税油进行监管，确保它们不会流入迪拜本土市场或未经许可的目的地。

（4）报关流程。迪拜自贸港位于迪拜境内的自由贸易区域，旨在吸引国内外企业入驻，享受税收优惠和商业便利。以下是迪拜自贸港的报关流程：

①选择报关代理人：进口货物时，需要选择迪拜境内的报关代理人，以完成报关手续。可以在迪拜海关网站上查找注册的报关代理公司，并与其联系。

②准备必要的文件：在报关代理人的帮助下，需要准备一些必要的文件，例如商业发票、装箱单、提单、进口许可证等。这些文件将用于向迪拜海关申报货物。

③缴纳税费：在进口货物时，需要缴纳一定的关税和其他税费。报关代理人将计算和收取这些税费。

④进行海关申报：报关代理人将在授权下向迪拜海关提交货物申报。海关将审核文件和信息，并对货物进行检查。

⑤支付费用：一旦货物过关，需要向海关支付一定的服务费用；此外，还需要支付报关代理人的服务费用。

⑥提取货物：在支付所有费用后，可以在港口或货运代理处提取货物。

不同种类的货物可能需要遵循不同的报关流程。在进口货物之前，应当与报关代理人沟通并了解相关规定和流程。

（四）美国纽约港

1. 所得税

美国的所得税包括公司所得税和个人所得税。

（1）公司所得税。美国企业所得税是对美国居民企业的全球所得和美国非居民企业来源于美国境内的所得所征收的一种所得税，分联邦、州和地方三级征收。

①纳税人。

居民企业：企业（包括合伙制企业）只要依据美国法律在美国注册设立，则为美国税收居民企业，不论其是否在美国开展经营活动或拥有财产，也不论其股权是否为美国企业或个人所持有。

非居民企业：根据外国法律而成立，并通过外国政府注册的企业，不论其是否在美国开展经营活动或拥有财产，即使股权的全部或部分为美国企业或个人所持有，都属于美国联邦税法规定的非税收居民企业。

②征税对象。

居民企业：美国税收居民企业需就其全球收入在美国缴纳公司所得税。全球收入包括由该企业设立于美国境外的分公司所取得的收入，无论该分公司是否向其美国总公司分配利润。

非居民企业：非美国税收居民企业取得的来源于美国但与其在美国的贸易及经营活动无实际联系的收入，需按30%的税率缴纳公司所得税，通常采用由美国付款方进行代扣代缴的预提税形式。针对与美国签有双边税务协定的国家的非美国税收居民企业，若满足相关条件，该企业可享受低于30%的优惠预提所得税率。

全球收入：通常不包括由该企业设立于美国境外的子公司所取得的未向其分配的利润，除非该海外子公司构成美国联邦税法规定的受控外国企业或被动外国投资公司并取得特定类型的收入。

③税率（见表4－20）。

表4－20　　纽约公司所得税税率

税目	税率	
小型企业	年净收益<20万美元	8%
	20万美元（年净收益<25万美元的部分）	9%
	年净收益>25万美元的部分	5%
	20万美元（年净收入<29万美元的部分）	16000美元
中大型企业	9%	

④征收规则。美国税收居民企业取得的来源于全球的几乎所有形式的收入（包括经营收入、服务费、股息收入、利息收入、特许权使用费收入、租金、佣金收入、处置财产收入和从合伙企业取得的收入等），在减去允许税前扣除的折旧额、摊销额、费用、损失和其他特定项目后的余额，为应纳税所得额。

第一，资本利得。

居民企业：资本利得长期利润可补短期亏损，但短期利润（持有期<1年）不可弥补长期亏损，可向前结转3年，向后结转5年。

非居民企业：非居民企业在美国取得的资本利得通常可以不在美国缴税。但其处置美国不动产权益或不动产持有公司股权取得的资本利得需要在美国缴税。缴15%的资本利得预提税。

第二，费用税前扣除。

• 折旧：有形资产的资本性支出可以计提折旧。

• 179 条款扣除：企业可以选择将某些用于积极贸易或经营活动的新投入使用资产的成本作为费用进行税前扣除。可以扣除的额度受到以下限制：纳税人每年可以扣除的金额不得超过 100 万美元；若当年新投入使用的资产总额超过 250 万美元，则上述 100 万美元限额将会随着当年投入使用资产总额的增加而减少，减少的数额为当年投入使用资产总额超过 250 万美元的金额；179 条款扣除额不得超过纳税人当年从事积极经营活动产生的应税所得额。

• 损耗：企业拥有的除木材、某些石油和天然气资产之外自然资源资产的损耗符合一定条件的，可以按成本法或比例法计算扣除。

• 摊销：企业大部分无形资产的支出需进行资本化并按照 15 年的年限按比例直线摊销。商誉支出一般可以进行资本化并按照 15 年的年限按比例直线摊销。开办费一般需按照 15 年的年限按比例直线摊销。

• 坏账损失：企业计提的坏账准备金可以在确定相关款项无法收回的当年进行税前扣除。

• 利息支出：企业与贸易或经营活动相关的利息支出一般可以于发生当年进行税前扣除。最高可扣除利息支出的限额为息税折旧摊销前收入的 30%（2021 年后为息税前收入的 30%）。

• 公益捐赠：企业允许扣除的公益捐赠金额最高不能超过减去某些扣除项目之前应纳税所得额的 10%。公益捐赠超过扣除限额的部分可以向以后 5 个纳税年度结转扣除。

• 员工福利计划（养老金计划及支出）：为员工提供退休福利，包括雇员福利、合格的利润共享福利或股权红利计划等的企业可以享受政府提供的税收优惠。

• 已纳税款：纳税人已缴纳的州和地方税可以在联邦公司所得税税前扣除。

• 或有负债：企业计提的或有负债准备金只有在相关责任实际确

定时，涉及的金额才能在税前扣除。

- 研发支出：根据企业采取的所得税会计处理方法的不同，研发支出符合条件的可以在发生当期全额扣除或在不少于60个月的期间内进行摊销。

- 支付给境外关联方的费用：美国税收居民企业通常可以就其实际支付给境外关联方符合市场公允原则的特许权使用费、管理服务费用和利息进行税前扣除。

第三，不得税前扣除。

- 罚金和罚款：因违反法律法规而向政府支付的罚金或罚款一般不得在税前扣除。

- 行贿金、回扣和其他支出：直接或间接支付的行贿金、回扣或其他非法支出不得在税前扣除。

- 业务招待费：招待费不可税前扣除。

- 外国公司在美国设立的分支机构取得的收入按一般联邦公司所得税的规定纳税。在分支机构未对其税后利润进行分配的情况下，且其取得的与在美国的贸易或经营活动有实际联系的税后利润，如果其没有在取得收入当年再投资于在美国的贸易，或经营活动或在下一纳税年度从美国的贸易或经营活动中抽回投资，还将被征收30%的分支机构所得税。

对于开始于2017年12月31日之前的税务财年所产生的企业经营净亏损（Net Operating Losses，NOL）既可以往前结转2年抵减以前年度的应纳税所得额，以获得已缴企业所得税退税，也可以往后结转20年抵减以后年度的应纳税所得额。

按照现行税法规定，对于2017年以后企业产生的NOL仅可以无限期往后结转抵减以后年度的应纳税所得额，但最高仅可抵减应纳税所得额的80%。

⑤税收优惠。

股息收入见表4－21。

表 4-21　纽约股息收入免税情形

类别	免税情形	
一般居民企业	持股比例<20%	50%免税
关联企业	20%<持股比例<80%	65%免税
	持股比例>80%	免税
持有外国企业股份超一年时间	持股比例>10%	免税

一般商业抵免：纳税人在本纳税年度允许使用的一般商业抵免额最高不得超过其应纳所得税额，未抵免完的部分可以往以前年度结转 1 年，往以后年度结转 20 年。

研发支出税收抵免：纳税人的合格研发支出中超过“基数”部分的 20% 可以作为研发支出税收抵免，在特定期间内用于抵免其应纳美国联邦公司所得税。

境外已纳税额抵免：就在境外已纳所得税额在美国获得税收减免。当年未使用完的境外已纳税额通常可以向以前年度结转 1 年，余额可以向以后年度结转 10 年。

帝国区投资税和就业刺激抵扣：凡创造就业，投资新的生产/地产或设备的企业可以享受相当于合格投资额 19% 的税收抵扣。

新企业报销基金：在纽约州投资的新企业可以按未使用工资税信用和帝国区投资税 50% 得到现金退税，其他企业可延期使用抵扣。

煤气电费优惠：对投资者自有的电和煤气设施实行优惠费率，在帝国区落户或扩展的公司优惠幅度尤其大。

帝国区资本税收抵扣：凡向帝国区资本公司出资或认股，或对区内合格企业进行股份投资，或对区内批准的社区发展进行赞助，可获 25% 公司和个人所得税减免。

技术援助：每个帝国区办公室均有专业人员帮助企业在区内选址或扩展。

（2）个人所得税。

①纳税人。

居民纳税人：美国公民；持有“绿卡”外国人；实际居留标准（一个外国人即使未持有“绿卡”，只要于本年度在美国居留达183天；或者本年度在美国居留至少31天，且在本年及上溯两年的时间里在美国累计居留达183天，也将被认定为居民外国人）。

非居民纳税人：不符合持有“绿卡”标准及实际居留标准的非美国公民即为非居民外籍人士。

此外，即使某个非美国公民符合实际居留标准，如果此人当年在美国居留的时间少于183天，同时在某一外国有纳税居所，且此人与该外国的联系比其与美国的联系更为密切，那么，该外国人也不会被认定为美国税收上的居民。此处的纳税居所指纳税人开展营业、提供劳务、履行职责的经常或主要地点，而非家庭所居地。若由于工作性质没有这样一个经常或主要地点，则以经常居住地为纳税居所。至于是否与外国存在更密切联系，主要依据以下因素的所在地确定：永久性住所；家庭；个人财产（如个人及家庭所拥有的汽车、家具、衣物、珠宝等）；所加入的社会、政治、文化或宗教组织；业务活动；所持驾驶执照的签发；参加投票等。

②征税对象。

居民纳税人：全球收入。

非居民纳税人：就其来源于美国境内的与在美国经营活动有实际联系的收入纳税。

③税率及税目。

工资薪金所得：美国公民、外籍居民和外籍非居民都需要就其在美国当地取得的工资薪金所得缴税，无论该所得在何时何地取得。员工报销的生活费用（如餐费或住房补贴）或符合条件的差旅费无须缴税，但配偶或子女的类似费用则需要缴税。符合条件的差旅费是指个人暂时性离开其税收管辖地时发生的差旅费。

资本利得：美国公民和外籍居民取得的资本利得属于其全球收入，须缴纳美国个人所得税；对于外籍非居民，如果其在一个纳税年度内在美国停留时间超过 183 天并在该纳税年度当年取得资本利得，则需由支付方按其取得的净资本利得代扣代缴 30% 的美国预提个人所得税。

股权薪酬：纳税人在某些情况下可以选择递延至出售或转让期权时纳税。纳税人收到非法定股票期权或法定股票期权，决定了其应税收入的时间、类型和数量。一般而言，当非法定股票期权被行权时，可能会产生收入。然而，法定股票期权在行权后一般不会产生纳税义务，直到该行权对应的股票出售。

业务收入：个体经营户通常产生个体经营收入。在美国联邦税法规定下，个体经营收入的待遇与就业补偿相类似。个体经营户通常可以比雇员扣除更多的业务费用，但是个体经营收入可能会相应缴纳更多的社会安全税（个体经营税）。

股息收入：美国公民和居民外籍人士所获得的股息收入，无论其源自美国还是其他国家，都在征税范围内。针对国内企业或者合格的外国企业所收到的合规股息，联邦最高所得税率为 20%（如果含纯投资收入税，税率为 23.8%）。非居民外籍人士来自美国的股息收入通常会由支付方预提 30% 的所得税。

租赁收入：美国公民和居民外籍人士所获得的租赁收入，无论其源自美国还是其他国家，都在征税范围内。非居民外籍人士来自美国的租赁收入通常适用 30% 的统一税率。但是，非居民外籍人士也可以选择申报扣除费用后的不动产租赁净收入，适用所得税累进税率（见表 4－22）。

表 4－22　　　　纽约个人所得税税率

税率	应纳税所得额（美元）			
（%）	单身	已婚双方联合申报	户主	已婚分别申报
10	0～9525	0～19050	0～13600	0～9525
12	9525～38700	19050～77400	136001～51800	9526～38700

续表

税率（%）	应纳税所得额（美元）			
	单身	已婚双方联合申报	户主	已婚分别申报
22	38701～82500	77401～165000	518001～82500	38701～82500
24	82501～157500	165001～315000	82501～157500	82501～157500
32	157501～200000	315001～400000	157501～200000	157501～200000
35	200001～500000	400001～600000	200001～500000	200001～300000
37	500001 以上	600001 以上	500001 以上	300001 以上

④征收规则。

标准扣除额（见表 4－23）。

表 4－23　　纽约个税扣除

类　别	扣除额（美元）
已婚夫妻共同申报	12700
户主申报	9350
单身人士和已婚单独申报	6350

如果个人既为盲人又在 65 岁以上，标准扣除额符合一定条件的将增至两倍。

税前扣除：

- 单身个人和已婚个人单独申报的标准扣除额为 12950 美元。如果个人既为盲人又在 65 岁以上，标准扣除额符合一定条件的将增至两倍。
- 州及地方税费（包括州所得税或销售税之一、美国境内财产之财产税）最多扣除 10000 美元。
- 医疗费用：纳税义务人支付处方药、眼镜与轮椅等辅具、医疗保险与医院所用之费用总金额 AGI 的 7.5% 的部分可扣除；门槛预计调升至 AGI 的 10%。
- 捐赠：向特许的慈善、宗教、科学及文教机构等对象所捐赠至一定金额内的现金或其他财务，可扣除捐赠人 AGI 的 20%～50%。

• 房贷利息：主要住宅或第二住宅房贷利息费用可扣除，但以贷款本金 750000 美元计算的利息费用金额为限。

• 儿童抵免：减少每个符合条件的 17 岁以下儿童的联邦所得税，可申请退款的金额为收入超过 1 万美元的所得税的 15%。

• 免税储存账户：用于支付指定收益人的高等教育费用为 2000 美元。

• 教育援助：从总收入中扣除不超过 5250 美元的雇主提供的教育资助。

• 学生贷款利息扣除：收入在 5.5 万至 7 万美元的纳税人，最高可申请 2500 美元的扣除。

• 受抚养人照顾抵免：允许纳税人为 13 岁以下儿童和残疾受抚养人的儿童照顾费用提供适用 35% 比例的抵免，一个孩子 3000 美元，两个孩子及以上 6000 美元。

• 收养税收抵免和收养援助项目：收养儿童的纳税人可以获得符合条件的收养费用的税收抵免 10000 美元，纳税人也可以在收入中扣除由雇主支付的收养费用，雇主援助计划提供 10000 美元的税收减免。

• 资本利得率和股息率：税率低于 25% 的纳税人的资本利得和股息税率为 0. 25% 以上的人资本利得和股息税率为 10% 和 20%（适用于收入在 40 万美元以下的人群）。

• 机会税收抵免：可用于在应税年度支付的学费和相关费用的最高 2500 美元。纳税人获得的税收抵免是基于在纳税年度内支付的前 2000 美元的学费和相关费用的 100%，以及在纳税年度内支付的后 2000 美元的学费和相关费用的 25%（对于调整后收入超过 8 万美元的纳税人，这项税收抵免将逐步取消）。

• 儿童税收抵免：超过 3000 美元将计入退税。

• 第三胎税收抵免：有两个或两个以上孩子的工薪家庭目前有资格获得如关于家庭首个 12570 美元劳动收入 45% 的劳动抵免所得税收入。

• 研究和实验费用税收抵免：研究税收抵免相当于纳税人在一个纳税年度的合格研究费用超过该年度基础金额的 20%，并提供 14% 的替代简化抵免。

• 归国英雄和受伤战士工作机会税收抵免：退伍军人家庭接受补充营养援助 2400 美元；短期失业的退伍军人 2400 美元；长期失业的退伍军人 5600 美元。

• 小企业股票：非法人纳税人可以免除出售在最初发行时获得并持有 5 年以上的小型企业股票所获得的收益。对于 2009 年 2 月 27 日以后及 2010 年 9 月 27 日之前收购的股票，免税额增加到 75%。对于 2010 年 9 月 27 日—2012 年 1 月 1 日收购的股票，免税额为 100%。小型企业：股票来自 C 类公司，其总资产不超过 5000 万美元，并且满足特定的活跃业务要求。

• 奖金折扣：企业可以根据折旧计划在一段时间内收回资本支出的成本。2008—2010 年，国会允许企业获得 100% 折旧扣除津贴。

• 插电式电动摩托车和公路车辆：对高速公路上的插电式摩托车和三轮车辆的个人所得税抵免 10%。

• 医疗保险医生支付率降低 26. 5%，保证老年人继续获得一生的治疗。

• 门诊治疗服务的付款：非医院提供者提供的所有门诊治疗服务，每位受益人每年的支付限额为 1880 美元。

• 救护车附加款：地面救护车运输手袋附加基本费率为城市提供者 2%、农村提供者 3%、超农村提供者 22. 6%。

非居民外国人可以按一定限额扣除在美国发生的由意外伤亡、灾难、盗窃等原因造成的损失，向美国慈善机构进行的捐赠，以及州和地方所得税等。

社会保险和医疗保险：纳税人就取得的工资收入中 127200 美元以内的部分缴纳 6. 2% 的社会保险；并需就其取得的工资收入中 200000 美元以内的部分按 1. 45% 的税率，以及超过 200000 美元的部分按 2. 35%

的税率缴纳医疗保险（对于夫妇合计申报，前述 200000 美元限额将调至 250000 美元；对于夫妇分开申报，前述 200000 美元限额将调至 125000 美元）。自雇收入须纳入工资收入限额的计算。此外，雇主也需要就向雇员支付工资中 127200 美元以内的部分缴纳 6.2% 的社会保险，并就向雇员支付的工资总额缴纳 1.45% 的医疗保险。

联邦失业保险税：雇主需要就雇员在美国提供劳务取得的工资薪金中 7000 美元以内的部分缴纳 6.2% 的联邦失业保险税。

替代性最低税：2022 年纳税年度，美国对于小于等于以下替代性最低应税收入的部分，征收 26% 的替代性最低税；对于超过以下替代性最低应税收入的部分，征收 28% 的替代性最低税。替代性最低税的主要目的是防止有实质性收入的个人使用税收优惠减免（如加速折旧）、扣除（如某些免税收入）和抵免，以减少或免除他们的纳税义务。这是一种替代税，在个人计算正常税负和替代性最低税负之后，二者中数额较大者构成最终税负。

替代性最低收入金额如表 4－24 所示。

表 4－24　　纽约替代性最低应税收入

替代性最低应税收入	2022 年收入金额（美元）
除了已婚分别申报情形外的其他纳税人	206100
已婚分别申报的纳税人	103500

表 4－25 为替代性最低税的免税额。

表 4－25　　纽约替代性最低税的免税额

替代性最低税最高免税额	2022 年收入金额（美元）
已婚共同申报或者丧偶	118100
单身或者户主	75900
已婚分别申报	59050

⑤税收优惠。替代性最低税最高免税额（见表4-26）。

表4-26　　纽约替代性最低税最高免税额

替代性最低税最高免税额	金额（美元）
已婚共同申报或者丧偶	129400
单身或者户主	70300
已婚分别申报	43500

外籍人士：非居民外籍个人可以按一定限额扣除在美国发生的由意外伤亡、灾难、盗窃等原因造成的损失，向美国慈善机构进行的捐赠，以及州和地方所得税等。此外，非居民外籍人士如果有符合资格的赡养的美国籍儿童，也可以申请儿童税收抵免。

工资税抵扣：自2001年起，凡在区内新创造就业的企业，5年内每年每新增1名员工，可获1500美元信用额，特定行业3000美元。

2. 征收管理

（1）税务管理机构。税收征管机构为美国国内收入局、海关及州与地方税务机构。美国国内收入局负责联邦税的征收，海关署负责关税的征收，州与地方税务机构负责州与地方税的征收。各州与地方税务机构有权对征管中的问题作出决定而无须经美国国内收入局批准。也就是说，各州的税务机构与联邦的税务机构基本是互相独立的。

（2）纳税人征收管理。

①居民纳税人征收管理。每一个税收居民都需要向国内收入局申请办理税号。美国的税收管理体系基于自我评估原则。美国纳税人必须每年向国内收入局、拥有居住地管辖权并征收所得税或净值税的所在州或地方税务局提交纳税申报表。

②非居民纳税人征收管理。如果非居民纳税人的所在国与美国签订了税收协定，并规定了预提所得税的优惠税率，该非居民纳税人可申请协定待遇。

预提所得税管理及源泉扣缴：根据美国联邦税法的规定，非居民企业取得来源于美国的利息、股息和特许权使用费等被动收入（不涉及常设机构），须按照30%的税率缴纳公司所得税。但是根据中美税收协定，满足相关要求的情况下，中国居民企业可以享受优惠税率10%。对于非居民企业的征收通常采用由美国付款方进行代扣代缴的预提税形式。预提税主要针对非居民企业取得的来源于美国的具有收益金额、期限固定的特点的一些被动收入（如股息、利息、特许权使用费等收益）以及资本利得。

股权转让和财产转让：非居民企业在美国通过股权转让和资产转让所取得的资本利得通常被视为非应税收入，无须缴纳相应税费。但其处置美国不动产权益取得的资本利得需要在美国缴税。美国不动产权益的受让人在向非居民支付转让价款时，有义务扣缴相当于总价款15%的资本利得预提税。

（3）税务检查。

①处罚。税务机关的征收中心根据纳税申报表，把应纳税金及罚款确定下来后，会向纳税人先后发出4份通知，分别为：征收通知书、两份应纳税额未缴数的通知以及催缴的最后通知。纳税人必须在第四份通知送达之日起10日内作出反应，或者缴清税款，或者向税务机关陈述，否则税务机关可能会采取扣押财产抵税等措施。依据美国税法的规定，纳税人不缴纳税款，税务机关有权采取工薪抵扣、划拨银行账户、扣押财产等税收保全措施。但美国保护纳税人权利法案规定，下列财产不得用于抵税：主要居所、失业补助金、1000美元以下的经营性用具、书籍、教科书、法院判决的儿女赡养费、日常穿着的衣物、日用燃料、口粮家具、待发的邮件、死亡的保险收入、军队伤亡抚恤和退休年金等。

纳税人不主动遵守或不充分遵守税法规定，可能会被控犯罪。在美国，纳税人一般是美国公民或持有永久居留权的人（即绿卡），绿卡持有人在海外的收入依旧是需要报税的。当然，不报税、偷税漏税、虚假报税或隐藏财富甚至洗钱，在刑法上是有区别的。

企图非法逃避税收将予以重罚。虽然避税是合理合法甚至被鼓励的，但很多灰色地带是很难区分的；如果从避税转变为企图非法逃避税收，那后果是很严重的，最高5年监禁。针对个人最高25万美元罚款，针对组织最高50万美元。

未准时缴税或提供所需信息，按轻罪论处。这里是指那些不申报或提供税收信息，不提供法律规定的税收信息的，将会以轻罪处理，最高监禁一年。

虚假申报税收，按重罪论处。如果纳税人在税收过程中故意提供不正确的论述，是要按伪证罪论处的。被告人是否欠税不是被定罪的前提条件，前提条件是该被告的意图是否很明确要故意提供虚假申报信息。这类案件最高监禁3年，个人最高处罚25万美元，组织最高处罚50万美元。当然，当国税局或联邦政府介入调查时，如果有任何企图影响或阻碍审理程序或调查工作的行为，包括扣留、隐藏、篡改、销毁、行贿等行为，处罚会更为严重。

洗钱行为后果极其严重。如果是涉及明确的洗钱活动，最高监禁会达到20年。洗钱是指故意隐藏犯罪所得或将犯罪所得转成合法资产的犯罪行为。

②法律责任。根据美国联邦税法，不同税种的处罚方式也不相同，下面分税种介绍其相应的法律责任，包括违反基本规定的处罚及纳税申报违法处罚。

公司所得税——纳税人未按期（包括已延长期限）进行纳税申报的，自逾期当月每月被征收未纳税款5%的罚款，但最多不超过未纳税款的25%。申报逾期60天以上的纳税人将被征收的最低罚款数额为未纳税款或135美元中的较小者。纳税人如能证明其未按期纳税有合理原因，则不会被征收罚款。纳税人逾期未预缴税款在一定条件下会被征收逾期未缴税款的罚款。一般而言，纳税人应纳税额达到或超过500美元且未按期缴纳至少本年或上年应纳税额中的较小者时将被征收罚款。外国税收居民企业在美国的分支机构无须就分支机构所得税进行预缴。

预提所得税——扣缴义务人未按期（包括已延长期限）提交纳税申报表的，符合一定条件的自逾期当月每月被征收未纳税款5%的罚款，但最多不超过未纳税款的25%。纳税人如能证明其未按期纳税有合理原因，则不会被征收罚款。

个人所得税——纳税人需要在纳税年度终了后第4个月的15日之前进行汇算清缴。纳税人如未按期进行纳税申报或逾期缴纳税款，将会被征收罚款和滞纳金。滞纳金按到期日所欠税款的一定比率征收，每月5%（未超过1个月的按1个月计算，下同），最高为25%。如果能够给出未能按时缴纳税款的合理说明，则无须缴纳滞纳金。美国国内收入局下达滞纳金或扣押财产的最终通知10日后仍未缴纳税款及滞纳金的，原本为0.5%的滞纳金率将增加到1%。分期付款协议生效后，每月滞纳金率为0.25%。

逾期申报罚款是指未按期进行纳税申报但未提供合理说明而被征收的罚款。逾期申报罚款按未缴纳税额的一定比率征收，每月5%，罚款不会超过未缴税额的25%。如果同一月份逾期申报且逾期缴纳税款，则综合罚款率为每月5%（逾期申报4.5%，逾期缴纳0.5%），最高不超过25%。逾期申报罚款适用于征期后仍未支付的税款。未缴税额是指在申报表上计算得到的总税额减去已代扣代缴、已预缴和允许退税部分后的应补税额。如果在逾期5个月后仍然没有付款，则将按最高比率处以逾期申报罚款。但在支付税款之前，将持续计算滞纳金，最终可达25%。逾期申报罚款和滞纳金合计最高将按照47.5%的比率征收（逾期申报22.5%，滞纳金25%）。然而，如果逾期申报超过60天，则逾期申报罚款最低额将取申报表上应纳税额和210美元中较小者。

消费税——纳税人非因正当理由而逾期未进行消费税注册登记的，将被征收10000美元罚款，并从逾期之日起每天被加收1000美元的滞纳金。纳税人未按期（包括已延长期限）申报的，在一定条件下将自逾期当月每月被征收未纳税款5%的罚款，但最多不超过未纳税款的25%。纳税人如能证明其未按期纳税有合理原因，则不会被征收罚款。

纳税人未按期纳税通常自逾期当月起，每月被征收未纳税款0.5%的罚款，但最多不超过未纳税款的25%。纳税人因故意或过失而有纳税违规行为的，在一定条件下将被征收罚款。

纳税人未按期纳税还将被征收滞纳金。纳税人因未按期进行纳税申报或因故意或过失而未按期足额纳税而被征收罚款的，将自纳税期限截止之日起至实际缴足税款时止被加征罚款滞纳金。

（4）税务登记。在美国，每一个税收居民都需要向国内收入局申请办理税号。公司纳税人需要通过填写SS－4税表申请雇主识别号码，个体纳税人需要通过填写W－7税表申请个体纳税人识别号。雇主识别号或个体纳税人识别号是美国国内收入局为在美经营企业或美国个体纳税居民分配的9位数识别号码。识别号码长期有效，且一个实体只能申请一个号码。按照美国的法律，一般而言，绝大多数公司或者实体都需要雇主识别号码作为美国国内收入局的识别号码以处理税务相关事宜。原则上来说，作为居住在美国境外的公民，如果在美国注册公司，必须申请雇主识别号码，否则无法在美国开展业务、开设银行账户或者进行年终报税。因此，申请雇主识别号码是非美国公民在美国开设公司后的重要一步。美国的雇主识别号码不仅适用于在美国境内注册的公司或者实体，也适用于在美国境外注册且在美国开展经营活动的公司或者实体以及个人。美国境内公司可以通过网上申请办理，境外注册的公司如果在美国境内没有办公地点，则需通过打电话或邮寄申请办理。

（5）征管方式。

①征收方式。美国是以查账征收方式为主的税务征收方式。美国税收征管的重要基础是纳税人的社会保险号码和社会信息网络，通行做法是政府提供必要的社会保障，税务部门提供有效的咨询和服务，充分发挥税务中介组织的作用。其突出特点是强调实行纳税人自我评税、自行申报，广泛代理，强化雇主代扣，业主预收代缴。美国税收征管现代化水平较高，信息渠道畅通，计算机网络系统覆盖了税收征管全过程，并能有效搜集纳税人的交易、收入、支出等重要税收信息，对纳税人的纳

税监控能力较强。

②美国税务警察和税务法院。美国国税局的正式名称是“美国国内收入署”（以下简称“IRS”），隶属于财政部，掌握着美国人的社会安全号和银行账号，有稽查人员 4 万人，占职员总数的 35%。无论是否为美国公民，只要是来源于美国的收入都在 IRS 的监管之下。林肯总统在任期给予了 IRS 很大的权力以及武器装备，目的就是保障其可以收到税。所以在美国无论是政客高管、平民百姓，都在这种美国税务警察制度下按期纳税。IRS 的税务警察有权利查阅被怀疑对象一切的财产记录，如有逃税情况可以立即冻结银行账户、收缴财产。税务警察的武器装备堪比军队，有各类枪支弹药，必要时装甲车、战斗直升机也是可以使用的。

美国税务法院是美国审理和判决联邦税务案件的特别行政法院。美国早在 1924 年就建立了一个税务上诉委员会，当税务人员认定某纳税人有偷逃税行为时，该纳税人若不服，可以向这个委员会提出申诉。1969 年，税务上诉委员会改成税务法院，并成为联邦法院系统的一部分。税务法院的基本管辖权在于审理和判决欠缴联邦诸税的案件。当纳税人向税务法院提出诉讼时，可以不必在判决结果出来之前就预缴税款，因此许多涉及税收的案件都通过该法院审理。如果纳税人对税务法院的审理结果有异议，可以要求上述法院复审，仍有异议则由最高法院复审。但是，当最终的判决认定纳税人必须缴纳税收时，该项判决所得由国内收入局来执行。如通过调查或传讯来厘清纳税人的全部财产，并可以在发出通知后没收和出售这些财产。

3. 国际组织与其他事项①

（1）FATCA。FATCA（Foreign Account Tax Compliance Act）全称

① 资料来源：商务部《对外投资合作国别（地区）指南——美国》[G]. 北京：2022；国家税务总局《中国居民赴美国投资税收指南》[G]. 北京：2022 年；U. S. Customs and Border Protection，U. S. Foreign - Trade Zones Encouraging activity and investment in the U. S. https：//www. cbp. gov/。

是《海外账户税收合规法案》（或称《外国账户税收遵从法》），是美国为防止美国纳税人逃避税务而制定的一项新法案。它的落实对象是海外金融机构和美国纳税人。要求外国政府准许各国金融机构向 IRS 提供纳税义务人的海外资产数据，同时也要求美国纳税人在海外账户资产超过门槛时进行申报。FATCA 早在 2010 年就由奥巴马签署通过立法，2014 年生效运行，已有 113 个国家与地区加入。

其内容包括：①针对海外金融机构：所有签约国家与地区合作的金融机构（包括银行、证券、投资投顾等），必须每年向 IRS 提供在该机构下的美国纳税人之账户与个人数据，包含名字、税号、住址及交易记录等。如果金融机构拒绝提供，则该机构与客户的美国来源所得或在美国的投资利润需要扣缴 30% 的惩罚税率。②针对美国纳税人：如果账户里超过一定金额门槛，则需要于该年度申报个人所得税时一并进行申报。如未申报，一旦被查出，可能面临 1 万美元罚款（若 IRS 通知后还是未申报，罚金可高达 5 万美元）；如果是少报（低报），可能会被课高达额外 40% 的罚金。

FATCA 的预提税和信息报告规定采取强硬立场打击离岸逃税。然而，毋庸置疑的是，美国极大地延伸了其权责范围，可以说 FATCA 是迄今为止美国长臂管辖权（Long - Arm Jurisdiction）在税收征管领域最大范围的延伸。这是因为：首先，FATCA 凌驾于现有税收协定所规定的任何条款之上，要求外国金融机构耗费大量的时间、人力、物力、财力协助美国国内法的实施。作为在美国投资的代价，外国金融机构必须主动披露信息的规定无疑会对一国经济主权产生剧烈冲击。而且，FATCA 会造成诸多法律障碍，首当其冲的就是银行保密法。许多金融机构所在地为了保护客户的隐私，禁止银行或公司直接向外国政府提供客户信息。部分外国税收立法者及工作者表示要制定自己版本的 FATCA，以此要求美国金融机构协助执行外国税法。这显然不利于开展长期的国际税收合作。其次，FATCA 规定外国金融机构应对其所有客户群开展广泛、深入、详细的尽职调查，识别美国客户，获取美国客户的信息并每年向美国国内收入局申报，由此银行面临着承担开发技术、配备人员的潜在高额合规成本，这无疑会加重外国金融机构的行政负担。国际银行家协会预计全球主要银行为遵守规章可能耗费逾2.5亿美元，然而部分企业担心每年的成本会高达数十亿美元。由于FATCA施加给外国金融机构繁重的行政负担，一些外国金融机构开始对美国人开立账户设立种种限制，甚至拒绝为美国人开立账户。此外，FATCA也可能对在美国的外国投资产生不利影响。美国经济对外国资本的依赖程度日益加深，目前约有超过2万亿美元的外国资产投资于美国。将投资的外国资本所产生的收益暴露在30%预提税面前可能会威慑投资者，导致大量资本外流。

（2）BEPS。美国现在已经加入了BEPS。BEPS（Base Erosion and Profit Shifting，税基侵蚀和利润转移），是指跨国（地区）企业利用国际税收规则存在的不足，以及各国税制差异和征管漏洞，最大限度地减少其全球总体的税负，甚至达到双重不征税的效果，造成对各国税基的侵蚀。为了堵塞国际税收规则漏洞，G20领导人于2013年9月发布圣彼得堡峰会公报，决定实施国际税收改革BEPS行动计划，并委托经济合作与发展组织（OECD）牵头推进该项工作。包括所有G20成员、OECD国家和19个其他国家在内的62个国家共同参与了BEPS项目。

BEPS报告强调传统的国际税收规则不能适应当前国际经济一体化程度加强、知识产权成为价值创造中的重要驱动因素，以及信息和通信技术持续发展等实际情况，指出了造成税基侵蚀和利润转移的六大关键压力领域，包括：①各国对经济实体和金融工具的定性不一致，导致混合错配安排和税收套利；②将税收协定中的概念应用于提供数字货物和服务取得的利润；③对关联方的债务融资、保险以及其他集团内部金融交易的税务处理；④转移定价问题，特别涉及集团内法人实体之间发生的风险和无形资产的转移、人为的资产所有权分割以及其他在独立企业之间极少发生的交易；⑤反避税措施的有效性，特别是一般反避税规则、受控外国公司制度、资本弱化规则和泛滥用税收协定规则；⑥有害税收优惠制度。

针对这些问题，BEPS 报告提出了 25 项具体行动，旨在通过协调各种税制、修订税收协定和转让定价国家规则，提高税收透明度和确定性，确保跨国（地区）企业就利润向经济活动发生地和价值创造地申报纳税。

BEPS 行动计划涉及协定、政策、反避税、征管、合作、统计等多个范畴，将会在各国税法、双边税收协定和多边国际税收规则等多个层面产生重大影响，有助于增强企业所得税制在国际范围内的一致性，重塑国际税收规则体系及利益合理共享机制，提高国家税收透明度，并且增加税收政策的确定性和可参与性。

（五）突尼斯港

1. 所得税

突尼斯自贸港的所得税包括个人所得税和企业所得税。

（1）企业所得税。

①纳税人。突尼斯企业所得税纳税人分为居民企业和非居民企业。

居民企业指：

- 《商业公司法》第七条所指的公司；
- 生产、消费或服务合作社以及其工会；
- 具有财政自主权的公共机构和国家、省和公社的工商机构；
- 民事公司；
- 合资公司的共同参与人、经济利益集团的成员；
- 不按照管理法律的规定进行活动的协会；
- 《保险法》中规定的成员基金。

非居民企业指：没有在突尼斯设立公司，但有实际经营机构，且有来源于突尼斯的利润。

②征税对象。在突尼斯的公司取得的净收益。

③税率（见表4－27）。

表4－27　突尼斯企业所得税

企业类型	税率（%）	最低纳税额（第纳尔）
标准税率	25	200
银行和金融机构、保险和互助保险公司、电信公司	35	200
中小企业年营业额（不含税）不超过：100万第纳尔（从事销售和加工活动）；50万第纳尔（从事服务业和非商务活动）	20	200
在证券交易所（TSE）新上市公司	15	200
出口、农业、卫生、手工业和从事教育活动的公司	10	100
免征CIT或享受利润全额扣除的公司	—	200
碳氢化合物行业公司	35	—

④征收规则。净损益应以经营范围内各种经营的总损益为基础，特别是包括任何资产的处置。其中不允许相互股票转让所得资产或股份、工业投资与证券机构的利润或收入分配产生的净值。

免税机构：

- 主要不从事收益活动，其资源来自税收或其他来源的跨行业团体；
- 免费管理的储蓄和公积金银行；
- 公共机构、国家机构或非营利性地方公共机构；
- 在批发市场上经营的从事农业和渔业产品的服务合作社；
- 农业服务互助协会；
- 工人生产合作社；
- 地方当局贷款和支助基金；
- 集体资本投资组织的可变资本投资公司。

税前扣除情形：

• 强制性缴纳或免费支付的年金；

• 投保人或成员在人寿保险合同框架内支付的保费或缴纳的费用；

• 偿还大学贷款的本金和利息；

• 建造一所住宅的贷款所支付的利息和佣金，该住宅的购买或建造成本不超过 20 万第纳尔，不包括增值税；

• 属于某一计划的自雇人士所交付的社会保险的费用；

• 一年期的银行存款、绿色债券、社会责任债券和可持续债券的利息，每年不超过 10000 第纳尔；

• 可以扣除纳税人具有质量信用机构开立的银行或证券证件人认购或购买股票交易所上市公司的股票和国债的收益，每年为 10 万第纳尔。

• 对国家就业基金的渐增和补贴可以全额扣除。

⑤税收优惠。

• 公司在 2020 年 12 月 31 日之前申请成立并拥有投资证书的，4 年内免征企业所得税。同一持有者在企业已享受该税收优惠政策的前提下，新成立的公司将不可再次享有 CIT 豁免（金融、能源、挖掘、房地产开发、快消、贸易和电信运营商行业除外）；

• 直接投资在区域发展地区取得的收入和利润完全免税：在第一组区域开发区开始运作之日起的 5 年内；在第二组区域开发区运作之日起的 10 年内；

• 直接投资区域收入的 2/3 免税；

• 农业和渔业的收入免税；

• 直接投资农业和渔业收入的 2/3 免税；

• 对儿童管理机构、资助老年人的教育、教学和科研机构、职业培训机构、生产和文化产业的投资收入的 2/3 免税；

• 企业从事金融部门以外的其他部门（可再生能源、矿业、房地产开发、就地消费、电信运营商）可在经营第一年扣减 100%，第二年扣减75%，第三年扣减50%，第四年扣减25%。

（2）个人所得税

①纳税人。

居民纳税人：在突尼斯有居所；一年内连续居住183天以上；在国外履行职责或执行任务的国家官员和代理人，只要他们在该国不需要对其收入在国外缴税。

非居民纳税人：仅就其来自突尼斯的收入或资本利得纳税（除去外币或可兑换第纳尔存款和证券的利息；租用船舶或飞机的报酬）。

户主需要根据自己的收入和受抚养子女的收入缴纳所得税（户主的认定：有配偶、有子女监护权的离婚人士、鳏夫、收养孩子的人士。当证明丈夫在课税前一年没有任何收入来源或再婚时拥有前一段婚姻的孩子监护权，则妻子被认定为户主）。

②征税对象。

居民纳税人：全球净收入；非居民纳税人：来自突尼斯所得。

③税率见表4－28。

表4－28　突尼斯个人所得税

年收入（第纳尔）	税率（%）
0～5000	0
5000.001～20000	26
20000.001～30000	28
30000.001～50000	32
50000以上	35

对于商业和非商业活动，不得低于营业额或总收入的0.2%，最低为300第纳尔。

④征收规则。作为纳税基础的净收入总额，是指包括利润和实物利益价值在内的生产总值超过取得和保留收入所发生的费用和费用的差额。

全球净收入包括：工商业利润；来自非商业行业的利润；来自农业或渔业活动的利润；工资、薪金、补偿金、退休金和年金；房地产收入；来自证券和投资的收入；外国来源的收入。

⑤补亏：5 年补亏。

⑥税前扣除情形：

• 强制性和免费支付的年金；

• 投保人或成员在人寿保险合同框架内支付的保费或缴纳每年不超过 10 万第纳尔的资本化合同或塔卡富资本化合同（有一些合同的限制）；

• 偿还大学贷款的本金和利息；

• 购买或建造一所住宅的贷款所支付的利息和佣金，该住宅的购买或建造成本不超过 20 万第纳尔，不包括增值税；

• 属于法定社会保障计划的自雇人士所缴付的供款；

• 绿色债券、社会责任债券可持续债券的利息可从税基中扣除，每年不超过 10000 第纳尔；

• 在 2018 年 12 月 31 日活跃的从事出口业务的公司，继续受益于收入的 2/3 扣除。

⑦税收优惠。下列收入不缴税：

• 发放给工伤受害者或者抚养人的生活年金和临时津贴；

• 为代表因身体伤害而作出的赔偿判决而支付终生的年金；

• 外国在技术合作框架内为派驻突尼斯政府的工作人员提供的薪金、工资和津贴；

• 根据有关援助、保险和社会保障的法律以任何形式提供的津贴和福利；

• 在法律规定的条件下或在经济裁员被批准的情况下，员工获得的解雇补偿金；

• 在合理范围内，为支付雇员所承担的与职能或就业有关的费用而给予的特别津贴；

• 住房储蓄的利息支付给住房储蓄合同的持有者；

• 外币或可兑换第纳尔存款和证券的利息；

• 工业家、商人或农业经营者之间开立的经常性账户（该账户仅作为商业实体使用）产生的利息；

• 雇员因在国外活动而获得的外派津贴、酬金、津贴和其他福利，条件是雇主在突尼斯定居或设立，且该活动涉及技术、经济、社会和环境研究或技术支援；施工装配、维护或相关监控活动；

• 父母为子女在银行开设的教育储蓄账户的利息；

• 雇主为集体支付的保险；

• 2011 年 1 月 1 日起认购的在突尼斯证券交易所上市的股份，如果其出售或转让发生在提交或收购后的一年后（与证券相关减免）；

• 资本利得不超过 10000 第纳尔；

• 根据至少 3 年的租赁合同租用用于种植可耕地的农业土地所获得的收入（承租人在租赁协议中承诺保留土地用作耕种大田作物）；

• 国家就业基金援助发放的奖金和在同一框架内企业发放的奖金。

2. 征收管理

（1）税收管理机构。突尼斯税务管理局是一个直接隶属于财政部的机构，主要任务是征收税款，由四个主要部门组成：公共会计和债务催收总局、一般税务机关、税收和财政激励总司、研究和税收立法总局。

税务管理局（DGI）负责以下任务：实施财税法规立法，关税、国内税费、特许权使用费等的征缴。监督实施税务审计；组织税收行政复议；组织税收行政调解，以及对大型企业的税收监管等。

公共会计和债务催收总局负责：国家和地方税的税款征收；公共支出的监督和支付；维护公共账户；提供与在公共会计准则下运行的公共机构的预算和财政业务执行相关的财务和会计信息，以及为中央政府、公共机构和市政当局研究和发展的会计规范。

税收和财政激励总司的职责是：准备有关财政和金融激励的法律草案，建立上述法律框架以促进投资、审查和批准公司的税收激励申请，以及对已经批准的税收优惠进行定期审查。

研究和税收立法总局负责：准备与税收系统相关的研究，以确定纳税人的需求，并使立法适应这些需求；准备与税收相关的法律草案；监督税收立法的实施，准备与税收立法相关的一般备忘录。

未来评估税收管理的绩效，将使用两个有效性的框架，该框架将绩效与两个主要的因素联系起来，即税收征收和税收合规差距。

（2）报税流程。报税渠道是企业通过当地聘请的会计师到税务局申报或通过网上申报。企业需要到税务局领取专门的申报表。申报表需用阿拉伯文填写，由企业财务负责人签字并加盖企业印章。按月份申报时，需附雇员详细资料；按年终申报时，需附企业 1 年经营状况详细报表。

（3）税务检查。

①税务稽查。税务稽核的形式可以是对税务机关所持有的申报文件进行初步稽核，也可以是对纳税人的纳税情况全面稽核。

初步核查税务部门持有的书面声明及其行为，并在所记载的资料的基础上与行政部门掌握的一些文件和资料进行核对。税务机关在初步税务稽核过程中，以书面形式要求提供有关稽核过程的资料、澄清或者理由；也可以在必要时以书面形式要求个人提供其资产和生活方式的详细报表。在这种情况下，纳税人必须在接到请求之日起 20 日内以书面形式作出答复。税务机关必须在稽查结束后答复纳税人。

彻底检查税务情况：对纳税人的全部或者部分纳税情况进行全面审计，这是在有会计义务的纳税人的会计基础上进行的。税务机关只有在获取了以前未掌握的有关评估信息后，才能对同一时期的同一税种进行新的彻底审查。企业年营业额等于或大于 20 亿第纳尔，须向税务官员介绍，当日开始深入核查其纳税情况，转移定价政策文件，证明企业与之交易中应用的关系。对税务情况进行彻底检查的，必须事先通知纳税人。

②处罚。

行政税务处罚。如逾期缴纳全部或部分税款，则须缴付逾期罚款，按每月全部或部分逾期税款的0.75%计算，而应缴税款是在没有税务稽核部门事前干预的情况下自发缴纳的。逾期缴纳税款不超过60天的，为应缴纳税款的1.25%；超过60天的，为应缴纳税款的2.5%。经税务稽核机关介入后发现有滞纳金的，滞纳金提高到罚款的1.25%。

如未能以申报付款以外的方式交付印花税，或交付印花税的方式不充分，除交付本金外，将被处以缴付印花税50%的罚款。

不符合规定的转让收入、利润的企业如果转让在突尼斯应纳税收入或利润，征收转让收入或利润的20%的罚款。

凡涉及现金向客户提供的货物、服务或商品超过规定的，处以追缴8%的行政罚款。

任何未在规定的声明中提供资料或者以不完整不正确的方式提供资料的，将被处以50第纳尔的罚款。未在规定期限内向国家申报的企业处以5万第纳尔行政税收罚款。

如没能在规定的期限内申报免征所得税和公司税或须预付预扣税的收入和利润，将被处以有关收入和利润1%的罚款。

刑事税务处罚。任何拟备或使用与虚假销售或提供服务有关的发票或收费单，以全部或部分逃避税款或费用的人，处以16天至3年的监禁及1000～50000第纳尔的罚款。

任何人使用或伪造会计凭证，以逃避支付全部或部分税款或获得所得税优惠的，判处16天至3年的监禁及1000～50000第纳尔的罚款。

伪造法律事实、文件、发票或费用说明，或隐瞒行为或协议的真实法律性质，以获得税收优惠减少应缴税款或退还税款，涉及将货物转让给他人以逃避纳税义务的交易，判处16天至3年的监禁及1000～50000第纳尔的罚款。

3. 国际组织与其他事项

突尼斯加入了FATCA和CRS、BEPS。共同申报准则（Common Reporting Standard，CRS），又称“统一报告标准”。CRS的提出者是经济合作与发展组织，也就是OECD（经合组织）。而概念是来自美国的美国海外账户税收遵从法（FATCA）。CRS旨在推动国与国之间税务信息自动交换，正循序渐进地在各国实施，有望在2018年完全覆盖所有的成员国。虽然不是具有法律效力的范本，但发起CRS的组织——OECD提倡各成员国应按照要求，签署公民信息交换协议。

CRS规定了应交换的金融账户信息、应报告的金融机构、所涉及的账户和纳税人的类型以及金融机构应遵循的共同尽职调查程序等。共同报告标准包含四部分内容，明确各税收辖区内金融机构所应遵守的尽职调查程序等。共同报告标准包含四部分内容：明确各税收辖区内金融机构所应遵守的尽职审查与报告义务共同标准；为税收辖区执行CRS提供法律框架的多边主管当局协定范本；有关前两部分内容的注释；执行CRS的用户信息技术指南。

CRS框架下，国家或地区间的金融账户信息交换有三种模式：一是多边模式，OECD提供平台，根据各国提交的信息自动匹配、定期交换；二是双边模式，由意向国或地区相互选择；三是欧盟模式，仅在成员国之间适用，具有更高的效率。事实上，多边模式也需要参与国（地区）相互选择对方，否则在提交信息匹配时，无法实现“配对”。

CRS从三个维度规定了尽职调查与报告义务，即调查者、被调查者和调查内容。

调查者是应履行尽职调查与报告义务的金融机构，包括托管机构、储蓄机构、投资实体以及特定保险公司。但是一般政府机构、国际组织、中央银行、公益性养老基金、特定范围的集合投资工具、依国内法免除报告义务的金融机构等免调查义务与报告义务。

被调查者即账户持有人，一般指执行 CRS 的税收辖区居民身份的自然人和实体；实际管理机构位于该税收辖区内的合伙、有限合伙或其他没有纳税居民身份的类似实体。CRS 还规定了“透视原则”，即要求通过中间公司找到实际控制人。

调查内容通常包括账户持有人的相关信息、金融账户的相关信息、金融账户的月度相关收入。在 CRS 允许的范围内，各辖区可对个别需报送信息的范围进行调整。

4. 征管方式

突尼斯自贸港的税收征管方式是查账征收，没有税务警察和税务法院。

二、境外自贸港其他税制比较

（一）企业所得税

除迪拜外，其他自贸港均征收企业所得税。

1. 纳税人认定的差异

除中国香港外，其他自贸港均区分居民纳税人和非居民纳税人。香港不区分居民纳税人和非居民纳税人，分为法团和非法团。大多数自贸港对居民企业和非居民企业都通过实际管理机构规则来区分。

2. 征税原则的差异

中国香港采取属地原则征税，即只有源自香港的利润才须在香港课税，而源自其他地方的利润则无须在香港缴纳利得税。因此香港利得税的纳税人不区分居民纳税人和非居民纳税人。这种属地原则有利于资本输出中性，从根源上避免了双重征税，有利于吸引总部机构、跨国（地区）投资者及资本投资者，引进高端人才，带动当地经济及就业。

美国的居民企业认定不考虑实际管理机构是否在国内，只要是在美国注册成立的公司（包括合伙企业），都属于美国的居民企业。

美国的合伙企业需要缴纳企业所得税，但其他地区的合伙企业缴纳个人所得税（见表4－29）。

表4－29　　　　居民企业与非居民企业对比

自贸港	居民企业	非居民企业
纽约	企业（包括合伙制企业）只要依据美国法律在美国注册设立，则为美国税收居民企业，不论其是否在美国开展经营活动或拥有财产，也不论其股权是否为美国企业或个人所持有	根据外国法律而成立，并通过外国政府注册的企业，不论其是否在美国开展经营活动或拥有财产，即使股权的全部或部分为美国企业或个人所持有，都属于美国联邦税法规定的非税收居民企业
新加坡	若一家企业的管理和实际控制机构在新加坡境内，则认定其为新加坡的居民企业	在新加坡境内无固定营业场所
德国	指法律注册地或实际管理机构设在德国境内的公司、其他实体。其中“实际管理机构设在德国”是指企业事实上的最高领导层，即企业管理层的合法经营场所或工作地点在德国	即既没有在德国登记注册、实际管理机构也不在德国，但是有来源于德国境内所得的公司

续表

自贸港	居民企业	非居民企业
突尼斯	①《商业公司法》第七条所指的公司； ②生产、消费或服务合作社以及其工会； ③具有财政自主权的公共机构和国家、省和公社的工商机构； ④民事公司； ⑤合资公司的共同参与人、经济利益集团的成员； ⑥不按照管理其法律的规定进行活动的协会； ⑦保险法中规定的成员基金	没有在突尼斯设立公司，但有实际经营机构，且有来源于突尼斯的利润
中国香港	不区分居民和非居民纳税人，分为法团以及非法团（合伙商号、信托人或团体）	

3. 征税对象的差异

居民企业需要就其全球收入纳税，而非居民企业就其来源于该国（地区）的收入征税。由于中国香港不区分居民纳税人和非居民纳税人，因此，中国香港的税收是针对来源于香港的所有利润征税（见表4－30）。

表4－30　　企业所得税征税对象对比

自贸港	居民企业	非居民企业
纽约	美国税收居民企业需就其全球收入在美国缴纳公司所得税。全球收入包括由该企业设立于美国境外的分公司所取得的收入，无论该分公司是否向其美国总公司分配利润	非美国税收居民企业取得的来源于美国但与其在美国的贸易及经营活动无实际联系的收入，需按30%的税率缴纳公司所得税，通常采用由美国付款方进行代扣代缴的预提税形式

续表

自贸港	居民企业	非居民企业
新加坡	新加坡不对资本利得征税。在新加坡产生的收入或来源于新加坡的收入（“新加坡来源”），新加坡的居民企业在境外取得股息、分支机构利润及服务收入（上述所得统称为特定境外所得），在新加坡境外取得的符合相关规定的境外所得免于征税	
德国	德国的居民企业有义务就其来源于德国境内、境外的全部所得在德国缴纳企业所得税。其中，对合伙制企业不征收企业所得税，而是对合伙人在分得利润时征收个人所得税	德国的非居民企业负有有限纳税义务，只就其来源于德国境内的所得缴纳企业所得税
突尼斯	在突尼斯的公司取得的净收益（净损益应以经营范围内各种经营的总损益为基础，特别是包括任何资产的处置。其中不允许相互股票转让所得资产或股份、工业投资与证券机构的利润或收入分配产生的净值）	
中国香港	凡在香港经营任何行业、专业或业务而从该行业、专业或业务获得于香港产生或得自香港的所有利润（由出售资本资产所得的利润除外）	

新加坡不对资本利得征税，德国不对某些符合条件的资本利得征税，中国香港对于某些资本利得不征税，如债券的利息、股息等。

4. 补亏的差异（见表4－31）

表4－31　　企业弥补亏损差异

自贸港	补亏差异
中国香港	纳税人于某一会计年度内的亏损可结转用以抵销随后年度的利润，但经营多于一种行业的法团，则可将某一行业的亏损抵销另一行业的利润
新加坡	未使用的损失额可无限期向后结转。超限折旧免税额可用于冲抵当年的其他应税所得或在满足股权测试和产生该折旧免税额的贸易持续进行（相同贸易测试）的前提下无限期向后结转

续表

自贸港	补亏差异
德国	一般来说，高达 109.18 万美元的损失可上溯到前一年。亏损结转没有时间限制，但结转亏损的使用额受到限制，结转的亏损数额在 109.18 万美元内可无限制结转，超过 109.18 万美元的年度应纳税所得的 60% 部分可以用来弥补以前年度亏损；超过 109.18 万美元部分的所得，40% 仍需要纳税
美国	经营净亏损仅可以无限期往后结转抵减以后年度的应纳税所得额，但最高仅可抵减应纳税所得额的 80%

注：为方便读者理解国际自贸港的税制差异，本书按照 2023 年 4 月各国本币与美元的汇率进行了换算，统一以美元展示各自贸港的税率差异。

对于弥补以前年度的亏损，四个地区都允许无限期向以后年度结转。企业所得税的补亏虽然可以无限期向后结转，但德国和美国的补亏额度受到限制，德国超过 109.18 万美元的亏损可以追溯到前一年，且要求所得超过 109.18 万美元所得的 60% 用来弥补亏损，剩下 40% 的部分仍须缴纳企业所得税。美国的补亏限额为应纳税所得额的 80%。香港的补亏比较特殊的是：经营多余一种行业的法团可以用某一行业的盈利来弥补另一行业的亏损。中国香港和新加坡对于补亏没有限制，更有利于新企业的发展。一般来说，新企业在刚成立的前几年一般都是亏损的，这时可以无限期并且无限额向后结转，鼓励企业向更好的方向发展。相比于内地企业所得税 5 年补亏原则，位于中国香港和新加坡的企业不用担心亏损后 5 年内盈利的问题，更不用担心 5 年后盈利需要缴税，这就给企业向更有利方向发展提供了选择。

5. 税率的差异（见表 4-32）

表 4-32　　企业所得税税率对比

纽约	新加坡	德国	突尼斯	中国香港
8%~9%	0~17%	平均 15.825%	2%~7%	7.5%~16.5%

总体上看，各自贸港的企业所得税税率均不高。中国香港的税率为7.5%~16.5%，法团企业所得税在25.48万美元以下的企业所得税税率是8.25%，25.48万美元以上的企业所得税税率是16.5%。非法团企业所得税税率在法团的基础上降低1.25%，也就是7.5%。新加坡自贸港的税率为10%~17%，17%达到了几个港区总体上企业所得税的最高税率。阿联酋迪拜自贸港税率为6%~9%，税率较低。德国汉堡港企业所得税实际税率为15.825%。突尼斯企业所得税税率为2%~7%，分为不同行业不同税率，其标准税率是5%，税率最低。美国的企业所得税分为小型企业和中大型企业，小型企业的企业所得税属于三级累进比例税率，中大型企业比例为9%。

（二）个人所得税

除迪拜外，其他自贸港均征收个人所得税。

1. 税率的差异（见表4-33）

表4-33　房地产税税率对比

中国香港		新加坡	
①土地；②建筑物；③土地及建筑物	15%的物业税	自用型住宅房地产	0~16%八级累计税率
①物业单位；②工业装置；③作展示广告用途的土地	5%的差饷	非自用型住宅房地产	0~20%六级累进税率
物业税减去差饷	15%-5%=10%	对其他房地产，如商业及工业房地产	10%

中国香港的物业税是按照拥有人所拥有物业，就其实际取得的租金收入（包括应收及已收收入）作为评税基础的，如果没有租金收入，则不需要缴纳物业税。香港的物业税可以扣除差饷，即如果纳税人将房

地产出租获得租金收入，则需缴纳的房地产税是物业税减去差饷，税率为10%。如果香港的纳税人并没有收取房地产产生的租金或者并不属于房地产的拥有人，只是占有人，则纳税人只需要缴纳5%的差饷即可。新加坡的房地产税将纳税人分为三类：一是自用型住宅房地产征收0～16%的八级累进税率，二是非自用型房地产征收10%～20%的六级累进税率，其他房地产采用10%的比例税率。而香港的人口较多，但是地域狭窄，地产资源较为紧缺，所以香港的房地产税税率更高。新加坡的房地产税规定较多，对于不同用途的房地产税率也不同，自用型房地产的税率较低，且采用累进税率。

2. 居民纳税人和非居民纳税人认定差异（见表4－34）

表4－34　个人所得税纳税人对比

自贸港	居民纳税人	非居民纳税人
纽约	①美国公民； ②符合以下条件的外国人： 持有“绿卡”标准； 实际居留标准：一个外国人即使未持有“绿卡”，只要于本年度在美国居留达183天；或者本年度在美国居留至少31天，且在本年及上溯两年的时间里在美国累计居留达183天，也将被认定为居民外国人	不符合持有“绿卡”标准及实际居留标准的非美国公民即为非居民外籍人士
新加坡	在纳税年度的前一年，除了合理且与该个人为新加坡居民的判定不相矛盾的暂时离开之外，在新加坡实际居住或就业（公司董事除外）183天或以上的个人。对于就业时期横跨两个日历年的外国雇员，设有一项特许（通常称“两年行政特许”），该特许规定：如果外国雇员在新加坡停留或工作至少连续的183天（跨年度），将同时被认定为两个纳税年度的居民，即使每一年度在新加坡的时间都少于183天	在纳税年度的前一年，在新加坡实际居住或就业（公司董事除外）不超过183天的个人

续表

自贸港	居民纳税人	非居民纳税人
德国	如果一个人的住所或习惯性居所在德国，则该个人将被视为德国的居民。个人的住所是指由个人拥有且有迹象表明他会保留和使用的一处地方。个人的习惯性居所是指个人经常居住而非短暂停留的一处地方。如果一个人在德国连续居住超过6个月，则被认为存在习惯性居所。停留期间短暂的中断期不予考虑，仍会被计算在6个月期间内。如果不是临时性停留，即便停留时间少于6个月也有可能构成习惯性居所	如果一个人的住所或习惯性居住地不在德国，则被视为非居民
突尼斯	①在突尼斯有居所；②一年内连续居住183天以上；③在国外履行职责或执行任务的国家官员和代理人，只要他们在该国，则不需要对其收入在国外缴税	不满足居民纳税人要求，在突尼斯有所得的外籍人士
中国香港	在香港取得应税收益所有人。不考虑是否为居民纳税人	

除中国香港外，4个自贸港均区分居民纳税人和非居民纳税人。且居民纳税人的认定基本相同：一是本国居民，二是停留183天。

美国和新加坡对于居民纳税人的认定有特殊条款。一个外国人在本年度在美国居留至少31天，且在本年及上溯两年的时间里在美国累计居留达183天（即跨年度），也将被认定为美国的居民外国人。如果外国雇员在新加坡停留或工作至少连续的183天（跨年度），将同时被认定为新加坡两个纳税年度的居民，即使每一年度在新加坡的时间都少于183天。美国的规定是两年累计183天，一年至少31天，新加坡的规定是两年连续183天，两个地区有相似之处，但也有细微的不同。

3. 征税对象的差异（见表4－35）

表4－35　　个人所得税征税对象对比

自贸港	居民纳税人	非居民纳税人
纽约	全球收入	就其来源于美国境内的、与在美国经营活动有实际联系的收入纳税
新加坡	在新加坡收到的所有国外来源的所得（通过合伙企业取得的除外）都是免税的 应就其在新加坡境内提供服务获得的受雇所得纳税，而无论酬金是在新加坡境内还是境外支付	应就其在新加坡境内提供服务获得的受雇所得纳税，而无论酬金是在新加坡境内还是境外支付
德国	应就其来源于全球7类所得缴纳所得税	需就法律明确列出的4类来源于德国的所得缴纳德国所得税
突尼斯	全球净收入	来自突尼斯所得
中国香港	来自香港任何办事处或受雇工作的收入	

个人所得税对居民纳税人的全球收入纳税，但新加坡对居民纳税人的外国所得免税。对非居民纳税人来源于所在国的境内纳税。德国个人所得税非居民纳税人的所得包括4类：受雇所得、经营和专业所得、投资所得、其他所得（出租不动产、某些有形动产、养老金）。

4. 税率的差异（见表4－36）

个人所得税的税率都是累进税率，税率不同，纽约的个人所得税税率是10%～37%，7级累进税率，新加坡的个人所得税为0～22%，11级累进税率，德国的个人所得税税率为0～45%，5级累进税率，突尼斯的个人所得税税率为0～35%，5级累进税率，中国香港的个人所得税税率为2%～17%，5级累进税率。德国的个人所得税税率较高，中国香港的个人所得税税率较低。

表 4－36　　个人所得税税率对比

纽约		新加坡		德国		突尼斯		中国香港	
收入（美元）	税率（%）	收入（美元）	税率（%）	收入（美元）	税率（%）	收入（美元）	税率（%）	收入（美元）	税率（%）
9525以下	10	15036以下	0	10009.62以下	0	16298以下	0	6370以下	2
		15036～22554	2						
9525～8700	12	22554～30072	3.5	10009.62～15562.52	14.00～23.97	16298～65192	26	6730～12740	6
		30072～60144	7						
38701～82500	22	60144～90216	11.5	15562.52～61097.13	23.97～42	65192～97788	28	12740～19110	10
		90216～120288	15						
82501～157500	24	12028～150360	18	61097.13～289682.93	42	97788～162980	32	19110～25480	14
		15036～180432	19						
157501～200000	32	18043～210504	19.5	289682.93以上	45	162980以上	35	25480以上	17
200001～500000	35	21050～240576	20						
500001以上	37	240576以上	22						

注：为方便读者理解各自贸港的税制差异，此处按照2023年4月各国（地区）本币与美元的汇率进行了换算，统一以美元展示各自贸港的税率差异。

5. 个人免税额的差异（见表4－37）

表4－37　　　　个人所得税免税额对比

自贸港	免税额
纽约	12950 美元
新加坡	1503.6 美元（每月）
德国	10009.62 美元（每年）/834.15 美元（每月）
中国香港	16816.8 美元（年度）/1401.4 美元（月度）

注：为方便读者理解各自贸港的税制差异，此处按照 2023 年 4 月各国（地区）本币与美元的汇率进行了换算，统一以美元展示各自贸港的税率差异。

相较来说，基本免征额最高的是新加坡的 1503.6 美元，最低的是美国的 793.75 美元。美国的主要税种是企业所得税和个人所得税，所以美国对于个税免征额的控制较低，而新加坡的主要税种并不是个税和企业税，所以对个税的免征额规定较高。中国香港本身就是一个自贸港，各种税收政策都比较宽松，且税率较低。

6. 个人进修开支的差异（见表4－38）

表4－38　　　　个人所得税个人进修开支对比

自贸港	个人进修开支
纽约	①教育援助：从总收入中扣除不超过 5250 美元的雇主提供的教育资助； ②学生贷款：最高可申请 2500 美元的扣除。利息扣除：收入在 5.5 万～7 万美元的纳税人； ③免税储存账户：用于支付指定收益人的高等教育费用 2000 美元； ④机会税收抵免：前 2000 美元的学费和相关费用的 100%，后 2000 美元的学费和相关费用的 25%。可用于在应税年度支付的学费和相关费用的最高 2500 美元

续表

自贸港	个人进修开支
德国	①纳税人第一次专业教育或第一次学业（例如学校和大学学费、手册和住宿开支）的费用：每年最高额 6550. 8 美元； ②位于欧盟和欧共体成员国的私立学校和补习学校：缴款的 30%（最高 5459 美元）
中国香港	个人进修开支：12740 美元 修读认可院校培训课程所缴交的费用可列为可税前扣除的开支

注：为方便读者理解各自贸港的税制差异，此处按照 2023 年 4 月各国（地区）本币与美元的汇率进行了换算，统一以美元展示各自贸港的税率差异。

各自贸港的个人进修开支也不同，中国香港的个人进修开支扣除额为 12740 美元，德国的个人进修开支包括纳税人第一次专业教育或第一次学业（例如学校和大学学费、手册和住宿开支）的费用最高 6550. 8 美元和位于欧盟和欧共体成员国的私立学校和补习学校缴款的 30%（最高 5459 美元），共计 12009. 8 美元，美国的教育援助扣除额包括学生贷款利息扣除：收入在 5. 5 万 ~7 万美元的纳税人最高可申请 2500 美元的扣除和免税储存账户，用于支付指定收益人的高等教育费用 2000 美元以及机会税收抵免，可用于在应税年度支付的学费和相关费用最高 2500 美元，共计 7000 美元。德国与中国香港的个人进修开支相差不大，但二者的个人进修的认定有所差别，香港的个人进修认定为修读认可院校培训课程所缴交的费用可列为税前扣除的开支，德国的个人进修开支的认定为纳税人第一次专业教育或第一次学业的费用和位于欧盟和欧共体成员国的私立学校和补习学校的缴款，即德国的个人进修开支是属于一次性的费用扣除，或者是必须在特定的学校产生的费用才能扣除。美国的个人进修开支扣除金额相比于德国和中国香港较少，并且其个人进修开支的认定与中国香港和德国也不同，美国的个人进修开支并没有规定必须是专业教育和第几次进修，高等教育的学费和学费贷款利息都可以按照一定的比例扣除。美国更注重于对人才更进一步的培养教育，而德国和中国香港更加注重专业性的教育。

7. 子女免税额的差异（见表4－39）

表4－39　　个人所得税子女免税额对比

自贸港	子女免税额
纽约	①减少每个符合条件的17岁以下儿童：收入超过1万美元的所得税的15%。 ②受抚养人照顾抵免：一个孩子3000美元，两个及以上孩子6000美元，比例为35%。 ③收养税收抵免和收养援助项目：10000美元，雇主援助计划提供1万美元的税收减免，收养儿童的纳税人可以获得符合条件的收养费用的税收抵免。纳税人也可以在收入中扣除由雇主支付的收养费用。 ④儿童税收抵免：超过3000美元将计入退税
新加坡	①子女免征额：每人3007.2美元。 ②残疾子女免征额：每人5635.5美元
德国	①子女扣除：每人2718.58美元。 ②保育、抚育和教育扣除：每人1441.18美元。 ③儿童津贴：第一个和第二个孩子的福利津贴是222.73美元/月；第三个孩子为229.28美元/月；第四个孩子和以后的任何一个孩子为256.57美元/月。一次性救济和儿童津贴，取最高。 ④单亲家庭的单身人士且为户主者，且仍有权享受上述儿童福利/扣除：每年额外扣除2083.15美元/孩子，每多一个孩子，扣除金额增加262.03美元/孩子。 ⑤单身父母和已婚夫妇可扣除2/3的育儿费用：每个孩子最高436.72美元
中国香港	第一名至第九名子女——15288美元（年度）。 在子女出生应税年度的额外免税额——15288美元（一次性）

注：为方便读者理解各自贸港的税制差异，此处按照2023年4月各国（地区）本币与美元的汇率进行了换算，统一以美元展示各自贸港的税率差异。

美国的子女免税额根据个人收入的不同而不同。中国香港的子女免税额较高且限制相对较少，要求也比较简单，对子女养育的优惠力度较大；美国的和德国的子女免税额规定较多，但对于子女免税额的额度较高，鼓励生育；新加坡的子女免税额较少，但比较偏向于帮助困难家庭。

8. 赡养老人免税额的差异（见表4－40）

表4－40　　个人所得税赡养老人免税额对比

<table>
<tr><th colspan="2">新加坡</th><th colspan="2">中国香港</th></tr>
<tr><td rowspan="2">赡养老人（至多两人）</td><td>与纳税人共同生活
6762.6美元</td><td rowspan="2">供养父母/祖父母/外祖父母
免税额（每名计算）</td><td>年龄60岁或以上—
6370美元</td></tr>
<tr><td>未与纳税人共同生活
4132.7美元</td><td>年龄55至59岁—
3185美元</td></tr>
<tr><td rowspan="2">赡养残障老人</td><td>与纳税人共同生活
额外3757美元</td><td rowspan="2">供养父母/祖父母/外祖父母额外免税额（每名计算，须连续全年与纳税人同住）</td><td>年龄60岁或以上—
3185美元</td></tr>
<tr><td>未与纳税人共同生活
额外3381.3美元</td><td>年龄55至59岁—
3185美元</td></tr>
</table>

注：为方便读者理解各自贸港的税制差异，此处按照2023年4月各国（地区）本币与美元的汇率进行了换算，统一以美元展示各自贸港的税率差异。

中国香港的赡养父母免税额不仅包括赡养父母，还包括赡养祖父母以及外祖父母。中国香港对于赡养老人税前扣除的范围较为广泛，且税前扣除的额度也较高。新加坡虽然对于赡养老人的税前扣除范围较窄，仅能够扣除两位老人的税收扣除，但对于赡养残疾老人有更加优惠的政策，可以获得额外的税前扣除。

9. 残疾人士免除的差异（见表4－41）

中国香港与新加坡的残障人士税前扣除中，中国香港的税前扣除额度更高。但新加坡在其他税前扣除项目中对于残疾人士表现出更加优惠的政策。虽然新加坡的残疾人士个税税前扣除额度比中国香港小，但由于其他的优惠政策，总体来说，新加坡对于残疾人士的优惠力度更大。

表 4-41　　个人所得税残疾人士免税对比

新加坡		中国香港
55 岁以下	3007.2 美元	9555 美元（年度）
55~59 岁	7518 美元	
60 岁以上	9021.6 美元	

注：为方便读者理解各自贸港的税制差异，此处按照 2023 年 4 月各国（地区）本币与美元的汇率进行了换算，统一以美元展示各自贸港的税率差异。

10. 捐赠支出扣除额的差异（见表 4-42）

表 4-42　　个人所得税捐赠扣除对比

自贸港	捐赠扣除
纽约	政府所特许的慈善、宗教、科学及文教机构等对象的捐赠：捐赠人 AGI 的 20%~50%
德国	①为促进非营利活动的捐赠，最高可达收入总额的 20%（企业家亦可选择扣除其营业额及薪金总额的 0.4%）； ②每 10 年一次，新成立的基金会（在捐款年度或结转 9 年）的资本捐赠最高可扣除 109.18 万美元； ③对各政党的捐赠不超过 1801.47 美元（联合评估计双倍）。这只适用于纳税人没有获得所得税抵免的捐赠：50% 的捐赠可以从所得税评估中扣除，且每人最高扣除金额为 900.74 美元（联合评估计双倍）
中国香港	通过受认可的公共慈善机构、慈善信托机构或政府用作慈善用途的捐款（总数不得少于 12.74 美元）：扣除的数额不得超过经调整后的应评税收入或利润或用以计算个人入息课税收入总额的 35%

注：为方便读者理解各自贸港的税制差异，此处按照 2023 年 4 月各国（地区）本币与美元的汇率进行了换算，统一以美元展示各自贸港的税率差异。

德国的捐赠支出扣除有三个方面的规定：为促进非营利活动的捐赠，最高可达收入总额的 20%（企业家亦可选择扣除其营业额及薪金总额的 0.4%）；每 10 年一次，新成立的基金会（在捐款年度或结转 9 年）的资本捐赠最高可扣除 109.18 万美元；对各政党的捐赠不超过 1801.47 美元（联合评估计双倍）。这只适用于纳税人没有获得所得税抵免的捐赠：50% 的捐赠可以从所得税评估中扣除，且每人最高扣除金额为 900.74 美元（联合评估计双倍）。美国的捐赠支出扣减规定：政府所特许的慈善、宗教、科学及文教机构等对象所捐赠一定金额内的现金，捐赠人 AGI 的 20%~50%。香港的捐赠扣除，规定通过受认可的公共慈善机构、慈善信托机构或政府用作慈善用途的捐款（总数不得少于 12.74 美元），扣除的数额不得超过经调整后应评税收入或利润，或用以计算个人入息课税收入总额的 35%。德国的捐赠支出扣减项目规定较多，包含为非营利机构、新成立的基金会和政党的捐赠，而美国的捐赠支出规定是对非营利机构的捐赠扣减，并且美国的扣减额度较高，最高可达 50%。

（三）房地产税

房地产税只有中国香港、新加坡自贸港和德国自贸港征收，并且香港有两种税（差饷和物业税）针对房地产征收。

1. 征税对象的差异

中国香港的房产税是从租计征，对合理年租金进行征税。

新加坡房产税也是从租计征，征税对象包括所有的不动产，包括房屋、建筑物、酒店、土地和经济公寓等。

2. 税率的差异

中国香港采用比例税率，新加坡采取超额累进税率的形式征收房产税，税率范围为0～16%。

（四）印花税

在上述几个自贸港中，只有中国香港和新加坡自贸港征收印花税（见表4－43）。

表4－43 印花税税率对比

税目	中国香港（美元）	新加坡（美元）
物业	①不动产的买卖：住宅适用第1标准税率第1部：15%； ②非住宅适用第1标准税率第2部：11级不同税率1.5%～8.5%	物业买入价或市场价孰高者 ①住宅物业的买方印花税税率为4%； ②非住宅物业的买方印花税税率为1%～4%四级累进税率
股票	①成交单据（印花税率：买卖双方各0.13%）； ②证券转让文书（定额印花税：0.637美元） 证券买卖：证券价值的0.1% 无偿处置转让产权：代价或所转让股份价值的0.26%，另加定额印花税0.637美元。 证券借用及借出：所转价值的0.26%； ③不记名文书：按发行时市值的3%； ④复本及对应本：0.637美元的定额印花税	企业签订购买或获得股票的合同需要缴纳印花税，并按照股票的成交价格或价值孰高缴付税款； 转让股票时，按照买入价或股票价值孰高者的0.2%缴付印花税
租赁物业	不动产的租赁： ①租赁期不确定——平均年租的0.25%； ②一年或以下——租金总额的0.25%； ③超过一年但不超过三年——平均年租的0.5%； ④超过三年——平均年租的1%	年平均租金不超过751.8的部分免税，超过751.8的部分： ①租期4年或以下租期内总租金×0.4%； ②租期长于4年或不定期租期内年平均租金的4倍×0.4%

注：为方便读者理解各自贸港的税制差异，此处按照2023年4月各国（地区）本币与美元的汇率进行了换算，统一以美元展示各自贸港的税率差异。

中国香港和新加坡对纳税人和征税对象的规定都相同；税目基本相同，都是对房地产买卖、证券转让、和物业租赁有关的文书征税。

中国香港对于住宅买卖的印花税税率为 15%，非住宅买卖的印花税为 1.5%~8.5% 十级不同税率；新加坡对于住宅买卖的印花税税率为 4%，非住宅买卖是 1%~4% 的四级累进税率。中国香港和新加坡对于证券交易印花税税率差别不大，都在 0.2% 左右。中国香港和新加坡对于租赁房地产征收的印花税都规定了租赁的期限，且税率相差不大，都在 0.4% 左右。

三、海南自贸港关境下我国与各国之间的税收协定

税收协定是协调国与国之间税收管辖关系的重要依据，是国际税收理论的全面概括与最终应用。将海南自贸港的税制设计置于国际税收协定框架中加以细化和深化，是推进税制衔接、提升税制竞争力的有效途径。当前，我国已经形成了包含 113（110+3）个双边税收协定、3 个多边税收协定、10 个税收情报交换协定以及 79 个国际运输收入税收协定共四种类型在内的税收协定网络。

双边税收协定①是指缔约国仅有两个国家（地区）的税收协定，是国际税收协定的主要形式。截至 2023 年 8 月底，我国已与 110 个国家（地区）签订了避免双重征税协定，并与香港、澳门特别行政区签订了避免双重征税安排，与台湾地区签订避免双重征税协议。双边税收协定适用所得税种，其文本中有关消除双重征税办法、实质性经营等的内容对海南自贸港发展中的跨境投资活动具有重要影响。此外，双边税收协定的新签与修订工作是我国当前涉外税收治理的工作重点之一，海南自

① 特指狭义的双边税收协定，即避免双重征税协定。

贸港下税收协定的衔接与协调也将主要在双边税收协定中展开。

多边税收协定是指缔约国至少有三个或三个国家（地区）的税收协定，我国已对外谈签的多边税收协定包括《多边税收征管互助公约》《金融账户涉税信息自动交换多边主管当局间协议》以及《实施税收协定相关措施以防止税基侵蚀和利润转移的多边公约》。随着“双支柱”方案迈向落地实施阶段，未来，我国还有可能签订《“支柱一”金额 A 多边公约》。在海南自贸港的税制建设过程中，多边税收协定主要为我国深度融入国际税收合作体系提供法律基础，同时反映国际税收秩序的发展动向，促使自贸港税制有意与 BEPS 行动计划所代表的打击跨境逃避税国际规则相衔接。

税收情报交换是指缔约国主管当局为了正确执行税收协定及其所涉及税种的国内法而相互交换所需信息的行为，我国主要通过缔结专项税收协定、补充双边协定条款等形式为双（多）边税收情报交换提供法律依据。自 2009 年以来，我国已与包含英属维尔京群岛、根西岛、泽西岛、百慕大、开曼群岛在内的 10 个世界主要避税地签署了税收情报交换协定。情报交换是跨境税收征管合作的重要法律工具，海南自贸区下的税收情报交换协定将为跨境利润监管提供必要的信息数据，有利于提升税收透明度、遵从度与确定性，避免自贸港成为“避税天堂”。

国际运输收入是指企业以船舶或飞机经营国际运输业务所取得的利润，国际运输收入税收协定是指航空协定税收条款、海运协定税收条款、双边专项国际运输互免税协议、互免国际运输收入税收协议或换函等对国际运输收入作出特殊征税处理的协定。截至 2023 年 8 月底，我国已对外谈签 79 个国际运输收入税收协定，其中空运相关税收协定 43 个、海运相关税收协定 36 个。国际运输收入税收协定是消除跨境贸易业务税收障碍的最直接途径，海南自贸港“实现运输来往自由便利”“实现贸易自由便利”的重点任务，离不开我国较完善的国际运输收入税收协定网络的保驾护航。

（一）我国对外签订税收协定的总体情况

1. 双边税收协定发展情况

根据双边税收协定缔约对象、缔约立场以及缔约内容的转变与修订，我国对外谈签双边税收协定的历程主要可分为以下三个阶段。

第一阶段：20 世纪 80 年代初至 90 年代中期。这一阶段谈签的对象国主要是日本、美国和欧洲等发达国家，目的为吸引外资、引进技术，同时尽可能维护来源地征税权，保护国家税收权益。其中一项重要内容就是我国要求缔约对方国家在税收协定中承诺饶让抵免的内容，以确保我国国内税法规定的税收优惠切实为外国投资者所享有，促进外国资本的输入。我国的第一个税收协定——中日税收协定于 1981 年初正式开始谈判，经过两年多的会谈，双方达成一致。随后，又谈签了中美、中法、中英等税收协定。

第二阶段：从 20 世纪 90 年代初开始至 90 年代末，我国税收协定的谈签对象主要转为发展中国家。这一时期我国在继续扩大吸引外资的同时，逐步开展和扩大对外投资，在中亚、非洲和拉美等一些国家开展承包工程，对外输出劳务。税收协定开始发挥为我国“走出去”企业和个人服务的作用。在谈签过程中，我国开始站在居民国的立场，以维护我国企业利益和国家税收权益。这一阶段我国对外谈签税收协定的对象包括巴西、蒙古、匈牙利、俄罗斯、印度等国家。需要指出的是，随着我国的经济发展和综合国力的增强，中央正式确定了促进企业“走出去”的国家发展战略，这一阶段的工作一直延续至今，并还将持续加强。

第三阶段：从 21 世纪初开始至今，我国开始对 20 世纪 80 年代税收协定进行修订并有选择谈签新协定。由于近年来我国和缔约对方国家的经济发生了较大变化，各国税制也有所调整，已有协定不能满足现实需求，因此，我国已经开始同英国、捷克、新加坡、比利时、荷兰、德国等国家开始进行修订税收协定的谈判，旨在更好地适应新的经济形势和国际税收发展的需要，加强税务主管当局之间的合作，共同防范国际避税。

近5年，我国与挪威、卢旺达、新西兰、意大利、安哥拉共5个国家新签（修订）税收协定，我国税收协定网络逐步扩张。截至2023年8月底，我国已经与113①（110+3）个国家（地区）签订了双边税收协定，包含中国香港、中国澳门和中国台湾。其中，与我国签订双边税收协定的亚洲国家（地区）共有38（35+3）个，欧洲41个，非洲18个，北美洲8个，南美洲5个，大洋洲3个，“一带一路”国家54个。

2. 多边税收协定发展情况

随着全球经济一体化进程加快，纳税人跨国（地区）经营的无国界性与税收管理的有国界性之间的矛盾所造成的信息不对称，给国际税收征管带来愈发严峻的挑战。因此，需要通过建立税收合作体系，对跨国应税行为进行约束与治理。我国对外签署多边税收协定的历程，反映了合作深化、反避税强化的国际税收改革趋势，体现了我国不断融入国际税收新秩序、提升全球税收治理话语权的决心与信心。

20世纪70年代起，随着跨境贸易中涉税问题的不断显现及《OECD范本》《UN范本》的相继出台，涉外税收治理逐步引起世界各国重视。1988年，OECD与欧洲委员会共同制定了《多边税收征管互助公约》，公约仅向两组织成员开放。进入21世纪，财政支出快速增长所带来的财政增收压力，迫使世界各国特别是发达国家对跨境逃避税导致的税收流失采取更为严厉的措施②。与此同时，国与国之间经济利益

---

① 数据来源：国家税务总局。访问时间：2023年5月22日。国家税务总局中统计的个数是112个，不包含挪威。但是从荷兰财税文献局可查询到中国和挪威于2023年5月12日签订了双边税收协定。

② 张伦伦．全面解读《多边税收征管互助公约》［J］．国际税收，2014（02）：21—25.

网络的持续扩张，导致国际税收关系错综复杂，多边税收征管协助的必要性日益凸显。因此，《多边税收征管互助公约》经修订后于2010年向所有国家开放签约。2013年，时任国家税务总局局长王军代表中国政府在法国签署《多边税收征管公约》，为我国深度融入国际税收合作治理提供了法律基础。截至2023年3月底，全球已有147个税收辖区签署该公约，包括所有的G20国家、OECD国家、金砖国家，以及主要金融中心和越来越多的发展中国家①。

在跨境逃避税行为中，纳税人通过境外金融机构持有和管理资产，并将收益隐匿在境外金融账户以逃避居民国纳税义务的现象日趋严重，因此，在《多边税收征管互助公约》的基础上，《金融账户涉税信息自动交换多边主管当局间协议》（以下简称"CRS多边协议"）应运而生。2015年12月，中国正式签署CRS多边协议，承诺实施金融账户涉税信息自动交换标准（以下简称"AEOI标准"），意在加强税收征管互助关系，提高国际税收遵从度。在G20的大力推动下，截至2023年5月底，已有120个税收辖区参与签署CRS多边协议②，其中，包含英属维尔京群岛、开曼群岛、中国香港、毛里求斯、新加坡等重要避税地在内的106个税收管辖区③确定与我国进行信息交换。

为解决越发严重的税基侵蚀与利润转移问题（以下简称"BEPS问题"），由G20领导人背书、OECD牵头推进的BEPS行动计划自2013年发布以来持续推进，已成为近百年来国际税收体系的根本性变革。《实施税收协定相关措施以防止税基侵蚀和利润转移的多边公约》（以下简称"BEPS多边公约"）是BEPS行动计划的第15项成果，旨在帮助世界各国迅速修订全球现有的3000多个双边税收协定，为各国打击

① OECD官网：https：//www. oecdorg/tax/exchange – of – tax – information/convention – on – mutual – administrative – assistance – in – tax – matters. ht13。

② OECD官网：https：//www. oecdorg/tax/automatic – exchange/about – automatic – exchange/crs – mcaa – signatories. pd6。

③ 国家税务总局官网：https：//www. chinatax. gov. cn/aeoi_index. html2。

BEPS 问题提供一个多边的税收合作法律框架。作为全球主要投资目的地之一，我国一直是跨国（地区）公司违法逃避税的主要受害国。出于严厉打击国际反避税、深度融入国际税收体系、提升跨境税收确定性的涉外税收治理目标，2017 年 6 月，我国正式签署 BEPS 多边公约。作为 BEPS 多边公约特别工作组第一副主席国，我国深入参与该公约的起草工作。截至 2023 年 8 月底，已有 100 个税收管辖区签署了 BEPS 多边公约①，全球税收协定网络加速更新。

在 BEPS 行动计划驶入快车道的大方向下，经济数字化所引致的税收挑战逐渐成为国际税收治理的重中之重，以跨国（地区）企业剩余利润分配和建立全球最低税制度为核心的 OECD“双支柱”方案应运而生，带领国际税收秩序进入 BEPS2.0 时代。我国作为 G20/OECD 包容性框架的重要成员国，积极推动“双支柱”方案②在 2021 年 10 月达成政治共识。其中，“支柱一”金额 A 将以新多边公约的形式落地。从签署影响来看，由于“支柱一”仅适用于满足利润测试③的大型跨国（地区）企业，对我国的总体影响较小；且根据 IMF 于 2021 年发布的《亚洲的数字化与税收》④ 报告，“支柱一”将给我国带来额外的税收收入。因此，我国在未来有可能签署“支柱一”金额 A 多边公约。

3. 税收情报交换协定发展情况

自 BEPS 行动计划落地以来，税收情报交换作为打击反避税的信息基础越来越受到我国政府乃至国际社会的重视。与此同时，我国资本市场高水平对外开放加速，来华投资数量及规模持续扩大，“一带一路”

---

① OECD 官网：https：//www. oecdorg/tax/beps/about/。

② 《OECD/G20 关于应对经济数字化税收挑战双支柱方案的声明》。

③ 年度全球营业收入超过 200 亿欧元且税前利润率超过 10% 的跨国企业集团。

④ Era Dabla - Norris，Ruud de Mooij，Andrew Hodge，Jan Loeprick，Dinar Prihardini，Alpa Shah，Sebastian Beer，Sebastian Beer，Sonja Davidovic，Arbind M Modi and Fan Qi，Digitalization and Taxation in Asia [R]. IMF Departmental Paper No. 2021/017.

“走出去”等使我国通过建立健全税收情报交换制度，以提高跨境税收的遵从度与透明度，为政策落地落实营造良好的税收营商环境。

就税收情报交换的涉外工作而言，其主要可分为以下三类：其一，通过缔结的双边税收协定中的情报交换或信息交换条款（第二十五条或第二十六条）参与税收情报交换，我国已谈签的双边税收协定中大多数涵盖该条款；其二，通过缔结的多边税收协定中的部分条款参与税收情报交换，例如我国已签订的《多边税收征管互助公约》中的专项情报交换（第五条）、自动情报交换（第六条）、自发情报交换（第七条）、同期税务检查（第八条）、境外税务检查（第九条）等；其三，通过缔结专项税收协定，即税收情报交换协定，进行跨境信息交换。综上，可以将税收情报交换协定视为全球税收情报交换网络中的重要节点，在双（多）边税收协定相关条款的基础上进行特别补充。

截至2023年8月底，我国已与10个税收管辖区签订了税收情报交换的专项协定，其中包含英属维尔京群岛、根西岛、泽西岛、百慕大、开曼群岛等世界主要避税地。值得注意的是，随着BEPS行动计划助推跨境税收协作从双边走向多边，国际税收协定也趋向多边化、网络化发展。我国对外谈签税收情报交换专项协定的时间集中在2009年12月至2014年1月，可以预见，未来我国的税收情报交换工作将更多地采用多边缔约的方式进行（见表4-44）。

表4-44　　中国签署的税收情报交换协定

序号	国家（或地区）	签署日期	生效日期	执行日期
1	巴哈马	2009-12-01	2010-08-28	2011-01-01
2	英属维尔京	2009-12-07	2010-12-30	2011-01-01
3	马恩岛	2010-10-26	2011-08-14	2012-01-01
4	根西	2010-10-27	2011-08-17	2012-01-01
5	泽西	2010-10-29	2011-11-10	2012-01-01
6	百慕大	2010-12-02	2011-12-31	2012-01-01

续表

序号	国家（或地区）	签署日期	生效日期	执行日期
7	阿根廷	2010－12－13	2011－09－16	2012－01－01
8	开曼	2011－09－26	2012－11－15	2013－01－01
9	圣马力诺	2012－07－09	2013－04－30	2014－01－01
10	列支敦士登	2014－01－27	2014－08－02	2015－01－01

4. 国际运输收入税收协定发展情况

国与国之间地理限制的破除是跨境经贸产生与发展的基础，因此，国际运输业务是涉及司法管辖区间税收权益划分最直接、最主要的业务之一。我国开展国际运输收入税收协定的签署工作，自1966年中国与巴基斯坦缔结海运协定税收条款开始，主要集中在20世纪70年代至90年代。此时，我国双边税收协定网络尚未完善，更多地采用缔结专项税收条款的形式，例如海运协定税收条款、航运协定税收条款、双边专项国际运输互免税协议等，以规范处理国际运输业务的涉税收入。该阶段，我国缔结了68个国际运输收入税收协定，占现有国际运输收入税收协定规模的86.1%。

21世纪以来，我国新签国际运输收入税收协定的数量大幅减少，仅与巴布亚新几内亚（2017）、波兰（2016）、芬兰（2006）、卢森堡（2005）等11个税收管辖区签订了有关协定。这一方面是由于我国涉外税收管理的重点已逐步从“消除双重征税”转变为“打击双重不征税”，另一方面则是我国更倾向于将国际运输收入的税收政策并入双边税收协定中以减少缔约成本。截至2023年8月底，我国已对外谈签了79个国际运输收入专项税收协定，涵盖美国、新加坡、英国、荷兰、日本等与我国经贸往来及投资合作密切的部分重要国家。以业务划分，我国国际运输收入税收协定又可分为43个空运相关税收协定、36个海运相关税收协定。其中，空运相关的航空协定税收条款29个，互免国际运输收入税收协议或换函11个，双边专项国际运输互免税协议3个，海运相关的海运协定税收条款27个，互免国际运输收入税收协议或换函9个（见表4-45）。

表4-45　　　　中国签署的国际运输收入税收协定

业务	依据	国家（或地区）	数量
空运	航空协定税收条款	津巴布韦、越南、乌兹别克斯坦、美国、乌克兰、土库曼斯坦、叙利亚、罗马尼亚、秘鲁、阿曼、新西兰、马达加斯加、黎巴嫩、吉尔吉斯、科威特、哈萨克斯坦、以色列、加拿大、文莱、比利时、白俄罗斯、苏联、巴布亚新几内亚、蒙古国、老挝、孟加拉国、阿富汗、扎伊尔、马尔代夫	29
	互免国际运输收入税收协议或换函	美国、法国、巴林、泰国、土耳其、卢森堡、荷兰、芬兰、新加坡、斯里兰卡、波兰	11
	双边专项国际运输互免税协议	法国、英国、巴林	3
海运	海运协定税收条款	日本、比利时、德国、挪威、丹麦、芬兰、瑞典、荷兰、保加利亚、巴基斯坦、塞浦路斯、罗马尼亚、巴西、马耳他、克罗地亚、越南、乌克兰、希腊、古巴、格鲁吉亚、阿尔及利亚、智利、朝鲜、意大利、加拿大、黎巴嫩、前南斯拉夫	27
	互免国际运输收入税收协议或换函	智利、意大利、前南斯拉夫、美国、俄罗斯、老挝、波兰、斯里兰卡、阿根廷	9

（二）税收协定内容的最新变化

1. 双边税收协定内容变化

（1）中外税收协定序言中“反避税”内容的增加。在我国与意大利（2019年）、西班牙（2018年）、罗马尼亚（2016年）等新修订的税收协定序言部分中，新增了“防止逃避税行为造成的不征税或少征税”内容，即强调了税收协定的反避税目的，并将作为一项兜底性的反避税条款适用于税收协定的所有条款。

（2）新增享受协定优惠资格判定条款。主要目的规则是指不允许“以获取税收利益为主要目的交易或安排”适用协定待遇的一项反避税规则，在我国与俄罗斯（2014年）、瑞士（2013年）、法国（2013年）等完成税收协定的修订后，新增至税收协定的股息（第十条第六款）、利息（第十一条第八款）、特许权使用费（第十二条第七款）以及其他所得（第二十一条）的相关内容中。近年来，我国与新西兰（2019年）、意大利（2019年）、西班牙（2018年）新修订的税收协定中新增第二十四条享受协定优惠的资格判定条款来涵盖主要目的测试，其简要表述为：“如果可以合理地认定就某项所得获取本协定某项优惠是直接或间接产生该优惠的安排或交易的主要目的之一，则不应对该项所得给予该优惠”。该变化将进一步防止跨国（地区）企业滥用税收协定的行为发生[①]。

（3）完善双边信息交换与披露条款。以我国与新西兰（2019年）新修订的税收协定为例，第二十六条“信息交换”取代了原有税收协定中“情报交换”的表述，并进一步强调了缔约国信息披露的义务，如缔约国一方不可因该信息没有国内利益而拒绝提供（第二十六条第

① 李茂，刘思海．中国双边税收协定的变化趋势及应对策略［J］．河南师范大学学报（哲学社会科学版），2020，47（05）：45—55.

四款）、缔约国一方不可因信息由银行或其他金融机构等提供或与人的所有权权益有关而拒绝提供（第二十六条第五款）。

（4）特殊常设机构认定时间标准延长，国际运输所得条款适用范围扩大。在特殊型常设机构中，工程型、劳务型和资源开采型常设机构均采用时间标准进行判定。经过修订，我国与新西兰（2019 年）、意大利（2019 年）等的税收协定中将工程型常设机构的认定时间标准由 6 个月延长至 12 个月；与丹麦（2012 年）修订的税收协定中将资源开采型常设机构的认定时间标准由 3 个月延长至 12 个月。类似地，我国也在与西班牙（2018 年）、罗马尼亚（2016 年）的税收协定修订过程中扩大了国际运输条款的适用范围，新增了跨境铁路和陆运所得的相关规定。

（5）预提税限制税率降低，适用免税特殊情形增加。在股息方面，中国与意大利（2019 年）、新西兰（2019 年）、西班牙（2018 年）等修订后的税收协定中规定了优惠的低档税率，即当股息收益所有人对股息支付公司的参股比例达到 25%，可适用 5% 低税率，不符合则适用 10% 税率；与罗马尼亚（2016 年）修订的税收协定将股息预提税率降低至 3%；此外还规定了股息免税的其他特殊情形条款。

在利息方面，以中国与罗马尼亚（2016 年）修订的税收协定为例，利息免税范围扩大至“缔约国拥有超过 50% 所有权的任何实体”，并将利息预提税率降低至 3%。

在特许权使用费方面，在中国与罗马尼亚（2016 年）修订的税收协定中，特许权使用费预提税同样降低至 3%；在此基础上，部分税收协定进一步降低了特殊情形的适用税率，如我国和意大利（2019 年）修订协定中规定：“为使用或有权使用工业、商业或科学设备所支付的作为报酬的各种款项”所征税额不应超过特许权使用费总额的 50%。

2. 多边税收协定内容变化

与双边税收协定具有避免双重征税的基本目的以及可遵循的协定范式有所不同，我国签署的多边税收协定因发起目的不同，在内容上具有鲜明区别。

首先，《多边税收征管互助公约》旨在通过国际税收征管互助，打击跨境逃避税行为，维护国际公平税收秩序。与2008年版《多边税收征管互助公约》相比，2010年版的《多边税收征管互助公约》向全球国家开放签署，并引入国际公认的税收透明度及情报交换标准①。修订后的公约主要包括六章内容，其中主要内容为第三章，涵盖情报交换（第一节）、税收追索协助（第二节）及文书送达（第三节），详细论述了多边税收征管互助的具体机制及实施办法。

其次，CRS多边协议是在《多边税收征管互助公约》的基础上，为实施AEOI标准而出台的多边协定，为我国与其他税收管辖区间相互交换金融账户涉税信息提供了操作层面的多边法律工具。该协议共有八章内容，实质性内容为第二章至第五章，分别规定了需报送账户的信息交换、信息交换的时间和方式、合规与执行的合作、保密与数据保护。与双边税收协定中依申请而进行的情报交换不同的是，CRS是自动的、无需理由的信息交换。

最后，BEPS多边公约以服务BEPS项目成果落地为主要目的，旨在建立一个有效机制，同步、高效地在现有避免双重征税协定网络中作出已达成共识的修改。其本身不具备新的政策内容，仅是将BEPS行动计划的各项成果转化整合为法律文本，再由各税收辖区选择是否加入和适用。该公约共包括七章内容，其中实质性内容主要为第二章至第六章，涵盖混合错配、协定滥用、规避常设机构构成、改进争议解决以及仲裁。

3. 税收情报交换协定内容变化

（1）在信托公司的情报披露要求中删除“监管人”表述。在我国与巴哈马（2009年）、英属维尔京群岛（2009年）、马恩岛（2010年）、泽

① 崔晓静.《多边税收征管互助公约》修订及我国之应对［J］. 法学，2012（07）：83—92.

西岛（2010 年）签署的税收情报交换协定中，赋予请求方请求提供“信托公司委托人、受托人、受益人以及监管人的情报”的权利（第五条第四款）。而在我国后续签订的与开曼群岛（2011 年）、圣马力诺（2012 年）、列支敦士登（2014 年）等辖区的税收情报交换协定中，“监管人”一词被删除，表述简化为“信托公司委托人、受托人及受益人的情报”。

（2）情报交换义务强化，部分情报保护解除。我国与巴哈马（2009 年）、英属维尔京群岛（2009 年）所签订的税收情报交换协定中，第五条第五款明确表述缔约双方没有获取并提供“在索取时已超过有关税收期 6 年时限的情报”以及“由与纳税人没有关系的其他人掌握和控制的情报”的义务。该表述在后续我国谈签的税收情报交换协定中均被删除，即意味着上述情报不再具有“隐私盾”。

（3）情报保密要求细化，纳税人隐私权保护增强。相较此前签署的协定，我国与阿根廷（2010 年）、开曼（2011 年）、圣马力诺（2012 年）、列支敦士登（2014 年）签署的税收情报交换协定中，双边主管当局提供和收到的所有情报“应作密件处理”表述细化为“应视同根据国内法获取的情报以同样方式作密件处理”（第八条第一款），体现了国际税收治理体系对纳税人信息权保护的增强，有意推进跨境税收征纳关系的和谐平等化。

（4）管理费用表述泛化，由缔约双方沟通协商确认。除了我国与巴哈马（2009 年）、英属维尔京群岛（2009 年）签署的税收情报交换协定中明确规定和列举了情报交换过程中可能产生的管理费用（第十一条），其余协定中仅以“双方主管当局时常沟通”“协商确认”来概述费用的确认形式。

4. 国际运输收入税收协定内容变化

由于 21 世纪以来，我国对外谈签国际运输收入税收协定的数量较少，近 5 年内尚未更新，故本部分仅对国际运输收入税收协定的内容作简要概述。

我国已签订的43个空运相关国际运输收入税收协定中，11个互免国际运输收入税收协议或换函均用于互免间接税，3个双边专项国际运输互免税协议均用于互免个人所得税；29个航空协定税收条款中有11个条款互免企业所得税、18个条款互免个人所得税、23个条款互免间接税（见图4-1）；海运相关的36个国际运输收入税收协定中，9个互免国际运输收入税收协议或换函中1个协定互免企业所得税、9个协定互免间接税；27个海运协定税收条款中3个条款互免企业所得税、4个条款互免个人所得税、25个条款互免间接税（见图4-2）。

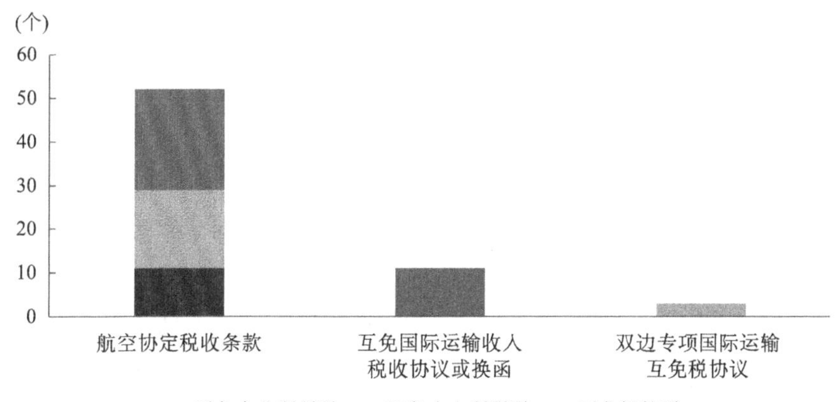

图4-1　国际运输收入税收情况处理（空运）

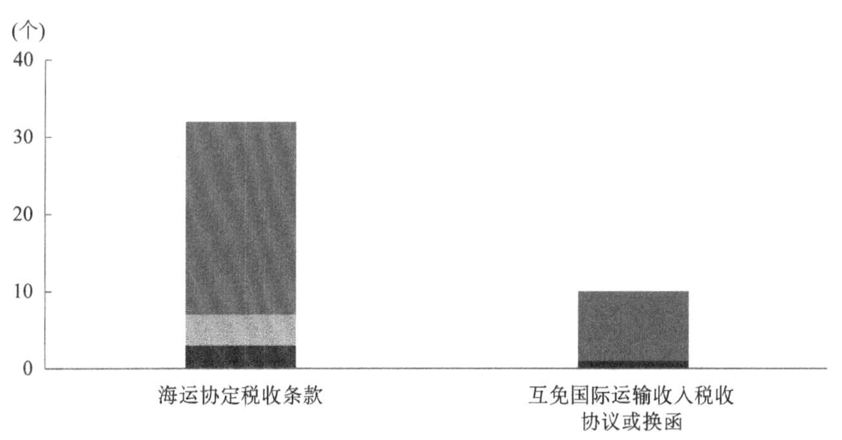

图4-2　国际运输收入税收情况处理（海运）

（三）海南自贸港关境下税收协定的衔接与协调

1. 双边税收协定的衔接与协调

（1）关注“15% +15%”所得税率的实施与衔接。根据《海南自由贸易港建设总体方案》，注册在海南自由贸易港并实质性运营的鼓励类产业企业，将享受15%的企业所得税优惠税率；在海南自由贸易港设立的旅游业、现代服务业、高新技术产业企业，其2025年前新增境外直接投资取得的所得，免征企业所得税；对于来港工作的高端人才和紧缺人才，享受15%的个人所得税优惠税率。相较于中国内地25%的法定企业所得税率以及最高45%的个人所得税超额累进税率，“15% +15%”的低税率无疑将吸引大量企业和人才前往海南自贸港发展，这一方面可能导致内地税源的大量流失，另一方面可能导致企业违规逃避税行为的大量滋生。对此，海南自贸港可借鉴香港与内地之间所得税制衔接的措施，通过签署海南自贸港与中国内地避免双重征税和防止偷漏税的安排，以减少两地企业进行所得转移的可能①。

（2）关注“实质性运营”的概念区别及协调。根据《财政部 税务总局关于海南自由贸易港企业所得税优惠政策的通知》（财税〔2020〕31号），仅对注册在海南自由贸易港并实质性运营的鼓励类产业企业，减按15%的税率征收企业所得税；所称实质性运营，是指企业的实际管理机构设在海南自由贸易港，并对企业生产经营、人员、账务、财产等实施实质性全面管理和控制。而在《国家税务总局关于税收协定中“受益所有人”有关问题的公告》一文中，关于税收协定“受益所有人”的判定涉及“实质性经营”的概念界定：实质性经营活动包括具

① 徐妍，徐子翔．海南自由贸易港与内地税制衔接问题研究［J］．税务研究，2023（08）：132—134.

有实质性的制造、经销、管理等活动；申请人从事的经营活动是否具有实质性，应根据其实际履行的功能及承担的风险进行判定。相较而言，二者的共同点在于均是防止“空壳公司”设立的反避税措施，而不同点在于“实质性运营”是针对享受税收优惠的企业性质的限定，而“实质性经营”针对的是企业经营活动的类型限定。海南自由贸易港不仅面向国内企业，也面向世界企业，因此有关“实质性运营”的标准需要对标 BEPS 行动计划第五项标准、《OECD 范本》等国际标准和已有惯例进行优化与协调①。

（3）关注境外直接投资中“抵免法”到“免税法”的转变。我国现行税法对居民企业境外所得采取“抵免法”，即允许本国居民用向非居民国缴纳的税款冲抵一部分应向本国政府汇总缴纳的税额。《海南自由贸易港建设总体方案》指出，鼓励类产业企业在 2025 年前取得的新增境外直接投资免税。这是我国首次将对境外投资所得的处理办法由传统的“抵免法”转向“免税法”。目前，美国、中国香港、荷兰、意大利等国家（地区）积极实行参股免税制度，其本质是通过让渡本国居民境外投资所得的一部分征税权，以降低企业的税收成本，从而吸引大量海外投资。在当前的制度设计上，海南的参股免税制度仅针对旅游业、现代服务业和高新技术产业，且持股比例门槛为 20%，相较于国际标准 10% 仍较高，政策的总体受惠面仍较窄。因此，有必要考虑进一步扩大免税法在海南自贸港的适用范围，降低持股比例条件为 OECD 一般规定的 10% 或 5%，在最大化发挥政策效益的同时更好地接轨国际规则。同时，还需要注意自贸港参股免税制度与受控外国公司规则（以下简称“CFC 规则”）间的衔接，强调“实质性运营”条件、协调最低持股比例要求、统一境外子公司所在地的税率要求，增强制度协同性②。

---

① 王惠平，张云华．推进海南自由贸易港高质量发展的税收政策体系优化研究［J］．海南大学学报（人文社会科学版），2023，41（02）：55—64.

② 宋兴义．海南自贸港参股免税与受控外国企业管理的制度协同［J］．税收经济研究，2022，27（02）：41—45.

2. 多边税收协定的衔接与协调

（1）要进一步加强多边税收征管协作，营造公平透明的税收环境。深度融入国际税收秩序变革，紧跟多边税收协定发展方向，以《多边税收征管互助公约》为涉外税收合作法律基础，不断扩大中国税务“朋友圈”。

（2）要进一步发挥CRS的信息交换功能，金融开放与监管齐头并进。《海南自由贸易港建设总体方案》指出，要构建多功能自由贸易账户体系，为海南自由贸易港与境外跨境资金自由便利流动提供基础条件。在推进金融开放过程中，离岸金融工具可能存在的高额逃避税是涉外税收治理需要重点识别的重大风险。当前，CRS交换的信息包括企业和个人在境外金融机构的账户名称、纳税人识别号、账号、账户余额、利息、股息等信息，具有数据量大、数据基础差、保密要求高、使用效率低等特点。因此，在对外积极参与CRS多边工作的同时，亟须对内建立健全CRS信息核查机制，并考虑结合金税工程打通相关部门间的信息链条。

（3）要进一步落实BEPS行动计划成果，改善跨境争议解决机制。打击税基侵蚀与利润转移是近年来国际税收改革的大趋势，《海南自由贸易港建设总体方案》中强调，要防范税基侵蚀和利润转移，避免海南自贸港成为“避税天堂”。作为BEPS多边公约的缔约国，我国应看到该公约存在的局限性和带来的新挑战。BEPS多边公约的制定具有高度灵活性，允许缔约国在加入公约时逐一选择是否采纳该立场，比如我国有选择性地采纳了双重居民实体（第五条）、被涵盖税收协定的目的（第六条）、防止协定滥用（第七条）中的主要目的测试等条款。这样的灵活机制导致缔约双方的立场出现不确定性，公约中的部分改进措施无法有效落实[①]。对此，我国可以考虑参考国际标准，以国内立法的形

---

① 李娜．《多边公约》的挑战：如何改进跨境税收争议解决机制［J］．国际税收，2020（02）：52—57.

式落实部分 BEPS 项目成果。

（4）要进一步紧跟 OECD“双支柱”动向，做好研判及政策应对。“双支柱”方案是 BEPS 2.0 时代的核心成果。在海南自贸港的税制改革方案中，企业所得税将被实施 15% 的税率式优惠，这极大地提升海南自贸港税制的国际竞争力，但也与 OECD““支柱二””方案所推行的全球最低税制度（GloBE）存在一定冲突。我国应紧跟全球数字经济税收变革及“双支柱”的最新进展，研判“双支柱”方案实施或不实施带来的影响，制定或响应符合国情的发展政策。

3. 税收情报交换协定的衔接与协调

第一，规模上积极扩张。在《多边税收征管互助公约》等多边税收协定的基础上，针对投资往来密切的重点国家或世界重要“避税天堂”，以专项缔约的形式细化情报交换工作，进一步扩大我国税收情报交换网络。

第二，税种上全面覆盖。跨境投资涉及的所得税是产生 BEPS 问题的主要税种，但在海南自贸港，与跨境电商等零售进出口业务所涉及的简并“销售税”[①] 同样可能面临偷漏税风险。与双边税收协定中仅适用所得税不同的是，税收情报交换专项协定中的税种范围涵盖除关税外的所有税种，这就意味着货物进出口环节涉及的所有间接税均受到一定程度的信息监管。因此，税务机关应以情报交换专项协定为抓手，针对进出口贸易推进税收遵从工作。

第三，信息上强化保密。随着税收情报交换力度增大，纳税人信息隐私权所受的保护程度也应更高。在“以数治税”的数字经济时代，税务机关应关注纳税人信息过度采集、非法泄露等风险，有意识地平衡情报交换过程中的税收征纳关系，并考虑通过细化协定和国内立法等方式强化缔约双方的保密义务。

---

① 合并增值税、消费税、车辆购置税、城市建设税、教育附加费用的统一税种。

4. 国际运输收入税收协定的衔接与协调

由于我国已通过缔结专项协定或在双边协定中添加相关条款的方式对缔约双方间的国际运输收入进行税收处理，且国际运输收入税收协定的网络规模已较为稳定，因此，现阶段将主要通过国内立法的形式给予海南自贸港国际运输收入优惠。

当前，已发布的相关政策有：财政部、交通运输部、税务总局《关于海南自由贸易港国际运输船舶有关增值税政策的通知》；财政部、海关总署、税务总局《关于海南自由贸易港试行启运港退税政策的通知》；财政部等五部门《关于海南自由贸易港内外贸同船运输境内船舶加注保税油和本地生产燃料油政策的通知》。《海南自由贸易港建设总体方案》指出，要实施更加开放的船舶运输政策与航空运输政策，并到 2035 年进一步放宽空域管制与航路航权限制。

四、海南自贸港所得税制度存在的问题

（一）企业所得税存在的问题

为配合海南的封关运作，海南已经开始试行部分企业所得税优惠政策，以期适应海南封关运作后的企业所得税征管需求。但是，从现行企业所得税运行状况看，仍存在以下几个问题：

1. “离岸转手买卖”和“离岸交易有关商品服务”缺乏明确规定

目前，关于新型离岸国际贸易只明确包括“离岸转手买卖”和“离岸交易有关商品服务”，但对“离岸转手买卖”和“离岸交易有关

商品服务”等新型离岸国际贸易缺乏具体解释。

2. 享受15%企业所得税优惠政策的鼓励类产业目录界定工作缺乏必要的工作机制

2022年11月7日，海南税务等相关职能部门联合印发了《〈海南自由贸易港鼓励类产业目录（2020年本）〉界定指引》，对鼓励类产业目录条目进行解读和界定，对相关部门和企业判定经营业务是否属于鼓励类产业提供了工作指引。但是，当经营业务是否属于鼓励类产业发生争议时，主管部门是谁、界定的程序是什么、市场主体的权利救济机制是什么均不明确。缺乏界定工作机制直接制约了鼓励类产业目录企业所得税税收政策的落实落地。

3. 境外直接投资所得免税制度有待完善

相较于内地实施的居民企业境外所得“税收抵免法”，海南自由贸易港对境外投资所得实行了“免税法”，对海南的市场主体“走出去”降低了税收负担和遵从成本，有利于海南形成“总部经济”。但是，境外直接投资所得免税制度存在以下问题：一是免税的行业不合理。当前境外直接投资所得免税主体仅限于旅游业、现代服务业、高新技术产业三大产业，但是，海南的热带特色高效农业领域与东南亚农业存在产业协同优势，同样具备农业“总部经济”的潜在优势；二是免税对象偏窄，未将境外取得的利息、特许权使用费、租金或其他所得纳入免税范围；三是境外直接投资所得免税政策具有不确定性。当前该政策截止时间是2024年12月31日，封关运作之后是否实行尚不明确。

4. 存在“双重不征税”的风险——以海南某游戏公司1.9亿股息分红零纳税为例

海南省商务厅公开了一个成功的免税案例：一家游戏公司，完美利用香港“离岸豁免”政策和境内“境外直接投资所得免税”政策，实现了 1.9 亿股息分红零纳税。

海南某游戏公司（以下简称“A 公司”），在 2019 年 8 月成立，注册资本金 1000 万元人民币，主要经营基础软件服务、应用软件开发、互联网文化活动、互联网游戏活动等。

A 公司 2020 年通过海南省发改委和省商务厅备案，在香港注册成立了境外子公司（以下简称“B 公司”），B 公司主要负责 A 公司游戏的海外发行，由 A 公司 100% 控股。

2021 年 9 月，A 公司向 B 公司汇出资本金 1000 万元港币（折合 128.43 万美元），这笔资金来源于 A 公司自有资金，用途为购买软硬件设施及境外游戏推广所需的研发、运营及推广费用。2022 年 1 月，A 公司收到 B 公司利润分红 1.9 亿元人民币（3000 万美元）（见图 4－3）。

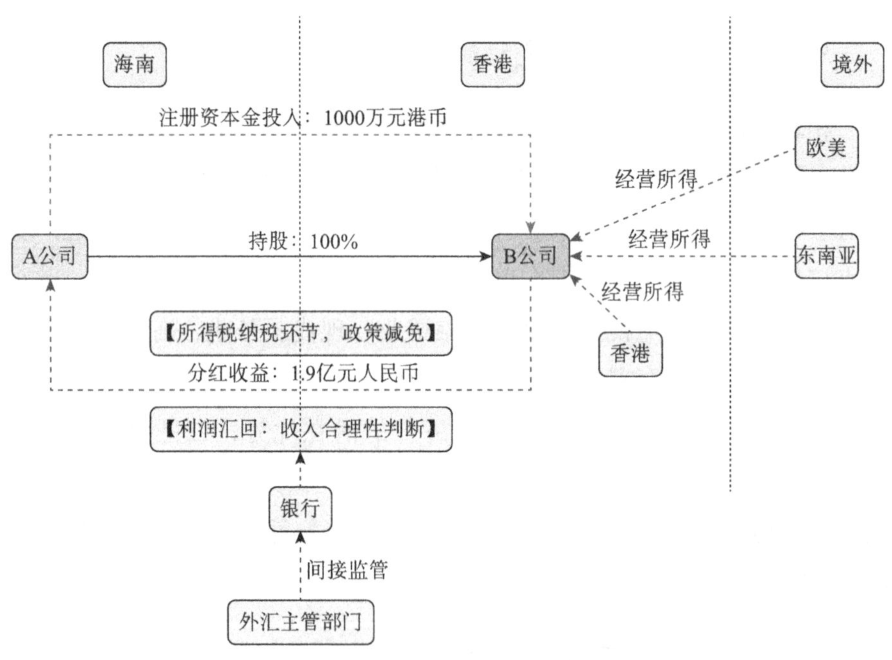

图 4－3　A 游戏公司交易结构

B 公司收入来源主要为广告变现收入、玩家游戏充值收入。其经营模式主要有两类：一是授权第三方平台发行游戏。其游戏用户在平台上消费后，由平台扣除一定比例并代缴税费后，按约定将剩余部分定期结算支付给 B 公司。二是自主发行并通过第三方收款渠道收款。游戏用户通过第三方支付网关消费后，扣除一定比例服务费及代缴税费后，与 B 公司支付结算。

B 公司所发行游戏在欧美及东南亚广受欢迎，在印度尼西亚等国家下载量也在头部榜单。

经官方审核 B 公司经审计的财务报告、与第三方合作协议及收付款回单等真实性证明材料，并参考了白鲸出海平台公布数据、2021 年游戏年度报告内容后，判断 B 公司的境外收入合理，并在审核了该公司股东决议、境外投资主管部门出具材料及 ODI 业务登记凭证等材料后为企业办理了利润汇回手续。

根据香港利得税规定，凡在香港经营业务，都必须缴纳利得税。而且香港实行“本地来源”原则，香港居民从外地赚取赢利无须缴税，非香港居民若从香港获取利润须缴税。也就是说，如果按照香港 B 公司利润 1.9 亿元测算，B 公司应向香港特区政府缴税约 3120 万元。但是，由于香港采用“地域来源”征税，B 公司主要在欧美、东南亚开辟市场，95% 以上收入在香港之外的地区，所以 B 公司向香港税务局提交“离岸豁免”税务处理申请，最后 B 公司零纳税。

按照《中华人民共和国企业所得税法》规定，企业所得税的税率为 25%，上述 1.9 亿元人民币利润分红款对应的应纳税额约为人民币 4750 万元。但是，根据《关于海南自由贸易港企业所得税优惠政策有关问题的公告》（国家税务总局海南省税务局公告 2020 年第 4 号），在海南自由贸易港设立的旅游业、现代服务业、高新技术产业企业新增境外直接投资取得的所得，满足法定条件即可免征企业所得税。

A 公司在海南自贸港设立并实际运营，主营业务——游戏，属于自贸港鼓励类产业目录中的具体项目，对香港 B 公司的投资是在 2020 年 1 月 1 日至 2024 年 12 月 31 日期间，因此，A 公司投资设立 B 公司符合海南境外投资所得免税的法定条件。由此 B 公司汇回 A 公司的 1.9 亿分红全部免税，在境内应纳税为零。

（二）个人所得税存在的问题

为形成与新加坡和中国香港等自贸港的人才竞争优势，财税〔2020〕31号文件明确中国对在海南自由贸易港工作的高端人才和紧缺人才，可以享受个人所得税税负不超过15%的税收优惠政策。但是，该政策存在以下几个问题：

1. 过分突出“人才功能”

享受个人所得税税负不超过15%的税收优惠政策，需要按照程序认定为海南自由贸易港高端紧缺人才。但是，人才作为发展区域经济的重要因素与资源，以政府文件确定人才的方式，是以“行政手段”替代市场机制，不利于人才聚集。同时，以“行政手段”确定的高端紧缺人才群体中仍有部分人才难以达到享受15%税收优惠政策的收入水平，凸显个人所得税优惠政策“口惠而实不至”。

2. 对人才培养未形成政策关切

当前我国个人所得税继续教育专项附加扣除政策仅允许纳税人取得职业资格证书的当年，一次性按照3600元定额扣除，一种职业资格只能定额扣除一次。以职业资格证书为继续教育的扣除依据的方式，忽视了专业技术（技能）人员深耕专业领域、实现增加知识价值的必要成本费用。相较于其他自贸港的进修开支费用豁免，我国现行继续教育专项附加扣除政策缺乏对于人才提质升级需求的关切。

五、海南自由贸易港封关运作后所得税政策优化建议

为保障海南自由贸易港封关运作有序进行，服务海南自由贸易港高

质量发展，税收制度亟待优化。结合中国香港、新加坡、迪拜等自由港经验，税收政策优化应当主要从以下几个方面着手。

（一）构建鼓励类产业企业的清单管理制度

税务机关应当明确把符合鼓励类产业目录条件的企业纳入“白名单”，把明确不符合鼓励类产业目录条件的企业纳入“黑名单”，剩余企业全部纳入“灰名单”。依企业申请，对企业进行鼓励类产业目录审核，以鼓励类产业企业的清单管理制度稳定企业预期。

（二）建立健全鼓励类产业目录企业界定工作机制

应当参考《横琴新区关于界定企业主营业务符合所得税优惠政策的实施办法》建立健全鼓励类产业目录界定工作机制，明确界定工作的行政主体、工作程序和权利救济，满足企业关于鼓励类产业目录审核的需求，与鼓励类产业企业的清单管理制度形成管理闭环。

（三）应当将“离岸转手买卖”和“离岸交易有关商品服务”界定为新型离岸国际贸易

目前，关于新型离岸国际贸易只明确包括“离岸转手买卖”和“离岸交易有关商品服务”，但对“离岸转手买卖”和“离岸交易有关商品服务”尚未有具体解释。

转口贸易应当属于新型离岸国际贸易。首先，转口贸易同样具备“两头在外”的外循环经济特征，与典型的离岸贸易具有较高的相似性；其次，从事离岸贸易的企业也存在着转口贸易业务，业务量甚至可能超过离岸贸易，现行政策将迫使离岸贸易企业拆分业务，独立运营、分别核算，进而扭曲生产经营决策、增加运营成本；最后，转口贸易进出海关特殊监管区域均有海关清册，完全可以作为业务真实性审查的依据。

离岸交易有关商品服务是境内主体为境外单位提供服务，故称离岸服务，强化离岸交易有关商品服务相关产业，可以有效促进离岸贸易高质量发展。因此，应当将与离岸贸易相关的服务（如离岸业务咨询、信息撮合、供应链、运输、融资、保险、风险对冲、涉外法律咨询等）界定为新型离岸国际贸易。

（四）淡化个人所得税的“人才”功能

建议按照个人综合所得年达到31.92万元、经营所得达到21万元、在海南居住满183天的海南居民等条件确定15%的个人所得税优惠政策的适用人群，由市场而非政府的方式确认“高端人才”，降低行政成本、提升行政效率，防止政府干预的“扭曲”作用。

（五）继续教育专项附加扣除范围与方式应当作出调整

第一，获得职业资格应当作为专业技术（技能）人员的前提性条件。第二，继续教育专项附加扣除对象应当是专业技术（技能）人员继续教育发生的费用。第三，应当采取“按票据实”扣除，进而平衡不同专业领域继续教育的费用差异；同时，应当对继续教育专项附加扣除的发票虚开问题实施监管，涉及虚开发票的专业技术（技能）人员，除了实施行政处罚外，还应建议相关部门撤销其职业资格。第四，为鼓励专业技术（技能）人员深耕专业领域、优化知识结构、提升专业技能、实现创新驱动，可参考企业所得税研发加计扣除的方式，出台继续教育加计扣除政策。

专题研究二　境外自贸港实施的各类法律法规

一、境外自贸港立法模式比较分析

自由贸易港建设需要健全的法律体系作为基础和保障，并制定符合发展要求的法律法规、规章。新加坡、中国香港、迪拜、鹿特丹、纽约、汉堡等自由贸易港是典型的自由贸易港，具有国际竞争力的开放政策与制度。比较境外自由贸易港的法治建设并对制度构成的重要特点和问题进行剖析，对于推动海南自由贸易港的发展具有借鉴意义。

（一）境外典型自贸港的主要立法及特点

新加坡实行立法、行政、司法三权分立的制度，立法权、行政权和司法权由三个不同的机关行使，三权分立相互制衡，从而保证不会滥用任何一方权力。新加坡的法律体系建立在相对完整的英国法体系基础上，主要由宪法、国会法令与附属法规、司法判例以及法律惯例等构成。1966 年，新加坡通过了《自由贸易区法》，成为自贸区运行的核心法律，全面规定了自由贸易区的制度安排。1967 年颁布《经济拓展奖励（豁免所得税）法案》鼓励出口工业，并由新加坡政府于 1969 年制定出台了《自由贸易区条例》，以保证《自由贸易区法》的全面准确适用。《自由贸易区条例》共有七个章节，分别对自贸区安全保卫工作、行政机关设施维护、非法建筑物类型划分、不可转移应税货物种类、自贸区运营记录保存、自然人出入等事项进行了具体规定①。

新加坡政府除严格按照《自由贸易区法》和《自由贸易区条例》对自贸区依法管制外，不再对区内市场主体经营活动进行过度行政干预。具体体现在：新加坡政府不对企业进行常规的行政管理，而是通过执法机构对企业进行执法监督，并依据《公司法》《环境保护法》《商品对外贸易法》《海关法》《劳动就业法》《商品及税收服务法》等法律制度对违规者追究责任②。这种相对统一的立法模式节省了立法资源。

1841 年 6 月 7 日，中国香港宣布实行自由港政策。这种自由港政策没有“一线放开，二线管住”的说法，因此自由贸易港适用整个香港地区的法律。《中华人民共和国香港特别行政区基本法》作为宪法规定了香港的基本政治制度和法律体系。在基本法的主导下，香港实行自由港政策，贸易自由、企业经营自由、开放金融市场、人员进出自由是典型的政策措施，这使得香港经过一百多年的发展成为开放型、多功能国际金融中心和举世闻名的自由港。在对外贸易管理方面，香港采用的法规主要包括《公司条例》《商业登记条例》《进出口条例》和《应课税品条例》等③。在香港，经济活动都受到严格的法规和条例监管，任何经济活动都必须有相应的法律依据，并接受法律监督。

迪拜是一个以伊斯兰文化为主导，政教合一的中东国家，在阿联酋联邦法令的授权下拥有自己民商事务方面独立的立法权和司法系统，与西方法律体系接轨较早。其法律体系受到《伊斯兰法》和《民法典》的影响，呈现出大陆法、习惯法和伊斯兰法并存的特点。阿联酋实体性

---

① “一带一路”新加坡篇——新加坡自贸港的发展历程及借鉴意义［EB/OL］. https：//www. bilibili. com/read/cv22164724.

② 商务部国际贸易经济合作研究院课题组，邢厚媛．中国（上海）自由贸易试验区与中国香港、新加坡自由港政策比较及借鉴研究［J］. 科学发展，2014（09）：5—17.

③ 对外投资合作国别（地区）指南（香港）［EB/OL］. http：//www. mofcom. gov. cn/dl/gbdqzn/upload/zhongguoxianggang. pdf.

法律由联邦政府制定，如《劳动法》《商业代理法》《海事法》等。自由港和自由贸易区建设使得迪拜与西方法律体系接轨，法律制度更加开放和透明，促进了经济的快速发展①。迪拜自贸港实行自由港、海关、自贸区“三位一体”的管理模式，港口内海关、银行、公安等机构均统一管理、统一办公，分工十分明确且流程高效。

美国设立对外贸易区的做法与国际惯例相符，都是先立法后设区②。美国自由贸易区具有专门的法律保障，1934 年 5 月 29 日，美国国会制定通过了《对外贸易区法》，对设区的条件、程序、政策、管理体制等作了详细规定，并通过适时修法、判例法等形式为区域创新发展提供法律支持。该法被编入《美国法典》第 19 卷“关税”第 1A 章第 81a 条至 81u 条，内容涉及对外贸易区的设立、设区的申请和批准、委员会的规则制定、设施维护等。通过“法典化”的立法模式，美国以联邦法的形式确定了“对外贸易区”的法律地位及其活动范围等。《联邦行政法典》对“对外贸易区”作出了更加细节性的规定。此外，《联邦行政电子法典》对货物进出对外贸易区的程序也进行了相应的规定。虽然《对外贸易区法》明确规定，只有在特定情况下，海关法律才能在对外贸易区内适用，但其他绝大多数联邦法律，例如，那些有关公共卫生、移民、劳工、福利以及所得税的联邦法律在对外贸易区内予以适用③。

（二）对我国自贸港法治建设的启示

比较上述这些先进自由贸易港的相关立法，可以看到这些国家或地

① 王晓玲．国际经验视角下的中国特色自由贸易港建设路径研究［J］．经济学家，2019（03）：60—70.

② 马敏．从美新自由贸易园区立法看中国自贸区立法的改进［J］．黑龙江省政法管理干部学院学报，2016（03）：113—116.

③ 黄琳琳．自由贸易港设立法治路径的比较研究［J］．南海法学．2018（05）：64—73.

区在自贸港立法方面都制定了全面、系统、具有可预见性的法律体系，以营造法治化、国际化、便利化的营商环境，提高自由贸易港的国际竞争力，并通过实施条例的方式予以保证落实。就海南自由贸易港而言，也应当在制度设计和国际竞争力提升过程中遵循相对先进的国际惯例和经验，结合海南自由贸易港实际，探索符合国情的立法和政策创新方式。而在制度实施方面，则有必要在精简审批、优化监管、降低制度性交易成本方面更进一步努力，加强与国际体系的对接和互通，为海南自由贸易港发展提供坚实而有力的法治保障。

二、境外自贸港营商环境政策的比较分析

（一）境外典型自贸港营商环境制度安排及特点

自由贸易港的营商环境对吸引外商投资和促进经济发展至关重要，因此政府应通过高效的政策沟通和协调，促进优势互补，提高市场对外开放度，同时为各方利益提供良好保障，优化营商环境。为此，下文通过分析新加坡、中国香港、迪拜和鹿特丹的营商环境相关政策，以借鉴其经验。

1. 新加坡自由港的营商环境政策安排及特点

新加坡一向以良好的营商环境闻名于世，在世界银行的评估中排名第二位（2017 年）。新加坡自由贸易港的营商环境更优，除了通关便利，还是世界上税制简易、税负最低的地区之一。新加坡自由贸易港实施宽松的税收制度，对内外资企业一视同仁，全境执行统一的财税优惠政策，实施无差别的国民待遇，营造良好的税负环境，有利于塑造公平竞争的营商环境。尽管新加坡整体税负低，但其自由贸易港并非简单依

靠租税优惠来吸引外资，而是为那些利用新加坡作为再出口的公司和企业提供一个免税区，以带动本国工业发展。

新加坡税种少，主要是 GST（相当于我国消费税，目前税率为 9%），没有资本利得税，公司所得税为 17%，个人所得税最高为 20%，对外投资收益所得税为零。自由贸易港在上述基础上进一步减免和优惠，具体的税收优惠和征收是由新加坡经济发展局、国际企业发展局、金融管理局和海事及港务管理局等政府机构确定和进行监管。新加坡的贸易自由度较高，出口货物免除关税，进口除了酒类、烟草制品、汽车和石油产品外均不缴纳关税。1989 年，新加坡推出了世界首个贸易申报单一窗口，通过该平台，企业能够一次性办理申请、审核、许可等手续，避免了烦琐的行政环节。该平台的功能不断升级和扩展，日益向国际化迈进。新加坡以法治化为企业提供安全稳定的营商环境。早在 1966 年，新加坡就推出了包括定位、功能、管理体制、优惠制度和监管制度等方面的《自由贸易区法》。此外，新加坡在商事法律制度领域也制定了许多成文法规范，主要侧重事中、事后监管。这些政策措施有助于为新加坡创造公正、稳定、透明的营商环境。

新加坡对外开放程度高，行业准入相关限制较少，商业、外贸、租赁、电信等市场对外资开放，仅在少数制造业领域有投资限制。除了货物贸易自由化，新加坡自由贸易港经济的其他方面也能够自由运行。一是全面开放外汇市场，允许自由兑换外汇，不限制汇出收入、利息、利润、分红以及投资所得。二是设有离岸金融中心，与境内市场分割，豁免法定储备金率、无利率管制、无外汇管制、股权比例限制、不收资本所得税等。三是国际雇员政策非常宽松。2016 年该国常住人口 561 万，其中将近 25% 是持有工作准证的外国公民及其家属①。

因此，新加坡自贸港的营商环境政策安排具有以下几个特点：一是

① 新加坡自由贸易港的营商环境［EB/OL］. https：//www. sohu. com/a/344692207_260616.

新加坡拥有开放的贸易政策。新加坡自由港积极推进自由贸易，开放和促进国际贸易，降低贸易壁垒，鼓励进口和出口贸易，为国际企业和开发商提供了广阔的市场和商机。二是积极的政府干预。新加坡自由港注重政府主导，实行积极的政府干预，通过制定并实施有利于经济发展的政策、强制标准和规定等来推动经济发展，从而为投资者、企业和消费者提供优质的服务。

2. 中国香港自由港的营商环境政策安排及特点

中国香港是全球最自由经济体之一，营商环境长期处于全球前列。在世界银行发布的2020年《全球营商环境报告》中，中国香港综合排名为全球第3位，香港也因此成为全球投资首选目的地之一，其在营商规则的先进经验值得海南自由贸易港借鉴。

香港的企业制度非常自由，除了在少数行业进行管控外，几乎所有领域的企业都可以依法投资和运营。香港企业的注册程序非常简单，只需要在网上提交申请即可获得有关证书。企业注册资本金额没有任何限制，只需要缴纳低额的印花税即可完成注册。此外，香港的营业税率非常低，企业的利得税率只有17.5%。这些政策措施为香港创造了便利、吸引人的营商环境①。香港给投资者营造一个开放透明、便利流动的营商环境，对进口商品实施零关税，全球商品可以通过这里以较低的税收成本进入内地销售，并且在进入内地市场前在香港积累一定的市场口碑，这对外商投资来说是重要的吸引力。

香港一直致力于营造便利的营商环境，为了进一步改善监管体系，优化政府和商界之间的沟通，香港专门组建了“方便营商咨询委员会”。该委员会汇聚了专业背景丰富的成员，提供了跨界别的沟通平台。这些政策措施创造了透明、高效、公正、稳定的营商环境，吸引并

---

① 胡方．国际典型自由贸易港的建设与发展经验梳理——以中国香港、新加坡、迪拜为例［J］．人民论坛·学术前沿，2019（22）：30—37.

支持着许多企业在香港投资和发展。

总的来说，香港自由港的营商环境政策安排具有以下特点：一是开放的自由市场。香港通过低税率、简单的法规制度等手段，使其成为一个强大的贸易中心，为企业提供广阔的国际市场和商业机会。二是优越的管理体制。香港特区政府 采用高效的管理体制，使企业在注册、申请、审批等方面更加便捷，为企业创造了良好的运营环境。

3. 迪拜自由港的营商环境政策安排及特点

资金自由流动政策是迪拜优化营商环境的关键因素之一，该政策不受任何金融和货币限制，使得外国投资者能够更加便捷地进行交易和资金流动。迪拜自由贸易港实行政企合一的管理体制，由政府机构杰贝阿里负责管理整个自贸区，使得政府和企业的运作更加高效和灵活。

迪拜自由贸易港采取的经济政策，为吸引外商投资和促进贸易便利化作出了重要的贡献。优惠政策包括放开外汇管制等一系列措施，大幅降低企业在迪拜自由贸易区中的成本，提高企业的竞争力和吸引力。这些政策措施鼓励更多的外商投资和促进贸易便利化，构建了更加便捷的营商环境，推动经济的发展①。

由此，迪拜自由港的营商环境政策安排呈现出以下几个特点：一是迪拜实行政企合一的管理运营体制，使得政府和企业的运作更加高效和灵活；二是拥有便利的金融服务。迪拜的金融高度开放，无外汇管制，货币可以自由兑换，资本和利润可以自由汇出不受限制，鼓励更多的外商投资和促进贸易便利化，营造出便捷的营商环境。

4. 鹿特丹自由港的营商环境政策安排及特点

鹿特丹港自由开放的港口政策：除毒品和军火外，几乎所有商品都

---

① 訾文涛，金明，李欣怡．借鉴典型发展经验，促进海南自由贸易港建设研究［J］．中国水运（下半月），2022（02）：23—24＋89.

可以自由出入，不受种类和数量限制。保税仓货物暂存期间免收关税、增值税和消费税，且通过荷兰海关的一系列弹性灵活的监管措施和服务，将内联外通的集疏运网络扩展成更大范围的保税区域，使货物在到达最终消费地前可不缴纳关税和增值税。税务、海关、外商投资局等政府部门出台多项措施，为外商投资鹿特丹提供良好的个性化政务服务。

港区外商享受国民待遇，投资限制较少，自由度较高。外商可自由投资除军工、电气输送网、铁路基础设施，以及受欧盟互惠条款约束的金融、投资服务等少数领域以外的任何部门。不设股份比例要求，没有对外资国有成分有所限制。鼓励外资实行本地化经营管理，雇佣本地员工，但不强制要求。

鹿特丹港对外资外汇管理政策宽松，外汇资本可以自由进出。外资的利润、资本、利息等合法所得汇出不受任何限制，且可以选择任何币种完成支付。在鹿特丹从事外贸项下的外汇交易可以自由进出，不需要领取特别许可证。融资便利，外企可以向银行等金融机构抵押贷款、引进投资基金，也可以公开上市融资，享受国民待遇。

综上，鹿特丹自由港的营商环境政策安排有如下特点：一是自由开放的港口政策。鹿特丹港对大部分商品不设限制，使得货物进出口具有很高的自由度，且保税仓货物可在不缴纳税款的情况下暂存，有利于货物的集疏运。二是投资自由度高。外商在鹿特丹港享受国民待遇，投资限制较少，自由度较高。三是拥有开放的外汇管理政策。鹿特丹港对外汇资金的管理政策较为宽松，外汇资本可以自由进出，外资的利润、资本、利息等合法所得可自由汇出，且不设任何限制。

（二）对我国自贸港营商环境建设的启示

自由贸易港是指依托特定区域建立起来的贸易、投资自由化的开放经济体系。在世界范围内，一些自由贸易港的营商环境非常优越，如新加坡、中国香港、迪拜和鹿特丹等。为了优化海南自由贸易港的营商环境，我们可以学习借鉴这些自由贸易港的经验。具体而言，首先，可以引入国际先进制度。国际自贸港重点关注的是法律法规、产权保护和知识产权等关键领域的改革和创新。可以在海南自由贸易港建设中，引入和借鉴国际先进的制度和经验，以加强自由贸易港的法制建设和规范化管理，为全球优秀企业和人才提供更好的保障。其次，建立便利的桥梁机构。海外企业进驻自贸港需要面对一系列烦琐的手续，而且很多障碍需要得到本地政府的支持和解决。为此，境外自贸港普遍建立了政府与企业之间的桥梁机构，如海外投资办公室、外商投资商会等。这些机构可以简化手续、提供相关服务，为企业在自由贸易港落地生根提供支持。在海南自由贸易港建设中，也可以建立类似的机构，进一步提高海南自由贸易港的营商环境和服务水平。

三、境外自贸港风险管理制度的比较分析

（一）境外典型自贸港风险管理的制度安排及特点

风险管理是指海关风险防控中心在企业通关过程中对数据和信息进行整合分析，有效识别、分析、评估、处置和监控通关过程中的安全准入和税收征管风险，最大限度地减少可能的损害，增加积极影响。本部分借鉴澳大利亚、荷兰、英国海关对自贸港的风险管理制度，为我国自由贸易港做好风险管理工作提供指引和借鉴。

1. 澳大利亚风险管理制度安排及特点

澳大利亚海关从2002年开始改变了监管货物的模式，同时加强了与国际货运商、航空运输协会合作，实现在货物运抵前掌握真实预报情况，并有针对性地监管，提升了通关效率，达到双赢的效果。

澳大利亚海关秉承“情报为指导，风险为基础”的理念，通过整合共享情报、开展执法互助等方式形成强大的情报网络。同时，规定合作企业及现场关员有责任收集风险信息并向情报中心汇报，情报部门经过有针对性地风险分析，提供给海关转化成布控指令。

澳大利亚海关的风险管理工作包括企业的守法贸易管理，成立5个国家业务分析评估中心，对行业守法情况进行评估并提供给守法改进管理小组，由小组明确全国性风险防控大方向，并为下一阶段贸易守法活动制订综合计划。

总的来说，澳大利亚的风险管理呈现以下几个特点：一是风险分析前置，实现了在货物运抵前掌握真实预报情况，加强了海关处置的准确性和有效性。二是情报、参数、布控高度融合，注重整合共享情报信息，极大地提高了风险管理的效率。三是贸易守法管理，通过优化跨行业资源配置和制定对应的风险管理措施，提高了澳大利亚海关的风险监管能力和贸易守法治理效能。

2. 荷兰风险管理制度安排及特点

荷兰海关的风险管理架构由四个层次组成：中央信息中心、地区海关信息部门、风险专家小组和客户协调员。中央信息中心为最高权威机构，地区海关信息分析中心是该地区主管部门，风险专家小组为各部门业务专家，客户协调员负责本区域企业风险管理工作。四个机构相互合作，形成了完整的监管链条。

荷兰海关主要采用事先风险分析方法对企业和商品进行针对性分析，以确定不同的通关处置要求，高风险的企业会进行加强监管和处置，而低风险的企业能进行系统快速验放。荷兰海关采用的是货到前分析的风险分析法，主要从企业和商品等维度入手，从不同的角度进行比对。

综上，荷兰风险管理制度有以下特点：一是科学合理的风险架构和运行机制。荷兰海关的风险管理架构由四个层次组成，四个机构分工明确，相互协助，形成了一个完整的监管链条。二是成熟有效的风险分析方法。采用事先风险分析法，提高了荷兰海关的风险防控、安全性和监管的准确性。

3. 英国风险管理制度安排及特点

英国海关设立了风险管理和情报机构，收集、分析和评估风险和情报信息，设立区域性的风险分析和情报机构。同时，建立完善的海关情报信息网络体系，每年数据处理量达到325亿次，其中99%由计算机完成。英国政府也建立了全国统一的数据库，并实行大数据情报支撑，以服务于政府综合执法。

英国海关注重开放合作，采取多层面、多路径强化执法合作，并与其他国家海关保持着紧密联系，实施情报信息高效共享。同时，注重与口岸相关执法部门的情报共享和执法行动合作，快速获取企业的违法风险信息数据，并构建与第三方或社会组织的情报信息合作服务。

综上，英国风险管理制度有以下特点：一是重视风险管理和情报信息收集与分析；二是注重开放合作，优化风险监管资源，使英国海关有效解决了有限人力与无限责任之间的矛盾，提高了海关监管的精准度和效率。

（二）对我国自贸港风险管理制度完善的启示

澳大利亚、英国、荷兰海关非常重视自贸港的风险防范和安全稳定，因此，在风险防范机制方面能给我国重要的启示。第一，建立完善的风险防范机制。国际自贸港普遍采取了合理有效的风险防控措施，如建立完善的风险防范机制，加强金融监管和风险管控，强化企业信用体系建设等，以确保自贸港的安全稳定发展。在海南自由贸易港建设中，也要建立完善的风险防范机制，加强监管，防范风险，提高安全稳定性。第二，建立积极的风险管理机制。国际自贸港的风险管理机制不仅是被动地防范风险，而且也是提前预判风险，工作在前置阶段。各种机制要充分考虑风险因素，建立预警机制，采取合规监测、评价和统计分析等措施，即使出现问题，也能快速调整。在海南自由贸易港建设中，需要建立积极的风险管理机制，尽可能避免风险，一旦出现问题可以做到及时响应和处理。第三，加强信息沟通和交流。国际自贸港的风险管理制度强调信息沟通和交流，这是一种促进风险管理和防范的重要机制。各个机制的实施需要及时反馈，通过信息沟通和交流得以快速形成风险共识，从而更好地应对风险。在海南自由贸易港建设中，需要加强信息沟通和交流，形成全面的风险共识，有效防范和化解风险。

四、国际经贸合作中与通关监管相关的各类协定

2023 年 6 月，国务院印发《关于在有条件的自由贸易试验区和自由贸易港试点对接国际高标准推进制度型开放的若干措施》（国发〔2023〕9 号），率先在上海、广东、天津、福建、北京 5 个具备条件的自贸试验区和海南自由贸易港，试点对接相关国际高标准经贸规则，稳步扩大制度型开放。整体上，高标准经贸规则多是与世贸协定（WTO）相对而言的，即区域贸易协定的标准往往高于 WTO 规则，因此高标准经贸规则通常是在被称为高标准贸易协定的区域贸易协定（优惠贸易协定）中出现的①。而国际经贸规则的重构也往往呈现出覆盖领域的“广泛性”、规则制定的“高标准性”等特征②。

① 崔凡．国际高标准经贸规则的发展趋势与对接内容［J］．人民论坛·学术前沿，2022（01）：72—78.

② 赵天涵．对标国际经贸规则的自由贸易港方案［J］．长春大学学报，2023（03）：67—74.

（一）从关贸总协定（GATT）到世贸（WTO）协定

1. 从 GATT 到 WTO

关税及贸易总协定（General Agreementon Tariffsand Trade，GATT）是关于关税和贸易准则的多边国际协定和组织，简称“关贸总协定”。1947 年 10 月 30 日，美国、英国、法国等 23 个国家和地区就有关削减关税、减少贸易壁垒等问题，在日内瓦签订重要国际税收协定。这份“临时适用”的议定书于 1948 年 1 月 1 日开始临时适用，并据此成立了执行该协定的相应组织机构，总部设在瑞士日内瓦，最后其成员国已发展到 130 多个。根据乌拉圭回合多边贸易谈判达成的协议，从 1996 年 1 月 1 日起，由世界贸易组织（WTO）取代关贸总协定。WTO 的法律框架由基本法《建立世界贸易组织协定》及其四个附件组成①。附件一有 A、B、C 三部分，分别对应货物贸易、服务贸易和知识产权；附件二是《关于争端解决规则与程序的谅解》；附件三是《贸易政策审议机制》；附件四是《政府采购协议》《民用航空器贸易协议》《国际奶制品协议》和《国际牛肉协议》。附件一、附件二和附件三均是所有成员都必须接受的，附件四仅对签署方有约束力，成员可以自愿选择参加。

WTO 的主要协定包括：贸易便利化协定（Trade Facilitation Agreement，TFA），关税和贸易总协定（GATT），服务贸易总协定（GATS），与贸易有关的投资措施协议（TRIMs），与贸易有关的知识产权协议（TRIPS）等。2015 年 9 月 4 日，中国国务院作出接受世界贸易组织《贸易便利化协定》议定书的决定。《贸易便利化协定》（TFA）② 是中

① 世界贸易组织［EB/OL］. http：//policy. mofcom. gov. cn/list/interList. shtml?code = TIMY.

② 修正《马拉喀什建立世界贸易组织协定》议定书［EB/OL］. http：//images. mofcom. gov. cn/sms/201510/20151016171326059. pdf.

国加入 WTO 后参与并达成的首个多边货物贸易协定。WTO 各成员国在进出口商品关税、海关估价、原产地规则、知识产权保护等方面通过 WTO 规则进行了规制，只有通关制度仍然沿用 WTO 规则中 GATT 原则之前的几个抽象规定，这与国际经贸的快速发展形成反差。正是在通关制度成为贸易便利化阻碍的大背景下，TFA 应运而生，旨在澄清和改善 GATT 原则中有关通关便利化的规定，进一步加快通关速度，同时加强世界各国的海关合作。例如，TFA 期望通过对 GATT 第 5 条“过境自由”、第 8 条“进出口规费和手续”和第 10 条“贸易法规的公布与实施”的澄清与细化完善，进一步加快包括过境货物在内的货物流动、放行和结关，尽可能降低成员国际贸易的交易成本，同时强调平衡发达国家与发展中国家间存在的差距，强化成员间在贸易便利与海关监管方面的合作。具体表现为：

第一，过境自由。TFA 第 11 条是对 GATT 第 5 条“过境自由”的澄清和改进，主要对过境运输法规或程序、收费、担保等内容进行了规定。GATT 第 5 条对过境货物在成员领土内应享受的待遇进行了规定。在承认海关对过境货物具有监管权的基础上，TFA 第 11 条从原则性规定与具体规定两方面对监管细节进行规定。比如“各成员应努力相互合作和协调以增强过境自由”“各成员不得寻求、采取或设立对过境运输的任何自愿限制或任何其他类似措施”“一旦过境运输抵达该成员领土内出境地点海关，如符合过境要求，则该海关应立即结束过境操作”等。

第二，进出口规费和手续。TFA 第 6—10 条是对 GATT 第 8 条“进出口费用和手续”的扩充，涉及进出口规费、风险管理等货物放行与结关措施，以及与进出口和过境相关的单证和手续方面的规则。GATT 第 8 条涉及简化进出口费用和手续及对违反海关规章和手续要求的处罚纪律等，主要规定了所涉费用的范围及原则性要求；TFA 在承继 GATT 第 8 条规定减少进出口费用、简化进出口及过境手续这一基本原则基础上，明确了海关等边境管理机构在收费与制定程序时应充分考虑的事项。TFA 第 6—10 条分别从进出口规费与费用、进出口手续与货物清关三方面对 GATT 第 8 条进行了实质性发展，为成员增设了更具体的义务要求。比如在货物清关方面的义务性要求包括设立预清关、特别放行、后续稽查、推进信息化应用等制度；对于实施授权经营者计划的成员，特别规定了额外的贸易便利化措施，并规定成员至少实施其中的 3 项，尽可能减少成员间贸易往来中可能存在的不必要的贸易障碍。同时还强调了包括海关在内的边境管理机构在收费规则与流程手续制定过程中的透明度义务。

第三，贸易法规的公布与实施。TFA 第 1—5 条是对 GATT 第 10 条的澄清和改进，涉及信息公布、咨询点设立、法律法规评论区生效前公布、预裁定、上诉或审查程序等内容。GATT 第 10 条旨在将贸易便利化的概念扩展至一个更广泛的层面，以 WTO 透明度原则为贸易便利化相关措施奠定义务基础；TFA 第 1—5 条不仅承继了透明度原则，还通过具体规定将其细化，明确各成员在公布通关便利措施信息与实施相关法规的法律义务，从正当程序角度丰富了透明度原则在通关便利化方面的要求。例如，TFA 在 GATT 第 10 条关于贸易法规公布的既有规则基础上，从便利化措施信息提供者角度，扩大了信息公布的范围，除了相关立法，更强调政策透明度；从信息接收方即贸易商等相关利益人角度，则只是对语言提出了明确要求。同时 TFA 基于透明度所蕴含的程序正义理念，对应公布信息在公布前的形成程序与公布后的救济方式上，也提出了硬性要求，即建立信息生效前评议机制、确立预裁决机制及有效的上诉或审查程序。

2. TEA 中有关简化海关及口岸通关程序的规定

TFA 的核心内容是简化海关及口岸通关程序，尽力建立“单一窗口”运行机制，降低贸易成本，便利各国贸易，推动世界贸易和全球经济的增长。中国作为全球第一大货物贸易国，TFA 的生效和实施不仅有助于中国口岸综合治理体系现代化，还将普遍提高我国主要贸易伙伴的贸易便利化水平，促进中国产品出口并营造便捷的通关环境。

通关便利化是自由贸易港建设的重要环节。通关效率作为社会各界所关注的焦点，它的提升对于提高通关便利化水平、促进外贸稳定增长和转型具有重要的意义。烦琐的通关程序带来昂贵的交易成本和时间成本，无疑是妨碍国际贸易进一步发展的主要障碍。TFA 的达成极大地提高了通关效率，削减了贸易成本，在推进 WTO 成员贸易便利化的同时，极大地促进了国际贸易的发展。其中，涉及通关监管与贸易便利化的相关内容如下：

第一，政策透明度义务。TFA 第 1—5 条在提供贸易便利化方面强调并深化了 WTO 的规则透明度原则。对信息的公布制度、贸易法规的提前公布与评论、海关预裁定制度、行政申诉或审查程序以及其他增强公正性、非歧视性及透明度的措施进行了细化规定。要求成员及时公布进出口与过境程序相关的法律法规；在法律法规生效前提前向贸易商公布，给予贸易商对相关法律法规提出评论、建议的机会；加强对成员发布严格进口食品安全检查通知的纪律，海关或其他主管机关扣留货物时应立即通知承运商或进口商，如首次检验不合格应给予进口商二次检验机会等。

自由贸易港海关信息公布应以“贸易便利”为基准①。例如，进出口和过境程序及其需要的表格和单证、相关费用、海关产品归类或估价规定、与原产地规则相关的法规、有关限制或禁止的规定、与原产地规则相关的法规、有关限制或禁止的规定、惩罚规定、申诉程序等需要及时公示。根据 TFA 第 1.1 条的要求，从“公开”和“易获取”两个方面进一步加强海关通关法规政策的透明度，也是通关便利化制度创新的关键。

第二，“单一窗口”制度。TFA 第 10 条提倡口岸行政管理的“单

① 王淑敏，冯明成．《贸易便利化协定》与《京都公约》（修订）比较及对中国自由贸易港的启示［J］．大连海事大学学报（社会科学版），2019（02）：11—16.

一窗口”制度。海关部门应尽量简化货物的放行和清关手续，并适用国际标准，通过“单一窗口”缩短企业货物通关的时间，减少通关成本。根据 TFA 第 10.4 条的要求，“单一窗口”通过整合口岸管理资源、简化和协调进出口手续及文件等手段来施行，同时需要信息通信技术提供有力的技术支持和职能体制的协调分工。所提倡的“单一窗口”制度对各成员国口岸行政管理制度改革提出了更高的要求，要求各国口岸管理制度所涉及的海关、边防、商检、检疫、海事等多部门实行统一管理体制，实现国际单一窗口单一接入点制度，对各国电子口岸信息技术与基础设施建设和口岸部门职责协调也提出了更高要求。

我国现行口岸制度由海关、边防、商检、检疫和海事等多个部门组成，属于互不隶属的多方管理，使得通关效率低下。为此，必须改革我国现有口岸行政管理制度，将多头管理合并到“单一窗口”之下。

第三，简化通关手续。TFA 第 6—11 条对进出口规费及手续、货物的放行与清关、进出口手续以及过境自由制度进行细化规定。要求各成员应当提交包括舱单在内的进口单证和其他必要信息，以便在货物抵达前开始处理；允许电子支付关税、国内税、规费和费用；在满足提供担保等管理要求下，允许在关税、国内税、规费和费用最终确定前放行货物；过境法规不得对过境运输构成变现限制；每一成员应选择对贸易限制最小的措施，保证进口、出口及过境手续和单证以货物快速放行和清关为目的，以减少贸易商的通关时间和成本。

通关手续办理的简便程度对通关便利化有直接的影响，而通关手续简化又将极大地提高企业通关速度。根据 TFA 第 10.1 条的要求，成员国应定期审查程序和证件，以便最大限度地减少进口、出口和过境程序的发生率和复杂性，并简化其文件要求，各成员国应保证这类程序和文件能够尽可能迅速、有效地予以执行。对于通关手续的适用，注重以更加概括性的规则促进贸易便利化。

第四，加强海关合作。TFA 第 12 条就缔约方间的海关合作进行了特别规定，要求各国海关应就海关申报信息的交换共享开展合作，方便对海关申报信息的核查。其中，TFA 对海关交换的信息内容进行了细化，要求信息交换应当包括进出口申报中的具体信息，例如商业发票、装箱单、原产地证书以及提单等。此外，TFA 倡导各成员间开展促进贸易便利化的相互合作，规定在 WTO 机制内设立负责协调贸易便利化事项的贸易便利化委员会，并要求各缔约方设立或指定一个相应的机构来促进协议在国内实施和国内协调，鼓励各成员国在海关通关实践经验、网络与通信技术援助以及海关能力建设援助方面开展合作，帮助发展中成员和最不发达成员完善贸易便利化设施，提高其技术水平。

海关合作是未来海关发展的重要方向，也是通关便利化建设的有力支撑，主要表现在海关之间的合作、海关与商界之间的合作两方面①。第一，海关之间的合作：根据 TFA 第 12 条的要求，各 WTO 成员海关应就交换海关申报信息开展合作，便利对申报信息的核实。第二，海关与商界的合作：根据 TFA 第 2 条的要求，海关应与商界之间保持协商关系，支持贸易商参与国内相关法律法规的制定或评论。针对海关对商界的监管，TFA 第 12.1 条强调，“贸易商知晓守法义务、鼓励自愿守法以允许进口商在适当情况下自我纠错而免予处罚以及对违法贸易商适用守法措施以实施更为严厉的措施”。海关要鼓励和促进企业遵守法律法规，有助于协助各国海关掌握合法企业真实资料，严厉打击不法企业走私等犯罪活动，推动合法货物快速通关并间接提升通关便利化水平。

（二）区域性自由贸易协定中的通关监管内容

1. CPTPP 中的通关监管内容

对于海关管理和贸易便利化，CPTPP 的宗旨是通过采取便利化措

① 王淑敏，冯明成.《贸易便利化协定》与《京都公约》（修订）比较及对中国自由贸易港的启示［J］. 大连海事大学学报（社会科学版），2019（02）：11—16.

施和提高透明度来保证海关当局公正地对待不同国家的商品，同时减少海关管理的利益冲突，从而实现成员国商品的快速通关。由于中小企业更加希望商品能够快速流通，尤其是通过快递使得商品尽快地送到消费者手中，而复杂的海关程序很可能阻碍中小企业出口，从而影响其贸易往来，因此，CPTPP 的贸易便利化措施对中小企业尤为重要。同时，CPTPP 有助于提高海关部门防止权力滥用和加强合作以应对逃税、虚假贸易以及其他海关犯罪的能力。

具体来看，CPTPP 中的海关管理和便利化内容一共包括 12 条，分别是海关程序和贸易便利化、海关合作、预裁定、对建议或信息请求的答复、复审和申诉、自动化、快运货物、处罚、风险管理、货物放行、公布与机密性，其中涉及通关监管与贸易便利化的措施主要有以下几个方面：

第一，信息交换。贸易效率的提升要求高透明度的信息交换。为了保证透明度，CPTPP 从文本语言进行统一，明确“每一缔约方应通过包括在线在内的方式，使其海关法律法规和一般性行政程序和指南可公开获得，并尽可能使用英语”，对于海关管理和贸易便利化条款，CPTPP 要求成员国尽可能使用英语，并提出可通过互联网将相关法律法规进行公布，以保证信息获取便捷的同时，最大限度避免理解不当问题的出现。此外，CPTPP 规定成员国应建立指定的联络点，以保证请求信息的缔约方能及时准确地获取答复，同时保证信息传递的安全。

第二，货物通关制度。CPTPP 成员国承诺保证货物尽快通关，并尽可能在 48 小时内放行。为了防止海关当局就税费问题没有及时作出决定而出现拖延，可通过上诉来保证货物的放行。

第三，预裁定制度。由于出口商需要及时知晓其货物到达国外港口时所需经过的处理程序，CPTPP 成员国约定在货物装船前提供包括海关估价在内的重要事项，并对进出口商请求的包括税则归类在内的事项作出书面预裁定。此外，成员国还承诺在接受对方成员国的请求后尽快发布预裁定，最迟不超过 150 天，并保证这些裁定至少有三年有效期。

第四，快运货物。CPTPP 成员国对于快运货物应当采取快速通关程序，比如提前提交信息货物信息、允许一次性提交货物信息、规定海关对于已抵达货物最迟放行期限等，从多方面简化快运货物的通关流程，成员国约定可取消任何现存的涉嫌限制快速通关的措施。此外，对于低于一定金额的快速商品可不征收任何关税。

第五，处罚。成员国间约定海关处罚必须公正和透明，成员国间要避免执行处罚时的利益冲突；同时，各成员国应保证海关进行的处罚根据案件的事实和情况作出，且与违法程度和严重性相符，对于涉及的减轻事由、优惠待遇应当及时审查、适用。

第六，海关合作。CPTPP 鼓励成员国间就影响货物贸易的海关事务开展合作，从原则上强调海关合作的重要性。对于涉嫌违反成员国法律法规的行为，成员国间应当及时共享非法活动的相关信息，并协助收集相关证据。对于为实现海关法律法规的有效执行而请求提供相关协助的情形，CPTPP 成员国间应当提供相互援助。

2. CAFTA 中的通关监管内容

2002 年 11 月，在第六次中国 - 东盟领导人会议上，中国和东盟 10 国领导人签署了《中国与东盟全面经济合作框架协议》，决定至 2010 年建成中国 - 东盟自由贸易区（China and ASEAN Free Trade Area，CAFTA），CAFTA 设立进程正式启动。2004 年 1 月 1 日，CAFTA 实施早期达成的关于收获产品的计划，下调农产品关税。2005 年 7 月 20 日，《货物贸易协议》开始实施，除早期收获产品和少量敏感产品外的其他约 7000 个税目产品开始降税。2007 年 7 月，《服务贸易协议》顺利实施。2010 年 1 月 1 日，CAFTA 正式建成。

就 CAFTA 协定而言，2004 年中国与东盟 10 国领导人签署的《中国 - 东盟全面经济合作框架协议货物贸易协议》第 2 条规定："建立有效的贸易与投资便利化措施，包括但不限于简化海关程序和制定相互认证安排。"但由于当时的 CAFTA 并没有具体的海关程序便利化的约定，因此，中国海关与东盟10国海关在2009年10月达成了《中国－东盟贸易便利化南宁倡议》，明确双方在简化通关手续、口岸通关标准化管理、提高物流速度、降低交易成本等方面进行合作，但并没上升到协议规则层面。2015年11月22日，中国与东盟10国正式签署升级协议《关于修订〈中国－东盟自贸区全面经济合作框架协议〉及项下部分协议的议定书》（以下简称《CAFTA议定书》）。《CAFTA议定书》根据自贸区内成员的贸易发展情况，规定了“海关程序与贸易便利化”，实现了对原空缺部分的填补完善。主要包括以下三个方面：

第一，强调海关透明度。《CAFTA议定书》第一章第4条第1款规定“各方应当确保其海关程序与实践具有可预见性、一致性、透明度，并便利贸易，包括货物的快速放行”，从原则上对成员国海关透明度提出要求。第13条规定了公布和设置查询点，缔约方应当通过互联网或者以印刷书面的形式对外公布其本国海关监管或执行的所有法律和法规以及相关海关行政程序，并作了例外规定，将执法程序和内部操作规则排除在外。对互联网电子同步手段进行了规定，便利国际贸易。同时规定成员国需指定一个或者多个咨询点，以专门解决利益相关人咨询的问题，及时准确地提供反馈，最大限度保证信息的可获取，防止信息获取障碍带来的贸易壁垒。

第二，确定预裁定制度。WTO《贸易便利化协定》对预裁定制度作了规定，将其定义为一成员在申请所涵盖的货物进口之前向申请人提供的书面决定。《CAFTA议定书》第一章第10条对预裁定范围、效力以及相关程序作出了明确规定，其中第1款和第2款要求自贸区内每一缔约方应当以书面形式预先裁定货物的规则归类和原产地确定事项，同时“鼓励各方对于根据一系列事实在确定海关估价时所使用的适当方法或标准及其应用提供预裁定”，原则上支持各方采取预裁定的方式便利贸易。另外，对实施或维持、修改或撤销预裁定事项进行了范围界定，通过列举的方式确定预裁定的适用范围，并对海关采取预裁定的具体程序进行了规定，比如“规定在裁定过程中，海关当局可随时要求申请人在规定的时间内补充信息”“规定预裁定在获取全部必需的信息后迅速作出”等。此外《CFATA 议定书》还对预裁定的效力及保密条款进行了规定，通过构建预裁定制度，实现与 WTO 的接轨，同时促进贸易的便利化。

第三，优化海关合作。《CAFTA 议定书》第一章第 14 条规定“各方海关当局应当鼓励相互之间就本章的操作与实施引起的货物贸易有关的问题进行磋商”，鼓励各方加强磋商与协作，各方应依据本国法律法规，在特定情形下开展海关监管合作，共同建立海关稽查制度，提高整体通关效率，减少非关税贸易壁垒。此外，结合世界海关组织（World Customs Organization，WCO）制定的《全球贸易安全与便利标准框架》及其具体实施细则的规定、中国与新加坡双边贸易协定的海关合作实践，《CAFTA 议定书》引入电子化海关操作系统和风险管理制度，并对“经认证的经营者”（Authorized Economic Operators，AEO）海关互认合作作出概括规定，统一 CAFTA 各成员国的认证标准，以构建便利高效、对外开放度高的商务体系，便于各成员国海关提高通关效率，助力贸易便利化。

相较于 WTO《贸易便利化协定》，CAFTA 成员国需要进一步完善细化各国国内贸易进出口管理法律法规，提升法律法规透明度，以满足透明度规定，实现与该协定内容的一致性。《贸易便利化协定》中有关贸易便利化措施的若干详细规定具有法律约束力，WTO 成员有义务遵守并实现国内法与国际规则的统一，要求 CAFTA 成员国在国内管理程序及法规文件中予以真正落实，否则可能会因违背 WTO 国际条约义务而被诉至争端解决机构。

3. DEPA 中的通关监管内容

DEPA 作为全球首个专门关于数字经济跨国（地区）合作的协定，旨在提升数字贸易便利化水平、倡导数据跨境自由转移、建立更加广泛的信任环境、提高中小企业和公众数字参与度。以电子商务便利化、数据转移自由化、个人信息安全化为主要内容，并就加强人工智能、金融科技等领域的合作进行了规定，共包括16章：初步规定和一般定义、商业和贸易便利化、数字产品及相关问题的处理、数据问题、广泛的信任环境、商业和消费者信任、数字身份、新兴趋势和技术、创新与数字经济、中小企业合作、数字包容、联合委员会和联络点、透明度、争端解决、例外和最后条款。其中涉及贸易便利化主要包括以下三个方面：

第一，推动数字贸易便利化。DEPA第二章“商业和贸易便利化”对数字经济领域贸易便利化进行了细化规定，从无纸化贸易、物流、电子发票、快运货物、电子支付多角度进行规范，强调对电子存储技术的运用、电子数据的共享、跨境操作的兼容等。具体而言，DEPA要求成员国及时、全面地公布相关法律法规，统一信息交换使用的官方语言，“并应努力提供机器可读格式的电子版本”；支持高效、安全、可靠的跨境支付系统的构建，“每一缔约方应努力避免对电子交易施加任何不必要的监管负担”；同意鼓励金融科技领域公司间的合作，促进针对商业领域的金融科技解决方案的开发，并鼓励缔约方在金融科技领域进行创业人才的合作；强调与国际规范接轨，“缔约方应努力考虑相关支付系统的国际公认支付标准，以增强支付系统之间的可交互操作性”等，从多方面推进跨境数字贸易无缝对接，规范贸易流程，推动数字贸易便利化。

第二，鼓励数据自由跨境流动。DEPA明确电子传输关税及数字产品非歧视待遇，允许成员国间符合特定安全标准的数据跨境自由流动，鼓励各成员国构建数字信息信任机制，营造广泛信任的数据共享环境，助力安全数字贸易。具体而言，DEPA第3章对数字产品非歧视待遇具体内容及免除关税进行了细化规定，“任何缔约方不得对一缔约方的人与另一缔约方的人之间的电子传输及以电子方式传输的内容征收关税”；第4章、第5章、第9章就数据跨境自由流动、信任数据环境等进行细化规范，“缔约方应努力相互承认其他缔约方的数据保护可信任标志，作为便利跨境信息传输的同时保护个人信息的有效机制”。

第三，促进政府间数字经济合作。DEPA 协定鼓励成员国在公平竞争基础上，通过共享最佳实践和促进数字参与联合计划，推动政府数据开放、人工智能、金融科技等新兴技术领域合作，赋予中小企业参与数字经济贸易投资的机会，以改善和消除数字鸿沟，确保个人和企业从数字经济发展成果中获益的机会与条件。具体涉及 DEPA 第 8 章、第 10 章人工智能、金融科技合作以及增强中小企业在数字经济中贸易和投资机会的合作等内容，“尽可能便利在缔约方各自管辖范围之间接受和使用人工智能技术”“缔约方应努力合作确定缔约方可扩大获取和使用公开数据的方式，以期增加和创造商业机会”。

整体上，对于数字贸易规则部分，DEPA 的内容设计基本与 CPTPP 电子商务章节中的数字贸易内容保持一致，但 DEPA 本身的模块化、包容性特征，赋予了不同经济体根据自身发展水平参与模块化谈判的灵活度，便于成员国根据本国实际进行调整。

4. RCEP 中的通关监管内容

RCEP 中的“海关程序与贸易便利化”章节共包含 21 个条款和 1 个附件（执行承诺的期限表），其主要措施可归纳为四个方面：海关法律法规遵循原则、简化通关程序、提升服务保障能力、优化企业管理。该章节明确海关程序适用缔约方之间的货物贸易以及进出每一缔约方关税领域的运输工具，提出了海关法律和法规应具有可预测性、一致性和透明性，简化了海关通关手续，促进了海关程序高效管理，推动了货物快速通关及贸易增长。

RCEP 货物贸易便利化规则的落地有助于降低域内贸易成本，促进形成区域一体化市场。为提高域内货物贸易便利化水平，RCEP 各成员就海关程序、检验检疫、技术标准等达成了一系列高水平的规则。在海关程序和贸易便利化方面，RCEP 简化了海关通关手续，采取预裁定、抵达前处理、信息技术运用等促进海关程序高效管理的手段；尽可能在货物抵达后 48 小时内放行；对快运货物、易腐货物等，争取在货物抵达后6小时内放行。在卫生和植物卫生措施方面，为保护人类、动物或植物的生命或健康制定了系列措施，并确保这些措施尽可能不对贸易造成限制。此外，在世贸组织《卫生与植物卫生措施协定》基础上，RCEP还加强了风险分析、审核、认证、进口检查以及紧急措施等规则的执行。在标准、技术法规和合格评定程序方面，RCEP推动各方在标准的认可、技术法规和合格评定程序中减少不必要的技术性贸易壁垒，并鼓励各方的标准化机构加强标准、技术法规以及合格评定程序方面的交流与合作。

RCEP作为区域自由贸易协定，海关程序和贸易便利化是其中一个重要部分，除了TFA中已有的条款外，RCEP在海关程序和贸易便利化方面有很多创设性的条款，比如对于一致性的要求，对于通关程序中时间的严格限定，都比TFA提出了更高的贸易便利化要求。通过RCEP第四章“海关程序和贸易便利化”与TFA的相关条款对比，可以看到以下RCEP中的贸易便利化规则对RCEP区域内国际贸易的促进和利好。

第一，RCEP提出执法一致性问题。所谓海关执法一致性，是指海关在行政执法中，以统一的执法理念和关注点为指导，按照统一的执法依据，在法律适用及执法程序上适用统一的标准，使海关执法行为给相关行政相对人明确的合理预期，从而达到稳定、统一行政法律关系的效果。TFA中未对一致性问题专门着墨，但RCEP第四章第4条重点提出一致性问题，这也是中国针对第四章唯一提出要求在协定生效后5年内实施的条款。

中国关境范围广，各地执法的实际情况不能完全统一。加之2018年机构改革中检验检疫划入海关；海关缉私实行公安、海关双重领导，以公安领导为主。这些体制机制改革都需要一段时间去进行相关法律法规的调整和整合。执法的实际情况叠加机构改革的因素，成为目前中国无法承诺签署RCEP后马上能实现一致性的现实原因。在实际执法过程中，虽然中国海关已出台多部规章及规范性文件以统一执法尺度，但由于行为定性、作为与不作为、执法处罚种类和幅度、执法行为时限四大方面的执法自由裁量权，在执法过程中依然可能存在处罚失当、同责不同罚、量罚情节不一致、执法程序差异等问题。

RCEP 关于一致性的条款，要求缔约方应当保证海关法律法规在其关税领土内一致实施和适用，但一致性的实施适用不应阻止依法行使自由裁量权。缔约方还应努力采取或维持行政措施，以保证海关法律法规一致地实施和适用。RCEP 一旦生效，5 年内中国海关应实现关于一致性的承诺。

第二，预裁定条款为通关提供可预测和确定性。预裁定的重要作用是，在货物实际进出口之前，进出口企业将在国际贸易中容易与海关产生不一致意见的商品归类、价格、原产地等事项，通过预先向海关提交资料，由海关作出预判。这不仅有助于企业提前核算经营成本，还为企业通关的可预测性、可确定性提供了法律保障，有利于企业商业决策的前瞻性和业务运营的有效性。

TFA 中规定的可申请预裁定范围主要为归类及货物原产地事项，但同时也鼓励成员国提供对于确定完税价格方法或标准、关税减免要求的适用性、配额要求等预裁定；RCEP 明确可申请预裁定的范围除归类及原产地以外，还将用于确定完税价格方法或标准纳入预裁定范围。

从预裁定作出期限的规定来看，TFA 仅要求成员国在规定时限内作出预裁定；RCEP 则明确了规定期限，即尽可能在 90 天内作出预裁定决定。从范围来看，RCEP 明确规定的可申请预裁定的范围比 TFA 更大。此外，TFA 未对预裁定的有效期作出明确规定，仅规定预裁定在作出后应在合理时间内有效，RCEP 则规定预裁定的有效期至少应当为 3 年。

第三，RCEP 对进出口企业的法律救济渠道进行了明确规定。TFA 和 RCEP 都规定，任何人可对海关作出的行政决定提起行政复议或司法诉讼。据了解，目前进出口企业遇到关务问题时，较少使用进口国的申诉或司法审查机制，而更多是采取在当地“找关系”的传统做法来解决问题。在 TFA 和 RCEP 实施后，当我国出口货物在国外遭遇不合理对待时，中国企业可以运用法律手段维护自身的合法权益。

同时，RCEP 还规定了进出口企业非常关注的一个条款，缔约方应当保证提起行政复议或司法审查的行政相对人，不会仅因为寻求对行政决定或疏忽的审查而受到不利的对待，即海关不应因为企业提起复议或诉讼而对企业今后正常的进出口经营行为实施不公平对待。

第四，RCEP 明确提出了海关程序的具体时间节点要求。国际商会调查显示，平均每票货物进出口需要数十种单证，这些单证需要在国家各部门之间进行匹配或协调，单证不匹配经常给企业增加了繁重的负担，耽搁了大量的时间及运输成本，从而丧失了国际贸易竞争中的先机和优势①。从企业的这些痛点出发，TFA 和 RCEP 都重点将简化海关程序作为提效降本的重点策略，以切实降低企业的单证合规和边界合规的成本。

TFA 从抵达前业务办理、电子支付、将货物放行与关税国内税费及费用的最终确定相分离、风险管理、后续稽查、确定和公布平均放行时间、对经认证的经营者的贸易便利化措施、快运货物、易腐货物、受海关监管的进口货物的移动及与进出口和过境相关的手续和单证要求、国际标准的使用、“单一窗口”、转运前检验、不得强制使用报关代理、共同海关边境程序和统一单证要求、拒绝入境货物、暂准进口及进出境加工这 19 个方面的海关程序进行细化的规定。相较于 TFA 的规定，RCEP 则进一步明确提出了海关程序中的时间要求：在货物放行程序中，规定“尽可能在货物抵达后和提交所有海关通关所需信息后 48 小时放行”；对易腐货物的放行，规定“在可能的范围内，在货物抵达后和提交放行所要求的信息后 6 小时内放行”；对快运货物的放行，规定“在可能的情况下，在货物抵达并且提交放行所需信息后 6 小时内放行”。

① RCEP 贸易便利化对中国进出口企业的四大“增值点”［EB/OL］. http：//swt. hebei. gov. cn/nx_html/sub/myjj/xwbd/2021/4/1618537664719. html.

第五，RCEP 更强调以信息技术提升海关运行效率。RCEP 规定，可在货物运抵前提交电子数据，约定电子文件与纸质文件有同等法律效力，缔约方应加强合作提升信息技术的通关运用程度等。信息技术应用推广必然成为贸易便利化的重要手段之一。

第六，RCEP 就“经认证的经营者”（AEO）计划协同合作提出具体建议。AEO（Authorized Economic Operator）制度是世界海关组织倡导的通过海关对信用状况、守法程度和安全水平较高的企业实施认证，对通过认证的企业给予优惠通关便利的一项制度。不同国家海关之间，可以通过 AEO 互认相互给予对方的 AEO 企业优惠便利措施，从而提升两国企业跨境通关效率，压缩通关时间，降低贸易成本。目前 RCEP 中 11 个缔约方已建立 AEO 制度，中国与其中的 5 个国家（日本、韩国、澳大利亚、新西兰、新加坡）签署了 AEO 互认安排。RCEP 要求各缔约方应在 AEO 计划方面进行合作，明确要求使用磋商联络点作为沟通合作渠道，包括交换信息、共享经验和实践案例等，并且首次提出设立协调员为企业通关提供支持，加强 AEO 计划合作等。

专题研究三：海南自贸港通关监管的制度现状及其完善建议

一、我国现行通关监管相关政策

目前，我国涉及通关货物的相关管理办法主要有：《中华人民共和国海关进出口货物征税管理办法》（海关总署第124号令）（根据2018年5月29日海关总署第240号令《海关总署关于修改部分规章的决定》第四次修正）等（见表4-46）。

表4-46　我国涉及通关货物的相关管理办法

发布部门	政策名称	实施时间
海关总署	中华人民共和国海关进出口货物征税管理办法（海关总署第124号令）	2005年3月1日
	中华人民共和国海关对出口监管仓库及所存货物的管理办法（海关总署第133号令）	2006年1月1日
	中华人民共和国海关综合保税区管理办法（海关总署第256号令）	2022年4月1日
	中华人民共和国海关进出口货物减免税管理办法（海关总署第245号令）	2021年3月1日
	中华人民共和国进出口食品安全管理办法（海关总署第249号令）	2022年1月1日
	中华人民共和国海关进出口货物商品归类管理规定（海关总署第252号令）	2021年11月1日

续表

发布部门	政策名称	实施时间
国家质量监督检验检疫总局	进出口化妆品检验检疫监督管理办法（原质检总局第143号令）	2012年2月1日
	进出境粮食检验检疫监督管理办法（原质检总局第177号令）	2016年7月1日
	进口许可制度民用商品入境验证管理办法（原质检总局第6号令）	2002年1月1日
国务院	中华人民共和国进出口商品检验法实施条例	2005年12月1日

当前，传统线下贸易受到的挑战空前巨大，从市场开拓、海外参展到客户拜访都受阻，线下消费也受到抑制，为线上消费带来了全球性的机遇。与此同时，国家政策的支持，促进了跨境电商快速发展（见表4－47）。

表4－47　　我国促进贸易便利化相关措施

便利化措施		含义	相关部门规章和公告
通关业务改革	提前申报	经海关批准，进出口货物的收发货人、受委托的报关企业可以在取得提（运）单或者载货清单（舱单）数据后，向海关提前申报。在进出口货物的品名、规格、数量等已确定无误的情况下，经批准的企业可以在进口货物启运后、抵港前或者出口货物运入海关监管作业场所前3日内，提前向海关办理报关手续，并且按照海关的要求交验有关随附单证、进出口货物批准文件及其他需提供的证明文件	《中华人民共和国进出口货物申报管理规定》（海关总署令第243号附件2）；《关于明确进出口货物提前申报管理要求的公告》（海关总署2014年第74号公告）

续表

便利化措施		含义	相关部门规章和公告
通关业务改革	两步申报	在“两步申报”通关模式下，企业不需要一次性填报所有申报项目，可分为概要申报及完整申报两步分别申报。 具体分为以下两步： 第一步概要申报：对于不涉及进口禁限管制、检验或检疫的货物，企业只需申报9个项目，确认2个物流项目；对于涉及进口禁限管制或检验检疫的，分别增加申报2个或5个项目；应税的须选择符合要求的担保备案编号。如果货物不需查验，即可提离；涉税货物已经提交税款担保的，或需查验货物海关已完成查验的，也可以提离 第二步完整申报：企业在货物提离后的规定时间内补充申报其他项目，办理缴纳税款等通关手续	《关于开展“两步申报”改革试点的公告》（海关总署公告2019年第127号）； 《关于全面推广“两步申报”改革的公告》（海关总署公告2019年第216号）
	简化报关单随附单证	企业通过国际贸易“单一窗口”无纸化方式申报时，进口环节无须提交合同、装箱清单、载货清单（舱单），出口环节无须提交合同、发票、装箱清单、载货清单（舱单）。海关审核如有需要，再行以电子化方式提交或转有纸现场提交	各直属海关发布相关的公告和通告。如《黄埔海关关于简化报关单随附单证有关事项的通告》等
	两段准入	“两段准入”是指以进口货物准予提离进境口岸海关监管作业场所（含场地）为界，分段实施“是否允许货物入境”和“是否允许货物进入国内市场销售或使用”两类监管作业（分别简称“第一段监管”“第二段监管”）的海关监管方式。包括海关转场检查、附条件提离、合并检查等情形	《关于分段实施准入监管加快口岸验放的公告》（海关总署公告2019年第160号）

续表

便利化措施		含义	相关部门规章和公告
税收征管方式改革	汇总征税	汇总征税是一种集约化的新型征税模式。该模式下，汇总征税符合条件的企业（纳税义务人）先向海关提供银行保函、关税保证保险、集团财务担保等税款总担保，由直属海关关税处进行担保备案；企业进口申报时在中国国际贸易“单一窗口”勾选汇总征税模式，总担保账户自动扣减应缴税额，先行办理货物放行手续，并于次月规定的缴款期限前对上月应纳税款汇总电子支付	《海关总署关于优化汇总征税制度的公告》（海关总署公告2017年第45号）
	关税保证保险等多元化税款担保	关税保证保险是指企业作为投保人提供由经原保监会设立的保险公司出具的《关税保证保险单》，向海关申请办理通关手续的新型担保方式。企业凭保单办理纳税期限担保，海关对接受申报且满足全部放行条件的，即可实施现场卡口放行	《海关总署 银保监会关于开展关税保证保险通关业务试点的公告》（海关总署 银保监会公告2018第155号）；《关于关税保证保险应用于汇总征税和循环担保的公告》（海关总署公告2018第215号）
	自报自缴	企业“自报自缴”是指进出口企业、单位自主向海关申报报关单及随附单证、税费电子数据，并自行缴纳税费	《关于开展税收征管方式改革试点工作的公告》（海关总署公告2016年第62号）；《海关总署关于推广加工贸易料件内销征税自报自缴的公告》（海关总署公告2018年第196号）

续表

便利化措施		含义	相关部门规章和公告
其他	原产地证书自助打印	原产地证书申请人或代理人可通过中国国际贸易“单一窗口”或“互联网 + 海关”一体化网上办事平台，自行打印海关审核通过的格式化原产地证书	《关于全面推广原产地证书自助打印的公告》（海关总署公告 2019 年第 77 号）；《关于扩大自助打印原产地证书范围的公告》（海关总署公告 2020 年第 63 号）；《海关总署关于与泰国、毛里求斯互认自助打印优惠原产地证书的公告》（海关总署公告 2021 年第 43 号）
	预裁定	在货物实际进出口前，申请人可以就下列与实际进出口活动有关的海关事务申请预裁定：进出口货物的商品归类；进出口货物的原产地或者原产资格；进口货物完税价格相关要素、估价方法；海关总署规定的其他海关事务	《中华人民共和国海关预裁定管理暂行办法》（海关总署令第 236 号）；《海关总署关于实施〈中华人民共和国海关预裁定管理暂行办法〉有关事项的公告》（海关总署公告 2018 年第 14 号）

二、海南自贸港通关监管制度的现状分析

（一）海南自由贸易港海关监管模式

依据《海南自由贸易港法》和《海南自由贸易港建设总体方案》，

制度创新是海南自由贸易港建设的核心，因此，“境内关外”关境监管模式的重构成为自由贸易港建设的重点。“境内关外”作为境外自由贸易港惯用的关境监管模式，对海南自由贸易港关境监管同样至关重要，对我国全面深化改革开放、构建开放型经济新体制更是意义重大。“境内关外”监管模式具体实践到海南自由贸易港可以概括为：“一线放开、二线管住”。

《海南自由贸易港法》规定，海南自由贸易港建立全岛封关运作的海关监管特殊区域制度，实施“一线放开、二线管住”的货物贸易监管规则。

在“一线”放开自由贸易港同其他国家或地区之间的监管通道，在禁止、限制进出口货物、物品清单之外免征关税，货物进入海南自由贸易港后，海关应该按照相关规定予以放行。

在“二线”，当货物、物品从海南进入内地时，须按规定办理相关手续，海关对其征收关税和进口环节税。其中，针对“一线”通关货物，要通过“先进区、后报关”的方式，严格把控通关流程与通关手续，不断探索落实自主报关、自助通关、不见面审批、自动审放等监管服务模式，引导企业提前进行申报。以洋浦保税港区为例，目前公共信息化服务平台（一期）建设以及海关特殊监管区域制度已经落实，凡是属于《洋浦保税港区加工增值货物内销税收征管海关实施暂行办法》第三条所规定的鼓励类产业企业，皆可享受货物从保税港区进入境内区外，免征进口关税、照章征收进口环节增值税、消费税的政策。

（二）海南自由贸易港动态清单管理

海口海关加快实现海南自由贸易港境内关外、“一线放开”和“零关税”政策，全面推动部分进口商品“零关税”政策落地，完成“零关税”清单监管服务工作。海南省委出台的《关于贯彻落实〈海南自由贸易港建设总体方案〉的决定》中明确规定："加快实现'一线'放开，扎实推进部分商品'零关税'政策，制定实施企业进口自用生产设备'零关税'负面清单，岛内进口用于交通运输、旅游业的船舶、航空器等营运用交通工具及游艇'零关税'正面清单，岛内进口用于生产自用或以'两头在外'模式进行生产加工活动（或服务贸易过程中）所消耗的原辅料'零关税'正面清单，允许岛内居民免税购买消费的进境商品正面清单。"此种"一负三正"清单管理机制要求海南自由贸易港根据实际需要，在符合监管条件的前提下，对清单进行实时动态调整，在可能的范围内不断压缩负面清单内容，并辅之以相配套的资金支付和转移制度，共同推进通关便利化制度的运行发展。

截至 2022 年 4 月，原辅料清单、交通工具及游艇清单和自用生产设备清单已分别于 2020 年 11 月、2020 年 12 月和 2021 年 3 月正式出台，初步形成了以"零关税"为特征的自由化便利化制度安排。

（三）海南自由贸易港国际贸易"单一窗口"

为提高国际竞争力，海南自贸港应当对标具有一流竞争力的国际环境。从国际经验看，新加坡等自由贸易港之所以能取得巨大的成就，重点是在于拥有可以聚集市场流量的良好的营商环境。新加坡港、鹿特丹港和中国香港的"单一窗口"建设具有代表性，对于整合口岸管理资源、优化口岸管理结构、提升进出境口岸管理效率发挥了重要作用。因此，海南自由贸易港积极推动"单一窗口"建设，对标国际，以国际贸易"单一窗口"为载体，结合"一线放开"的通关制度设置，建立了针对提升通关效率的通关"单一窗口 + 特色应用模式"，深化国际贸易"单一窗口"和"国际投资单一窗口"制度集成创新，实现与国际区域性自贸协定的衔接。

截至 2022 年 4 月，包含货物申报、税费办理、出口退税、公共查询、收费公示等在内的国际贸易国家标准版的 17 项功能模块已在海南落地。海南自由贸易港在此基础上，以洋浦保税港区为试点，继续拓展、上新了多个具有海南特色的应用模块，例如洋浦公共信息服务平台、自由贸易协定关税优惠查询功能、进口“零关税”交通工具及游艇企业资格申报、进口“零关税”企业资格申报等。同时，海南自由贸易港还致力于提升企业通关贸易服务功能、改善政府协同管理水平和增值服务建设，重点推进加工增值申报、综合物流服务、数字运行管理、企业信用管理等国际贸易“单一窗口”的功能创新。

（四）海南自由贸易港数据流动管理制度

全球贸易安全与便利标准框架、21 世纪海关等国际海关标准和工具逐步实施，大数据、云计算、物联网、移动互联、区块链、人工智能等新技术不断影响和改变着海关管理，对标先进标准加快提升技术保障能力势在必行。海南自由贸易港致力于建立安全、有序、自由、便利的数据流动管理制度，促进以数据、信息为关键要素的数字经济发展，把控海关管理成本，致力于建成以现代信息服务和先进技术设备为支撑，包括电子商务综合服务、海关监管、跨境物流、智能供应链、交易支付、信用管理在内的全岛综合服务网络。

例如，《海南省创一流营商环境行动计划（2020—2021 年）》提出，要加快完善洋浦港集装箱码头无纸化系统建设，并推广至全省其他海关监管区域，逐步实现全方位、全过程、多领域无纸化集成应用，推进“一网”办税，实现 90% 以上主要涉税服务事项网上办理，探索推进区块链技术在税务管理中的应用。再如，《中国（三亚）跨境电子商务综合试验区实施方案》规定，“推进跨境电子商务通关实行全程无纸化管理，促进 B2B 合同、运单、支付凭证和发票数据化”，支持形成协调统一的信息管理系统。

三、海南自贸港通关监管制度存在的不足

（一）海关监管适用力度不足

海南自由贸易港建设要求在自贸区零星化、碎片化布局基础上，通过系列改革措施，在全岛范围内实施“封关运作”的管理模式。“封关运作”强调“一线放开、二线管住”的特殊制度安排，在“一线”实施便捷高效的海关监管，对于货物、服务贸易和投资领域适用“正面＋负面”清单管理制度，除禁止、限制进出口货物、物品外，其余货物物品自由流动，不进行征税和检验；在“二线”，对于进入内地的商品原则上征收关税和进口环节税，同内地形成安全有效的海关监管对接，确保通关秩序与金融安全的稳定与高效。作为世界范围内最开放最自由的自由贸易港，新加坡自由贸易港实行除化妆品、危险物品等几样产品需要出具许可证外，其余货物物品只需填写并提交相关单证即可，通关速度最快仅需十秒钟。香港同样实行灵活、高效的海关通关及监管制度，在坚持零关税的基础上，不区分是否包含本地制造成分，除酒类、烟草、碳氢油类和甲醇外，其余商品一律不需要加征关税。

与此相比，海南自由贸易港还存在些许不足，主要体现在“一线”未能彻底放开，“负面清单”制度落实不到位，执行力有限等方面。例如，当前洋浦保税港区、海口综合保税区等海关特殊监管区域虽取得了一定成效，但推广适用力度不足，未能在海南全岛范围内形成监管合力，并且通关手续繁杂严格，通关政策透明度不够，法规规章公布不及时等问题仍然存在，通关便利化程度提升不明显。

（二）通关口岸智能化不足

信息化、智能化建设主要是指在通关过程中，通过信息化、智能化手段，积极发展大数据应用，完善信息追溯与管理系统，实现以科学技术为主导的管理模式，在确保口岸监管有效运行的同时提升通关效率。无论是通关一体化还是“单一窗口”建设都需要充分利用信息化手段。尽管我国海关近年来一直致力于信息化、智能化通关制度的探索，但在实践操作层面尚未形成完善的数据流动管理制度，主要体现在无纸化通关政策不足和企业信用管理系统不完善等方面。

首先，无纸化通关政策对电子信息技术的建设提出了更高要求，其不仅需要确保数据信息的安全流动，还需要完备的物流监控和数据库系统。目前，海南自由贸易港海关的信息化建设还无法满足相关数据与信息的安全，缺乏统一的电子数据交换和联网监管机制。其次，在企业信用管理方面，仍然存在诚信体系建设不健全，企业资信状况评估不系统、不精准，分类化措施不到位，权利授予不充分的现象，以此为基础对企业进行科学严谨的差别化管理还存在相当程度上的障碍，不利于通关环境以及通关效率的改善。

（三）海关内外部协作能力不足

协同治理是加强海关有效监管、促进信息交换、推动通关便利化的重要保障。WTO《贸易便利化协定》第 12 条规定成员国需要在尊重信息机密性并且满足其所规定的条款和要求的前提下，进行信息交换，共享信息和数据。海关合作理事会《京都公约》第 6 条和第 7 条亦要求海关当局应积极寻求同其他海关之间的合作，达成行政互助协议以加强海关监管。

而我国在国内海关之间以及参与贸易便利化的境外海关之间的合作

都不够深入。在国内海关合作上，各口岸管理机构协作不充分，缺乏统一的协作机制，权责划分不明确，部门职能交叉重叠，不同海关之间制度实施进程以及效果存在差异，数据化联动体系不完善，信息共享不充分，从而导致我国海关通关便利化合规性成本增加。在境外海关合作上，海南自由贸易港作为参与国际化贸易的战略高地，海口海关在同其他国家（地区）海关间的合作层次、合作深度有限，大多局限于访问与交流，缺乏实质性业务往来与联合监管，在信息共享方面没有形成固定的工作机制，更没有相应的制度建设。

（四）海关风险防控能力不足

由于海南自由贸易港实施“一线放开”的海关监管模式，风险形势相较于自贸试验区更加严峻，因此，应确立更高标准、更加严格的风险防控法律制度，兼顾安全性与便利性。《海南自由贸易港法》第55条规定“建立风险预警和防控体系”“加强对非设关地的管控，建立与其他地区的反走私联防联控机制”。这要求在投资、贸易、金融、数据流动、生态和公共卫生等重大风险领域，制定有针对性的防范措施，形成高水平、高技术的风险防控系统。具体来讲，要加大信息化建设和科技设备的投入，通过智能化监管，完善口岸监管设备设施，形成海南社会管理信息化平台，确保通关全过程的有效监测和风险可控。

（五）人员自由流动下物品通关监管风险

“人员自由流动下物品通关监管”是所有自由贸易港（区）的监管难点。从监管角度，与国外自贸港（区）不同，海南自贸港本身肩负着输出性漏税和走私风险监管责任。境外所有自贸港区，如中国香港、新加坡、迪拜、韩国均不需要考虑输出性偷逃税和输出性走私风险监管责任。而目前国内大部分海关特殊监管区域既无居民，也没有零售销售，不存在个人随身物品监管问题。所以，海南自贸港在人员自由流动下物品通关监管上需要有创新性做法。如果监管创新不到位，实施全岛严管严控，内地居民携带货物返回，通过“二线”时所携带的物品都可能涉及办理退补税问题，监管不仅难度大、成本高昂，而且很难协调好通行便利和风险防控之间的关系。

从海南自贸港发展来看，若取消离岛免税制度，取消离岛免税特许经营政策，改为二线口岸免税 8000 元额度（5000 元随身携带免行邮税物品 +3000 元进境免税店购物额度），与香港、澳门及国外等采用相同的统一口岸入境免税政策，则相当于将内地赴海南游客购物消费免税额度从 10 万元降到了 8000 元，将会大幅削弱内地游客到海南旅游购物的热情，极大地打击海南国际旅游消费中心的全球竞争力，不利于海南自贸港的发展。

四、海南自贸港通关监管与国际规制的衔接与改进

海南自贸港“一线放开、二线管住”、岛内自由的贸易便利制度，是国家对外贸易管制的重大制度集成创新。平衡好“开放”与“安全”的关系，是保障海南自贸港最高水平开放形态的重要前提。通过借鉴 RCEP、CPTPP 等高标准国际经贸规则，探索构建具有海南特色的全岛封关运作“二线管住”监管模式，有利于加快海南自贸港全岛封关运作进程。

RCEP 在关于海关程序及贸易便利化的规定中，简化了海关通关手续，采取预裁定、抵达前处理、信息技术运用等促进海关程序的高效管理手段，在可能情况下，对快运货物、易腐货物等争取实现货物抵达后 6 小时内放行，促进了快递等新型跨境物流发展，推动了生鲜产品的快速通关和贸易增长。针对易腐货物和快件的 6 小时快通关问题，在海南

自贸港“二线管住”中，可以易腐货物为重点，对快件进行有效监管，并在6小时以下通关等监管模式上进行探索与创新，以期促进贸易便利化、化解贸易风险。在对标CPTPP推进海南自贸港监管时，注重促进跨境数据流动作为CPTPP的重要特征，CPTTP要求缔约方应当准许以电子方式跨境传递信息，同时还准许缔约方为了实现合法的公共政策目标而实施不同的监管措施。对此，在数字贸易发展背景下，可通过建立健全数据安全审查体系以强化监管政策的实施。具体而言，可从以下四个方面予以完善：

（一）完善“智能化”的海关监管

在“二线”监管中运用信息技术提升海关规范管理智能化水平。海关进行前置后移全过程风险防控工作，利用电子视频监控等对商品进行全流程监控，了解商品动态信息，通关中使用卡口智能化设备记录货物流动状态，实现出入关卡过程中无纸化操作及电子智能审核验放，过关后系统依据商家上传电子数据信息进行验放，进行后续的风险分析及应对处置，以保证卡口处货物的迅速通行。

（二）推进跨境数据流动监管创新

为促进海南自贸港跨境数据流动的安全性、便捷性，对标CPTPP中促进跨境数据流动的要求，通过建立健全数据安全审查体系以强化监管政策的实施。第一，在数据入境管理中，以技术手段对影响国家安全利益、社会公共秩序等境外不良信息进行过滤，根据信息供应对象的不同，对境外互联网内容进行不同程度的审查与屏蔽。第二，在数据出境管理中，将数据泄露、篡改或滥用对国家安全和社会公共安全影响程度作为标准划分“重要数据”“敏感数据”出境的风险等级，在实施风险评估后确定高、中、低风险下完全限制出境、审批后限制出境和出境后备案等不同的监管方式①。

（三）推进跨境服务贸易监管创新

利用负面清单模式对服务贸易的开放进行统一规定管理，这样可以有效减少跨境服务贸易提供的壁垒和阻碍，对于进一步扩大服务要素跨境流动具有重要的促进作用。这也对跨境服务贸易的监管提出了创新要求。第一，针对不同服务贸易的内容确立对境外服务的认可标准。允许经认可的服务贸易提供商直接为港内居民和企业远程提供服务。第二，充分利用大数据等技术手段，在最大限度便利个人及企业境外消费、投资等活动的同时，加强对资金不合理流出的事中、事后监管。第三，在放开境外人员入境限制的基础上，全面推行境外人才单向认可制度，并强化境内实行资质认证的行业领域的资格条件管理②。

（四）推进海关 AEO 制度建设

近年来，按照国家社会信用体系建设规划和“一带一路”、支持企业“走出去”等国家部署，我国海关大力开展企业进出口信用管理，推进海关 AEO（Authorized Economic Operator）制度建设，围绕诚信守法便利、失信违法惩戒，构建海关进出口信用体系。AEO 制度是世界海关组织（WCO）倡导的通过海关对信用状况、守法程度和安全水平较高的企业实施认证，对通过认证的企业给予优惠通关便利的一项制度建设，该制度对于建立以风险防控为主线的海关“境内关外”监管体系、加强以企业作为监管单位、节约海关监管资源、提高通关环节海关监管效率等均具有重要意义，对于推进自贸港供应链等安全管理具有重

---

①② 方栓喜．对标 CPTPP 推进海南自贸港监管制度创新［J］．今日海南，2021（11）：39—40.

要地位，也是国际主流自贸港普遍采用的海关制度之一。首先，要继续增加 AEO 制度的互认规模。截至目前，中国与新加坡、欧盟、南非等 23 个经济体签署了 AEO 互认协议，覆盖 49 个国家（地区），协议签署数量和互认国家（地区）数量均居世界首位，但仍需要持续扩大 AEO 互认的范围，以提高外贸便利化水平。其次，要继续推进建立服务型政府。服务型政府的建立是我国 AEO 制度发展的重要先决条件，迫切需要海南自贸港海关与企业在双方地位平等、相互信任的基础上建立伙伴关系。二者可以充分信任地进行沟通合作，以企业充分的自律为基础，以提升海关管理效率和提升企业经营水平为目标而建立合作平等的海关监管模式①。为此，建立健全海关 AEO 制度，通过海关对信用状况、守法程度和水平较高的贸易主体进行认证，给予获得认证的贸易主体相应的优惠通关便利，能够促进全球贸易安全与便利化。申请海关 AEO 认证，不仅为通过海关认证的企业提供通关便利与国际互认优惠措施，还有利于维持国际贸易稳定、防范国际贸易中断风险等，从而使海关与企业间建立起良好的合作伙伴关系，以达到互利共赢的目的。

① 杜玉琼．我国海关 AEO 制度实施的困境与路径［J］．四川大学学报（哲学社科版），2018（06）：183—189.

参考文献

[1] 习近平谈治国理政：第四卷 [M]. 北京：外文出版社，2022.

[2] 李克强. 政府工作报告 [N].《人民日报》，2022-03-13 (001).

[3] 韩正：把握好分步骤分阶段的实施节奏 扎实稳妥推进海南自由贸易港建设 [J]. 中国产经，2020，(14)：1-2.

[4] 沈晓明. 解放思想 开拓创新 团结奋斗 攻坚克难 加快建设具有世界影响力的中国特色自由贸易港 [N]. 海南日报，2022-05-02 (A01).

[5] 冯飞. 以高水平对外开放推动海南自由贸易港高质量发展 [N]. 学习时报，2021-08-23 (001).

[6] 迟福林. RCEP 下的海南自由贸易港 [J]. 中国经济报告，2022 (02)：21-29.

[7] 高培勇. 新发展阶段的税制建设该往什么方向走 [J]. 税务研究，2021，(05)：11-12.

[8] 高培勇. 新阶段、新理念、新格局的内在统一性 [J]. 世界马克思主义研究，2021，(02)：150.

[9] 海南自贸港"一线放开、二线管住"通关监管模式创新研究 [M]. 北京：中国财政经济出版社，2022.

[10] 王鸿貌. 塔吉克斯坦税收法律制度和土库曼斯坦税收法律制度 [M]. 北京：中国财政经济出版社，2022.

[11] 王鸿貌. 乌兹别克斯坦税收法律制度和吉尔吉斯斯坦税收法律制度 [M]. 北京: 中国财政经济出版社, 2022.

[12] 王鸿貌. 哈萨克斯坦税收法律制度 [M]. 北京: 中国财政经济出版社, 2022.

[13] 王婷婷. 中国离境退税法律制度完善研究 [M]. 厦门: 厦门大学出版社, 2022.

[14] 王瑜, 黄胜强. 海关与企业间关系: 内涵、模式与路径构建 [J]. 海关与经贸研究, 2021, 42 (01): 18-29.

[15] 艾伦·帕森, 王菲易, 黄胜强. 线与流: 边界的起点和终点 [J]. 海关与经贸研究, 2020, 41 (02): 23-39.

[16] 王菲易, 黄胜强. 海关、口岸安全与国家安全——关检融合后海关安全准入职能的内涵与趋势研究 [J]. 海关与经贸研究, 2019, 40 (03): 1-16.

[17] 黄胜强. 加快推进"一带一路"国家电子口岸互联互通 [J]. 科学发展, 2019 (11): 46-54.

[18] 何力. 用海关监管的转型升级适应和促进加工贸易的转型升级 [J]. 商务周刊, 2006 (13): 68.

[19] 贾绍华. 税收治理论 [M]. 北京: 中国财政经济出版社, 2019.

[20] 贾绍华, 汤贡亮, 谷志杰. 创新税收体制实现历史使命——促进深圳前海深港现代服务业合作区发展的税收研究 [M]. 北京: 中国财政经济出版社, 2014.

[21] 贾绍华. 房地产业健康发展的税收政策研究——基于海南国际旅游岛房地产业的分析 [M]. 北京: 中国财政经济出版社, 2013.

[22] 王惠平. 建立海南自贸港财税制度 全力推进建设美好新海南 [J]. 中国财政, 2020 (24): 32-34.

[23] 李星良. 改革开放史的海南篇章 [J]. 南海学刊, 2020, 6 (03): 2.

[24] 胡华．优化海关监管运行机制的实践探索［J］．上海海关学院学报，2012，33（02）：34－41.

[25] 董小玉．进出口货物的国际物流通过流程和快速通关技巧分析［J］．商场现代化，2017（05）：16－17.

[26] 陈宸．基于海关物流通关流程优化研究［J］．现代经济信息，2013（15）：191.

[27] 王静莉．引入流程再造构建中国海关新型通关作业模式［D］．厦门：厦门大学，2009.

[28] 刘晓静．自由贸易区背景下物流与海关通关一体化协同策略探讨［J］．商业经济研究，2015（35）：31－32.

[29] 谢晶，李迪．“一带一路”背景下上海口岸通关时间能力水平测度研究［J］．海关与经贸研究，2020，41（05）：20－31.

[30] 劳深，刘昱良．基于陆海新通道海关贸易通关监管监测预警体系的构建［J］．大众科技，2020，22（07）：16－18.

[31] 刘奇超，彭城．京津冀海关区域通关一体化取向：由欧盟海关风险管理观察［J］．改革，2014（10）：92－101.

[32] 钱幸初．中荷海关监管模式的比较及对我国分类通关改革的启示［J］．上海海关学院学报，2012，33（02）：59－63.

[33] 姜舰．新一轮改革开放背景下的中国海关监管制度研究［D］．北京：对外经济贸易大学，2017.

[34] 王伟．贸易单一窗口对中国出口竞争力的影响研究［D］．天津：天津财经大学，2016：27.

[35] 王霞，牛子萍．数字经济时代海南自贸港营商环境建设的机遇、挑战及优化方案［J］．商业经济，2024，（04）：84－88＋103.

[36] 何小丽．海南自贸港与粤港澳大湾区税收联动的实现路径研究［J］．中国产经，2024（03）：146－148.

[37] 江诗文，李银珍．海南自贸港税制改革影响因素与突破路径［J］．财政科学，2024（01）：83－90.

[38] 甘小军，陈江，鲁宁宁．香港离岸金融发展对海南自贸港的启示［J］．财会通讯，2024（02）：134－137＋170.

[39] 王晓敏，扶玉枝．海南自贸港数字产业集聚思考［J］．合作经济与科技，2024（05）：42－44.

[40] 刘磊．税收营商环境持续优化 助力自贸港经济社会高质量发展［J］．今日海南，2023（12）：27－29.

[41] 谭建淋，郭仁群，周子旋．海南自由贸易港两阶段税制体系：问题研判和路径构建［J］．税务研究，2024（02）：115－119.

[42] 赵红霞，颜鹏静．香港自贸港对海南自贸港建设的启示［J］．时代经贸，2023，20（10）：17－21.

[43] 李晶，沈瑜．美国销售税制度启示与海南自贸港税改借鉴［J］．宏观经济研究，2023（10）：116－127.

[44] 薛榆淞．海南自贸港税制简化的意涵诠释［J］．税务与经济，2023（05）：18－29.

[45] 徐妍，徐子翔．海南自由贸易港与内地税制衔接问题研究［J］．税务研究，2023（08）：132－134.

[46] 刁慧勤．海南自贸港企业所得税激励政策对外商直接投资的影响研究［D］．海口：海南师范大学，2023.

[47] 万依云，王培，胡竟男．海南自贸港封关运作后销售税的开征与内地税制衔接研究［J］．国际商务财会，2023（14）：5－11.

[48] 王文清，王晖．自由贸易港税收制度建设的国际经验借鉴［J］．国际税收，2023（07）：76－81.

[49] 危素玉．关于海南自贸港开征销售税的相关问题研究［J］．山西经济管理干部学院学报，2023，31（02）：52－57.

[50] 赵婷．海南自贸港企业实质性运营业务规划研究［J］．产业科技创新，2023，5（03）：16－18.

[51] 刘磊．立足自贸港建设实践 奋力谱写海南税务发展新篇章［J］．中国税务，2023（06）：40－42.

[52] 王培琳，曲易伸，刘碧波．海南税务：全方位服务海南自贸港建设 [N]．海南日报，2023－06－02（A11）．

[53] 彭磊，蒋震．海南自由贸易港销售税制度改革研究 [J]．全球化，2023（03）：117－124＋136．

[54] 姚建宗，张誉龄．论制定自贸港（区）法规的技术性原则——以海南自由贸易港法规建设为中心的考察 [J]．苏州大学学报（法学版），2023，10（02）：1－16．

[55] 袁智慧，李雯清．海南自贸港税收政策对企业税负的影响及建议 [J]．特区经济，2023（04）：18－22．

[56] 李慧雯，王金兰．海南自贸港销售税制设计研究 [J]．商业会计，2023（08）：81－85．

[57] 王惠平，张云华．推进海南自由贸易港高质量发展的税收政策体系优化研究 [J]．海南大学学报（人文社会科学版），2023，41（02）：55－64．

[58] 刘葆芳．浅析海南自贸港税收制度 [J]．活力，2023（03）：87－89．

[59] 刘磊．学深悟透党的二十大精神 高质量推进自贸港税收现代化 [J]．今日海南，2023（01）：16－18．

[60] 全建刚，张景先．海南自贸港税收制度衔接机制的生成机理、现实困境与路径创新 [J]．新东方，2022（06）：1－6．

[61] 褚宏林，刘阳，谢国年．海南自由贸易港销售税制度建设探析 [J]．新东方，2022（06）：7－12．

[62] 姚子健，张倩．海南自贸港税收法律制度的问题与完善 [J]．南海法学，2022，6（06）：113－124．

[63] 肖珩．自贸港销售税税制设计及与内地税制衔接研究——以海南自贸港为例 [J]．西部财会，2022（12）：13－15．

[64] 曹远征．积极推动自贸港金融制度集成创新 [J]．海南金融，2022（11）：32－38．

[65] 万依云，王培．海南自贸港背景下关于销售税开征问题探究 [J]．国际商务财会，2022 (20)：77 -81.

[66] 丁俐源，殷恩琪．自由贸易港开征销售税的相关问题探讨——以海南自贸港为例 [J]．西部财会，2022 (09)：15 -18.

[67] 杜爽，汪德华，马珺．海南自由贸易港销售税制度设计建议：基于最小化征纳成本的考量 [J]．国际税收，2022 (09)：12 -19.

[68] 高璐，徐丽，曲金艺，曲智．新加坡自贸区对海南自贸港建设的启示 [J]．现代商贸工业，2022，43 (20)：53 -55.

[69] 陈颖．海南自贸港建设中的离岛免税问题探究 [J]．时代金融，2022 (08)：73 -75.

[70] 杨茜．海南自贸港的设立对海南经济影响的实证研究 [D]．上海：上海财经大学，2022.

[71] 聂新伟，卢伟．海南自贸港：制度型开放的基础和使命 [J]．开放导报，2022 (03)：48 -55.

[72] 陈荣臻．海南自贸港离岛免税政策实施的法律问题研究 [D]．海口：海南大学，2022.

[73] 李雨泽．海南自由贸易港销售税制度研究 [D]．海口：海南大学，2022.

[74] 何莹美．海南自由贸易港开征销售税的经济效应研究 [D]．海口：海南师范大学，2022.

[75] 高霄．海南自贸港与全球主要自贸港的比较和建议 [J]．商场现代化，2022 (06)：86 -88.

[76] 汤婧．海南自贸港“零关税”改革：制度设计、实施步骤与政策建议 [J]．中国经济报告，2022 (02)：30 -37.

[77] 邹新凯．海南自贸港落实简税制原则的风险剖析及应对 [J]．西安财经大学学报，2022，35 (01)：28 -38.

[78] 曹胜新，梁军．海南自由贸易港销售税制度研究 [J]．税务与经济，2022 (01)：26 -33.

[79] 姚子健. 海南自贸港个人所得税法律制度研究 [J]. 税务与经济, 2022 (01): 34-42.

[80] 王岚岚. 从比较法视域看海南自贸港实质性运营标准 [J]. 南海学刊, 2021, 7 (04): 31-40.

[81] 潘越. 美国销售税制分析及对海南自贸港税制建设的启示 [J]. 税收经济研究, 2021, 26 (06): 16-24.

[82] 郭永泉. 海南自由贸易港税收制度集成创新的重点难点问题及对策建议 [J]. 税收经济研究, 2021, 26 (06): 25-36.

[83] 刘磊. 学深悟透全会精神 高质量推进海南自贸港税收现代化 [J]. 今日海南, 2021 (12): 16-18.

[84] 李世杰, 张昌谋. 借鉴新加坡税制经验 构建自贸港销售税制度 [J]. 今日海南, 2021 (12): 38-40.

[85] 叶杨. 优化鼓励类产业目录制度 构建海南自贸港公平统一高效的市场环境 [J]. 今日海南, 2021 (12): 41-42.

[86] 黄少宣, 刘云亮. 海南自由贸易港税制简化研究 [J]. 海南金融, 2021 (12): 74-80.

[87] 刘磊. 海南自由贸易港货物和劳务税制度集成创新研究 [J]. 国际税收, 2021 (10): 39-48.

[88] 梁晓冬. 海南自贸港税收制度研究 [J]. 合作经济与科技, 2021 (13): 168-169.

[89] 李旭红. 构建海南自由贸易港税收制度体系的思考 [J]. 中国财政, 2020 (24): 38-40.

[90] 刘磊. 海南自由贸易港税收制度改革创新的思考 [J]. 国际税收, 2020 (11): 3-8.

[91] 许生, 张霞. 销售税与海南自由贸易港财税改革 [J]. 国际税收, 2020 (11): 9-15.

[92] 刘怡, 耿纯. 增值税跨地区转移与留抵退税负担机制研究 [J]. 税务研究, 2020 (10): 34-40.

[93] 冯俏彬. 建设海南自由贸易港的相关税收制度解析 [J]. 税务研究, 2020 (09): 5-9.

[94] 兰双萱. 海南自由贸易港销售税若干问题初探 [J]. 税务研究, 2020 (09): 10-15.

[95] 张云华, 何莹美. 海南自由贸易港销售税的制度设计 [J]. 税务研究, 2020 (09): 16-21.

[96] Mariya Polner. Coordinated Border Management: From Theory to Practice [J]. World Customs Journal (2011): 49—61.

[97] Lias Trochidis, Efthimios Tambouris, Konstantinos Tarabanis. One-Stop Government: Literature Review [A]. 6th Eastern European e Gov [C]. Prague, 2008. 4.

[98] Katerina Toševska-Trpčevska, and D. Tevdovski. Measuring the Effects of Customs and Administrative.

[99] Procedures on Trade: Gravity Model for South-Eastern Europe [J]. Croatian Economic Survey (2014): 109-127.

[100] Saini, Gordhan K. Prospects of Regional Economic Cooperation in South Asia Regional economic cooperation in South Asia: a literature review [J]. 2012: 33-51.

后　记

“海南自由贸易港通关监管国际比较与规制衔接研究”（以下简称“研究报告”）自2023年7月立项到最终成稿，历时近一年。其间，课题组全体成员克服时间及空间的困难，在对国内各自由贸易港（区）以及境外贸易港（区）调查研究的同时，以线上线下相结合的形式，先后进行了六次课题讨论，形成“会议纪要”。2023年12月，“海南自由贸易港规制衔接与国际合作课题研讨会”在北京举办，来自全国各地的近百名专家学者和实务工作者与课题组成员共同研讨，在此基础上，经多次修改完善，形成了本书，终于付梓面世。

本书与《海南自由贸易港“一线放开、二线管住”通关监管模式创新研究》是姊妹篇，同属海南省委、省政府重大研究专项课题。在撰稿过程中，课题组成员在首席专家的指导下，查阅整理文献资料、拟定调研大纲，分别在海南、北京、上海、广东、江苏、浙江、黑龙江，河南、河北、陕西、四川、湖南、湖北、福建、新疆、宁夏、西藏等地开展了线上、线下两种不同形式的调研活动；课题组部分成员赴珠海考察学习，详尽了解《横琴粤澳深度合作区建设总体方案》《横琴粤澳深度合作区总体发展规划》的实施、2024年3月1日封关前的压力测试、粤港澳自由贸易港（区）规制衔接与合作路径；同时，借助各方资源，取得境外一些国家或者地区有关自由贸易港（区）设计理念与规制设定等详尽的、前沿的资料和数据。在课题组各位顾问和首席专家的倾力指导以及海南省社会科学界联合会、海南省社会科学院的精心协调与支持下，课题组知难而进、精益求精，取得了多项研究成果，多份建言献策先后获得财政部、海关总署、国家税务总局等中央有关部门和海南省委、省政府主要负责同志的重视，为相关部门决策提供了有一定参考价值的建议。

本书“绪论”由海南华宜财经研究院院长、海口经济学院教授贾宜正，海南华宜财经研究院副院长、复旦大学政府绩效研究中心原副主任王建刚研究员主笔，首席专家刘剑文教授指导；主体报告一由北京经济管理职业学院冯秀娟教授主笔，上海海关学院王菲易副教授、国家税收法律研究基地副主任丁芸教授参与撰稿，顾问黄胜强教授、首席专家王惠平研究员指导；主体报告二由陕西理工大学卢阳副教授主笔，国家税务总局税务干部学院（大连）王蕴教授、中央财经大学何杨教授参与撰稿，首席专家何力、刘磊指导；主体报告三由北京工商大学陈冠华副教授主笔，上海海关学院李菁菁博士、海南华宜财经研究院罗四平研究员、北京工商大学郝琳琳教授参与撰稿，首席专家张皖生指导；主体报告四由对外经贸大学徐晨研究员主笔，顾问白凤川、首席专家陈晖指导；专题研究由西南政法大学王婷婷副教授、陕西理工大学卢阳教授主笔，上海海关学院崔志坤教授、中国报关协会开放经济研究院副院长季琼教授参与撰稿，首席专家王炜同志指导；建言献策部分由郝如玉教授审定、贾绍华教授指导，参加人员为：国家税收法律研究基地主任曹静韬教授，国务院发展研究中心资源与环境政策研究所专家组原组长倪红日研究员，陕西理工大学卢阳教授，西南政法大学王婷婷副教授，对外经贸大学徐晨研究员，北京工商大学陈冠华副教授，北京经济管理职业学院冯秀娟教授，上海海关学院李菁菁博士，中国社会科学院大学李为人副教授、贾英姿副研究员，上海交通大学王桦宇副教授，国家税务总局税务干部学院原院长贾绍华教授、大企业司原副巡视员焦瑞进研究员、税收科学研究所刘润哲、广东省清远市税务局王硕，海南省三沙市财政局梁育从，海南华宜财经研究院院长、海口经济学院教授贾宜正，海南华宜财经研究院副院长王建刚研究员、罗四平研究员、宋薇副研究员、李旭实习研究员等。前言和后记，由海南华宜财经研究院研究员王建刚、实习研究员李旭分别主笔；前言的译文由中央财经大学何杨教授主译。

中央财经大学校长马海涛教授，浙江工商大学校长王永贵教授，广东财经大学校长于海峰教授、财税学院院长李林木教授，西北政法大学副校长张荣刚教授、财税法研究中心主任席晓娟教授，中央财经大学财政税务学院院长樊勇教授、继续教育学院院长蔡如海教授、财经研究院院长曹明星教授、税收筹划与法律研究中心主任蔡昌教授，中国政法大学施正文教授，复旦大学许多奇教授，深圳大学熊伟教授，国家法官学院副院长李晓民教授，中共海南省委党校原党委书记、常务副校长彭京宜教授，海南开放大学副校长朱绵茂教授，首都经济贸易大学周序中教授、何辉教授、何锦前教授，西北大学王鸿貌教授，兰州财经大学李永海教授，南京财经大学朱军教授，杭州师范大学余钊飞教授、孙伯龙副教授，北方民族大学施海智教授、刘庆国教授、尚元君教授，宁夏大学刘芳教授，北京理工大学廖仕梅副教授，合肥大学吴晓红教授，海南三亚学院姚轩鸽教授，海南大学张鲁彬研究员，海南自由贸易试验区和中国特色自由贸易港检察工作智库专家、海南经贸职业技术学院何耀明教授，海口经济学院自贸港数字经济与新文科发展研究中心徐硕研究员、叶少明教授，国家税务总局税务干部学院谭建淋教授、王蕴教授、田建利副教授、周子旋高级工程师，中国市政工程华北设计研究总院财务总监李敏，浙江大学创新研究院财务总监唐丽娟，海南华宜财经研究院副院长何萍，上海海关关税处处长张奇，海南省澄迈县副县长荆阳；立信会计师事务所李进华高级会计师，北京盈科财税法智研究院院长刘俊秀、秘书长李林林、李毓、财务总监徐峰，盈科瑞诚（哈尔滨）税务师事务所律师武剑，盈科（天津）律师事务所律师高超，盈科（兰州）律师事务所律师刘兵，厦门红大税务事务所税务师尤凌侃、税务师林培霞，上海高顿教育集团李锋研究员、杨赢研究员，北京华允律师事务所律师李毅，江西太平洋宇洪建设有限公司余洪钢研究员，政信投资集团李建勇研究员，澳门科技大学南京科技研究院常务副院长徐玫研究员，澳门财经科技与教育发展学会会长杨诚博士，西藏东冉税务师事务所次旺贡布；北京大学博士研究生薛榆淞；中国社会科学院大学硕士研究生程镜竹、许翔榕、陈玥希、赵菲茵、牛嘉艺、姚沐汐、郑绍萍、郑凯元、史毅；中央财经大学硕士研究生陈依珑；北京经济管理职业学院讲师高娜、贾宇晴、吉丽星；西南政法大学硕士研究生田兰戈、任虹燕；首都经贸大学硕士研究生郭辰、刘佳杰；陕西理工大学硕士研究生蒲罗丁；中国财政科学研究院硕士研究生陆泰愚；北京大学硕士研究生张馨月；中央民族大学硕士研究生张雪等参加了资料搜集整理工作。课题研究由贾绍华教授、丁芸教授总协调；本书由贾宜正教授、倪红日研究员总纂，王建刚研究员、谭建淋教授核稿，郝如玉教授审定。

在“海南自由贸易港通关监管国际比较与规制衔接研究”课题的研究过程中，我们始终坚定遵循实事求是的思想路线，最终获得了丰硕的研究成果。本研究成果是课题组集体智慧的结晶，更是从事国际商贸，国际税收，海关、财政、边防、口岸管理、税收征管等工作第一线的实际工作者、高等院校、科研智库和服务于财税法治、财务会计、审计等不同专业的政策咨询机构，群策群力、协同创新的结果。本书的研究在调研、撰稿、统稿、核稿过程中，先后得到了以下科研智库、企事业单位的关心和大力支持：中国法学会财税法学研究会、中国报关协会、中国商业会计协会、北京盈科财税法智研究院、北京盈科瑞诚税务师事务所、中国社会科学院大学税收治理研究中心、中央财经大学税收教育研究所、中央财经大学税收筹划与法治研究中心、北京大学财税法研究中心、上海交通大学财税法研究中心、西北大学财税法研究中心、西北政法大学财税法研究中心、北京工商大学财税法研究中心、北京中税企业咨询有限公司、北京华允律师事务所、厦门红大税务师事务所、高顿教育集团、北京晶澳太阳能科技股份有限公司、北京政信投资集团、海南陆侨集团、西藏中税商务咨询有限责任公司等。中国财政经济出版社在本书的出版等方面鼎力相助，在此表示衷心的感谢！

《海南自由贸易港通关监管国际比较与规制衔接研究》旨在为高质量推进新发展阶段的海南自由贸易港建设中的政策理论研究和践行提供有价值的参考，对关心、支持海南自由贸易港建设的各界朋友和仁人志士了解海南有所裨益，特别是希望对广大投身于海南自由贸易港建设的各行各业同仁、相关专业工作者与理论研究工作者关心关注这一领域的研讨与践行有所启迪。

本书仅限内部交流，请注意保存。

《海南自由贸易港通关监管国际比较与规制衔接研究》课题组

2024 年 4 月